普通高等教育"十三五"规划教材

土地整治规划设计

曾向阳　陈勇　苗作华　刘艳中　刘秀梅　编著

北京
冶金工业出版社
2020

内容简介

本书是作者在总结多年的土地整治工作实践经验、土地整治规划课程教学经验，并分析了相关行业发展变化的基础上完成的。全书共8章，主要介绍了土地整治规划设计的理论、方法、历史经验和近期案例。具体内容包括土地整治的基础理论、土地利用分析与评价、水资源平衡分析、效益评价、县级土地整治规划、农用地整治详细规划、建设用地整治规划、具有代表性的工程设计、土地整治项目预算编制、土地权属调整、土地整治施工、土地整治规划设计变更、竣工验收。此外，本书还配备具有典型意义的实例分析，每章后附有复习思考题。

本书强调科学性、系统性、实用性与易读性，可作为高等院校人文地理与城乡规划、土地整治工程、土地资源管理等相关专业的教材，也可作为土地整治相关从业人员进行科学研究、工程规划设计、规划管理的参考书。

图书在版编目(CIP)数据

土地整治规划设计/曾向阳等编著. —北京：冶金工业出版社，2019.1（2020.1重印）

普通高等教育“十三五”规划教材

ISBN 978-7-5024-8024-0

Ⅰ.①土… Ⅱ.①曾… Ⅲ.①土地整理—高等学校—教材 ②土地规划—高等学校—教材 Ⅳ.①F301.2

中国版本图书馆CIP数据核字（2019）第010058号

出 版 人 陈玉千

地　　址 北京市东城区嵩祝院北巷39号 邮编 100009 电话 (010)64027926

网　　址 www.cnmip.com.cn 电子信箱 yjcbs@cnmip.com.cn

责任编辑 王 双 美术编辑 彭子赫 版式设计 禹 蕊

责任校对 石 静 责任印制 李玉山

ISBN 978-7-5024-8024-0

冶金工业出版社出版发行；各地新华书店经销；北京捷迅佳彩印刷有限公司印刷

2019年1月第1版，2020年1月第2次印刷

787mm×1092mm 1/16；19.75印张；481千字；306页

64.00元

冶金工业出版社 投稿电话 (010)64027932 投稿信箱 tougao@cnmip.com.cn

冶金工业出版社营销中心 电话 (010)64044283 传真 (010)64027893

冶金工业出版社天猫旗舰店 yjgycbs.tmall.com

（本书如有印装质量问题，本社营销中心负责退换）

前　言

我国人多地少，耕地后备资源有限。作为保障国家粮食安全和主要农产品有效供给的重要手段，现代意义的土地整治在中国经过20多年的发展，已经上升为国家层面的战略部署，成为实现农业增产、农民增收、农村繁荣，促进生态文明建设和城乡统筹发展的重要举措。土地整治规划设计涉及自然、生态、经济、社会、工程和技术等诸多领域，规划人员既要掌握应用性和实践性强的规划设计技术，也要熟悉针对性和实效性强的相关管理事务。2017年教育部批准“土地整治工程”为新增本科专业，列于“农业工程”（工学）一级学科下。本书是专门针对土地管理、土地整治工程、人文地理与城乡规划专业学生，以及土地整治行业从业人员而编写的理论与实务兼顾的教材。

全书共8章。第1、2章是土地整治规划设计背景与基础理论部分。从土地整治的内涵与外延变迁入手，总结了土地整治的目标任务、发展历程、支撑理论，介绍了土地整治规划在土地规划体系中的地位与作用，以及土地整治规划中土地利用分析与评价、水资源平衡分析、效益评价方法。第3~7章包含土地整治规划设计主体内容。结合土地整治规划的实践，对县级土地整治规划、农用地土地整治详细规划、建设用地整治规划进行了系统叙述；归纳总结了土地整治中具有代表性的工程设计方法，以及土地整治项目预算编制方法。第8章针对土地整治规划实施管理中的土地权属调整、施工、变更、竣工验收等问题进行了阐述，形成了“分析评价—整治规划—工程设计—实施管理”的土地整治规划设计技术体系。

全书内容简明实用、深入浅出：（1）基础知识主要以“求广”为主；（2）对土地整治规划设计在实践中易疏忽的问题进行了详细地介绍；（3）在农用地土地整治详细规划、土地整治典型工程设计、预算编制等章节中，为通俗易懂，结合项目实践增加了相应的案例分析。

在本书的编写过程中，参阅了大量的相关文献资料，在此向有关作者致谢，并向关心本书出版的专家和学者表示谢意。

由于作者水平所限，书中不足之处，恳请广大读者批评指正。

曾向阳　陈 勇

2018 年 11 月

目　录

1 绪　论

1.1　土地整治内涵与外延

1997 年，《中共中央、国务院关于进一步加强土地管理切实保护耕地的通知》（中发〔1997〕11 号）提出："积极推进土地整理，搞好土地建设。"1999 年修订的《中华人民共和国土地管理法》明确规定："国家鼓励土地整理。"为了贯彻落实《中华人民共和国土地管理法》规定和党中央、国务院要求，2001 年，国土资源部会同有关部门组织编制了《全国土地开发整理规划（2001～2010 年）》，土地整理工作随之在全国范围内展开。2012 年发布的《全国土地整治规划（2011～2015 年）》使用"土地整治"这一术语替代"土地整理"，随后实践中多采用"土地整治"这一概念。

1.1.1　相关概念的界定

与土地整治相关的概念主要有土地开发、土地复垦、土地整理和土地开发整理等。

关于土地开发的概念，学术界基本达成共识，并与实际土地开发工作内容基本一致，其内涵变化不大。土地开发的概念分广义和狭义两种。从广义上讲，土地开发指因人类生产建设和生活不断发展的需要，以提高土地的利用率扩大土地利用空间与利用深度为目的，采用一定的现代科学技术和经济手段，挖掘土地的固有潜力，充分发挥土地在生产和生活中的作用的过程。广义的概念包括两方面内容：一是对尚未利用的土地进行开垦和利用，以扩大土地利用范围；二是对已利用土地深度的开发，以提高土地利用效率和集约经营程度。其中，后者常针对城市低效利用建设用地的再开发，或城市新区的开发；而前者，就是从狭义的角度理解土地开发，即主要是对未利用土地的开发利用，包括宜农荒地开发、闲散地开发、农业低利用率土地开发、河湖海滩涂开发。由于滩涂开发被严格限制，宜农荒地开发、闲散地开发、农业低利用率土地开发是增加耕地面积的主要方式，这些类型的土地开发在实践中被纳入土地整理、土地开发整理、土地整治的范畴。

土地复垦在 20 世纪 50 年代末称"造地复田"，矿山职工自发地在排土场、尾矿场上垫土种植蔬菜和粮食。依据《土地复垦规定》（1988 年），土地复垦是指对在生产建设过程中，因挖损、塌陷、压占等原因造成的土地破坏，采取整治措施，使其恢复到可供利用状态的活动。这一概念在学术界被认同为狭义的土地复垦。其内涵在随后的土地复垦实践中进一步扩充，如 2013 年 3 月起施行的《土地复垦条例实施办法》提出自然灾害损毁土地的复垦，为方便管理，将其与传统土地复垦同列。因此，广义的土地复垦，是指对生产建设活动和自然灾害损毁的土地，采取工程、生物等整治措施，使其达到可供利用状态的活动。主要是针对工矿废弃地、农村废弃宅基地、自然灾毁地以及大型交通、水利工程建设过程中挖废和占压的废弃地、污染废弃地五类。常见的土地损毁方式包括：（1）土地挖损。因采矿、挖沙、取土等生产建设活动致使原地表形态、土壤结构、地表生物等直接摧毁，土地原有功能丧失的过程。（2）土地塌陷。因地下开采导致地表沉降、变形，造成土地原有功能部分或全部丧失的过程。（3）土地压占。因堆放剥离物、废石、矿渣、粉煤灰、表土、施工材料等，造成土地原有功能丧失的过程。（4）土地污染。因生产建设过程中排放的污染物，造成土壤原有理化性状恶化、土地原有功能部分或全部丧失的过程。2013 年的《土地复垦条例实施办法》明确指出：“土地复垦专项规划可以根据实际情况纳入土地整治规划。”

广义的土地整理指在一定地域范围内，按照土地利用总体规划和土地利用计划的要求，采取行政、经济、法律和工程技术手段，调整土地利用和社会经济关系，改善土地利用结构，科学规划，合理布局，综合开发，增加可利用土地数量，提高土地的利用率和产出率，确保经济、社会、生态三大效益的统一。土地整理一般可分为农地整理与市地整理。根据我国国情，现阶段土地整理的重点在农村地区，通常所说的土地整理是狭义的土地整理，即农地整理，农地整理是指采用工程、生物等措施，对田、水、路、林、村进行综合治理，增加有效耕地面积，提高土地质量和利用效率，改善生产、生活条件和生态环境的活动。土地整理一词首先源于德国，随后荷兰、俄罗斯等国沿用。土地整理在日本称为“土地改良”，在中国台湾地区称为“农地重划”等，其内涵和主要内容大致与狭义的土地整理相同。1998 年“土地整理”写进修订后的《中华人民共和国土地管理法》。

2003 年 3 月，国土资源部颁发的《全国土地开发整理规划（2001～2010 年）》包含土地整理、土地复垦和土地开发，并对三项内容进行了界定，概念分别类似于前述狭义的土地整理、土地复垦和土地开发。由于该规划将三者并列，在一定程度上造成了概念上的模糊。从层次上看，土地整理是“对田、水、路、林、村进行综合治理”，应包含土地复垦和土地开发。实践中对土地开发整理、土地整理未做明确区分，可视为同一概念。

1.1.2 土地整治内涵发展与外延变迁

内涵即概念，是事物的特有属性的总和；外延是适合这个概念的一切对象的范围以及组成对象的类型。总的来看，现代意义上的土地整治在引入中国之初，学术界对其的认知和理解抓住了土地整治内涵中最为重要的两点，即优化土地关系和改善用地条件，而且似乎更看重土地权属关系调整。从相关研究可以看出，学术界关于土地整治概念和内涵的界定与国际上的通行认知基本一致，认为土地整治是指根据需要对土地利用及权属关系进行调整，以充分合理利用土地；采取一定的法律手段，对土地利用方式、土地利用结构与土地利用关系进行重新规划与调整，以提高土地利用率；其内容包括建立土地制度、调整土地关系、提高土地利用率、增加土地产出率和降低土地占用率五个方面。

从 1999 年至今，伴随着土地整治活动的兴起与发展，土地整治的内涵逐步发生变化，外延也逐步扩张。这一变化可分为三个阶段。

第一阶段是“土地整理”快速发展阶段（1999～2007 年）。1998 年，由地质矿产部、国家土地管理局、国家海洋局和国家测绘局共同组建国土资源部。1999 年修订后的《中华人民共和国土地管理法》明确提出“国家鼓励土地整理”和“国家实行占用耕地补偿制度”。2001 年国家安排了第一批土地整理项目（通过国家计划方式下达），随后出台了《全国土地开发整理规划（2001～2010 年）》和土地开发整理项目监理、设计、预算、测绘所应具备的资质、操作规范、建设标准、预算标准。这一阶段的“土地整治”概念依据王万茂、韩桐魁主编的《土地利用规划学》，是指“改变土地利用的不利生态环境条件的综合措施”，其类型有“水土流失地、盐碱地、沼泽地、风沙地、红黄壤低产地和海涂整治”。结合这一时期土地整理工作的实践，可以看出，此阶段的“土地整治”部分包含在土地整理之内，是土地整理中的特定类型。

第二阶段是我国土地整治的扩张阶段（2008～2016 年）。2008 年国土资源部下发了《关于开展土地整治规划编制工作的通知》，土地整治被赋予新的内涵，取代并拓展了上一阶段的土地整理概念。十七届三中全会明确提出要“大规模实施土地整治，搞好规划、统筹安排、连片推进”。2010 年，我国土地整治在范围上开始由农村土地向城镇工矿用地延伸。从单纯的农田整理，向多维综合方向发展，与村庄整治相结合，与城市化工业化发展相结合，与城乡一体化相结合。“十二五”期间，国务院分别于 2012 年和 2013 年批准了《全国土地整治规划（2011～2015 年）》和《全国高标准农田建设规划（2011～2020 年）》。依据《全国土地整治规划（2011～2015 年）》，“土地整治”是对低效利用、不合理利用和未利用的土地进行治理，对生产建设破坏和自然灾害损毁的土地进行恢复利用，以提高土地利用率的活动，包括农用地整理、土地开发、土地复垦、建设用地整治等。从土地整理到土地整治，不是概念上的简单替换，而是内涵的明确与外延的扩张。土地整治不仅是继续落实最严格的土地管理制度、大力推进耕地保护和节约集约用地的有效手段，同时也成为打破城乡二元结构、加快推进新农村建设和城乡统筹发展的重要途径。

第三阶段是我国土地整治的全面推进阶段（2017 年初至今）。至 2017 年初，我国已确立了全国、省、市、县四级土地整治规划体系。2017 年出台《全国土地整治规划（2016～2020 年）》，确定了土地整治的目标任务，着力打造以土地整治为主要内容的统筹城乡发展平台，促进工业化、城镇化、农业现代化同步发展；将土地整治与城乡建设用地增减挂钩有机结合，解决城乡建设对耕地双向挤占与浪费问题，促进城乡土地利用布局和结构优化，促进城乡要素流动；形成了国家标准和行业标准为主导，地方标准为补充、涵盖土地整治全过程的技术标准体系；初步建立了土地整治规划、可行性研究、规划设计、预算编制及项目验收、土地质量评价等各工作环节的技术标准；取得了土地利用形态重塑、土壤有机重构、设施配套、生态修复、施工工艺与装备等 5 个层面土地整治技术成果；研发了盐碱地暗管排盐、旱改水消碱、渍水区耕地土壤剖面重构、坡地固土保水型土壤改良、集水设计、生态排渍沟渠设计、新型高效灌溉、土地生态管护、煤矸石充填复垦、污染土壤修复、损毁土地复垦等重大技术，为土地有效利用、拓展资源利用空间提供了技术支撑；结合土地整治和高标准农田建设实际，开发了农田道路非硬底化、生态型渠系、生态护坡、土壤改良剂等新材料、新工艺，逐步将开沟埋管机、激光平地机、野外移动数据采集终端、便携式土壤剖面扫描仪等设备应用到土地整治中。

从土地整治三阶段的变化可以看出：1999～2017 年，土地整治内涵的变化与外延的不断拓展，由自然性工程转变为综合性社会工程，成为保发展、守红线、促转变、惠民生的基础平台，已上升为国家层面的战略部署，对国家粮食安全战略、新农村建设战略、城乡统筹发展战略起到重要支撑作用。从实施项目的范围看，由相对分散的土地开发整理项目向集中连片的综合整治转变，并从农村延伸到城镇；从土地整治目标看，由增加耕地数量为主向增加耕地数量、提高耕地质量、改善生态环境并重，并推进新农村建设和城乡统筹发展相结合转变；在土地整治手段上看，已由以项目为载体向以项目、工程为载体结合城乡建设用地增减挂钩、工矿废弃地复垦调整利用等政策的综合运用转变；从土地整治内容上看，已由以农用地整理为主，转向农用地、农村建设用地、城镇工矿建设用地、未利用地开发与土地复垦等综合整治活动。

根据当前土地整治目标、内容、手段等方面的实践，土地整治的概念可表述为：在一定区域内，按照土地利用总体规划、土地整治专项规划确定的目标和用途，有效整合与整理复垦开发活动相关的各类资金，共同投入项目区集中使用，并通过采取行政、经济、法律和工程技术措施，对田、水、路、林、村、房进行综合整治，以增加有效耕地面积，提高耕地质量及土地节约集约利用程度，为新农村建设和城乡统筹发展搭建平台。究其属性，土地整治是一个涉及自然、生态、经济、社会、工程和技术等诸多领域的复杂系统，不仅包含土地利用不同利益主体关系的重构，而且涉及低效利用、不合理利用和未利用土地的治理改造。因此，土地整治既是应用性和实践性强的系统工程技术，也是针对性和实效性强的社会治理事务，兼具工程建设属性和社会治理属性。其中，工程建设属性主要表现为平整土地和配套建设基础设施以及为做好这些建设而开展的勘查测绘、规划设计等活动，有助于增加（准）公共品供给；社会治理属性主要表现为土地权属的合理调整以及由此产生的（准）公共品优化配置和土地资源合理利用，需要在政府及其组成部门的指导和支持下由相关利益主体通过协商合作方式实施，有助于改善社会治理。

从外延上看，按照土地整治对象、投资主体、投资导向等，可以将土地整治分为不同的类型：(1) 根据土地整治对象的不同，土地整治在总体上包含农用地整治和非农用地整治。农用地整治主要包括耕地整治、园地整治、林地整治、牧草地整治和养殖水面整治等，整治内容一般包括平整土地、改良土壤、归并零散地块、规范地块形状、建设田间道路工程和农田水利设施等；非农用地整治主要包括村镇用地整治、城镇用地整治、独立工矿用地整治、交通和水利设施用地整治等。(2) 土地整治一直强调多元化的投资渠道，但实践中大多是以政府牵头、公共财政投入为主，社会资金为辅。(3) 根据土地整治项目投资导向，可分为：高标准基本农田建设、城乡统筹、城镇废弃工矿用地复垦、低丘缓坡土地综合开发利用等土地整治类型。

高标准基本农田建设是通过土地平整、农田水利建设、田间道路的规划等手段实现农业的规模化经营，促进农业产业化、释放农村劳动力，不仅能促进新农村建设，也能实现农民自主的城镇化，缩小城乡收入差距。

城乡统筹土地整治提出了城乡建设用地增减挂钩政策。所谓城乡建设用地增减挂钩，是指依据土地利用总体规划和土地整治规划，将若干拟复垦为农用地的建设用地地块（即拆旧地块）和拟用于城乡建设的地块（即建新地块）共同组成拆旧建新项目区（以下简称项目区），通过土地复垦和调整利用，实现项目区内耕地面积有增加、质量有提高，建设用地总量不扩大、布局科学合理的土地整治措施。将城市建设用地的增加与农村建设用地的减少相挂钩，一方面可缓解经济高速发展时期城市建设用地紧张的局面，另一方面，通过将农村建设用地置换到城市土地市场进行拍卖所获得的土地级差收益返还农村，用于修建农村新型社区，改善农村的生产、生活条件。

城镇废弃工矿用地复垦属于城市建设用地整治的范畴。作为土地整治的重要内容，城镇废弃工矿用地复垦是维持生态平衡、促进可持续发展的重要手段。废弃工矿用地不仅影响自然景观和人文景观，而且常给人类带来一系列的灾害，如几乎所有的矿区都不同程度地遭受过滑坡、崩塌、泥石流的危害。城镇废弃工矿用地的复垦不仅能够增加建设用地的供给或耕地数量，也能减轻灾害破坏。

低丘缓坡土地综合开发利用也属于土地整治的内容。低丘缓坡土地综合开发利用是指低山丘陵区集中连片分布的、坡角25°以下的山坡地和可以改造的荒滩区域，通过技术工程手段宜耕则耕、宜建则建、宜林则林的土地开发类型。低丘缓坡土地综合开发作为后备土地资源综合开发的一种类型，实施难度大、成本高。

1.2　土地整治的指导思想与基本原则

土地整治指导思想是指导土地整治规划制定和实施的基本思路与观念，是贯穿规划管理始终的战略思维，对确定土地整治的战略目标、寻找战略重点和采取战略措施具有十分重要的意义。

《全国土地整治规划（2016~2020年）》提出了土地整治的指导思想和基本原则。土地整治的指导思想是：全面贯彻落实党的十八大和十八届三中、四中、五中、六中全会精神，深入贯彻习近平总书记系列重要讲话精神和治国理政新理念、新思想、新战略，紧紧围绕统筹推进“五位一体”总体布局和协调推进“四个全面”战略布局，牢固树立创新、协调、绿色、开放、共享的发展理念，按照党中央、国务院决策部署，坚持最严格的耕地保护制度和最严格的节约用地制度，实施藏粮于地和节约优先战略，以提升粮食产能为目标，大力推进农用地整理和高标准农田建设，夯实农业现代化基础；以促进城乡统筹发展为导向，大力推进城乡散乱、闲置、低效建设用地整理，推动美丽宜居乡村建设和新型城镇化发展；以精准扶贫、精准脱贫为要求，大力推进贫困地区土地综合整治，加大政策、项目、资金支持，助力脱贫攻坚；以保护生态环境为前提，大力推进废弃、退化、污染、损毁土地的治理、改良和修复，促进土地资源永续利用。

土地整治应遵循以下基本原则：

（1）坚守耕地红线。围绕落实国家粮食安全战略，坚持最严格的耕地保护制度，以大规模建设高标准农田为重点，合理安排土地整治重点区域和重大工程，全面划定永久基本农田，大规模推进土地整治、中低产田改造和高标准农田建设，确保耕地数量和质量有提升，夯实农业现代化和粮食安全基础。

（2）促进城乡统筹。坚持区域协同、城乡一体，以节约集约用地为核心，统筹安排农村建设用地整理、城乡建设用地增减挂钩、工矿废弃地复垦利用、城镇低效用地再开发等活动，调整优化城乡建设用地结构布局，促进土地要素在城乡间有序流转，助推一二三产业融合发展，推进城乡基本公共服务均等化，促进新型城镇化发展和美丽乡村建设。

（3）加强生态保护。落实生态文明建设要求，实施山、水、林、田、湖综合整治，加强生态环境保护和修复，坚持保护优先、自然修复为主，加强对水土流失、石漠化、沙化等严重的环境敏感区、脆弱区土地生态环境整治，提高土地生态服务功能，筑牢生态安全屏障。

（4）维护群众权益。坚持农民主体地位，尊重农民意愿，保障农民的知情权、参与权、监督权和受益权，切实维护农村集体经济组织和农民合法权益；坚持工业反哺农业、城市支持农村，加大新增建设用地土地有偿使用费、耕地开垦费和增减挂钩收益对农村的投入，鼓励社会资本投向农村，改善农民生产生活条件，保证农民共享工业化、城镇化发展成果。

（5）坚持政府主导。坚持政府主导、国土搭台、部门协同、上下联动、公众参与的工作机制，加强政府的组织领导，强化部门合作，有效发挥整体联动的综合效应；建立健全激励机制，充分调动社会各方和农民的积极性、主动性，推进土地综合整治。

（6）坚持因地制宜。立足地方经济社会发展水平，顺应人民群众改善生产生活条件的期待，统筹安排、突出重点、循序渐进推进各项土地整治活动，避免不顾实际大拆大建，增加人民生活负担。

1.3 目标任务和主要内容

根据《全国土地整治规划（2016~2020 年）》，土地整治的目标任务包括：

（1）加快推进高标准农田建设，落实藏粮于地战略，积极推进高标准农田建设。在“十二五”建成 4 亿亩高标准农田的基础上，“十三五”时期全国共同确保建成 4 亿亩、力争建成 6 亿亩高标准农田，其中通过土地整治建成 2.3 亿~3.1 亿亩，经整治的基本农田质量平均提高 1 个等级。

（2）全面提升耕地数量质量保护。落实最严格的耕地保护制度，开展农田基础设施建设，努力补充优质耕地。通过土地整治补充耕地 2000 万亩；通过农用地整理改造中低等耕地 2 亿亩左右。

（3）城乡建设用地整理取得积极成效。落实最严格的节约用地制度，积极稳妥推进城乡建设用地整理。有序开展城乡建设用地增减挂钩，优化城乡土地利用布局与结构，提高用地质量和效益，整理农村建设用地 600 万亩，更新改造 600 万亩城镇低效用地，促进单位国内生产总值的建设用地使用面积降低 20%。

（4）加大土地复垦和土地生态整治力度。落实生态文明建设要求，生产建设活动新损毁土地全面复垦，自然灾害损毁土地及时复垦，大力推进历史遗留损毁土地复垦，复垦率达到 45%以上，努力做到“快还旧账、不欠新账”；同时要开展土地生态整治，加强农田生态建设。

（5）支持脱贫攻坚和易地搬迁取得实效。土地整治项目、增减挂钩指标安排向贫困地区倾斜，支持当地运用增减挂钩政策推动扶贫开发和易地扶贫搬迁等工作，适当扩大增减挂钩节余指标使用范围，充分显化土地增值收益，促进贫困地区脱贫致富。

（6）土地整治制度和能力建设进一步加强。落实全面依法治国战略，大力加强土地整治法律制度、基础能力建设和人才队伍建设。

我国人多地少的国情决定了土地利用政策要把保护耕地数量、提高耕地质量放在首位。目前，我国耕地分散化、细碎化非常严重，耕地质量等级差异较大。这种情况就要求新时期的土地整治加入高标准农田建设的内容，为现代农业创造条件。高标准基本农田建设不追求增加耕地数量，而以建设旱涝保收的基本农田、提高耕地质量为目标，注重质量的挖潜。完善的土地整治规划空间体系能够将各个部门的涉农资金整合，形成合力，投入到土地整治项目中去，取得事半功倍的效果。否则，各个部门各自为政，管理混乱，容易造成重复投资，降低土地整治的社会、经济、生态效益。

土地整治的主要内容包括：（1）调整农地结构，归并零散地块；（2）平整土地，改良土壤；（3）道路、林网、沟渠等综合建设；（4）归并农村居民点、乡镇工业用地等；（5）复垦废弃土地；（6）划定地界，确定权属；（7）改善环境，维护生态平衡。

1.4 我国土地整治历史沿革

现代意义的土地整治所包含的内容，特别是农用地整理、农田水利建设及未利用地开发，从我国农耕文明起源开始，历朝均有不同程度的实践与经验总结。纵观我国土地整治历史，可以看出：（1）提高土地利用效率，协调人地矛盾一直是土地整治活动的核心目标。历代统治阶级从维护他们的政治经济利益出发，制定了一系列土地政策法规，以期调整土地关系，合理组织和监督土地利用，加强土地开发、整治、保护，力图对土地实行最有效的管理。（2）以政府为主导，以土地制度推动，是主要管理模式。土地整治活动所带来的人地关系的调整，会影响到制度的调整，甚至推动社会变革。（3）土地整治能力，受生产力水平，尤其是农业技术水平的制约，并推动农业技术水平的发展。因此，了解我国土地整治历史，以史为鉴，对我国当前土地整治的合理推进，有重要的指导意义。

1.4.1 古代土地整治

土地整治有记载的历史可以追溯到西周，甚至夏、殷时期的井田制❶。井田制反映了当时的土地产权关系以及为划分地界而进行的沟渠、道路等农业设施建设情况。这一制度如果在历史上存在，可以视为中国古代农村土地整治的典型代表，并以明确产权关系为主要特征。“井田”是有一定规划面积和边界的方块田。长、宽各百步的方田叫一“田”，百田为一“夫”，即一个劳动力耕种的土地。井田规划各地区不一致，有些地方采用十进制，有些地方则以九块方田叫一“井”。一井的面积是方一“里”，一百井是方十里，叫“成”，可容纳九百个劳动力；一万井是方百里，叫“同”，可容纳九万个劳动力。据《孟子·滕文公》记载：“方里而井，井九百亩。”“夏后氏五十而贡，殷人七十而助，周人百亩而彻。”井田制既涉及田块规整和土地关系的调整，又涉及配套工程布置，如郑玄注《周礼·地官·小司徒》：“沟洫为除水患。”在井田的田与田、里与里、成与成、同与同之间，分别有大小不同的沟道，称为“遂、沟、洫、浍”，各种沟道的大小、深浅和通道的宽窄，都有一定的规格；与沟道平行，还有纵横的通行道，叫“径、畛、途、道”，其中，“畛”是老牛车行的路，“径”是仅能走牛、马的乡间小道，径、畛近似于当前的田间道与生产路，用于划分耕作田块，将耕作田块进一步细分之田埂当为畹。古代的“畛”演变为两个含义：一指田界，《广韵·轸韵》：“畛，田界”；二是田区，即指以畛为界的田区，并引申为田区之内的土地面积或长度单位。耕作方式可能采用甽亩法以改善旱涝问题：甽是沟，亩是垄，“上田弃亩，下田弃甽”，在高田将作物种在沟里，在低田将作物种在垄上。

从春秋末到战国，铁制农具的出现，增强了进行土地整治的能力，一些大型水利工程

---

❶ 由于关于井田制的相关考古资料的缺乏，有学者认为，井田制可能仅是一种乌托邦式的理想制度

陆续修建。这一时期，农业产出提高的主要途径是从增加耕地面积转移到提高耕地质量。不论是实行“辟草莱”以扩大农地面积，或“尽地力之教”以提高单位面积产量，都要求改善灌溉条件，农田水利工程的重点由防洪排涝逐步转移到农田灌溉上。约公元前600年，孙叔敖兴建期思雩娄❶灌区，是中国最早见于记载的灌溉工程。春秋战国时代曾修建过多处大型自流灌溉工程，著名的有引漳十二渠、都江堰、郑国渠等。魏国的西门豹在邺（今河北临漳）主持修渠引漳水灌溉。秦昭襄王时，李冰开凿都江堰，将岷江分为内外江，起航运、灌溉与分洪的作用。东股内江，是灌溉渠系的总干渠，再分成许多大小沟渠河道，组成一个纵横交错的扇形水网，灌溉成都平原。都江堰石人水尺的应用、渠口选择、对盐碱土的认识和改造等，都有重要意义。秦孝公于公元前359年命商鞅在秦国国内颁布《垦草令》重农抑商，特别奖励垦荒，“废井田，开阡陌”，废除奴隶制土地国有制，实行土地私有制，允许自由买卖，农民有了一定的经营自主权，农业生产的积极性有很大提高。

春秋战国时期，古人从气候、土壤、水文、水利工程等方面对农用地整治进行了探讨。《荀子·王利》已认识到农田水利的重要意义：“高者不旱，下者不水，寒暑和节，而五谷以时熟，是天下之事也。”《吕氏春秋·圜道》指出了降水受东南季风影响的事实。《周礼·职方氏》罗列了全国主要的河流湖泊分布及其灌溉效益。《管子·地员》对地下水质和埋藏深度与其上土壤性质和作物的关系有所说明。在农田水利工程和灌溉技术方面，在此期间也已经使用桔槔❷提水灌溉；《管子·度地》的一些论述，表明当时对明渠坡度计算、有压管流的水力学现象、水跃以及土壤含水量与施工质量的关系等有所认识。

秦始皇统一中国后，实现了“车同轨”，推行“标准化”道路建设，如“驰道”路面幅宽为50步，路基高出两侧地面以利排水，路面需夯实，每隔三丈种一株青松为行道树。由郑国主持兴修的大型灌溉渠，西引泾水东注洛水，把干渠分布在灌溉区最高地带，不仅最大限度地控制灌溉面积，而且形成了全部自流灌溉系统，可灌田四万余顷。

汉朝至南北朝时期，海河、黄河、淮河、长江、钱塘江诸流域农田水利建设均有发展，其中以淮河流域陂塘❸建设成就更为突出。汉文帝后六年，解除山泽之禁，允许民众垦荒（《汉书·文帝纪》）。景帝允许百姓向土广田饶地区迁徙，以鼓励发展农耕生产。汉朝专制水利灌溉法规，如左内史倪宽曾“表奏开六辅渠，定《水令》以广溉田”，南阳太守召信臣也曾“为民作均水约束，刻石立于田畔，以防分争”❹。仅国都所在的陕西关中就兴建了六辅渠、龙首渠和灵轵渠等水利工程。如山西引汾水和黄河水，河南汝南和安徽西部引淮水，山东引巨定泽水和汶水等。淮河上中游多丘陵，适于修建陂塘。三国时期曹魏在淮河南北大兴屯田，修建陂塘等灌溉工程较多，但工程不免粗略，且重灌轻排，因此到西晋时期，“水灾频仍”。除淮河流域之外，唐白河流域的陂塘也较发达。

这一时期在农水工程技术、灌溉方式、土地平整技术等方面均取得了一定成就。龙首

❶ 参见《淮南子》：“孙叔敖决期思之水，而灌雩娄之野。”

❷ 桔槔始见于《墨子·备城门》，作“颉皋”，是一种利用杠杆原理的取水机械。

❸ 利用低洼之地汇集周边水源而形成的池塘。《国语·周语下》：“陂塘污庳，以钟其美。”韦昭注：“畜水曰陂，塘也。”

❹ 见《汉书·循吏·召信臣传》及注。

渠的大型无压隧洞，标志着测量和施工的水平。一些灌溉机械和水力驱动的机械，如翻车（龙骨水车）、渴乌（虹吸管）、水排（水力鼓风机）等得以应用。当年灌渠已有闸门控制水量，输水渡槽已经出现，凿井开采地下水以及井壁衬砌技术已较成熟。井渠法传到新疆以后逐渐发展成为一种独特的灌溉方式——“坎儿井”，解决了干旱地区开渠塌方或沙土漏水和蒸发量大的难题。西汉《氾胜之书》记载了一种埋设瓦瓮进行渗灌的方法：“以三斗瓦瓮埋著科中央，令瓮口上与地平，盛水瓮中，令满；种瓜瓮四面各一子，以瓦盖瓮口。水或减，辄增，常令水满。”通过瓦瓮的渗透作用，减少了蒸发，节省了灌溉水量，这是北方地区一种简单易行的节水灌溉方法。此外，这一时期还创造了放淤压碱，成为后来治理盐碱地的重要手段之一。《汉书·食货志》总结了不同质量农地休耕方式：“岁耕种者为不易上田，休一岁者为一易中田，休二岁者为再易下田。”北魏《齐民要术·水稻》提出水稻格田平整原则：“畦畔大小无定，须量地宜，取水均而已。”指出需根据地形地势情况，决定格田大小，使淹灌水深浅均匀。北魏时期开始落实均田制并以此为基础建立了完整的赋税、军事制度，限制了土地兼并。此后的北齐、北周、隋及中唐之前，大体上沿用均田制。

隋唐宋时期，北方地区农田放淤和水利管理有重大进步，南方蓄水塘堰迅速发展，圩田水利成就显著。圩田一般建在滨湖或滨河地区，用圩岸将圩田与外水隔开。圩岸上建闸，将圩田灌排沟渠与外水沟通。低田可自流引灌，高田借助水车提水灌溉。太湖圩田兴起较早，唐代后期已较发达。但因太湖中部地形洼陷，加上排水河道逐渐淤积，又有运河河道阻碍太湖泄水等原因，圩田常受洪涝威胁。北宋范仲淹曾提出治理规划，把圩田兴修与水利建设结合起来，认为修围、浚河、置闸，三者如鼎足，缺一不可，“三者备矣，水旱岂足忧哉”；赵霖于政和六年主持施工，取得一定成效。除太湖流域外，湘、鄂、皖沿江地区也有圩田兴作。在田间灌溉技术方面，唐代主要灌区内各支渠之间和支渠控制范围的各斗渠之间，按作物需水和地段的不同实行轮灌。水利设施的形式以兼有排、蓄功能的堤堰、陂塘为主。沿海则修筑海堤，以防海潮，并改造盐碱地为农田。南宋时圩田盲目发展，许多地方废湖为田，导致水旱失调，也有一定的破坏作用。在南方山区主要是营造梯田，其前身是畲田❶，盛行于唐；因畲田是顺坡种植，水土流失严重，宋代起逐渐改为沿山坡“叠石相次、包土成田”的梯田，呈现出小型化、微型化的推进趋势。如陂塘灌溉技术发展成熟的浙东丘陵地带，“深山峻谷中，溪水奔突于其间，农人筑堰以杀水势”，依山势开沟渠，逐级而下，将溪水引入田地中，两渠之间建斗门以调剂水量，余水则蓄入塘、湖之中。梯田缓和了水土流失，但常以破坏山上林木为前提；梯田的发展又促进了山区人口的增加，反过来加重了对森林的破坏，尤其在山区腹地的开发进程中，灌溉水利活动参与程度越深，其所引发的环境负面效应也越显著。南宋时期陈旉针对南方农用地，系统地论述了土地规划和利用，强调传统的“因地之宜”，对高田、下田、坡地、葑田❷、湖田与早田、晚田等不同类型田地提出了整治措施❸。

元明清时期，农田水利工程在各地普遍兴修，但著名的大型工程较少，江南地区成就

❶ 畲（shē）田，采用刀耕火种的方法耕种的田地。

❷ 将湖泽中葑泥移附木架上，浮于水面，可以移动的农田，叫葑田。陈旉《农书》卷上：“若深水薮泽，则有葑田，以木缚为田丘，浮系水面，以葑泥附木架上而种艺之。”

❸ 见陈旉（1076~?）《农书》上卷。

显著。元代屯田规模之大，组织之严密，超过以前各时期，《元史·兵志》称："海内既一，于是内而各卫，外而行省，皆屯田，以资军饷。"唐代宗广德时，就在苏州、嘉兴等平原沼泽地区设屯开垦。北宋郏亶《水利书》指出了治水必须"辨地形高下之殊，求古人蓄泄之迹"，主张要根据不同地形特点和水文条件，因地制宜兴修农田水利。据《水利书》载，在吴越时，太湖平原就形成了"五里或七里一纵浦，七里或十里一横塘"，圩田和浦塘相应布列的棋盘式圩田系统。继太湖圩田之后，两湖地区垸田和珠江三角洲堤围迅速兴起。边远地区农田水利和江浙海塘建设进一步发展。明朝吴中水利，多次施工整理以解决下游疏浚问题。灌溉系统不单是建设起来并非轻而易举，经常性地管理维修，如渠道、闸、堰等，也需要支付一定的人力物力，如果管理不善，农田水利设施不能维持长久。明代徐光启《农政全书》针对工程运作，主张"以官粮募饥民修水利之法""每岁于农隙之时，……，取土修筑"，指出工程的兴修不能影响农业生产，尽可能在农闲时节进行。《王祯农书》记载了梯田在引高处流泉时，为防止冲坏田块，在泉流入田块处，安设竹笼或木筐，以承水透溜，乃不坏田，防止水土流失。山西临汾县龙子祠灌区创造了利用泉水的地下灌溉网，这是一种典型的地下灌溉，其应用至少已有数百年的历史了。该方法先把坡地修成梯田，在地里铺一层15~20cm的卵石，卵石层中纵横交错地布置一些小水沟，沟的下游末端设有节制闸；然后在卵石层上铺一层约10cm厚的玉米秆或麦秸，再在其上垫40~60cm厚的土层。需要灌溉时，关住下游末端的节制闸，使小沟中的水位升至卵石层以上，不需灌溉时，打开节制闸，泉水就经小沟排走。

进入清朝中叶以后，在人口空前增加的压力之下，长江流域无地农民纷纷迁往川鄂陕边区山中，开垦山田。如秦岭上的留坝厅（今留坝县）原无水利，"川楚徙居之民就溪河两岸稍平衍者筑堤障水，开作水田；又叠石溪河中，导小渠以资灌溉，……，各渠大者灌百余亩，小者灌数十亩不等"❶。清代学者严如熤的《三省边防备览》"民食门"："贫不能雇工者，则于邻近十数家，每家出壮丁一名，约为二班，……，闲时则筑堤采薪，忙时则缘家耕耨。"充分调动人力，合力筑造堤堰，挖渠引水。

乾隆时期，内地能够开垦的土地已经基本开发完毕，有向边境移民以维持内地稳定的需要。乾隆皇帝认为应该采取适度引导的政策，所谓"民可使由，不可使知"。清政府在新疆试垦成功后，探索出了兵屯、回屯、犯屯、户屯、旗屯等开发形式，达到了充实和安定边境的目的。屯垦事项涉及地点选择、管理布局、民众迁移等内容，清政府特别重视，并采取自上而下的决策方式逐步扩大屯田规模。统治型开发特别依赖自上而下的决策过程，因此皇帝的个人意志决定着开发的兴与废。兵屯措施没有将屯垦与士兵的个人利益结合起来，无法调动士兵的积极性，虽然随后清政府出台了奖惩措施，而屯兵为了完成任务，自然抢先占据良好的水源条件，致使户民灌溉困难，不利于屯兵与户民等群体的和谐相处。户屯措施仅注重对户民的安置，忽视了户民与商民的能力差距，导致户民与商民之间的贫富差距拉大。就开发布局而言，清政府以伊犁回人制约准噶尔残余势力、以内地户民制约南北两路、以驻兵弹压的办法，加大了不同民族之间的矛盾，不利于群体的社会融合。此外，由于屯垦中重视北路忽视南路，导致南疆地区与北疆地区发展差距越来越大。

我国是农业国，历代王朝都非常注重土地的利用和保护，制定了许多与土地整治相关

---

❶ 据民国《续修陕西省通志稿》"水利门"记载。

的政策，以便发展农业生产，增加政府财政收入，巩固王朝政权，这些土地整治相关的政策具有以下特点：

（1）重农事、农时。在鼓励农民开垦荒地、利用国有荒地推行屯田和均田制的同时，注重农事和农时。夏、商、周三代开始，历代帝王大都行籍田亲耕之礼，以示对农事农时的重视。

（2）重视水利。夏商周至明清，历代统治者都非常注重水利工作。兴修农田水利灌溉工程，防洪抗旱工程，治理大江大河和湖堤、海堤，使水害变为水利。法律还规定对破坏水利设施的行为和官吏不报水害灾情以及治理水害不力予以处罚。如明律规定，凡盗决河防、圩岸、陂塘者，均要受重罚。

（3）土地生态环境意识逐步强化。夏商时期，我国基本还处在砍伐森林，放火焚烧，开垦农田，火田狩猎时代，加上砍伐林木制造工具、舟车、建筑宫室等，造成了大批原始森林砍伐，植被破坏，水土流失严重。周代开始，人们开始意识到保护森林的重要。采取一系列的措施，设立林业管理职官，制定保护森林的政策和法令，严禁乱砍林木，偷伐林木者给以刑罚，同时，植树造林，尤其是广植经济林木。以后历代封建王朝制定了严酷的法律保护林木，同时，大规模地植树造林。

（4）扩大耕地面积是土地整治的主要目标。宋元时期，随着人口的增加，土地利用范围扩大，各地根据自身的资源优势，山区发展梯田、圩田。明清时期，湖广的垸田兴起，西北砂石田的创造，都是当时人们充分利用当地土地资源，增加耕地面积的创举。当然，过度地围湖造田，掠夺式地利用资源，也加速了水土流失等自然灾害。

（5）政府推动是土地整治的主要方式。在以一家一户为基本生产单位的小农经济占主导地位的中国古代社会，因科技水平低下、土地幅员辽阔和人口居住分散，要想兴建较大规模的水利工程，难以依靠农民自发地进行，必然要依靠中央集权的政府来干预，从设计施工方案、提供资金、组织劳动力到经营管理等，都在政府的领导和控制之下。

1.4.2 近代土地整治

鸦片战争后，中国近代各政治派系制定了各种土地政策，企图解决土地兼并、人地失衡，但农村生产关系发展缓慢，基本上依然停留在封建的中世纪时代。

1913 年秋，袁世凯时代的北京政府设立了全国土地调查筹备处，筹办土地调查和经界整理工作。1915 年 3 月全国经界局成立，制订了《经界条例》《变更地籍章程》《土地清册》等有关经界整理办法和规则；1916 年 3 月，经界局在河北试办经界整理。因地方民众极端抵触，进展十分缓慢，7 月 11 日袁世凯下令停止清丈，全国经界局也随即裁撤。

国民革命，减租减息，曾给百姓带来希望，但是随着革命失败，农民再次陷入灾难的深渊。农村土地问题依然如故，及至 1930 年前后问题更加严重。地权高度集中，全国半数以上农民没有或缺乏土地，尤其是长江流域和黄河流域各省。租佃制度恶劣落后，实物地租、货币地租占到佃农生产所得一半左右。同时，佃权极不稳定，地主对佃农任意撤佃、限佃，甚至租外勒索，以及超经济剥削的劳役地租，押租、预租的超前剥削，包租、转租、催租吏的中间敲诈剥削，使得佃农生产和生计根本没有保障。田赋繁重，田赋绝对额年年见涨。田赋赋税种类繁杂，税率高得惊人，甚至田赋预征，地方政治腐败，征收吏极尽中饱、勒索之能事，大地主恃势滞纳、欺隐转嫁；耕农生产、生计日趋萎缩，不得不叩响高利贷大门，加速农民无地化趋势。南京国民政府建立后，为巩固其统治，不得不制定法令，加强土地管理。

民国三年，民国政府农商部颁布《国有荒地承垦条例》，规定凡国有荒地，除政府认为有特别使用之目的外，均准人民按照本条例承垦，对人民开垦国有荒地的承垦权予以承认。国民政府于1923年设置了土地局，推行“平均地权”理念，国民政府财政部为整理田赋，于1928年提出《整理全国土地计划方案》，由业主申报土地，然后据此测丈土地，评价、修正税赋，编制新的地籍图册和田粮税册。1930年《土地法》、1935年《土地法施行法》颁布施行，1934年8月国民政府成立土地委员会。

1938年国民政府制定了《水利建设纲领》，规定“西南、西北各省农田水利之开发”以增进后方生产，并设置水利建设机构，农林部农事司主持农田水利工作，经济部水利委员会主管大型灌溉工程，后方各省也都设立农田水利专门机构。1942年6月国民政府行政院下设地政署，实行土地的集中统一管理。民国时期曾参照西方国家水法，制定了《水利法》，对于农田水利还有若干补充条例，如《各省发行水利公债举办农田水利原则》，以及统筹防洪和灌溉的《整理江湖沿岸农田水利办法大纲》等。这一时期，吸收了西方的水利科学与技术，兴建了不少新型灌区；开创了农田水利科学实验，从而开始了取代古代水利技术。西北地区农田水利建设以20世纪30年代陕西兴建的几处大型灌溉工程最为著称。首先动工的是由李仪祉负责设计和施工的泾惠渠，恢复了有2000多年历史的引泾灌溉，取水枢纽由混凝土溢流坝和具有平面钢闸门、螺旋启闭机的进水闸、退水闸所组成。相继修建的有洛惠渠、渭惠渠等，其渠系引水枢纽工程布置大都采用这一形式。由于国民政府改善调整土地利用，大后方耕地面积增加，单位面积产量也有了很大提高，一定程度上解决了大后方军民粮食问题，支援了抗日战争。

1928年12月，中国共产党颁布了历史上第一个较完整的土地法律《井岗山土地法》，1931年12月又出台了《中华苏维埃共和国土地法》。1932~1934年，革命根据地进行了查田运动。抗日战争时期，为配合减租减息，开展了粗线条的土地调查。抗战胜利后的1946年5月4日，中国共产党中央发出了《关于清算减租及土地问题的指示》，各解放区进行了实现“耕者有其田”的土地改革，1947年10月，《中国土地法大纲》公布施行，各解放区普遍开展了土地清丈、划界埋桩、确权发证等工作，为建立新的土地制度奠定了基础，提供了丰富经验。延安大生产运动中三五九旅响应朱德总司令提出的戍边屯垦的号召，在南泥湾、槐树庄、大风川等地实行屯垦，开展了轰轰烈烈的大生产运动。

1.4.3 1949年至20世纪90年代的土地整治

1949年7月，全国人民政治协商会议制定了《中央人民政府组织法》，在中央人民政府政务院下设内务部。内务部下设地政司，作为全国土地管理机关。之后，土地管理逐步向各部门分散。1954年，撤销了地政司，在农业部设土地利用总局；1954年底，结合“友谊农场”的建立，在我国第一次开始有组织地进行社会主义土地规划工作。1956年，在土地利用总局的基础上成立农垦部，主管全国所有荒地和国有农场建设工作。1956年农业部通知各省进行农业社土地规划试点工作。这段土地规划工作积累下宝贵的经验，但也存在缺点，如土地规划编制的过于一般化、简单化；对必须考虑的远景做得不够，长远结合不好。1958年中央明确提出平整土地的要求，内容包括：规划耕作区，整理耕灌系统，并大田块，整修道路，迁居并村和重新配置居民点等；应该根据不同地区、不同条件，全面规划，分期进行，逐步实现；平整土地应该与改良土壤相结合，在山区丘陵区还必须与水土保持相结合。1958 年的大跃进、大炼钢铁、毁林开荒、劈山填湖造田等一系列政策，导致了大面积灾难性的生态和经济后果。1962 年颁发了《农村人民公社工作条例修正案草案》，明确了农村集体土地的范围，基本形成了适应计划经济需要的土地管理体制。

1963 年到 1966 年上半年，土地规划的任务是继续巩固人民公社经济。1963 年 11 月，在黄河中下游水土保持工作会议上，第一次提出了“通过水土保持，逐步建立旱涝保收、产量较高的基本农田”。1964 年全国提出“农业学大寨”号召，在农田基本建设上出现了山水田综合治理的趋向，在全国各地着手分期分批建设旱涝保收、高产稳产农田，进行以规划方条田为中心内容的土地规划。1966 年，土地规划学科受到批判，教学机构被撤销，土地利用的行政机构被解散，从事土地规划工作的科技人员被改行，工作几乎全面停止。1970~1972 年，由于片面强调“以粮为纲”的方针，机械地搞大寨式规划，在某些方面违背了自然规律和经济规律，规划名目繁多，五花八门，肢解了土地规划学科；1973~1976 年，国家为了充分利用土地资源提出了在不断提高单产的同时，要不断扩大耕地面积；1976 年后，在农业部恢复了土地利用局，各省相续建立土地利用管理机构，农垦部筹备恢复土地勘测设计院。

十一届三中全会之后，家庭联产承包责任制在全国范围内实施。1979 年，国务院设立全国农业区划委员会，下设土地资源组，由农业部牵头起草土地利用分类标准、调查规程，并开展土地详查试点，在试点实践基础上修改并颁布土地调查的技术标准，提出进一步加强土地资源调查的报告。1981 年中央书记处在《国土整治决定》中提出了四个开发（土地、地区、综合、大河流）、一个利用（土地）、一个整治（环境）；同年国务院在批转国家建委“报告”通知中提出了国土整治工作主要包括考察、开发、利用、治理、保护五个方面。1982 年初，国务院机构进行改革，撤销国家建委，国土局划归国家计委领导（后改名国土综合开发规划司）。同年，修订了《国家建设征用土地条例》《村镇建房用地管理条例》，改革土地管理体制。1984 年，国务院批准部署在全国开展土地调查工作。1982~1986 年，国家实行所谓城乡分管的体制，地方的农业部门建立了土地管理部门，而城市内部则保留了房地产管理局，部分恢复了地政管理职能。20 世纪 80 年代中期，我国曾一度煤炭短缺，政府提出“大矿大开，小矿放开，有水快流，国家、集体、个人一起上”的政策。虽然暂时缓解了煤炭紧张的局面，但助长了乱采滥挖、掠夺式开采之风，造成煤炭资源严重浪费、地表沉陷、地下水位下降等一系列问题。1986 年，我国又发布了《中共中央、国务院关于加强土地管理、制止乱占耕地的通知》，要求强化土地管理，刹住乱占耕地之风。同年，第六届全国人大常委会通过并发布《中华人民共和国土地管理法》，明确了全国地政和城乡地政统一管理的原则。1988 年，修改《中华人民共和国土地管理法》，确定了土地所有权与土地使用权相分离的原则；实行国有土地有偿使用制度。1990 年，颁布了《城镇国有土地使用权出让和转让暂行条例》，城镇土地有偿使用走上法制化的轨道。1990 年以来，我国土地管理工作取得了巨大成就：以市场配置土地资源为主的土地有偿使用制度改革进一步推进，土地市场秩序逐步规范，土地法律法规体系更加健全，耕地保护制度逐步完善，农用地转用和土地征用进一步规范，土地利用规划和用途管制得到落实。

中国台湾地区将土地整治称作土地重划，其目的是改进土地利用环境与增大土地利用效能，主要内容包括调整地块的高低、大小、形状以及分布状况，改善交通、水利和其他环境条件，划定各区土地范围，在具体操作上分为市地重划和农地重划。市地重划的功能是使都市土地使用与都市计划实施密切配合，以加速都市建设发展。农地重划有广义与狭义之分，狭义农地重划仅对畸零狭小的农地进行交换分合并规整为符合一定标准的地块，广义农地重划是指在狭义农地重划的基础上配套建设农业基础设施，由土地权利人组成的重划委员会实施，政府承担部分费用。

农地重划的功能是使农户田块集合成片，便于集中管理，减少往返田块之间所费时间和劳力；使农场房舍集中，减少田界用地，压缩非耕种土地，增加生产地面积；对农场道路进行调整，以便利交通；修筑合理的排灌系统，保证田块排灌畅通；规定农场的最小面积，以防止再度分裂；调整田块的大小与形状，以利于田间机械作业；实施各项土地改良措施，以提高土地产出率；进行土地分配与地价分割等。

中国台湾农地重划，按其时间与性质划分，可分为以下 6 个阶段：（1）试办农地重划。1958~1959 年在台南县及屏东县试办农地重划，以吸取经验。（2）八七灾区农地重划。1958 年 8 月 7 日，中国台湾中部地区发生大水灾，农田受灾惨重，1960 年以农地重划方式实施灾区重建。（3）示范农地重划。为吸收更多的农地重划经验，1961 年选定 11 个地区办理示范性的农地重划。（4）第一期 10 年农地重划。经过试办与示范重划以后，中国台湾已经对农地重划有相当的经验，从 1962 年起展开大规模的 10 年农地重划计划，预定完成重划面积 30 万公顷，但至 1971 年共完成 26 万公顷。（5）第二期 10 年农地重划。完成第一期 10 年农地重划以后，暂停两年，以便检讨并准备展开第二期 10 年农地重划工作。并从 1974 年起每年预定完成 2 万公顷，但并未达到预定目标。（6）经常性农地重划。自 1984 年起将农地重划列为经常性地政业务之一，视各年度经费及业务需要选定一些地区办理重划，每年面积大小不一，但约在 2000~3000hm^2之间。

中国台湾农地重划对改善农业生产环境、扩大农场经营规模、提高农地生产力、增加农民收入有相当贡献，但也存在不足，主要表现为：（1）早期农地重划的农村道路宽度大多只有 2~3m，如今比较大型的农业机械难以进出田间，面临再重划问题；（2）重划以后，原来分散的耕地未做到完全集中，这对扩大农场规模有一定障碍；（3）土地重划后，以分配图作为地籍原图，未再进行测量，易引起日后纷争；（4）部分农民分配到土地后需要自行整地，增加负担，且难以做到公平；（5）重划后，农、水、路维修不善，且有的被占用，重划后的成果管护不力。

1.5 国外的土地整治

1.5.1 国外土地整治概述

“土地整治”一词最早出现在德国、俄罗斯等欧洲国家的历史记载中。德国于 1250 年在巴伐利亚州进行了以地块合并为主要内容的土地整治实践。1886 年，巴伐利亚王国首次在法律上提出了“土地整治”的概念，并建立起土地整治的专门机构。1953 年德国颁布了第一部《土地整治法》，德国土地整治的任务是农村地产的重新调整，其目的在于改善农业和林业的生产条件，促进农村及人口密集地区的发展和自然保护。土地整治的具体措施包括田块调整、公路建设、村庄更新、土壤保护、水利建设、景观保护等。土地整治不仅涉及土地利用，而且要重新调整地产，因此，只要对土地所有者有利，土地整治机关认为必要，就可以布置土地整治工作。这里主要考虑土地所有者整体的客观经济效益，有时也有可能违背部分土地所有者的意愿。在实施过程中，土地整治要与公民、乡级政府、农业局、自然保护管理处、水利局、测量局、森林局、公路局、文物管理局、铁路局、航运局等单位进行长时间的协商，以取得上述单位和私人的谅解与支持。

日本的土地改良包括地块交换、土地分合、荒地开垦、地类转换、排水造田、填海造田以及新（修）建道路和沟渠等农业设施，一般由土地所有者组成的合作组织实施，政府给予适当补助。

1854 年荷兰颁布的《荷兰土地整治条例》主要针对农村地区，在随后的几十年里，由于人口增长、城市化和环境保护意识的日益增强，而休闲娱乐、自然景观保护和基础设施建设等不断占用农业用地，顺应土地整治功能多元化的要求，从 20 世纪 80 年代农业与渔业部颁布《乡村发展的布局安排》开始，逐步出台了《户外娱乐法》《自然和景观保护法》，新的《荷兰土地整治条例》于 1985 年 10 月实施生效，由此构建了荷兰乡村发展的主要法律体系，“土地景观”和“生态平衡”等逐步取代“农业发展”，上升为土地整治的重要内容。2016 年 11 月，以“可持续发展的土地整治与土地重划”为主题的国际研讨会在荷兰阿培尔顿召开，会上通过的《土地整治与土地重划阿培尔顿倡议》重申了联合国粮农组织关于土地整治的界定，即“统筹调整土地所有者和使用者产权结构的综合措施”；同时指出，围绕土地产权调整开展的土地整治可视情况进行内容的增减。该倡议既是荷兰 100 年土地整治实践的总结，也是各国（地区）土地整治经验做法的提升。

俄国于 17 世纪就开展了土地整治工作。1779 年在莫斯科建立了世界上第一所土地整治学校，即现今俄罗斯国立莫斯科土地整治工程大学，培养了大量土地整治人才。俄国土地整治具有明显的技术延续性，至今已发展成为非常完整和系统的土地整治体系。俄国土地整治的主要任务是调整土地关系、合理组织土地利用和土地资源管理，通过土地整治解决的生态、经济和社会问题包括：建立和完善土地占有和土地使用制度；实施土地占有、土地使用、土地租赁和经营的各种形式和措施；确定土地税赋和地租、征地补偿费；确定城市、城镇和农村居民点的用地界线；论证各项水利工程的自然保护设施的建设和相应的投资计划；为合理利用土地创造良好的空间条件；制定自然景观的保护和改善、土地复垦、低产土地改良、防治水土流失以及土地退化、防治土地污染等各项技术措施体系；制定土地调整、田块整理、田间沟渠和护田林带、轮作田区和轮牧田区、田间道路等设计方案并加以实施。

在土地整治的起源和发展中，各国土地整治的内容随着其自然、社会和经济发展的变化，不断地进行调整和完善，逐步形成了各自相对完整的体系。德国、荷兰、法国、俄罗斯、加拿大等国将调整土地利用结构和土地关系，实现土地利用规划目标的过程称为土地整治；日本称为土地整治和整备；韩国称为土地调整。虽然名称不同，但土地整治的主要内容基本相同，其中以德国、荷兰的土地整治最具代表性。

1.5.2 典型国家的土地整治

1.5.2.1 荷兰的土地整治

荷兰土地整治模式包括四种类型：

（1）非农土地整治。基于非农目的的土地整治专指在非农业用途占主导地位的区域进行的土地整治。这些区域分布在城市的附近，休闲娱乐、道路建设等不断占用农业和自然用地，而这些地方也许对自然景观保护以及农业发展是重要的。在这些区域，不同功能均存在，非农目的土地整治成为该类型区域最合适的土地整治方式。非农土地整治项目的决策者是省级政府。休闲娱乐和景观保护等公共用地可以征用土地。非农土地整治包括整理区土地的重新分配，土地分配之前，最多可以扣除3%的土地，但仅能用于道路、渠系和有关基础设施。

（2）农业土地整治。基于农业目的的土地整治是针对以农业用途为主的区域。在这些区域，其他用途的重要性可以忽略，但可以采取措施来保护和开发自然生态景观，保证休闲娱乐以及公共用地。农业土地整治项目的决策者是土地所有者和使用者。整个项目区的土地将重新合并和分配，不存在土地征用行为；土地分配之前，可以最多扣除5%的土地用于道路、渠系、其他公共用途如休闲旅游用地、自然保护用地等。

（3）土地调整。土地调整是专门为消除因公路、铁路、河流整治等基础设施建设而引起的各种土地利用限制的一种土地整治形式。旅游、军事和饮用水水库常被认为是具有地区或全国性作用的基础设施。土地调整常在实施基础设施建设时进行，但土地调整的范围通常是有限的。调整的土地不包括基础设施建设本身的用地。

（4）协议土地整治。基于协议的土地整治的目的是改善小范围内、有限数量的土地所有者的土地分布状况。事实上，基于协议的土地整治是土地所有者之间的土地分配协议。这种类型的土地整治目前主要是通过地块交换的方式进行。

A 农业土地整治和非农土地整治

农业土地整治和非农土地整治在程序上基本相似，一般分为启动、准备和实施三个阶段。

（1）启动阶段。启动阶段始于向主管部门提出申请，到提出项目计划结束。

（2）准备阶段。土地整治委员负责土地整治项目的准备工作，工作内容包括制定计划和规划，以及决定土地整治工程是否实施。土地整治计划构成项目是否实施的决策基础，主要包括：项目区及各地块的边界、现状描述、开发建议、项目目标和将要实现的基础设施概况、初步的土地征用计划、项目在经济环境等方面的预期效果、初步成本估计和分摊、图件。初步规划制定出来后，土地整治委员会将其在项目区公示3个月。在此期间，土地整治委员会还需组织讨论，征求意见，形成公众参与报告。如果需要，土地整治委员会将修改初步规划，然后将初步规划和公众参与报告提交中央土地整治委员会。中央土地整治委员会对初步规划进行评估、修改后提交省政府；省政府将进行为期1个月的公众监督，在此期间任何人都可提出意见；公众监督期满后，省政府根据省级规划政策和公众意见，制定土地整治详细规划；详细规划制定后再公示。在此期间，土地所有者、使用者可以向最高权力机构提出上诉，但仅限于对户外休闲、自然或土地景观方面。关于“是否实施土地整治”，非农土地整治由省政府决定，农业土地整治则由土地所有者和使用者投票决定。

(3) 实施阶段。实施阶段包括划界规划、土地所有权分配、公共用地的管理与维护等。划界规划通常在项目实施的最后阶段制定，但必须在土地分配计划公示前。划界规划包括指明分配给公共机构、土地所有者、使用者和其他法人的具体地块；各个公共机构获得土地的依据；列出项目区的所有公共道路。土地分配的第一步是决定谁有权参与土地分配，为此，土地整治委员会要进行土地权利登记。土地整治委员会将土地权利登记和第一次土地评价结果进行公告并接受监督。土地租赁者的权利也应该进行登记，租赁协议必须提交土地整治委员会。土地整治委员会将协议送达每个当事人，以证实土地租赁权利登记。如果当事人对土地租赁登记提出异议或土地租赁没有达成书面协议，那么，这些当事人之间应该达成协议，否则由法院或土地租赁委员会裁决。当划界规划、土地权利登记和土地评价完成后，就制定土地分配方案并进行公示监督。土地分配包含新地块所有权、使用权的分配。每个地块必须直接连接公共道路或水系，具有良好的排水设施。土地所有者必须恢复土地整治前相同的土地用途。在制定分配方案的过程中，土地整治委员会需要征求中央土地整治委员会以及土地所有者、使用者关于土地分配方面的意见。之后，分配方案公示1个月。有关当事人对土地分配方案有异议时，土地整治委员会首先尽量与当事人达成协议，否则提交到仲裁委员会。如果仲裁委员会也不能使当事人之间达成协议，则提交到法院处理。

农业土地整治和非农土地整治主要差异在于项目是否实施的决策阶段。

(1) 非农土地整治。当土地整治规划制定后，省政府就可以做出实施的决策。在实施规划时，必须通知项目区有关当事人、项目土地整治委员会、中央土地整治委员会和农业法院。

(2) 农业土地整治。在制定土地整治规划的同时，省级政府在土地所有者和土地使用者中举行投票。在投票的准备阶段，土地整治委员会列出所有土地所有者和使用者名单并公示1个月。当土地所有者和使用者的名单公示无异议后，省政府就决定举行投票。投票通知由当地政府发布。投票的结果不仅取决于投票人数，而且也决定于他们代表的土地面积。每个所有者和使用者代表一定土地面积的投票权。在土地没有被承租的情况下，土地所有者代表拥有的项目区全部土地行使投票权。在土地被承租的情况下，土地所有者和使用者各代表被承租土地一半的投票权。当同意土地整治的超过一半时，就可制定实施土地整治。

土地整治成本由政府、公共机构和土地所有者共同承担。中央土地整治委员会、为土地整治服务的政府机构、水资源管理部门的费用以及会议费用、通告费用由政府承担。道路、水系、户外娱乐和自然景观保护方面的费用由拥有和负责管理的部门承担。土地分配费用由土地所有者承担，必要时由政府事先垫付。第二次土地评价的成本则按土地所有者在土地整治中的受益比例分摊，但不能超过受益部分。农场内部的重新布置成本则由土地所有者负担。

B 土地调整

土地调整的目的是消除因国家或地区重要的基础设施建设引起的种种土地利用限制。土地调整工程一般涉及一个相对较小的区域，它的准备和实施与道路、水系、机场、户外休闲娱乐等基础设施工程的建设紧密联系。

土地调整的程序包括启动、准备和实施三个阶段：

（1）启动阶段。基础设施建设单位、有关当事人可以向农业部提出土地调整的申请要求。负责基础设施建设的单位决定是否采取措施限制由此产生的负面影响。有关利益当事人可以通过公众参与，对土地调整提出建议。中央土地整治委员会在接到土地调整的请求后，提出建议报告，报告应该包括以下内容：基础设施及其负面影响的描述，项目区范围及各个地块的边界，将要采取的土地调整措施，成本评估与分摊。

（2）准备阶段。根据中央土地整治委员会的建议报告，省政府设立土地调整委员会。负责基础设施建设的单位至少有一人参加。土地调整委员会负责制定土地调整方案，内容包括：项目区范围和地块边界，将要采取的土地调整措施及实施的主要工作，道路、水系、自然景观保护等方面的建议，成本评估与分摊。由于土地调整与基础设施工程的实施是相互影响的，因此，土地调整规划送达省政府之前必须征询基础设施建设单位的意见。对土地所有者和土地使用者而言，实施土地调整最多扣除3%的土地用于公共目的。

（3）实施阶段。土地整治委员会负责土地调整工作，而有关的机构负责基础设施的建设，两者各负其责，相互配合。实施阶段包括地块的分配、工程建设、划界规划以及为公共目的的道路、水系安排、管理和维修。土地分配之前要扣除土地所有者参与整理3%的土地用于道路、水系等相关设施建设。基础设施用地不参与分配。由于基础设施的建设可能给比邻区域造成一定的损失，在这种情况下，应该对所造成的损失给予赔偿。土地调整本身是赔偿的一种方式。土地调整和消除由基础设施建设带来的负面影响的一切费用由基础设施建设单位承担，土地分配的成本由相关当事人分摊。

C 协议土地整治

协议土地整治通常由3个以上的土地所有者达成协议，同意通过土地交换、买卖来进行布局和分配的一种土地整治形式。协议土地整治涉及的范围较小，但协议土地整治必须经过农业部的同意。土地交换涉及土地所有权的转移和土地登记，基于协议的土地整治必须经过当地土地和水资源管理机构的书面批准，必须在自然保护法的约束下，不能妨碍自然和景观保护目标的实现。

1.5.2.2 德国的土地整治

德国的土地整治始于中世纪，其在制度、规模、范围和技术等方面都具有代表性，一直是其农业结构调整的主要手段。特别是20世纪80年代以来，德国的土地整治的职能逐步扩大，在改善农林生产经营条件、合理开发和利用土地资源、保护乡村自然环境和景观、促进乡村基础设施建设等方面发挥了重要的作用，越来越多的乡镇通过土地整治来实施村庄发展计划或保证其发展目标的实现。巴伐利亚州作为德国最大的农业州，其土地整治与村庄革新更具有代表性，本书着重探讨巴伐利亚州土地整治与村庄革新对我国的借鉴。

A 德国巴伐利亚州土地整治与村庄革新的基本情况

巴伐利亚州第一个地块合并的书面文件可追溯到1250年。1886年巴伐利亚国王路德维希二世签署了第一部《土地整治法》。巴伐利亚州现行的《土地整治法》就是在它的基础上逐步修订并完善的。

最初巴伐利亚州土地整治的规划、设计是建立在简单调查基础上的，各种图件也是简单的一览图，土地合并主要是为了优化土地利用。随着农业结构的变化和农林业技术的不断提高，今天，巴伐利亚州土地整治除了起到协调经济、技术、生态和社会之间的密切联系外，还要兼顾不同阶层的利益。

为此，1988 年巴伐利亚州政府提出了《巴伐利亚州通过土地整治与村庄更新促进农村发展的纲要》。该纲要针对社会和农业结构的变化，提出以下土地整治的目标：

（1）节省农业、林业经营管理的时间和费用；

（2）通过粗放的耕作或将农用地转变成其他用地，来避免农业生产过剩；

（3）维护和规划农业景观；

（4）通过村庄更新和支持基础设施建设，促进农村发展；

（5）邀请地产主参加所有的规划和决策。

巴伐利亚州村庄更新纲要通常适合于不超过 2000 名居民的乡村，这些乡村村庄更新的主要任务是：消除不合理的建筑物、地块，改善交通状况，以确保农场未来的发展，改善居民的生活和工作条件。

同时，巴伐利亚州农业政策的一个重点就是在那些急需改善乡村条件的地区进行重新规划。因此，土地整治主要完成下列任务：

（1）确保巴伐利亚州农业的竞争力；

（2）改善当地居民的生活和劳动条件；

（3）恢复、规划和维护受到破坏的农业景观；

（4）保护自然环境。

B　巴伐利亚州土地整治的类型

根据德国《土地整治法》，土地整治分为常规性土地整治、简化土地整治、项目土地整治、加速土地合并和自愿土地交换五种类型。

（1）常规性土地整治。常规性土地整治的目标是改善农林业经济的生产和作业条件，并促进土壤改良和土地开发。通过全面重新安排不动产、整顿和修建道路网、更新村庄、兴修水利以及各种土壤保护、自然保护、景观维护的措施来实现整理目标，并协调整理过程中不同参与主体的权益，尽可能为乡村地区的发展和进步创造有利条件。常规性土地整治项目由上级土地整治机关批准立项，其涉及范围可以只包括一个村或乡镇，也可以横跨几个村或乡镇。

（2）简化土地整治。简化土地整治能够缩短整理时间，减少土地的扣除，特别是降低所需费用。因此特别适用于已进行了土地整治但需要进一步合并土地的地区，也可用于与公共工程项目相联系的用地调整。简化的土地整治项目可以在几个村庄、乡镇的一小部分，甚至独立居民点的范围内进行，也可以在已经完成土地整治的乡镇进一步归并地产，以便改善农林经济的生产和工作条件。简化的土地整治项目由农村发展管理局批准立项，并决定所采用的简化程序和方法。

（3）项目土地整治。项目土地整治目标包括以下 3 个方面：通过土地整治将在公路、铁路、水利等基础设施建设项目中被征用的土地分摊给较大范围内的地产所有者负担；消除或减轻农业用地耕作条件方面存在的缺陷；实施建设项目土地征用计划，避免强制性地征购土地。

项目土地整治的立项审批文件由上级机关签发。对于建设项目所占用的土地，由建设单位进行货币补偿，项目建设单位支付土地整治费用以及建设项目适用法律所规定的其他补偿费用，补偿数额由有关法律规定。

(4) 快速土地合并。实施快速土地整治的前提：一是已经存在完善的道路网络，不需要重新修建道路；二是不需要进行大规模的水利设施建设，包括灌溉设施和排水系统。因此，快速土地合并的目标是：尽快改善农林经济中的生产和作业条件；为实施自然保护和景观保持创造条件。

快速土地合并由农村发展管理局批准立项，其范围一般局限于只涉及地产所有者的地产或部分地产，不包括居民点建筑物，也不需要辅助的道路和水利建设措施。在快速土地合并中，参加者之间的补偿问题尽量通过协商办法加以解决。

(5) 自愿土地交换。自愿土地交换目的包括两个方面：一是改善农业土地利用条件，用快速、简化的方法合并农用土地；二是为自然保护和景观保持创造条件。其适合于在个别地产主之间要消除零碎地块、没有建设项目、只需少量测量工作的情况。自愿土地交换也由农村发展管理局批准立项。

对土地所有者来说，不存在要求进行土地整治、土地合并或自愿调换土地的法律权利。对于已经提出的申请，农村发展管理局根据申请登记的先后次序决定是否列入工作计划。只有自愿调换土地不需要纳入农村发展管理局的工作计划。土地整治类型的选择主要取决于土地整治的具体内容、目标和《土地整治法》的有关规定。

C 巴伐利亚州土地整治的组织机构

巴伐利亚州的土地整治由以下部门负责：(1) 农业部；(2) 农村发展管理局；(3) 农村发展管理协会；(4) 巴伐利亚州农村发展管理协会；(5) 土地整治参加者联合会。

巴伐利亚州食品农林部作为最高的州一级局，领导巴伐利亚州的农村发展管理部门，监督管理各农村发展管理局和巴伐利亚州农村发展管理协会。

农村发展管理局隶属于巴伐利亚州食品农林部，作为政府部门具有监督、检查、审批的权力。在巴伐利亚州有七个农村发展管理局。每个农村发展管理局领导他们管辖区的土地整治工作和乡村发展计划，并监督参加者联合会和农村发展管理协会的工作。

农村发展管理协会是一个农村发展管理局管辖区内的所有参加者联合会的联合体。农村发展管理协会受参加者联合会的委托，承担各联合会必须完成的任务，比如开支、招标、建筑工程管理、购买土地和鉴定。巴伐利业州的七个农村发展管理协会联合成立巴伐利亚州农村发展管理协会，处理农村发展管理协会共同关注的事务。

所有地产位于土地整治区的地产主和拥有99年建筑用地使用权的租地者组成土地整治参加者联合会。它是土地整治程序的制定和执行者，制定各项用于重新规划布局土地整治区的措施，并付诸实施。

D 巴伐利亚州土地整治的程序

巴伐利亚州土地整治的程序主要包括：

(1) 土地整治的提出。如果认为土地整治有利于改善农林业生产条件和满足农村土地利用和发展的要求，则由乡镇提出土地整治的申请，土地整治部门协同有关部门对申请进行审查。如果认为已具备土地整治的条件且符合土地整治参加者利益，则可以决定土地整治。如果有地产主持异议，则有权提出。土地整治部门根据详细的调查和成熟的考虑来决定具体的行动。

（2）准备工作。土地整治前，土地整治部门要与自然保护、道路建设、水利和农业等有关部门进行协调，通过多个部门的共同规划设计，合理地解决在多个相关地区进行土地整治所涉及的自然、交通、水利及农业等问题，协调各乡镇间的关系。通过专家鉴定和土地整治部门的调查，探讨将来土地整治区发展的可能性，确定合适的边界。同时，进行有关土地整治的宣传工作。

（3）颁布土地整治决议。根据德国《土地整治法》第4条，土地整治部门通过颁布决议来安排土地整治。公告期间，在主要地区展览土地整治区边界图，规划的整理区通常包括居民点、建筑用地、森林、铁路、公路和水域等有关土地。除了公告外，还要以印刷品等形式广泛宣传来引起人们的重视。

（4）成立土地整治参加者联合会。土地整治决议颁布后成立土地整治参加者联合会。

（5）制订和实施公共设施建设规划。根据《土地整治法》第41条，地区土地整治部门在与参加者联合会达成一致意见后，可制订公共设施建设规划。具体实施工作及实施费用由土地整治参加者联合会承担，德国和州还提供贷款和补助。对于资金问题，分为三部分：1）土地整治参加者联合会的公共设施。国家可资助80%，个人自筹20%。如果参加者在经济上没有能力自筹资金，则可将贷款作为自筹资金的一部分。2）特殊设施和新地产的维修措施。对于这些措施通常从公款中给予不同程度的补助费，一般说来应由从中得益者自筹资金。3）土地整治项目中的受益者要为参加者联合会支付部分或全部费用。

（6）制订和实施村镇改造规划。一个村镇改造规划的制定与实施需13~14年。第一，准备阶段。根据该地区的财力和人力选择改造区并进行准备工作，由乡镇提出申请，农村发展管理局立项。第二，规划阶段3~4年。乡镇、参加者联合会、公民及由参加者联合会选出的规划者制订村镇改造规划，并由乡镇和参加者联合会讨论后公布决议。然后由农村发展管理局根据参加者联合会的申请确定规划，共同制订包括财政计划在内的村镇改造建设方案。第三，扩建和土地调整阶段4~6年。由参加者联合会和乡镇制订，农村发展管理局批准年度建设规划。由土地整治参加者联合会进行地产估价、地产标界与测量。第四，完成阶段。农村发展管理局根据土地整治参加者联合会的申请，登记新地产，更正不动产地籍册和土地登记册，最后公布结束。

（7）土地估价。土地估价由土地整治部门委托专家进行，估价结果公布。如有异议，可向基层土地整治部门提出，消除异议后确定结果。

（8）补偿措施。德国《土地整治法》规定了补偿原则，在对每个土地整治参加者原有地产进行估价的基础上，以等值的地产进行补偿，也就是原则上以土地补偿。但如果参加者愿意，也可全部或部分以钱补偿。

（9）制订土地整治计划。土地整治计划是由地区土地整治部门批准并向参加者公布的行政决定。该计划中土地整治部门制订的有关土地整治的规定和批准命令只在土地整治期间有效。土地整治计划中必须规定新建街道、公路、河流和其他公共设施的权属关系、养护责任；公共设施和促进景观维护的保护条例；在地籍册中登记的旧地产抵押权、用益权和优先购买权等。

（10）地产临时限制。在土地整治期间，地产所有权受临时限制，只能在土地整治部门的同意下改变土地整治区的土地利用方式和在土地上设置、建造、拆除、改变建筑物以及类似设施。如因土地整治需要砍伐树木，则土地整治部门必须确定补偿费。砍伐森林树木超出经营管理范围需征得土地整治部门和林业部门的同意。

（11）土地整治结束。土地整治结束的标志是计划得以实施，土地整治参加者对接受新地产无异议，出现的新权属关系提请土地整治部门在不动产地籍册和土地登记册中登记。

E 巴伐利亚州土地整治的特点

巴伐利亚州土地整治的特点如下：

（1）土地整治与村庄革新相结合，促进农村发展。随着农业结构的调整，巴伐利亚州的土地整治已由过去主要是改善农业生产条件和提高农业产量，扩大到改善村民的居住、生活条件，满足对土地利用的需要和自然景观的保护，促进农村的发展，即土地整治与村庄革新相结合，这对缩小农村与城市在收入和其他待遇上的差别，将农业人口稳定在农村具有重要的意义。

（2）土地整治以法律为依据。德国土地整治的法律依据是德国政府的《土地整治法》和各州据此颁布的与其配套的法律、法规和行政管理条例。德国的《土地整治法》于1953年7月14日以附律的形式颁布。现行的《土地整治法》是1976年3月16日重新修订和颁布的。这部法律是德国各州土地整治的法律基础，同时各州都有不同形式的土地整治的具体法规。1980年10月，巴伐利亚州经议会通过了《农村发展纲要》，其对通过土地整治改变农村面貌提出了许多具体的要求。同时，任何一种土地整治项目都必须符合德国《土地整治法》的规定和程序。在土地整治过程中，如有争议和纠纷，最后的裁决权在作为政府部门之一的土地整治法庭。

（3）土地整治分类指导、程序细密。巴伐利亚州的乡村土地整治分为5类，即常规性土地整治、简化的土地整治、项目土地整治、快速土地合并及自愿土地交换。土地整治类型的选择，主要取决于土地整治的具体内容、目标和《土地整治法》的有关规定。同时，巴伐利亚州乡村土地整治的程序也十分细密，一般分为5个阶段：制定土地整治规划；明确产权归属及它项权利。实施土地整治规划；核算阶段；土地整治管理局发布完成土地整治项目的行政文件，结束整个土地整治程序。

（4）重视对景观的维持，以及对民族历史、文化遗产的继承与保护。在巴伐利亚州土地整治中，对具有民族风格和地方特色的悠久建筑物，特别注意加以保留，并在原貌的基础上进行整理，所以在农村中仍能看到许多古建筑和人文景观。

（5）强调对生态环境的保护与建设。巴伐利亚州初期的乡村土地整治由于为了追求土地面积和作物产量而使生态环境遭到破坏。目前，巴伐利亚州的土地整治已不是立足于短期的、单纯的地块合并、调整和村庄的改造，而是着眼于整个整理区域内久远的生态环境的保护。在整理过程中，对生态环境的保护从立法、规划及措施等各方面都有明确的规定和要求，并做到了互为保障、紧密结合。保存、保护现有的有利的景观，又充分利用现代的科学技术和手段创造出新的景观，促进环境生态群体的平衡，使土地整治工作做到经济效益、社会效益和环境效益相统一。

（6）重视公众参与。在巴伐利亚州土地整治与村庄革新过程中，始终重视公众的参与，把公众的参与作为成功的关键。通过为村民举办各种培训活动，成立工作组，开展对农村发展主题的讨论，让其了解大量的有关农村发展目标和发展途径的信息。村庄的计划人和负责人在设计村庄生活空间时，自始至终让村民参与决策，并允许村民参与制定规划，让其将切身的经验和愿望纳入决策中。

（7）地籍管理贯穿始终。巴伐利亚州土地整治的目标之一是通过土地整治更新地籍资料。在一个整理区域内，经过大规模的土地整治和土地重新调整分配，地块的形状、面积、位置和户主都发生了变化，原来的地籍图和数据资料也失去了现实性。为此，必须进行全面的地籍测量更新工作。巴伐利亚州土地整治和地籍管理工作分属两个部门，但却能够紧密配合，协调工作。

F 巴伐利亚州土地整治与村庄革新对我国土地整治的借鉴

由于各国的国情不同，各国土地整治的内容也会有所差异，而且随着一个国家自然环境的变迁及经济、社会的发展，其土地整治模式也会不断地发展和完善。1949 年以来，我国大力开展了以基本农田建设为主要内容的土地整治工作，随着耕地总量动态平衡目标的提出，以及土地整治净增耕地可以折抵非农建设用地指标政策的出台，土地整治已成为各级政府部门集约用地，内涵挖潜，增加有效耕地面积的主要途径。但与德国的乡村土地整治相比，目前我国的土地整治尚处于初级阶段，多数地区土地整治的目标还主要是为了扩大耕地数量。而现代德国的乡村土地整治已由早期的重视生态、景观的保护与建设，扩大到推动整个乡村的社会经济发展建设上。可以说我国与德国处于不同的土地整治阶段，现代意义上的土地整治应当是德国走在了前列，其在土地整治的理论、技术方法、法律等方面有不少经验是值得我国学习的。

（1）土地整治与村庄革新相结合。经济、人口、资源、环境的协调发展是农村问题的核心，也是地方政府和民众的利益所在。只有把土地整治与以此为目标的村庄改造工程结合起来，才能调动地方和民众的积极性，使土地整治建立在民众自觉参与和民主监督的基础上。巴伐利亚州以土地整治、村庄革新为代表的农村改造工程，在推动农村发展和环境整治上能取得明显成效，都与这两者的紧密结合有关。我国在全国范围也开展了一大批土地整治工程，但从实施的情况看，在这类项目中，我们的目标和实际成效往往仅限于经济发展，缺乏将农村综合发展的目标、内容与空间组织、管理融为一体的工作规范。因此，借鉴巴伐利亚州的经验，将土地整治与村庄革新相结合，才能推动农村的发展。

（2）加快制定土地整治的法律、法规及配套政策。巴伐利亚州的土地整治以德国的《土地整治法》为基础和依据，并制定了相关的配套政策，内容详尽具体，从而使乡村土地整治过程中出现的各种纠纷问题，可以依据德国《土地整治法》及州有关土地整治的具体法规等配套政策加以解决，使土地整治工作有法可依。

目前虽然我国部分地区已出台了地方性的土地整治管理条例，但还没有出台全国性的土地整治法律、法规，在相关的法律中，也没有土地整治的内容。这就使我国在解决土地整治中出现问题时无法可依，阻碍土地整治工作的开展。特别是目前，随着我国土地整治工作的全面展开，迫切需要制定符合我国国情的土地整治的法律、法规和管理条例，推动我国土地整治工作逐步走上法制化的轨道。

（3）加强土地整治的规划工作。土地整治的基础是规划。在德国，各级政府都设有专管规划的机构，全国、各州都分区域、分层次进行规划，以城市为中心划分规划区。不同层次规划有不同的内容和粗细程度，这样就形成了德国的全部规划体系。在巴伐利亚州就分有高级中心、中级中心、低级中心，甚至还有更小的中心，主管规划的是州政府发展规划与环保部。全州7个地区、70个县、2000个乡分成18个规划区，基本上是3~4个县组织1个基层规划区。在各地区政府内部设规划处，主管规划业务。在地区规划的基础上，土地整治部门制定土地整治规划，根据规划目的和要求，确定规划的重点地区。我国目前土地整治的规划工作刚刚起步，从规划的制定到实施，还没有形成一个科学完整的体系，这就更需要我们借鉴巴伐利亚州的经验，以推动我国土地整治规划工作的全面展开。

(4) 重视对自然景观和生态环境的保护与建设。巴伐利亚州通过乡村土地整治从而改善了乡村的生态环境并保护发展了其原有的自然景观的成功实践，尤其值得我们学习。

我国的土地整治虽然已经取得了一定的成效，但目前大多数地区土地整治的主要目标还是增加耕地数量，还未全面进入以提高乡村生活环境质量为主要目的的阶段。土地整治过程中，在对自然景观和生态环境的保护与建设上，与巴伐利亚州相比，还存在着一定的差距。据统计，我国目前已有15%~20%的动植物种类处于濒临灭绝的危险境地，在这样严峻的生态危机面前，更加迫切需要我国土地整治加强对自然景观和生态环境的保护与建设。

(5) 重视公众参与。土地整治是一项涉及面广、政策性强、技术含量高的系统工程。针对我国土地整治的特殊背景，应当合理借鉴国外公众参与的先进经验，在实际工作中重视村民的意见，对重大事件的决策和执行采取公开、公正、民主的工作方式。通过公众的参与，使其能够将切身经验和愿望纳入整理项目的决策中，一方面调动了其参与土地整治的积极性，另一方面也使项目的规划更加科学合理，符合当地的实际情况。因此，重视公众参与是我国土地整治项目实施过程中不容忽视的一个重要方面。

(6) 加强对外合作与交流。我国加入世界贸易组织（WTO）以后，农业结构将进一步进行调整，适应新形势的需要，我国的土地整治工作应加强与外方的合作交流，开展土地整治的理论研究，在介绍引进国外先进的土地整治经验、办法、技术标准的同时，结合中国国情，研究探讨我国土地整治的概念、范围、类型、特点、实施程序、评价标准、技术规范等。积极组织各种形式的学术交流及人员培训活动，为土地整治开拓思路提供条件。同时，可以采取合作项目的方式，引进外资投入，拓宽合作领域。

由于我国与德国在基本国情、社会制度等方面存在很大差异，土地整治处于不同的发展阶段。对于我们国家，土地整治起步较晚，各地的实际情况也不同，土地整治的模式应当符合我国各地的实际情况，这是我国在借鉴德国乡村土地整治的经验时应该重视的一个问题，只有这样，才能使我们的借鉴走上正确的道路。

1.5.2.3　波兰的土地整治

A　波兰土地整治的背景

农业转型与公路和高速公路的建设是推动波兰土地整治发展的主要动力：

(1) 农业转型。波兰以市场为取向的经济改革取得了很大的成绩，国民收入已连续7年保持6%左右的增长速度，但波兰农业落后于整个国民经济的发展。波兰耕地面积占国土面积的60%，其中80%被私人农场占有。农业占国民收入的15%，从事农业生产的人数占全国就业人数的28%。农业的主要特征是农场高度分散，农场内部结构不合理，而且土壤条件贫瘠。目前，波兰大约有200万个私有农场，其中约110万个农场面积不超过

$5hm^2$。还有2920万公顷的土地被分为2400万块，每块平均面积仅为$1.22hm^2$。每个农场的土地被分为7~10块，并且块与块之间互不相连，有的地块进出很不方便。同时，农场的区域性结构不合理，其中结构最不合理的地区集中在东南部的18个区。波兰农业的另一个不利因素是农场过于分散，这种分散的结果使得私人农场土地距离农场主居住地好几亩地、有时甚至十几亩地远，去田间很不方便。造成经营非常困难的第三个因素是土壤贫瘠。只有26%的耕地具有较高的地力，56%以上的耕地是沙质土壤，其地力低下。为减少农场总数，增加农场平均土地面积，改善农业结构和改良土地质量，波兰必须进行土地整治。

（2）公路和高速公路的建设。随着经济的发展，公路的建设势在必行。公路和高速公路建设项目的实施将带动农村地区结构的重大变革，同时也会引起自然环境的变化。因为公路和高速公路把上千块的土地加以分割并将它们与经济中心分割开来，这将引起农业管理状况的恶化。鉴于这种情况，应当预见到与公路及高速公路建设相对应的土地整治活动和土地的调置，这样既可将公路建设对农业生产的负面影响降到最低，也可以改善公路建设前的农业管理状况。在这种背景下，政府开始大力推行土地整治，以促进传统农业向生态农业转变。向生态农业的转变给许多农场提供了变革的机会，在西欧进行的最新实验结果表明，生态农业农场的人力投入很高，因而这也是降低劳动失业率的有效途径。

B　波兰土地整治遵循的原则

波兰政府规定，土地整治活动以有利于农村发展为基本原则，包括：（1）有利于提高生活质量和满足农村社会发展的要求；（2）有利于进行空间管理和保护环境；（3）有利于把单一型的传统农业转为提供不同职业和不同就业机会的现代农业；（4）遵循欧共体区域政策的规定，通过地区津贴给农业和农村地区提供新的机会。

C　波兰土地整治的经验

当代土地整治不能仅限于减少农场的数量，还应该考虑满足农业综合生产要求。当代土地整治的目的，在于建设能够保持高产、稳定和生态平衡的农场。在编制土地整治规划时，要注意考虑如下问题：

（1）集约型的农业生产区是由土壤类型和农业生产的复杂性所决定的。在集约农业区内，由于独特的景观价值，封闭式的果园和多年生作物（如大麻）的种植应当加以区别。水渠两岸的隔离地带内应当种植植物以防止由于使用无机肥而破坏水质。

（2）土地的休耕实际上是农业用地的一种储备，人们可以根据农业生产的要求和食物的供给状况来决定哪些土地耕作，哪些土地休耕。欧共体国家的休耕用地可能用作绿地，也可能用来建设以绿色食品生产为主的农场，因为生态食品的生产主要依赖自然肥料。

（3）集约性林业生产用地将划在农林地界线以内，但多功能复合型的林地面积不能少于$5hm^2$，而在山前和山区地带不能少于$2hm^2$。这些地区的主要作用在于建设常年性的“绿色长廊”系统，这个系统将成为保护最有价值的自然资源的国家系统。这种高生物潜力的连贯系统将对被保护区的自然条件起到恢复作用。同时它还会对国家的水文和气候条件产生影响，防止自然环境的退化。

（4）建立特别保护区是为了自然保护和环境管理的需要。而实施自然保护的目的则在于建立被保护区的国家体系，这种体系创造了自然保护形式互补性的空间造型。也就是说，要建立国家公园、自然保护带、景观公园、自然景观保护区、自然古迹、生态田和自然与景观互补性的体系。

（5）在农村管理规划中也应当考虑再创建一些适合于农业旅游的地区，这些地区适宜于建在城市周围和具备较高旅游价值的地区。

（6）整理区内村庄基础设施的建设问题应当靠给手工业、服务业和娱乐活动创造机会来解决。

（7）农村实体结构规划中的生态因素应当表现为建设有利于生态的内部道路，使现有水利设施现代化，实现沟渠自然化，建立小水库以及划分特殊地带使其成为生态田。

（8）农村实体结构规划调整的景观因素应该同时具有保护和再造农村自然景观的作用。田间内造林、修建树篱和小水库，种植具有很高景观价值的多年生作物。单一树种及灌木会造成耕地空间的单一化分布。

复习思考题

1-1 什么是土地整治？

1-2 如何在实践中贯彻土地整治的基本原则？

1-3 我国古代的土地整治实践有哪些经验和教训？

1-4 国外的土地整治对我国有何启示？

2 土地整治规划概论

2.1 土地整治规划概念与类型

2.1.1 土地整治规划的概念

土地整治规划是指在土地利用总体规划、上级土地整治规划的指导和控制下，通过对地块物理形态和产权结构的调整，基础设施的配套建设，确定土地开发、利用、改造的方向、规模、空间布局和时间顺序。土地整治规划内容主要包括：制订规划期内土地整治战略，评价农用地整治、建设用地整治、未利用地开发和土地复垦潜力，明确土地整治的指导原则和目标任务，划定土地整治重点区域，安排土地整治工程（项目），提出规划实施的保障措施和重大政策等。

编制土地整治规划是落实国民经济和社会发展五年规划及土地利用总体规划的重要手段，是指导地方科学开展土地整治工作的重要依据。科学编制和严格实施土地整治规划，有利于有效整合资源，合理引导资金，规范推进土地整治各项活动，优化用地结构，促进耕地保护和节约集约用地目标的实现；有利于统筹协调农村土地整治、资源环境保护和经济社会发展，促进土地资源可持续利用和经济社会可持续发展；有利于统筹推进农业产业发展、农村基础设施建设和农民增收，更好地发挥土地整治在新农村建设和城乡统筹发展中的基础平台作用。

2.1.2 土地整治规划的特点

土地整治规划具有以下特点：

（1）与土地利用总体规划的区别是，土地利用总体规划的对象是一定区域内的全部土地资源，而土地整治规划的对象主要是利用效率不高和暂时没有开发的未利用地与废弃地。目前，土地整治规划的主要目的是增加有效耕地面积，实现耕地总量动态平衡，确保国家粮食安全和社会稳定。因此，从规划的对象、解决问题的性质来看，土地整治规划属于土地利用规划体系中的专项规划。

（2）土地整治规划虽然属于专项规划，具有一定的独立性，但它以土地利用总体规划为指导，是实现土地利用总体规划目标的重要手段。首先，土地整治规划对土地利用总体规划确定的土地整治内容进行深化、补充和完善；其次，土地整治规划通过确定土地整治项目的位置、范围、类型、规模、建设时序等，使土地利用总体规划制定的土地开发、土地整理和土地复垦目标得到具体落实；最后，土地整治规划是土地利用总体规划的延伸，是总体规划的深化、细化。

（3）土地整治规划的手段灵活但弹性较小。我国地域广阔，土地利用的自然、社会、经济条件差异较大，土地整治规划的对象、目标和重点也会有所差异，因而必须采取灵活的手段，才能更切合实际地搞好规划。

2001 年以来，我国共编制了三阶段土地整治规划，分别是《全国土地开发整理规划（2001~2010 年）》《全国土地整治规划（2011~2015 年）》《全国土地整治规划（2016~2020 年）》。第一阶段土地整治规划的编制健全了规划体系，有效推动了土地整治工作的开展，落实了以建设促保护的耕地政策，取得了显著成效。第二阶段土地整治规划由单纯农地整理向农地整理与村庄土地整治相结合的综合整治过渡。第三次土地整治规划成为建设社会主义新农村、统筹城乡发展的重要抓手和平台。第三阶段土地整治规划与其他两次相比突出了三个特点。

（1）规划目标多元化。第一阶段规划目标以补充耕地为主。第二阶段强调补充耕地数量与质量并重。第三轮规划目标包括：补充耕地、提高耕地等级、建设基本农田规模、基本农田整治率、万亩以上基本农田集中分布区片数、整治城镇和村镇建设用地面积、土地复垦率等，规划目标趋于多元化。

（2）规划内容更全面。第三阶段规划内容不仅包括农田整理、宜农未利用地开发、农村建设用地整治、生产建设活动损毁土地复垦、灾毁土地复垦，还将城镇建设用地整治纳入规划范畴，并强调生态环境整治等。

（3）针对性更强。第二阶段规划实施手段包括：确定了 3 类重点区域（整理、复垦、开发）、7 项重大工程，7 项重大工程只落实了工程范围，对指导重大项目选择意义不大。第三阶段规划落实手段包括：确定了 4 类重点区域（农用地整治重点区域、土地复垦重点区域、土地开发重点区域、地质灾害高发区土地整治重点区域）、8 项重大工程，每项重大工程都落实了范围、规模、投资和重大项目备选区域，因此第三阶段规划实施手段更有针对性。

2.1.3 土地整治规划的地位与作用

土地利用规划体系是由不同类型、不同层次与不同时序的规划所构成的交互式网络系统。由于划分标准不同，通常存在不同土地利用规划体系。按规划时限不同，分为长期规划、中期规划和短期规划。按规划范围大小，分为国家规划与地方规划。通常按行政区域范围划分为全国、省级、地（市）级、县（市）级、乡（镇）级五个层次。

按规划性质的不同，包括规划地位、作用与服务功能的差异，可将规划划分为土地利用总体规划、土地利用专项规划和土地利用详细规划。

（1）土地利用总体规划是以对一定地域范围内全部土地的开发、利用、整治、保护所做的总体的、战略性的部署和安排。它具有总体性、综合性、宏观指导性和行政控制性，主要解决跨部门、跨行业的土地利用问题，是土地利用管理与土地利用规划的“龙头”。我国目前广泛开展的土地利用总体规划是按行政区域进行的，分为全国、省级、地（市）级、县（市）级和乡镇级五个层次。

（2）土地利用专项规划是在土地利用总体规划的控制下，针对土地开发、利用、整治和保护的某一专门问题而进行的规划。我国目前的土地利用专项规划主要是为改善和保护土地的生态环境，提高土地利用率和产出率而编制的，如农地整治规划，这类规划一般是在同级行政区域内进行，是同级土地利用总体规划的有机组成部分，也有跨越行政界线，在更广泛的范围内进行的规划，如风沙治理规划。

（3）土地利用详细规划是在土地利用总体规划及土地利用专项规划的控制和指导下，直接对某一地段或某一土地使用单位的土地利用及其配套设施做出具体安排，它是土地利用总体规划和土地利用专项规划的深入与细化，如农场土地利用规划、林场土地利用规划、村庄用地规划等。从土地利用详细规划的作用来看，可分为控制性土地利用详细规划和开发性土地利用详细规划。控制性土地利用详细规划是地方政府为规范和控制土地使用者的微观土地利用行为而编制的规划，它详细规定了各类土地使用范围、使用界线、使用强度、利用要求、限制条件等。开发性土地利用详细规划则为指导某一地段、地块如何开发利用而进行的具体规划。

土地整治规划是土地利用实践活动的过程之一，是土地利用总体规划的重要内容，是完善、落实土地利用总体规划的重要措施与手段。在进行土地整治时，要依据土地利用总体规划，编制土地整治专项规划及详细规划。土地整治专项规划指导详细规划的顺利开展，土地整治详细规划是土地整治专项规划、土地利用总体规划实施的必要手段。

2.1.4 土地整治规划的类型

2.1.4.1 按规划层次划分

A 规划层次

土地整治规划是一个多层次的规划体系，土地整治规划可分为土地整治专项规划与土地整治详细规划。当前的土地整治专项规划是在一定规划区域内，根据当地自然和经济社会条件以及国民经济发展的要求，统筹安排城乡建设用地、协调土地总供给与总需求，确定或调整土地利用结构和用地布局、确定不同类型土地整治项目区域的一种宏观战略。

在土地整治专项规划的五个层次中，由于当前的土地整治规划重点在城乡统筹，各个乡镇的土地整治专项规划常由县城统筹安排，乡镇一级的土地整治专项规划一般包含于县（市）一级的土地整治规划。

因此，依据层次的不同，土地整治规划体系可分为五种类型：全国、省（自治区、直辖市）、市（地、州）、县（市）四级专项规划，以及土地整治详细规划（土地整治项目规划）。

各级土地整治规划的内容各有侧重：国家级土地整治规划的重点是制定全国土地整治的方针和政策，提出土地整治的重点区域和重大工程；省、地级土地整治规划的重点是提出本行政区域内土地整治的重点区域、重点工程和重点项目，提出本行政区域内补充耕地区域平衡的原则、方向和途径，确定土地整治的投资方向；县级土地整治规划的重点是划分土地整治区，明确土地整理、复垦、开发和治理项目的位置、范围、规模。

省级和地级土地整治规划的内容是：（1）分析土地整治的背景与条件；（2）调查评价并测算土地整治的潜力；（3）确定土地整治规划目标和任务；（4）提出土地整治的总体安排；（5）划定土地整治的重点区域、安排重点工程、提出重点项目；（6）制定土地整治补充耕地的区域平衡方案；（7）估算土地整治的投资，评价预期综合效益；（8）制定实施规划的政策措施。

省级土地整治规划属于政策性引导规划，是基于国家层面上的战略规划指导全省范围内的土地整治活动。省级土地整治规划要综合考虑省内土地资源的特点，以保障粮食安全、统筹城乡发展、土地资源可持续利用为出发点，指导全省土地整治活动。因此，省级土地整治规划要在分析全省土地资源利用与社会经济发展的条件的基础之上，结合国家土地整治规划提出的要求，提出符合本省实际的土地整治任务和内容，为社会经济发展提供可持续发展的土地资源保障。

市（地、州）级土地整治规划处于承上启下的地位，市级土地整治规划既要衔接省级规划下达的指标、规划目标，又要结合自身土地资源的特点指导县级土地整治活动的开展。市级规划首先要落实省级规划所下达的规划指标以及规划目标，并分解到本市所辖的各个县，属于布局性规划。相对于省级土地整治规划的战略性地位，市级土地整治规划不仅要明确全市土整治规划的原则、方向，还要具体提出全市土地整治的规模，不同类型土地整治项目的数量、结构，确定不同类型项目土地整治的规划布局，从而全面深入地指导全市土地整治规划活动的有序展开。

县级土地整治规划的内容是：（1）分析土地整治的背景与条件；（2）调查测算土地整理、复垦、开发的潜力；（3）制定土地整治规划的目标和任务；（4）提出土地整治的总体安排；（5）划定土地整治区，确定各区土地整治的方向和重点；（6）确定土地整治项目的位置、范围和规模；（7）分类分期测算规划期内土地整治投入量，并进行社会、经济和生态效益分析；（8）制定实施规划的技术、经济、组织和政策等方面的保障措施。

县级土地整治规划在市级规划的指导之下，以不同类型的土地整治项目为单元，根据不同区域土地利用特点，科学合理的布局土地整治项目。首先，重点安排高标准基本农田整治项目，建立旱涝保收的高标准基本农田，保障国家粮食安全。其次，合理安排城乡建设用地增减挂钩项目，统筹安排城乡建设用地，促进新农村建设，为城市发展提供用地保障。最后，结合区域土地资源利用特点，科学布局低丘缓坡未利用地开发项目和废弃工矿用地复垦项目，促进区域土地的集约节约利用。

土地整治详细规划（土地整治项目规划）作为最底层的土地整治规划，属于实施性规划，是国家土地整治活动取得预期目标的关键所在。规划要提出具体地块的土地整治目标、手段，通过土地整治项目的实施，提高耕地质量、改善生产生活条件；通过土地利用方式和权属的调整，优化土地利用结构，提高土地利用水平，提高土地的社会、经济、生态效益。

B　不同层级土地整治规划目标差异分析

不同层级土地整治规划目标之间主要存在着依存关系、互补关系、冲突关系三种。每个层级的土地整治规划都依存下一级规划才能实现规划目标，相互补充。对于土地整治规划以保障国家粮食安全、促进统筹城乡发展、促进土地资源可持续利用等多目标的规划，解决不同层级规划之间的冲突关系是最重要的。协调、解决不同层级规划之间的冲突是规划能够实现目标的关键所在。不同层级规划之间的冲突分为两种情况，一种是可以共存的弱冲突，互相冲突的目标之间可以共存或者相容；另一种是不可共存的强冲突，即两个目标不能共同存在，必须放弃或者改变某一个目标。这种情况一般通过优先原则来缓解强冲突情况，即优先满足某一目标，在此前提下，再根据实际情况考虑另一个目标。但由于土地整治规划的编制同土地利用总体规划编制的情况一样，是一种“强政治、弱技术行为”，导致在目标的抉择时往往是下级规划无条件服从上一级规划所订立的目标。

我国土地整治规划目标受制度背景影响较大，目前国家土地整治规划的主要目标是耕地保护，省级和市级土地整治规划的主要目标是耕地保护、集约节约土地利用，县级土地整治规划的主要目标是耕地保护、节约集约用地以及促进农村经济发展。因此，不同层级土地整治规划的目标存在差异，但是低层级的规划依存于上级层级的规划，但都以国家土地整治规划的战略目标为出发点，基于国家粮食安全战略、统筹城乡发展战略等目标，不断将土地整治目标细化、分解为具体的土地整治项目及其所达到的耕地数量和质量的增加、农村生产生活条件的改善等。

2.1.4.3 按土地利用类型与利用方式划分

土地整治项目实践中，根据土地利用类型与利用方式的差异，土地整治项目规划通常分农用地整治规划、建设用地整治规划、废弃地复垦规划、未利用土地开发规划几种类型。

A 农用地整治规划

农用地整治规划以耕地、园地、林地、牧草地和养殖水面用地等为整治对象。项目实践中常将大片农用地整理区内零星的农户、零星城镇和工矿用地、小型水利设施、田间路以及零星的废弃地纳入整治范畴。其中，耕地整理指的是对农田进行的整理，园地整理主要指果园、桑园、橡胶园和其他经济园林用地的整理；林地整理包括防护林、用材林、经济林、薪炭林、特种林地的整理；牧草地整理包括放牧地整理和割草地整理；养殖水面用地整理主要指人工水产养殖用地整理。

农用地整治规划内容涉及农用地面积、位置的变动、性质的置换、低效农用地的改造、地块规整重划，以及水、电、路等小型基础设施配套和零星农宅的迁出或合并等。

B 建设用地整治规划

建设用地整治规划以村镇用地、城镇用地、独立工矿用地、交通和水利设施用地为对象：

(1) 村镇用地整治包括农村居民点的归并调整改造，确定居民点的等级数量、用地规模、用地布局和调整时间。村镇用地整治要与城镇化发展水平相适应，因地制宜、循序渐进向中心村、镇归并集中。村镇用地整治应尽量结合现有基础较好村镇的改建扩建，注意节约土地、少占耕地。

(2) 独立工矿用地整治主要指就地开采、现场作业的工矿企业和相配套的小型居住区用地的布局调整、用地范围的确定、用地边界的整合与发展用地的选择，一般不包括大规模废弃地复垦。独立工矿用地除必须现场作业的企业外，应逐步向工业区和工业园区集中。

(3) 交通、水利设施新建工程应尽可能和土地整治相结合，以做到土方量平衡、节约用地或不占耕地。基础设施用地整治内容包括公路、铁路、河道、电网和农村道路、排灌干渠以及厂站、水坝、堤防的调整，也包括少量废弃的路基、沟渠、取土坑等的复垦利用。

建设用地整治规划要与土地利用总体规划、城镇和村镇体系规划以及其他有关专项规划相衔接。根据用地定额，充分利用土地并满足地上、地下工程管线铺设的要求。依据整治地段的地形、地质、水文、风向等，做到布局合理，有利于生产，方便生活，美化环境。建设用地要统筹规划，合理安排用地，保持良好的生活环境条件，做到土地资源的可持续利用。

C 废弃地复垦规划

废弃地复垦规划针对废弃的已利用土地，包括在生产建设过程中挖损、塌陷、压占等造成破坏的土地，也包括因自然灾害或人为因素造成损毁、荒芜、闲置的农田和其他成片土地。

废弃地复垦要以生态效益、社会效益和经济效益并重为原则，不能单纯考虑经济效益，并要因地制宜，确定复垦的方式和规模，最大限度发挥综合效益。大面积的工矿废弃地复垦要列入国民经济和社会发展计划分期实施，按照《中华人民共和国土地复垦规定》实行“谁破坏，谁复垦”的原则，由有关单位组织进行，也可纳入土地整治计划，分工负责，复垦后的土地利用要符合土地利用总体规划。

D 未利用土地开发规划

未利用土地开发规划以尚未利用但具有利用潜力和开发价值土地为对象，包括对荒山、荒地、荒水和滩涂等。未利用土地开发要按照统一规划进行，要特别注意保护生态环境，严禁在生态脆弱的地区盲目进行开发，避免造成破坏植被、水土流失和土地沙化。未利用土地开发要有序进行，开发前要经过充分论证，在不影响生态环境前提下，优先开发水土资源好、潜力大、投资少、见效快的地区。

2.1.4.3 按资金的来源划分

按资金的来源不同，土地整治项目可以分为：国家投资的项目、外资项目、中外合资项目、合作项目、自筹资金建设项目、联合项目等。

2.2 土地整治规划相关理论基础

2.2.1 成本收益理论

成本收益理论的产生和发展，与福利经济学、效用理论、资源分配理论、工程经济学、系统分析等理论和学科的发展是相联系的。从实践上看，也与发达国家政府公共投资的增加、公用事业的发展是分不开的。成本收益分析的基本原理是对项目或方案所需要的社会成本（直接成本和间接成本）和可得到的收益（直接收益和间接收益）尽可能用同一计量单位货币分别进行计量，以便从量上进行分析对比，权衡得失。为此，必须把项目或方案的指标体系划分为两大类：一类是消耗成本，另一类是收益价值。消耗成本是全部投入的资源，是指社会付出的代价，即机会成本。由于市场机制的存在，几乎绝大部分投入资源都可以转化为货币单位。而收益价值则往往有相当一部分不能转换为货币单位，因此收益指标通常要分为可计量和不可计量两种。

一个项目的成本一般包括直接成本、社会成本、时间成本和替代成本四个部分。收益包括直接收益、派生收益和无形收益三部分。无形费用和无形收益都是难以用货币计量的。

在进行项目或多方案比较时，一般采用三种方法：（1）在成本相同的情况下，比较收益的大小；（2）在收益相同的情况下，比较成本的大小；（3）在成本与收益都不相同的情况下，以成本与收益的比率和变化关系来确定。

项目的成本收益分析通常应考虑如下问题：

（1）净现值和内部收益率。时间因素对经济效益的影响很大，项目耗费的成本必须尽快地取得经济收益，要对项目使用期间不同年度的成本和收益进行比较，一般以收益与成本比率最大的方案为最佳，而且要保持所选方案的净收益现值大于零，或收益与成本的比率大于1。在常用的评价方法中，通常还要计算内部收益率，即计算使项目净现值等于零时的内部贴现率。只有内部收益率大于给定的社会贴现率时方案才为可取，内部收益率越高，则方案的经济效益越好。

（2）影子价格。价格是成本收益分析中的核心问题。在现实生活中由于存在税收、补贴、限额、垄断等种种因素，致使市场价格或大或小地偏离社会价值，即存在价格“失真”的问题。直接使用市场价格往往不能正确反映甚至会歪曲成本收益计量中的各项投入和产出的真正经济价值。因此，必须通过建立数学模型，计算出一定的调整率，把市场价格合理地调整为影子价格或会计价格，其中还包括影子工资率、影子利息率、影子外汇率等。影子价格被认为是为了达到一定的社会目标最优化所应该采取的价格，是计算、估价的手段，其作用是计算时，保证稀缺资源的正确分配和过剩资源的有效利用，把经济比较置于同一核算水平上，以更好地反映机会成本。有些没有市场价格而又需要评估的收益或成本也需要模拟出影子价格。

（3）不确定性和风险。对项目的经济评价，其数据大部分都是建立在预测基础上的，在估算中不可避免地会存在误差，而且政治、经济、技术等外部条件在项目实施过程中又会发生难以预料的变化，这就存在不确定性和风险的问题。项目实施的时间越长，不确定性和风险就越大。风险大的项目，应当有较大的潜在收益。为了估计不确定性对项目经济收益的影响，就需要进行敏感性分析，即分析研究成本收益发生某种变化对项目的可盈利率或现值所带来的影响。同时，还可进行收支平衡点分析，用数理统计方法进行概率分析和期望值分析。对待不确定性和风险，常用的简单方法是对不确定的收益在社会贴现率上加上一个风险系数，或者是有意对项目的使用年限进行低估，以尽快地回收投资，避免远期的不确定性。

（4）外部效果。成本收益分析中要力图把一般财务分析中不考虑的外部效果也包括进去。外部效果是指与方案、措施本身并不直接关联而带来的收益和耗费。外部效果的范围很广，计算外部效果的一个重要原则是，必须区别开是技术性的（实质性的）外部效果还是货币性的（分配转移性的）外部效果。一般在计算外部效果时，后者不予计算。

成本收益分析中的评价准则和方法是随时代的变化而变化的。在成本收益分析中，还要考虑物质、政治、法律等种种有关的限制条件。

成本收益分析的基本程序是先明确项目或方案所要达到的目标和任务，提出能够实现目标的若干可供选择的方案，通过计量模型分析各种替换方案的收益与成本，然后根据评价准则进行综合评估，最后确定各个替换方案的优劣顺序。

成本收益分析作为研究公共项目的工具具有很大的适用性，是具有广阔发展前景的经济分析方法，但同时它又有很大的局限性，除了所涉及的问题纷繁复杂这个客观因素外，它还缺乏坚实的理论基础，方法至今还很不完善，评价标准易受评估人偏好的影响，评估中一般又不考虑收入再分配的社会效果。此外，这种分析方法只能对已经提出的项目或方案进行评估，它本身并不能提供最佳的方案，因而往往只能做到“在次好中选优”。

土地整治过程中的成本主要包括直接成本、社会成本、时间成本与替代成本。

(1) 土地整治的直接成本。所有土地利用活动都需要投入一定的人力、物力、资金、技术等要素，土地整治也不例外。土地整治的直接成本可理解为，为了达到一定的土地整治目的而投入使用的土地整理资金、劳力、技术、设备等生产要素的总称。从土地整治直接成本的构成上看，既包括人工、材料、机械等直接支出，又包括前期研究、规划设计、项目管理、竣工验收、后期评价等间接支出。从项目运作的实际成本分析，项目预算资金并不是项目的全部成本。

(2) 土地整治的社会成本。社会成本是相对于私人成本而言的。私人成本是个人或企业在整理土地过程中本身承担的成本；而社会成本则是从社会整体来看待的成本，它也是一种机会成本，即把社会资源用于某种用途就放弃了其他有利可图的机会。如果私人经济活动不产生外部性，即不对他人或社会发生影响，则私人活动的成本等于社会成本；如果私人的经济活动对他人或社会产生影响，则私人成本与社会成本将不一致。在私人经济活动产生外部经济效益时，私人成本大于社会成本；在私人经济活动产生外部负经济效益时，私人成本小于社会成本。例如，土地整治过程中将坡度较大不宜耕作的土地开发为耕地，就整理项目本身或局部范围的短期分析，项目是有效益的，但从整个社会角度看，则付出的代价可能是巨大的，社会成本将远远大于私人成本。

(3) 土地整治的时间成本。土地整治从决策到实施完成，能够用于生产或消费、产生效益之前，需要一定的时间。在这种情况下，由于资金被束缚在土地整治项目上随时间的流逝而带来的成本可被看作时间成本。以农田防护林工程建设为例，农田防护林要发挥效益，少则三年五载，多则上十年。土地整治效应会有一个滞后期，土地整治资金在相当长的时间后才能获得补偿。可以说，土地整治的时间成本是较高的。因此，在进行土地整治决策时，时间成本应是一个重要的考虑因素。

(4) 土地整治的替代成本。由于改变土地利用类型或进行土地再开发时注销当前已投入在土地上的资产效用，所产生的成本为替代成本。替代成本往往是由于预期能够获得更高的土地收入而改变当前土地利用类型、方式造成的。

土地整治效益可分为经济效益、社会效益和生态效益。

(1) 土地整治的经济效益。土地整治的经济效益是指土地整治过程中对土地的投入与整理后所取得的有效产品（或服务）之间的比较。对农地整理而言，土地整治后取得的经济收益主要体现在：土地利用率的提高，直接增加了可利用的土地面积而带来的收益；土地质量的提高，使土地产出率提高而增加的收益；由于农业生产条件的改善而导致生产成本下降所产生的间接收益。

(2) 土地整治的社会效益。评价土地整治效益时，不但要考虑到整理的经济效果，还必须结合社会效果进行综合评价。土地整治的社会效益是指土地整治的社会后果，土地整治对社会需求的满足程度及其相应产生的政治与社会影响。就我国的粮食生产而言，从市场经济角度讲，由于粮食价格明显偏低，可以不生产。但从社会角度看，要保持社会的稳定性，不仅要生产粮食，维持粮价的合理水平，而且还要保证特定时期粮食能够自给自足，确保国际局势变化时我国的“吃饭问题”不会受制于人。这也是为何在投资回报率不如其他行业的情况下，国家仍然要鼓励土地整治、加大土地整治投资力度的重要原因。

（3）土地整治的生态效益。土地整治的生态效益就是土地整治的活动过程与结果应符合生态平衡规律，也就是说，人类通过土地整治建立起来的新的土地生态系统应做到不仅没有损害原来的生态系统，反而增强了整个生态系统的功能，为人类生产和生活提供更好的生态环境和更多的生物产品。长期而言，生态效益是与经济效益相统一的，能够通过经济效益的增加得到体现。

成本收益分析现已被广泛应用于项目或方案的社会经济及生态效益评估，为有效决策提供科学建议。成本收益分析方法在土地整治项目评价中的作用主要体现在项目评估（不同项目之间的成本收益比较）和项目规划方案择优（同一项目不同方案之间的成本收益比较）两个方面：

（1）项目评估。项目评估是选择项目的关键。如何选择土地整治项目，实际上是一个成本收益分析比较的过程。只有通过成本收益的综合分析比较，才能体现土地整治的客观、公正和科学性，才能按照先易后难的原则开展土地整治，因此这个原则本身已经体现了成本收益分析的比较原理。

（2）项目规划方案择优。项目规划过程中经常会遇到不同规划方案的取舍问题。如何选择最优规划方案，往往需要进行成本收益分析。一般情况下，评价经济效益比较容易，而社会与生态效益的评价则存在着评价指标统一与量化上的困难。所以，目前对规划方案的综合评价常采取定量与定性相结合的方法。

2.2.2 土地伦理理论

土地伦理是环境伦理的视角之一，由奥尔多·利奥波德（Aldo Leopold）于20世纪40年代在他的“A Sand County Almanac”（《沙乡年鉴》）一书中提出：“需要一种‘新的伦理’，一种处理人与土地，以及人与在土地上生长的动物和植物之间的伦理观。”土地的伦理范畴包含土壤、水、植物和动物，以及大地上存在的一切。土地伦理理论系统地从伦理学的高度来讨论自然保护问题，认为人类不应以经济价值判断自然、尊重自然，有必要将人类从土地群落征服者的地位变为土地群落的普通一员。

在很多规划人员眼里，土地整治规划设计就是造地、修路、修沟渠等，缺乏生态的概念。利奥波德认为，真正需要重视的是“对产生生命的大地所固有的内在趋势的尊重和调节的知识”“当一切事物趋向于保护生物共同体完整，稳定和美丽时，它就是正确的；当一切事情趋向相反的结果时，它就是错误的”。利奥波德反对不完整的人类“挑选”。他认为，那些因为没有商业价值，被忽视、被排除的大地社会成员往往是土地系统完善功能的基础。

完全给予经济动机的自然保护体系，是难以建立和谐的。当某种非经济类的物种受到威胁，而人们恰好注意到了并喜欢上它，人类就会找寻经济上站得住脚的借口，强调这一物种的经济重要性，这样，就完全失去了物种的和谐状态。区别于西方将土地简单的看作商品的经济学说，土地伦理理论更注重土地的生态学属性，强调人类作为土地群落的一员，在伦理上应尊重并保护土地群落的每一个成员，维护土地群落的完整性。我国在环境与土地资源保护方面，已取得相当大的成效。但是，从土地伦理理论的角度出发，我们对摆正自己在自然中的位置考虑得还不够。目前，我们追求可持续发展，虽然当前对土地的保护越来越重视，但在这样一种自然保护观和土地利用实践中，必然会导致以物种、自然资源和牺牲子孙后代的利益为代价换取经济发展。

遵循土地伦理，有助于做到实现土地资源的可持续利用。土地整治在增加土地的有效使用面积和提高土地利用率和产出率的同时，特别强调了保护土地的生态环境，追求土地和人类的和谐状态。在强调保护土地环境的自然属性时，减少了各种对人类生存有害的土地活动，如土地活动对生物多样性的影响等。坚持土地伦理，客观体现了土地的公平原则，即包括分配平等、权利平等、机会平等，实现公众利益的最优化。

土地伦理作为土地整治的重要理论就是要强调土地的生态效益，突出土地的生态功能。我们不能一味地强调经济和社会效益，还要强调土地的自然保护。土地伦理观的引入，给土地整治提供了一个新的思维模式，改变了"经济决定一切"的土地利用状态。它的产生是社会、经济发展的需要，也是人类对景观结构和功能在认识上的进步和深入。

2.2.3 人地关系理论

人地关系即人类与其赖以生存和发展的地球环境之间的关系，是在人类出现以后地球上就已经客观存在的主体和客体之间的关系。人类的生存和活动，都要受到一定的地理环境的影响。人类为了生存的需要，不断地扩大和加深改造和利用地理环境，增强适应地理环境的能力，改变地理环境的面貌，同时地理环境影响人类活动，产生地域特征和地域差异。人地关系的地域性或地域组合，是人文地理学研究的特殊对象。

作为地理学的理论概念，"人"是指社会性的人，即在一定地域内、一定生产方式下从事各种生产活动或社会活动的人；"地"是指与人类活动有密切关系的无机和有机自然界各要素有规律结合的地球环境，也包括在人类作用下已经改变了的地球环境，即经济、文化、社会环境。因此，人地关系是指在人类社会向前发展的进程中，人类为了生存的需要，不断地扩大、加深改造和利用土地环境，增强适应土地环境的能力，改变地球环境的面貌，同时地球环境又影响人类活动的相互作用的过程。

地球上的一切生物都是由物质组成的，而各种物质又是由化学元素构成的。人类是地球环境演化到一定阶段的产物，人体又是由各种化学元素组成的，人地在物质本源上是一致的，由此可见它们之间的内在联系。因此，人类的一切活动必须要维持生态系统的平衡。地球为人类提供的生存空间是有限的，为人类提供的自然资源和环境的承载量也是有限的。为了人类的自身利益，为了给人类子孙后代创造良好的生存条件，人类就必须节制人口的增长，不能无休止的增加人口；人类也必须控制自己的行为，不能超过自然界自身的进化能力而超限度地制造垃圾、污染物；人类也不能无休止地向自然界摄取自然资源，更不能去破坏生态系统的平衡和稳定。

在人地关系中，人和地球环境是一个有机的统一整体。当人类从自然界分离出来以后，地球环境就成了人类发展的外部环境。而人类既是这个外部环境的生产者，又是它的消费者；既是建设者，又是破坏者。从某种意义上来讲，人类在这个有机整体中充当着主导者的角色。虽然人类不能从根本上改变地球环境，但人类活动对其外部环境的影响却是巨大的。当然，人类活动必须要引导地球环境向有利于人类方向发展，符合自然界发展的客观规律，如果不按照自然界的规律来发展，破坏了地球环境的自我调节和更新能力，人类终究受到自然界的惩罚。

由于人类的不合理利用开发土地，自然界已经做出巨大的反应，如泥石流、塌方、滑坡等地质灾害给人类造成了巨大的经济损失和人员伤亡。在土地整治过程中，我们要充分重视人地关系。对不合理利用的土地进行有效地治理和生态恢复，尽可能地将被破坏的土地恢复到自然和谐状态。充分发挥土地的各种功能，降低其对人类的各种危害，实现人地关系的协调发展。

2.2.4 景观生态理论

景观生态学研究景观各组成要素的结构、功能及其变化的学问，它是生态学与地学的交叉学科，是现代生态学一个年轻的分支。“景观”（landscape）出现在希伯来文《圣经》的旧约全书中，它被用来描写梭罗门皇城（耶路撒冷）的美丽景色。这里的“景观”，其含义同于汉语中的“风景”“景致”“景色”。景观一般被定义为地球表面气候、土壤、生物、地貌等各种成分的综合体，这一概念非常接近于生态系统、生物地理群落的内涵，其突出了景观的空间特征。基于生态学的学科背景，生态学中的景观更侧重于景观组成要素间的相互作用。景观生态学已超出传统生物学范围，进入了以人为中心的知识领域，如社会心理的、经济的、地理的和文化的科学领域。

景观生态学强调生态系统的空间格局特点及其动态、各种不同尺度所带来的生态效应。主要理论包括：

（1）景观结构和功能原理（landscape structure and function principle）。在景观尺度上，每一独立的生态系统或景观生态元素可看作宽广的斑块、狭窄的廊道或基质。生态学对象在景观生态元素间是异质分布的。景观生态元素的大小、形状、数目、类型和结构是反复变化的，其空间分布由景观结构所决定。

（2）生物多样性原理（biodiversity principle）。景观异质性程度高，造成斑块及其内部环境的物种减少，同时也增加了边缘物种的丰度。

（3）物种流动原理（species flow principle）。景观结构和物种流动是反馈环中的链环。在自然或人类干扰形成的景观生态元素中，当干扰区有利于外来种传播时，会造成敏感物种分布的减少。

（4）景观变化原理（landscape change principle）。在景观中，适度的干扰常常可建立更多的嵌块或廊道，增加景观异质性；当无干扰时，景观内部趋于均质性；强烈干扰可增加也可减少异质性。

（5）景观稳定性原理（landscape stability principle）。景观稳定性起因于景观干扰的抗性和干扰后复原的能力。

景观生态学的发展，必然会在资源的合理开发、利用和保护、土地科学经营和管理、环境的保护、国土整治等方面发挥巨大作用。20 世纪末到 21 世纪初，随着建筑学的理论和实践的发展，如何解决城市膨胀与自然环境之间的矛盾逐渐成为景观建筑学家的议题。当前的景观规划非常注重将景观保护的思想融入规划设计之中，将人类利益与自然保护的思想相协调。

土地整治的一个主要内容就是通过合理的土地整治规划实现区域景观的恢复和保护，调整乡村景观格局，改善土地利用结构和生态环境，促进区域协调发展。农地整治中田、水、路、林、村等综合整治与景观生态学中的斑块、廊道和基底相互对应。可见，景观生态学的理论和思想在土地整治过程中有所体现，是项目实施的指导和依据，而土地整治除实现增加有效土地之外，还强调人类与生态环境的融合。在土地整治中应用景观生态学和景观规划理论，就是对参与其过程中的各项要素进行合理有效的配置规划，最大程度实现土地的生态效益。工程实施时，要充分考虑到土地整治后所带来的负面影响。不仅仅追求“量”的完成，还要追求“质”的提高；不仅要追求经济效益和社会效益，还要追求生态效益和视觉美观。

2.2.5 土地产权理论

《牛津法律大辞典》把产权定义为：“财产权是指存在于任何客体之中或之上的完全权利，包括占有权、使用权、出借权、转让权、用尽权、消费权和其他与财产有关的权利。不要把财产权视作单一的权利，而应当把它视作若干独立权利的集合体。其中的一些或甚至很多的独立权利可以在不丧失所有权的情况下予以让与。”美国学者哈罗德·德姆塞茨（Harold Demsetz）将产权理解为一种社会工具，是界定人们如何受益及如何受损，谁必须向谁提供补偿以使它修正人们采取的行动。而《现代实用民法词法》把产权定义为：“人身权的对称，指具有物质财富内容，直接和经济利益相联系的民事权利，属于这一类的权利包括所有权、其他物权、债权、继承权、版权、专利权和商标权等。”土地产权是指存在于土地之中的排他性完全权利。土地和其他财产权一样，只有在法律的认可下才能发挥效应。由于各个国家的社会经济、政治制度和法律体系不同，都各自有不同的财产权利体系及其构成。对于土地产权而言，它是一系列权利的综合体，每个国家的产权体系通常都包括土地的所有权、使用权、租赁权、抵押权、地上权和土地发展权等。

土地所有权是指土地所有者在法律规定范围内自由使用和处理土地的权利。它具有完全性、排他性、恒久性、归一性和社会性等基本属性。土地所有权的性质和内容是由土地所有制决定的。

土地使用权是依法对一定土地加以利用并取得收益的权利，是土地使用制的法律体现形式。狭义的土地使用权是指依法对土地的实际使用，它包括在土地所有权之内，与土地占有权、收益权和处分权是并列关系；广义的土地使用权是指独立于土地所有权能之外的含有土地占有权、狭义的土地使用权、部分收益权和不完全处分权的集合。目前我国所称的土地使用权是一种广义的土地使用权。

土地租赁权是指土地所有人或土地使用权人通过契约将土地占有权、狭义的土地使用权和部分收益权转让给他人。承租人通过土地租赁获得的土地权利就是土地租赁权。土地租赁权与广义土地使用权的区别在于承租人不享有对土地的部分处分权，它包括有期限的土地租赁权和无期限的土地租赁权。

土地抵押权是指土地受押人与土地抵押人不移转占有并继续使用收益而提供担保的土地，在债务不能履行时刻将土地的拍卖价款作为受清偿的担保物权。它具有优先清偿性、附属性、不可分性等性质。

地役权是指土地所有权人为了其所有或使用的土地的权益，有义务允许他人在其土地上的某种行为的权利。地上权指在他人土地上设定其使用土地的权利。土地发展权简单地说是指发展土地的权利，是一种与土地所有权分割而单独处分的权利。

土地整治，不仅是采用各项工程技术措施对田、水、路、林、村进行综合整治，某种意义上讲，也是对农村土地产权的调整和理顺。土地整治过程中涉及国家、集体和个人三方利益主体间权利义务关系的调整，因此，必须保证整理前土地产权登记的客观、公正，整理后土地产权调整的科学、合理。保持土地产权的明晰、权能的完整、权能构成的合理以及产权足够的流动性是土地成功整治的关键。针对我国农村土地产权制度中存在的问题，应做好以下工作：

（1）应该加强农村土地产权确认与登记发证工作，具体包括：通过依法实地调查，确定农村集体土地与国有土地的权属界线、数量及分布等；确定各集体土地如乡（镇）间、村集体间和村民小组之间的土地权属界线、数量及分布等；确定各农村集体组织内部耕地、园地、林地等各类用地的面积、位置、质量、地类界线等；确定各集体内部农户承包经营土地的数量、质量、位置、界线等。对确认的权属结果依法进行登记，核发证书，形成文字、图、表、簿、册等相结合的完整系统的地籍资料，为土地整治后土地权属的合理调整提供法律依据。

（2）应尽快建立农村土地使用权的合理流转机制，具体措施包括：加快培育农村土地使用权的流转市场；加强政府对农地使用权流转市场的合理引导与规范管理；允许农户在土地流转过程中获得相应合理的流转收益；建立和完善社会保障制度，加强户籍制度改革步伐，加快城市化速度，推进农业人口的非农化；在土地家庭联产承包责任制基础上，按照“自愿、有偿、合法”的原则进行土地的反租倒包、土地使用权出租、股份制经营等改革，促进土地的适度规模经营。

2.2.6 可持续发展理论

可持续发展（sustainable development）是指既满足当代人的需要，又不对后代人满足其需要的能力构成危害的发展。可持续发展理论在全世界范围内使用的越来越广，甚至每一个学科都涉及可持续发展理论，它为人类解决面临的困境指明了道路，这一理论提出了四个原则：

（1）公平性原则。所谓公平是指机会选择的平等性。可持续发展的公平性原则包括两个方面：一方面是本代人的公平，即代内之间的横向公平；另一方面是指代际公平，即当代与后代人之间的纵向公平。可持续发展要满足当代所有人的基本需求，给他们机会以满足他们要求过美好生活的愿望。因为人类赖以生存与发展的自然资源是有限的，未来各代人应与当代人有同样的权力来提出他们对资源与环境的需求。可持续发展要求当代人在考虑自己的需求与消费的同时，也要对未来各代人的需求与消费负起历史的责任，因为同后代人相比，当代人在资源开发和利用方面处于一种无竞争的主宰地位。各代人之间的公平要求任何一代都不能处于支配的地位，即各代人都应有同样选择的机会空间。

（2）可持续性原则。资源环境是人类生存与发展的基础和条件，资源的持续利用和生态系统的可持续性是保持人类社会可持续发展的首要条件。这就要求人们根据可持续性的条件调整自己的生活方式，在生态可能的范围内确定自己的消耗标准，要合理开发、合理利用自然资源，使再生资源能保持其再生产能力，非再生资源不会过度消耗并能得到替代资源的补充，环境自净能力能得以维持。可持续发展的可持续性原则从某一个侧面反映了可持续发展的公平性原则。

（3）共同性原则。可持续发展关系到全球的发展，要实现可持续发展的总目标，必须争取全球共同的配合行动，这是由地球整体性和相互依存性所决定的。因此，致力于达成既尊重各方的利益，又保护全球环境与发展体系的国际协定至关重要。

（4）需求性原则。可持续发展是坚持公平性和长期可持续性，满足所有人的基本需求，向所有的人提供实现美好生活愿望的机会。人的需求是由社会和文化条件所确定的，是主观因素和客观因素相互作用、共同决定的结果，与人的价值观和动机有关。

可持续发展的核心理论，还处于探索和形成之中。目前已具雏形的流派大致可分为以下几种：

（1）资源永续利用理论。资源永续利用理论流派的认识论基础在于认为人类社会能否可持续发展决定于人类社会赖以生存发展的自然资源是否可以被永远地使用下去。基于这一认识，该流派致力于探讨使自然资源得到永续利用的理论和方法。

（2）外部性理论。外部性理论流派的认识论基础在于认为环境日益恶化和人类社会出现不可持续发展现象和趋势的根源是人类迄今为止一直把自然（资源和环境）视为可以免费享用的“公共物品”，不承认自然资源具有经济学意义上的价值，并在经济生活中把自然的投入排除在经济核算体系之外。基于这一认识，该流派致力于从经济学的角度探讨把自然资源纳入经济核算体系的理论与方法。

（3）代际公平理论。财富代际公平分配理论流派的认识论基础在于认为人类社会出现不可持续发展现象和趋势的根源是当代人过多地占有和使用了本应属于后代人的财富，特别是自然财富。基于这一认识，该流派致力于探讨财富（包括自然财富）在代际之间能够得到公平分配的理论和方法。

（4）三种生产理论。三种生产理论流派的认识论基础在于认为人类社会可持续发展的物质基础在于人类社会和自然环境组成的世界系统中物质的流动是否通畅并构成良性循环。他们把人与自然组成的世界系统的物质运动分为三大“生产”活动，即人的生产、物资生产和环境生产，致力于探讨三大生产活动之间和谐运行的理论与方法。

可持续发展理论体现了如下特点：

（1）可持续发展不否定经济增长，但需要重新审视如何实现经济增长。要达到具有可持续意义的经济增长，必须审计使用资源和原料的方式，力求减少损失、杜绝浪费并尽量不让废物进入环境，从而减少每单位经济活动造成的环境压力。既然环境退化的原因存在于经济过程之中，其解决办法也只能从经济过程中去寻找。

（2）可持续发展以自然资源为基础，同环境承载能力相协调。“可持续性”可以通过适当的经济手段、技术措施和政府干预得以实现，目的是降低自然资源的耗竭速率，使之低于资源的再生速率和可替代资源的开发速率。如果经济决策能够全面、系统地考虑环境影响，可持续发展是可以实现的。

（3）可持续发展以提高生活质量为目标，同社会进步相适应。单纯追求产值的增长不能体现发展的全部内涵。学术界关于增长和发展的辩论已经达成共识，即经济发展的概念远比经济增长的含义广泛。

（4）可持续发展承认自然环境的价值。这种价值不仅体现在环境对经济系统的支撑和服务价值上，也体现在环境对生命系统不可缺少的存在价值上，应当把生产中环境资源的投入和服务记入生产成本和产品价格之中，并逐步修改和完善国民经济核算体系。

（5）可持续发展的实施以适宜的政策和法律体系为条件，强调综合决策和公众参与。需要改变过去各部门封闭地、分割地、“单打一”地分别制定经济、社会和环境政策的做法，提倡根据周密的社会、经济、环境考虑和科学原则、全面的信息和综合的要求来制定政策并予以实施。可持续发展要纳入经济发展、人口、环境、资源、社会保障等各项立法及重大决策中。

可持续发展理论的最终目的是要实现“持续发展”。在社会效益、经济效益和生态效益实现的同时，解决好持续增长的问题。土地整治就是将土地资源进行重新规划和优化配置，提高土地资源的利用率和产出率，在有限的资源供给情况下，实现其价值的最大化。而且，在实现社会效益和经济效益的同时，要充分考虑生态效益的实现，不能盲目追求经济利益，一切要以“可持续发展”为指导方向。

2.3 土地整治规划的地域差异

2.3.1 重点区域土地整治规划的目标差异

由于区域间气候、地形地貌、社会经济条件等方面的差异，土地整治规划表现出明显的地域差异。《全国土地整治规划（2016~2020年）》依据地域差异，确定了九个土地整治重点区域：

（1）东北地区。以高标准农田建设为主要方向，完善农田水利配套设施，增加有效耕地面积，提高耕地质量，建设生态良田，加强黑土地保护，建设粮食生产基地；禁止毁林、毁草开垦，对已开垦的林地、草原开展退耕还林还草；资源枯竭型城市要加快工矿废弃地复垦，促进城市转型发展。

（2）京津冀鲁地区。以土地综合整治为主要方向，大力开展生态良田建设，改造盐碱地和中低产田，加强耕地质量建设，提高土地利用集约度；规范推进城乡建设用地增减挂钩，稳步开展城镇建设用地整理，优化城乡用地结构和布局。

（3）晋豫地区。以恢复矿山生态环境为主要方向，重点加强工矿废弃地复垦、污染防治和采煤沉陷区治理；大力推进农用地整理，加强农田基础设施建设，提升耕地质量，提高粮食综合生产能力；积极开展农村居民点整理，提高土地集约利用水平；开展小流域综合治理和风沙防治综合治理，重点开展山西黄土山地丘陵和豫西山地生态退耕，加强豫东黄河故道沙化土地治理。

（4）苏浙沪地区。以建设用地整理为主要方向，大力推进城乡建设用地整理，优化用地结构布局，推动美丽宜居乡村建设，促进工业化、新型城镇化发展，率先实现现代化；积极开展农用地整理，建设集中连片、高产稳产良田；加强污染土地的治理改造，合理开展山地综合开发和沿海滩涂开发利用。不得以耕地占补平衡、低丘缓坡开发为名开垦林地。

（5）湘鄂皖赣地区。以农用地整理为主要方向，完善农田配套设施，大规模建设旱涝保收高标准农田，积极开展生态良田建设；因地制宜开展农村居民点和零星闲散地综合整治，提高土地利用效率，改善农村人居环境；积极开展小流域综合治理，防治水土流失；拓展增减挂钩范围，支持革命老区、贫困地区精准扶贫、精准脱贫。

（6）闽粤琼地区。以城乡建设用地整理为主要方向，积极推进旧城镇、旧厂房、旧村庄等低效用地改造开发，稳妥开展农村建设用地整理，优化城乡用地结构和布局，大力改善城乡人居环境，促进新型城镇化发展；加强珠江三角洲、福建沿海等地区污染土地的治理，合理开展山地综合开发，发展特色林果茶产业，增加农民收入。

（7）西南地区。以建设生态安全屏障和提高农用地利用效益为主要方向，加强生态环境保护和修复，限制对生态环境脆弱地区的土地开发；将农田整理与陡坡退耕还林还草，以及荒漠化、石漠化治理等政策有效结合，加大基本农田建设力度，对山地丘陵区不宜退耕的缓坡耕地进行坡改梯；积极复垦损毁土地，改善生态环境。

（8）青藏地区。以保护和改善区域生态环境为主要方向，在适宜耕种的地区，重点是西藏“一江两河”（雅鲁藏布江、拉萨河、年楚河）和青海省东部等地区开展生态农田建设，加强农田水利和生态设施建设，增强耕地抵御自然灾害的能力；加强草原保护建设，开展围栏封育和退化草原治理。防止过度开发，注重水源地保护。

（9）西北地区。以改善和保护土地生态环境为主要方向，加强平原、旱塬和绿洲的耕地和基本农田建设，建设生态良田，大力发展节水灌溉，重点提高农田渠系利用系数和水资源利用率，防治土地盐碱化；坚持以水定地，因地制宜适度开发宜耕后备土地，限制对生态环境脆弱地区的土地开发，限制对灌木林地、草原开发。

2.3.2 分区域农地整治规划的限制因素

2.3.2.1 东南沿海地区

东南沿海地区位于中国沿海地区的东南前沿，包括浙江的温州、金华、衢州、台州、丽水，福建、广东大部分地区，广西壮族自治区东南部地区，云南省的东南部地区，海南省全省。该区位于热带、南亚热带和中亚热带，气候为典型的热带季风或南亚热带季风性气候，气候湿润，降水量大，年降水量大于1600mm，年径流量大于800mm，干旱指数小于0.5，年降雨日平均在160天以上，气温高，霜雪少，生长期长，对农业十分有利，是中国双季稻主要产区和热带、亚热带经济作物区。该区内地形复杂，丘陵山地约占全区土地总面积的80%，平原不到20%，大多呈条带状分布于沿海、各大河的下游以及河口地区；热量资源较充足，光热水土资源组合较好，农业比较发达。植被为亚热带常绿林以及热带、亚热带雨林。在土地利用结构中，以林地为主，耕地占有一定比例，草山草坡分布广泛。耕地以水田为主，作物主要有水稻、小麦、油菜、花生、大豆、薯类、茶叶、烟草等，水稻单产水平和商品率高，但旱地生产水平较低。草山草坡广泛分布，以喜热草丛草场为主，养畜业发达，但草地利用率低，开发利用仍有较大潜力。该区内人口密集，劳动力充足。

农地资源利用制约性因子：

（1）地少人多，耕地不足，人地矛盾十分突出。区内大部分地区人均耕地在400m^2以下，耕地资源十分紧张。

（2）耕地质量不高，中低产田面积大。从总体上看，该区中低产田面积大于高产田面积，主要原因有水土条件较差、物质投放不足等。区内农地土壤的有机质和全氮含量均较高，但速效磷的含量普遍偏低。

（3）洪涝威胁大。该区暴雨、洪水多发，且多发的季节性很强，洪涝灾害基本上出现在夏秋季。沿海平原区，尤其是大的三角洲地区，地势低洼，水网纵横，易受洪涝灾害。

（4）台风、风暴潮灾害多。尤其是长江三角洲地区、浙江以及福建成灾概率更高。

（5）土地污染严重，土地生态环境受到威胁。该区是我国乡镇企业最发达的地区，但大部分乡镇企业工艺落后，设备简陋，对环境的污染严重，污染农田、水体，毁坏山林，甚至造成水土流失。

（6）农业投资幅度减少，导致农业基础设施滞后。农山水利设施老化，年久失修，抗御自然灾害的能力大大减弱，又由于农业经济利益较低，农业劳动力外流，导致对土地投入不足，土地质量下降。

2.3.2.2　中部地表水资源缺乏地区

中部地表水资源缺乏地区位于乌鞘岭以东、秦岭淮河以北，包括东北、华北以及黄土高原三大地区，总土地面积占全国土地面积的21.97%，区内耕地面积占该区总土地面积的33.58%，园地面积占0.67%，林地面积占21.60%，草地面积占20.37%，水域面积占5.46%，交通用地面积占1.44%，是土地开发程度较高，以耕地为主，林木用地比例较高的地区。全区除大兴安岭北段的漠河等少数地面属寒温带外，绝大部分地区属中温带和暖温带。气候温暖，光、热、水、土条件配合较好，但降水和热量条件略显不足。区内农垦历史悠久，劳动力充分，土地利用程度及水平较高，是我国最大的小麦、棉花、大豆、杂粮生产基地，也是我国主要的油料生产基地。

农地资源利用制约性因子：

（1）水资源缺乏。该区大多为半湿润暖温带季风性气候，降水量为500~800mm，气候具有明显的大陆性，降水量不足，降水年内分配不均，且年际变率较大，旱涝灾害较多，其中以旱灾为主。

（2）土地盐碱问题严重。在黄河流域、海河流域的中下游低洼地区，耕地盐碱化面积约占全国盐碱化面积的42%，是我国耕地盐碱化面积最大的地区。该区旱涝交错，地势低平，黄河、淮河以及海河诸河流域多为地上河或者河道浅平，地面积水，地下水位高，加之该区土壤多为沙壤、粉沙壤、轻质土，毛管作用强烈，因此盐碱化严重。该区耕地土壤盐分多以硫酸盐或氯化物为主，盐分组成较为复杂，水质一般为弱矿化度水，局部封闭涝洼耕地。

（3）水土流失严重。尤其是该区的黄土高原是我国耕地水土流失最严重的地区。该区水土流失的主要原因有以下几点：第一，根本原因是人为因素，由于人口的增长，毁林毁草陡坡开荒，是导致本区耕地水土流失严重的主要因素；第二，气候因素，该区位于季风气候区，降水分配不均，夏季降水集中，且强度大，常形成暴雨，这就为水土流失提供了动力条件；第三，地形因素，黄土高原区内大部分地区，地表起伏，坡度较大，加强了地表水的冲刷能力；第四，植被稀少、覆盖率低是又一重要因素，植被覆盖率低，径流系数就大，土壤侵蚀量也就大，坡耕地水土流失尤其严重；第五，土壤因素，该区土壤多为黄绵土，其成土母质为黄土，质地为粉沙质壤土，土体疏松，易被水冲散，抗冲能力极弱，面蚀与沟蚀现象均比较严重。水土流失导致土壤干旱缺水，土壤肥力下降，耕作层浅薄，甚至是耕地沙化，严重的水土流失影响了农业生产的正常进行，制约着耕地的持续利用和生产力的提高。

（4）耕地沙化严重。该区沙化耕地占全国沙化耕地面积的70%，尤其是在农牧交错地区，由于长期过度农垦，稳定的天然植被层遭到破坏，土壤的风蚀就得以发生和发展，从而导致耕地沙化不断发展。

2.3.2.3 中部水土资源丰富地区

中部水土资源丰富地区位于秦岭淮河以南、南岭以北、宜昌（湖北）、溆浦（湖南）一线以东的长江中下游地区，主要包括长江中、下游流域，广东、广西、浙闽部分地区。在行政区域上，包括湖北、湖南、江西、上海全部，四川、贵州大部分地区，浙江、安徽、江苏部分地区，广东、福建、广西北部。该区气候属典型的亚热带季风性气候，全年降水量较大，绝大部分地区年降水量为750~1600mm，降水集中在夏季，但正常年份冬季并不干旱，干旱指数为0.5~1.0，全年降水日为120~160天，年径流深为200~800mm，地表水丰富。区内生长期长，生产水稻、小麦、油菜、烟草等作物，长江中下游素以中国“谷仓”而著称于世。植被主要为混交林，以喜暖湿的落叶林为主，同时也大量分布耐寒的常绿林和竹类等。

该区土地利用结构中，耕地比例大，耕地中又以水田为主。林地主要为农田防护林、速生丰产林和经济林；草地较少，水面宽阔，是全国淡水水面最集中的地区。区内人口密集，劳动力充足，土质肥沃，农业发展历史悠久，农作物以水稻、小麦、棉花、油菜等为主，粮食产量高，土地开发利用程度高。

农地资源利用制约性因子：

（1）旱、涝、渍害频繁。该地区雨季降水多，而平原地区地势低洼，又绝大部分靠近长江，极易受到洪涝、渍害威胁。洪涝大致可分为内涝和外涝两种状况。内涝主要是暴雨所致，由于地势低洼、水系紊乱，暴雨后集流迅速，若排水不及，即可形成内涝；外涝主要是长江及其支流洪水进入湖区产生的。全年降水分配不均，秋季降水多，对晚稻生长也不利。因此防洪、排涝、治渍是该区域内绝大部分地区农地整理的首要任务，也是发展经济建设的关键问题。

（2）耕地重用轻养，造成地力下降。区内农业历史悠久，对土地开发利用的程度比较高，但长期以来忽视了对土的物质投入，重用轻养，如化肥的使用量低于全国的平均水平，结果造成地力的下降，制约了农地利用效率的提高。

（3）水土流失严重，红壤分布广泛。水土流失和红壤土质黏、酸、瘦是本区土地利用的又一重要的障碍因素。该区年降水量大，雨水冲刷强，山地、丘陵地区水土流失严重，同时也造成了土壤酸化、贫瘠、生产力下降。水土流失与红壤土质二者之间有着内在的联系，必须综合治理。该区红壤是在第四纪红色黏土、花岗岩等母质的基础上，在亚热带高温多雨的气候条件下，富铝化和生物富集的长期作用的结果，红壤在植被遭到破坏后极易流失。

2.3.2.4 西北干旱区

西北干旱区位于大兴安岭以西，大青山—乌鞘岭—昆仑山一线以北，包括新疆全部、内蒙古、宁夏、甘肃大部分以及青海西北部的柴达木盆地。该区土地面积占全国总面积的30.83%，耕地、林地、草地面积比为1∶0.96∶19.62，是我国牧草地主要集中分布区，也是未利用土地和难利用土地面积比例最大的地区。全区大部分地区属温带气候，温暖干燥，光照充足，但光、温、水、土等条件配合差，水资源缺乏，热量也略显不足。土地开发利用程度及水平均较低，草原面积大，牧业在该区占重要地位。全区土地开垦程度低，主要分布于河西走廊、内蒙古河套平原、宁夏平原以及新疆河谷绿洲地带。大部分地区农作物生长依靠灌溉，没有灌溉就没有农业。农作物以小麦、杂粮、棉花、油菜、甜菜和瓜果等为主。农区人少地多，劳动力投入不足，耕地经营粗放，但因作物生长期光照充足，昼夜温差大，有利于作物光合作用积累，而且灌溉耕地不受降水影响，作物产量比较稳定。该区内林地面积较小，主要分布在山地及河谷绿洲，以用材林为主，南部有防护林分布，是我国森林覆盖率较低的地区之一。草地面积大，分布广，草场质量好，且东部多于西部，为我国畜产品的重要生产基地。河湖较少，水资源缺乏，淡水养殖业不发达，部分地区无地表径流，人畜用水问题突出。宜农荒地资源也比较丰富，扩大耕地面积仍有较大潜力。非农业用地比例较小，交通运输不够发达。该区气候干旱，植被稀少，风沙、盐碱及“黑、白”灾等自然灾害频繁，部分地区草场超载过牧，土地利用程度及利用水平低，农牧业生产水平不高。今后要加强水利建设，增辟水源，提高水的利用率，节约用水，以保证农林牧业的稳步发展，要逐步解决好人畜用水问题，发展草场灌溉，建设优质耐牧的优质草场和饲草、饲料基地。严禁滥垦和过度放牧，合理利用和保护草地资源。要进一步挖掘现有耕地生产潜力，提高作物产量。有水资源条件地区，要有计划地合理开发利用宜农荒地资源，发展种植业，逐步实现粮食自给。

农地资源利用制约性因素：

（1）水资源严重缺乏，极大地制约了农业对土地的利用。“包头—翕林—兰州—西宁”约400mm年降水等值线西侧，降水呈急剧地阶梯状减少，300~400mm年降水区已是半干旱向干旱气候的过渡地带，旱作可以勉强进行但相当艰难。300mm降水区呈现出干草原和荒草原自然景观，这一地区因灌溉形成的绿洲农业，与关中的渭水平原、汉江谷地农田的补充灌溉情况不同，属于“没有灌溉，就没有农业”的干旱地区的灌溉农业，包括农田在内，林地、人工草地、园林、菜地均需灌溉保障。

（2）干燥多风，地表风蚀强，沙漠戈壁等难利用土地面积大，分布广，尤其耕地沙化严重。沙化耕地使土体中的细粒物质和营养物质消失或占土体的比例下降，耕作层变薄到一定程度，表现为土体物质粗，影响到植物的正常生长，目前该区沙化耕地面积有809.4万亩，占该区耕地面积的4.09%，占全国沙化耕地面积的21.06%，在全国各大区中沙化耕地的比例仅次于青藏高原区。

（3）土壤贫瘠，且极易盐碱化。该区土地比较贫瘠，尤其是贫瘠化耕地占的比例大，贫瘠化耕地是由于在耕地利用过程中，单位时间内向耕地投入的有效养分量不足以弥补同期作物从土壤中吸收的养分量，造成耕地养分状况不能满足作物的正常生产和实现高产的需要，从而表现为土壤有效养分不足；另外，在干旱区，绝大多数土壤类型如灰棕漠土、灰漠土、灰钙土、草甸土及林灌草甸土等自然含盐量较高，在灌溉后极易导致土壤盐分表聚，使土壤产生次生盐碱化，这也是西北干旱地区土地资源利用的最主要的障碍因素之一，也就是说，这是西北干旱地区水土资源开发利用后最普遍的生态环境问题之一。干旱区土壤一旦弃耕，很难恢复原有土壤的生态状况，极易盐碱化或风沙荒漠化。

（4）土地利用率低，巨大的生产潜力没有充分发挥。在耕地中，低产耕地占51.2%，因此必须花大力气对中低产耕地进行改造；草地资源利用状况比较差，西北地区的草地主要以天然草地为主，天然草地具有不稳定性，产草量的年变化和季节变化都比较大。以内蒙古为例，干草原丰歉年产草量相差2倍左右，半荒漠草原达4倍左右，荒漠草原在2倍以上，只有草甸草原和森林草原的产草量比较稳定，丰歉年产草量变动幅度在一倍以内。

（5）劳动力不足且耕作制度、技术手段落后，经营粗放。

2.3.2.5 西部季节性干旱地区

西部季节性干旱地区位于秦岭以南，百色（广西）—新平（云南）—盈江（云南）一线以北，宜昌（湖北）—溆浦（湖南）一线以西，川西高原以东，包括贵州全部，四川、云南省大部分，湖北、湖南两省西部地区，广西西北部等地。这是一个地处亚热带，以山地丘陵为主的我国重要农林生产的农业区。

该区地形复杂，岩溶发育，山地丘陵多，林木地广阔，农耕地狭小。地处温暖湿润的亚热带，气候类型多样，水热资源充沛，但光照条件较差，该区因受东南季风、西南季风暖湿气流的影响，加上地形作用，降水充沛，年降水量为750~1200mm，降水量从东南和西南向内陆迅速减少，降水年变率较小，但年内季节分配不均，降水大部分集中在夏秋季，而冬春季降水较少，降水严重不足，春旱较普遍，严重影响春耕生产。

农地资源利用制约性因子：

（1）农业技术基础较薄弱，抗灾能力普遍较低。区内水利条件差，除四川盆地外，其他地区缺少大中型水利骨干工程，农田水利工程不配套，抗旱防洪能力弱，不仅旱地无法灌溉，而且有约30%的水田缺少灌溉条件，大多是“望天田”。

（2）耕地质量较差，大多是旱地，且坡耕地较多，在水田中有相当比例的为冷浸田、烂泥田等低产田，土地利用率较低。

（3）降水年内分配不均，春旱严重。由于该区降水集中在春季、夏季，降水严重不足，同样也降低了农用土地的利用效率。

（4）水土流失严重。该区内有许多大江、大河流经，地形起伏大，水土流失严重，土地侵蚀现象严重，是我国水流失严重的地区之一。

2.4 土地整治项目实施程序

以项目建设的形式，通过编制土地整治详细规划，进行工程设计与施工，是土地整治专项规划实施的主要手段。土地整治项目实施程序主要包括八个阶段：项目建议书阶段、可行性研究与立项申报阶段、规划设计与预算编制阶段、招投标阶段、工程实施前准备阶段、工程施工阶段、竣工验收阶段、项目后评价阶段。

2.4.1 项目建议书阶段

2.4.1.1 项目建议书的内容

项目建议书是项目单位就新建、扩建事项向项目管理部门申报的书面申请文件。土地整治项目建议书是由项目建设业主单位（一般是地方国土局）根据土地利用总体规划、产业政策、生产力布局、所在地的内外部条件，提出的某一具体土地整治项目的建议文件，是对拟建土地整治项目提出的框架性的总体设想。

项目建议书应阐述项目必要性和可行性，估算投资与收益，明确投资方式与资金来源，具体包括以下几方面内容：（1）投资建设必要性和依据。这一部分需阐明拟建项目提出的背景、拟建地点，明确项目类型、建设范围、建设规模，提出或出具与项目有关的长远规划或行业、地区规划资料，说明项目建设的必要性；分析项目拟建地点的自然条件和社会条件，论证建设地点是否符合地区布局要求。(2) 项目建设基础条件的初步分析。重点阐明拟建地点水电等公用设施、基础设施条件，以及地方材料的供应情况与可靠性。(3) 主要规划方案的设想。(4) 投资估算和资金来源的设想。投资估算根据掌握数据的情况，可进行详细估算，也可以按单位面积投资标准进行估算。(5) 项目建设进度的安排。提出项目建设起止时间。(6) 经济效益和社会效益的初步估算。计算项目投资的新增耕地率、投资回收期等指标以及其他必要的指标，进行项目的社会效益和社会影响的初步分析。(7) 有关的初步结论和建议。

项目建议书是项目建设初始阶段情况的汇总，是选择和审批项目的依据，也是下一阶段编写可行性研究报告的依据。由于项目条件还不够成熟，对项目的具体建设方案还不明晰，相关专业咨询意见还未办理，项目建议书侧重于论证项目建设的必要性，建设方案和投资估算比较粗略。

2.4.1.2　土地整治项目的选定

土地整治项目的选定首先需要论证合法性。“合法”是对土地整治活动的最基本要求。“合法”包含两层含义：一是符合现行法律、法规规定，二是符合相关规划。项目合法性要求阐明该项目实施与现行的法律、法规的规定是否一致。如项目实施后土地利用与土地利用总体规划和上一级土地整治规划的要求是否一致，土地开发是否经过依法审批，是否依据规划避免了湿地开发、毁林毁草和围湖造地等。

在合法的前提下，土地整治项目的选定应遵循以下原则：(1) 以土地整治潜力评价结果为基础，注重生态环境影响。生态环境十分脆弱、不宜开垦为耕地的地区，如坡角为25°以上的坡耕地，应退耕还林与还草；林地、草地不宜规划为耕地。(2) 系统性与完整性原则。项目集中连片，且具有一定规模的，应优先选择，如果片块过多，相隔太远，土地整治工程利用效率低；土地整治项目边界划分应综合考虑自然边界与行政区边界，人为地割裂与随意的划定都会破坏项目完整性，难以实现项目区整体的目标。(3) 具有较好的基础设施条件。所在规划区需具备项目实施所必需的主干道路、主干排灌渠系、堤坝、电力等配套基础设施；或已拟定相关的道路、水利、电力工程、村庄改造等方案，有关措施与资金已经落实，拟同步规划、同步实施。(4) 具有良好的社会经济效益。(5) 无权属争议。要摸清项目区土地权属现状，有严重权属问题的土地不应纳入土地整治范围。存在土地权属争议的，应及时调节处理，不宜将一时无法解决的争议土地纳入土地整治的范围。

土地整治项目选定的步骤：(1) 根据土地整治潜力分析、划区结果和规划目标，初步提出项目类型、范围与规模。(2) 进行实地考察，邀请当地干部、群众座谈，分析项目实施的可行性。(3) 与有关部门协商，进行综合平衡。(4) 确定项目的边界线，量算面积。(5) 进行项目汇总，编制项目图集。

2.4.1.3　投资估算

投资估算的目的主要是预测实现规划目标所需的总投资和项目投资额。投资估算的步骤如下：

(1) 测算典型项目单位面积投资量。分地貌类型和项目性质在本地区或类似地区选择已经完成的典型项目的决算材料，分别测算出典型项目单位面积投资量。

（2）估算项目投资量。根据典型项目与规划确定的各个项目在地形、地貌、基础设施（水、电、路）、交通条件、物价水平、劳动力价格等方面的差异，对项目单位面积投资标准进行修正，再根据项目规模计算出项目投资量。

（3）计算总投资量：

$$C = \Delta S \times \frac{\sum_{i=1}^{n} C_i}{\sum_{i=1}^{n} (S_i \times R_i)} \quad (i = 1, 2, 3, \cdots, n)$$

式中，C 为总投资量，万元；C_i为典型项目总投资量，万元，S_i为典型项目规模，hm^2；R_i为典型项目新增耕地系数；ΔS 为规划新增耕地总目标，hm^2；R 为典型项目个数。

不同类型的土地整治项目，新增耕地系数和单位面积投资额的差距较大，测算时，可以分地貌和项目类型分别计算，以提高估算精度。

2.4.2 可行性研究与立项申报阶段

土地整治项目可行性研究是对土地整治工程项目进行全面、综合的技术经济分析的设计前期工作，其主要内容是论证土地整治项目建设的必要性与可行性，重点是各种工程的标准、设计方案、土地利用方案等的技术可行性及经济合理性。在可行性研究阶段，要对整治区进行系统的项目分析（包括土地整治潜力分析、土地适宜性评价、水资源平衡分析等），初步提出土地利用布局、工程布置方案和工程设计标准，并做出项目投资概算；分析工程建设本身存在的各种不确定性和风险，并提出相应的对策；对工程建设的社会、生态和经济效益进行客观评价。项目可行性研究的目的是为管理部门对项目立项决策提供科学依据。

可行性研究报告与项目建议书的区别表现在以下几个方面：

（1）目的不同。项目建议书是初步选择项目，确定是否需要进行下一步工作。可行性研究直接为项目是否立项的决策服务，需进行全面深入的技术经济分析论证，做多个方案比较，推荐最佳方案，或者否定该项目并提出充分理由，为最终决策提供可靠依据。

（2）基础资料依据深度不同。项目建议书是依据国家的长远规划和行业、地区规划以及产业政策，拟建项目的有关的自然资源条件和生产布局状况，以及项目主管部门的相关批文。可行性研究报告除把已批准的项目建议书作为研究依据外，还需把初步设计资料和其他数据资料作为编制依据。

（3）内容深度要求不同。两个阶段均对项目的必要性与可行性进行论证，但项目建议书要求以定性描述为主。可行性研究报告则已初步设计为依据，在项目建议书的基础上进行充实补充，使其更完善，具有更多的定量论证。

（4）工程造价确定的精度要求不同。项目建议书的投资估算一般根据国内外类似已建工程进行测算，可行性研究报告阶段必须进行初步设计，工程概算以初步设计为工程量依据，对项目所需的各项费用进行较为详尽的计算。

土地整治项目可行性研究是土地整治项目前期工作的重要内容，它从工程建设和后期工程与土地利用的全过程考察分析工程的可行性，以最终确定工程投资建设是否进入实质性的启动程序。土地整治项目可行性研究的目的是回答土地整治项目是否有必要建设，是否可能建设和如何进行建设的问题，其结论为投资者的最终决策提供直接的依据。按照土地整治项目管理程序，土地整治项目可行性研究报告批复后才能进行规划设计。

2.4.3 规划设计与预算编制阶段

土地整治规划设计是土地整治项目可行性研究的优化与细化，必须与项目可行性研究保持衔接。土地整治项目可行性研究是规划设计的依据和基础，规划设计是对可行性研究中工程布局的深化。所谓深化，就是在可行性研究的基础上对各工程在设计上的深化，例如沟渠路的初步定线、断面设计，确定各项建筑物的位置、结构形式和尺寸，土地平整、灌溉与排水、田间路桥、其他工程等的施工组织设计，确定总预算，安排各工程施工进度等。

土地整治项目规划设计包括以下内容：土地平整规划设计、灌溉与排水工程规划设计、田间路桥工程规划设计、其他工程规划设计等。土地平整规划设计包括田块平整规划设计、田埂（坎）修筑工程设计、坑塘清淤规划设计等；灌溉与排水工程规划设计包括灌溉工程规划设计、排水工程规划设计、电力工程规划设计以及相关施工组织设计等；田间路桥工程规划设计包括线路规划设计、路基规划设计和路面规划设计以及相关施工组织设计等；其他工程规划设计包括农田防护林规划设计、水土保持林规划设计、治坡工程规划设计、治沟工程规划设计和治滩工程规划设计以及相关施工组织设计等。

一般而言，规划设计不能改变已批复的项目可行性研究报告所确定的工程布局方案和设计标准。但是，根据土地整治工作的实际情况，规划设计还存在对土地整治项目可行性研究的一个优化过程。所谓优化，就是在规划设计阶段对可行性研究中的土地利用布局、工程布局进行调整，使土地利用更加合理，使工程在布局上更符合实际，在技术上更加可靠，在经济上更加合理。

2.4.4 招投标阶段

招投标是在货物、工程和服务的采购行为中，招标人通过事先公布的采购和要求，吸引众多的投标人按照同等条件进行平等竞争，按照规定程序并组织技术、经济和法律等方面专家对众多的投标人进行综合评审，从中择优选定项目的中标人的行为过程。其实质是以较低的价格获得最优的货物、工程和服务。

土地整治项目招投标程序：

（1）招标项目备案。招标人到综合招投标交易中心领取并填写《招标申请表》，将项目审批、土地、规划、资金证明、工程担保、施工图审核等前期手续报招投标管理办公室和行政主管部门核准或备案。

（2）招标人自行招标或招标代理合同备案。

（3）招标公告备案。招标人或委托代理机构发布招标公告或发出邀请书，招标公告经招投标管理办公室和行政主管部门备案后，由综合招投标交易中心在指定媒介统一发布。

（4）招标文件备案。招标人或委托代理机构依法编制招标文件后提交招投标管理办公室和行政主管部门备案。

（5）受理交易登记。招标人提交招标备案登记表，综合招投标交易中心安排开标、评标日程。

(6) 投标报名。公开招标的项目，投标人必须按招标公告的要求，携带全部相关证件到综合招投标交易中心报名，由行政监督部门、综合招投标交易中心和招标人（或招标代理机构）共同对投标单位所报资料进行审查。

(7) 投标人资格预审。招标人需要对潜在投标人进行资格预审的，应当在招标公告或者招标邀请书中载明预审条件、预审方法和获取预审文件的途径，由招标人在综合招投标交易中心组织资格预审。

(8) 在综合招投标交易中心发售招标文件和相关资料，组织投标人现场勘察，并对相关问题做出说明。

(9) 组建评标委员会。由招标人提交评标专家抽取申请表、合格投标人明细表报招投标管理办公室和行政监督部门备案，并在其现场监督下，从市综合性评标专家库或省综合性评标专家库中随机抽取专家名单，组建评标委员会，负责相关招标项目的评标工作。评标委员会的组建应当在综合招投标交易中心进行。

(10) 开标、评标、提交评标报告。投标人在规定截标时间前递交投标文件并签到。招标人在行政主管部门的监督下按程序组织开标、评标。评标委员会完成评标后，应当向招标人提出由评标委员会全体成员共同签字的书面评标报告，推荐前3名合格的中标候选人，并标明排名顺序。

(11) 定标。招标人应当在开标之日起7日内，根据评标委员会提出的书面评标报告和推荐的中标候选人确定中标人。招标人也可以授权评标委员会直接确定中标人。招标人应当按排名顺序从中标候选人中选择中标人。中标候选人除因排名顺序被自然淘汰，或者放弃权利外，凡无法定淘汰情形者，招标人不得将其淘汰。

(12) 中标公示。招标人提交定标报告经行政主管部门备案后，将中标结果在各地招标投标网公示，公示期不得少于3日。法律、法规另有规定的，从其规定。

(13) 发出中标通知书、签订合同。公示期内没有异议或异议不成立的，招标人经相关行政监督部门和招投标管理办公室备案后向中标人发出中标通知书，同时通知未中标人，并在规定的期限内按照招标文件和中标人的投标文件与中标人订立书面合同。招标人应当在签订合同之日起，在规定的期限内，将合同报招投标管理办公室和行政主管部门备案。招标人和投标人不得再行订立背离合同实质性内容的其他协议。中标人不得将中标项目转让他人，也不得将中标项目分解后分别向他人转让。

2.4.5 实施前准备阶段

实施准备工作主要是建立工程实施的领导和协调机构，做好工程建设的宣传和动员工作，建立工程资金的“三专”（专款、专账和专户）管理制度。

2.4.6 施工阶段

施工单位根据施工图，在工程监理单位的监督和管理下，按照工程质量标准和工程进度安排进行施工。

2.4.7 竣工验收阶段

工程竣工验收是对竣工项目工程的完成情况及效果的全面验收，工程验收内容主要包括项目建设位置和范围、工程等级和标准、工程质量、工程数量、工程效益、工程权属、工程设施管护措施以及工程建设档案材料管理等。

2.4.8 项目后评价阶段

2.4.8.1 土地整治项目后评价概念与原则

土地整治项目后评价是指在土地整治项目竣工验收后的一段时间内，对项目从立项决策到验收竣工后生产运营各阶段工作及其变化的成因、效益、作用和影响及可持续性等进行全面的跟踪、调查、分析和评价的活动。其目的是通过土地整治项目后评价，总结经验，提高项目的决策、工程实施和运营管理水平，为合理利用资金、提高投资效益、改进管理、制定相关政策法规等提供科学依据。

土地整治项目后评价应遵循独立性、科学性和公正性的原则。(1) 独立性原则。土地整治项目后评价通常应由独立的第三方来完成，评价过程和结论不受项目决策者、管理者、可研人员、规划设计人员、实施者的影响和干扰，以保证评价结果的客观性和公正性。(2) 科学性原则。土地整治项目后评价方法和手段要科学，设置的评价指标体系要合理，收集的材料数据要翔实、充分，采用的数据具有可比性，前后对比的口径要一致。(3) 公正性原则。土地整治项目后评价的结果要以客观事实为依据，评价的结论要公正：既要指明项目建设中存在的问题，又要分析产生问题的内外部原因；既要实事求是地总结成功的经验，又要认真地总结失败的教训。

土地整治项目后评价应选择典型性、有代表性的项目进行。从我国土地整治的特点、现状以及投资倾向来看，土地整治项目后评价的重点应集中在以下几类项目：(1) 土地整治重大工程；(2) 能体现土地整治管理与技术等方面改革、创新的项目；(3) 对项目区以及区域的经济、社会、生态有显著影响的项目；(4) 在生态脆弱地区建设的、对生态环境的影响有待重新审视的项目；(5) 多渠道筹集项目建设资金，特别是由县级以下投资主体、外商投资或有多投资主体参与的项目。

土地整治项目后评价的时点。实践表明，我国土地整治实施后起初 2 年耕地质量不高，甚至有所下降，农业生产有一个 2~3 年的适应性生产期，即土地整治后正常农业生产在 2~3 年后进行，因此，我国土地整治项目后评价的时点应该在项目竣工验收后 4~6 年后比较适宜。

实行土地整治项目后评价的意义如下：

(1) 为提高项目的决策科学水平服务。通过对土地整治项目进行后评价并建立相应的后评估制度和方法体系，一方面可以进行可行性研究，增强规划设计人员和其他评价人员的责任感，从而提高土地整治项目预测的水平；另一方面可以通过后评价反馈的信息，及时纠正项目决策中存在的问题，促进决策的科学化。

(2) 为国土部门制定投资计划和政策提供依据。根据土地整治项目后评价所反馈的信息，国土部门可以更加合理地确定土地整治方向、投资重点区域、土地整治项目的投资规模和投资计划，调整有关的政策和规定，为制定有关计划和政策服务。

(3) 总结项目管理的经验教训，提高项目的管理水平。土地整治项目的管理是一项十分复杂的活动，不仅涉及政府有关部门、建设项目业主、材料供应、工程施工、工程监理等众多部门，也直接面对着项目区的众多农民群众，只有各方面通力合作，项目才能顺利如期完成。而如何协调各方的关系，采取什么样的具体协作方式都应该在项目建设过程中不断地摸索和完善。

(4) 监督和改进项目本身，促进项目运营状态正常化。土地整治项目后评价要分析土地整治项目投产时期和达产时期的实际情况，比较实际状态和预测目标的偏离程度，分析产生偏差的原因，提出切实可行的改进措施，从而促进项目经营管理正常化，提高项目的经济、社会和生态效益。

2.4.8.2 土地整治项目后评价的内容

土地整治项目后评价的内容不仅涵盖可行性研究和规划设计阶段评价的内容，它还包括对项目决策、项目实施效益、影响效果、项目实际运营状况、项目管理、可持续性等的后评价。其评价的具体内容可概括为：

(1) 项目立项决策阶段的评价。主要内容包括：土地勘测、项目可行性研究、项目申报、项目入库审查、项目规划设计及预算编报与审查、投资计划和预算建议编报、年度项目计划与预算草案编制等。

(2) 项目准备阶段的评价。主要内容包括：项目实施方案的制定、项目招投标、合同条款和协议的签订、开工准备、涉及建筑物搬迁等。

(3) 项目实施阶段的评价。主要内容包括：项目合同执行、工程设计变更、工程“三大控制”（进度、投资、质量）、资金支付和管理、项目管理等。

(4) 项目竣工和运营阶段的评价。主要内容包括：工程竣工和验收、土地发包、权属调整、整理后土地重估和登记、基本农田重划和标志设定、运营管理等。

(5) 项目效益评价。主要内容包括：1) 经济效益评价。项目在微观上的盈利能力和清偿能力、在宏观上对国民经济的贡献率等。2) 社会效益评价。主要内容包括：项目实施在保持耕地动态平衡、提高粮食产量和农民收入、就业脱贫、经济增长等方面所产生的效益。3) 生态效益评价。主要内容包括：项目实施在土地垦殖、绿色植被覆盖、水土流失治理、土地沙化治理、土地污染治理、水体环境改善、灾害防治、土壤肥力改善等方面所产生的效益。

(6) 影响评价。1) 技术影响评价。主要内容包括：项目所采用的技术对农业乃至国民经济发展有无影响、对项目所在地乃至全国的技术进步有无影响，是否值得并可能进行推广等。2) 社会影响评价。主要内容包括：项目的受益范围、项目建设对项目区乃至区域土地利用、产业结构调整、生产力布局、生产习惯、社会稳定和城乡建设等方面的影响。3) 环境影响评价。环境影响评价包括对自然环境的影响评价、社会环境的影响评价和生态环境的影响评价。

(7) 项目可持续性评价。1) 项目可持续性的内部因素。主要内容为：工程设施的使用和维持、组织机构建设、技术水平及人员素质、内部运行管理体制及运行状况、财务运营能力、项目效益发挥和持续等。2) 项目可持续性的外部条件。主要内容为：政府政策因素、管理组织因素、社会文化因素、环境和生态因素、配套设施建设等。

(8) 综合评价。在分别对以上内容进行评价之后，为评价项目建设总的效果和影响，还应对项目建设全过程决策的正确性、实现预期目标的程度和可持续性等进行一个总的评价和回顾。

2.4.8.3 土地整治项目后评价的方法

土地整治项目后评价方法的基础理论是现代系统工程与反馈控制的管理理论，它应遵循工程咨询的方法与原则。项目后评价的方法很多，主要包括逻辑框架法、对比法、成功度法、统计预测理论方法、因果分析法、多目标综合分析评价法，但其最基本的方法是逻辑框架法、对比法和成功度法。土地整治项目后评价也可借鉴这些方法。

（1）逻辑框架法。逻辑框架法把项目的目标和因果关系划分为四个层次：目标、目的，产出和投入，从这四个层次来对项目进行分析和总结。

（2）对比法。对比法是项目后评价的基本方法，它是根据后评价调查所得到的实际情况，对照项目立项时所确定的直接目标和宏观目标，以及其他指标，找出偏差和变化，分析原因，得出结论和经验教训。对比法包括前后对比、有无对比和横向对比。前后对比法是将可行性研究和前评价的预测结论，与后评价评估时点的实际运行结果和后评价时点所作出的预测相比较，以发现变化和分析原因。有无对比法是将项目在后评价时点的发生的情况和假设无建设项目时可能发生的情况进行对比，以度量项目真实的效益、作用和影响。横向对比是将具有不同特征（如土地整治的不同区域、不同类型、不同地貌、不同投资方式）或同种特征的项目相关指标的对比，以分析比较具有不同特征或同种特征的项目的费用效益水平，以找出差距，分析原因，发现问题。

（3）成功度法。成功度法是依靠评价专家组的经验，综合测评项目各项指标的评价结果，对项目的成功程度做出定性的分析，也就是通常所说的打分法。

2.5 土地整治项目规划设计

2.5.1 规划设计程序

土地整治项目规划设计分为以下几个阶段：前期工作、现场踏勘、拟定初步规划方案、二（多）次踏勘与征求意见、规划设计与预算编制、成果整理与提交。

2.5.1.1 前期工作

土地整治项目规划设计前期工作内容包括：

（1）成立领导小组与规划组。规划领导小组主要负责审定工作计划，落实编制经费，协调与相关部门的关系解决规划中的重大问题，审查规划方案等。在规划领导小组领导下，成立土地整治规划组，负责规划的具体编制工作。

（2）制定工作方案。主要包括指导思想、工作内容、人员配备等。指导思想指现阶段的在一定区域内依据土地利用总体规划的要求，编制土地整治规划，通过土地整治，坚持在保护中开发，在开发中保护的方针，使土地从粗放经营到集约利用，提高土地的利用率和产出率。工作内容一般包括规划的目的、任务、范围、期限和工作步骤等。由于土地整治规划是集社会性、技术性和法律性为一体，在编制规划人员配备上应由多学科组成土地整治规划设计小组，由市、县国土局（国土房屋局）及规划设计单位专家、技术人员共同组成。

（3）制定技术方案。主要包括规划依据、规划内容与方法、技术路线、成果要求等。熟悉规划设计任务，仔细研读可行性研究报告，掌握可行性研究报告中的关键内容，如项目合法性、安全性、建设规模与土地利用结构、新增耕地比例、灌溉水源、排水方式、工程建设标准、工程建设内容与工程布局、投资结构等。

2.5.1.2　现场踏勘（一次踏勘）

收集项目规划与工程设计的所需资料，提出工程布局的初步方案等。

（1）资料收集整理。包括：县、乡（镇）土地利用总体规划；上级下达的土地整治分解指标和要求；各有关部门涉及的土地利用专项规划资料；县、乡（镇）土地利用现状资料；土地整治潜力调查资料；土地评价资料；基础资料包括当地的自然生态环境、人口和社会经济发展资料、农业普查资料等。

（2）要根据从可行性研究报告所掌握的情况，踏勘人员必须全面熟悉土地整治区的基本情况，并与整理区的农、林、水、地等方面技术人员及村干部、村民代表进行全面深入的交流，初步形成规划设计方案设想。

2.5.1.3　拟定初步规划设计方案

根据对整治区掌握的情况，深入分析踏勘区自然、经济、社会条件、水资源、新增耕地潜力、土地利用问题等，明确土地整治区土地利用存在的主要矛盾和次要矛盾，并针对主、次要矛盾确定规划设计所需解决的主要问题，形成土地整治初步规划设计方案，并编制预算，计算总投资。

2.5.1.4　二（多）次踏勘与征求意见

二（多）次踏勘是对初步规划设计方案的确认、修改与完善。由于以下几个方面的原因，初步规划设计方案需要进一步的完善与修改：（1）规划设计小组按照一次踏勘调查的工程内容计算出的预算投资与项目批复的资金额出入较大。（2）一次踏勘调查的工程内容通常在项目区现场确定，主要意见来自参加一次踏勘的当地村民，个人提出的方案可能不代表多数村民的意见，导致方案修改。（3）村民提出了更优化的方案。

2.5.1.5　规划设计与预算编制

规划设计与预算编制阶段需要完成的工作内容包括：

（1）规划方案图。工程布局是对整理区内的建设用地整治工程、土地平整工程、农田水利工程、田间道路工程以及其他工程进行全面的布置。由于土地整治涉及工程内容较多，因此各工程布局应该有一个先后顺序。通常，首先应进行道路工程布局，其次进行灌溉排水工程布局，再次进行水工建筑物工程布局，然后进行其他工程布局，最后进行土地平整工程布局。但各工程布局并没有一个严格的先后顺序，在进行工程布局时，还应考虑各工程的布局要求以及各工程布局间的优化组合，并对各工程布局方案从可行性、经济效益、生态效益、运行维护等多方面进行选优，以确定适宜的整治方案。

（2）单体工程设计。单体工程设计是对土地整治的各单项工程进行详细设计的过程。工程设计先拟定单体工程设计标准，涉及新增耕地率、灌溉标准、排涝标准、水工建筑物级别、道路标准等；然后进行工程设计计算，保证单项工程设计的结构稳定性及安全性，满足设计标准要求。

（3）施工组织设计。主要任务是把工程项目在整个施工过程中所需用的人力、材料、机械、资金和时间等因素，按照客观的经济技术规律，合理安排，使之达到耗工少、速度快、质量高、成本低、安全好、利润大的要求。施工组织设计的主要内容包括工程概况和施工条件分析、施工方案分析、施工进度计划和施工平面图等内容。

（4）预算编制。

（5）规划设计文本。

2.5.1.6 设计成果整理与提交

规划设计成果包括规划设计文本、预算和设计图册三部分。

规划文本是规划的主件，文本内容经申报批准后，具有法律或法规效力，其主要内容一般包括以下七个部分：（1）前言。简述规划的目的、任务、主要依据和规划期限。其中，规划的目的和任务中应包含同级土地利用总体规划确定的土地整治指标的分解和落实，规划依据中应包含同级土地利用总体规划，规划期限一般也应与同级土地利用总体规划一致。（2）基本概况。简述开发整理地区的总人口、总面积、城市化程度，自然地理概况、土地利用简况等。（3）土地整治潜力分析。简述拟整理土地资源的类型、数量、位置、适宜性及开发前景和存在的问题。是编制土地整治规划的现状基础。（4）土地整治的目标和方针。简述远、近期规划目标和开发利用的方针。（5）编制规划的简要过程。包括任务来源、组织准备、资料准备、技术路线、编制过程和规划成果等。（6）规划编制原则和指导思想。应能反映规划编制的基本原则和当地的特点。（7）主要规划内容的说明。这是规划说明的主要内容，应对规划的内容进行有重点的、具体的说明。（8）规划的方案分析和多方案比较。这是对规划的全面评估和比较，也是规划说明的主要内容。（9）规划的协调情况和不同意见的处理。反映本规划和相关规划的关系，不同意见的协议情况，是本规划能顺利实施的重要条件。（10）实施规划的措施。（11）附表、附件。规划附件包括专题研究报告、基础资料及其他相关资料、工作报告等。专题研究报告是指调查研究和规划编制协调过程中形成收集的专题报告，包括未利用土地资源开发、废弃地复垦、村镇体系布局、基础设施布局等。这属于规划编制过程中的中间成果，可根据实际需要增减。基础资料包括规划编制过程中收集的各种资料和图件，有关的法规文件、规程、标准等，属于规划编制的前期工作。工作报告内容有：规划的组织领导、参加人员、编制方案、工作体会和存在的问题等。

规划图件包括土地整治规划图和单体图册，均为必备图件，和文本同属于规划主件，并具有法律或法规效力。其比例尺一般平原不小于1∶5000；丘陵不小于1∶2000，特殊情况可适当变通，具体应根据规划的任务和要求、项目区的地形复杂程度、现有图件基础，以不影响图中各要素的清晰表达为原则，来确定规划底图比例尺不能小于规划图比例尺。土地整治规划图应包括：各类整理区界线，县、乡、村行政界线，村、镇、独立工矿及占地面积大的用地单位的规划用地范围，沟、路、林、渠等工程的规划走向和位置等。

2.5.1.7 规划评审与修改

为保证规划成果质量，由上级土地主管部门组织规划评审小组对规划成果进行评审。规划评审标准应以同级土地利用总体规划和本标准的各项规定为准，并要符合下列要求：（1）规划整治后的土地用途应符合土地利用总体规划确定的用途，总体规划未确定用途的，可根据土地适宜性和实际需要确定。（2）城、镇、村调整改造应符合国家规定的用地标准。(3) 规划提出要解决的土地整治任务符合实际，规划方案切实可行，并且经济合理。(4) 规划较好地做到了社会效益、经济效益和生态效益的统一。(5) 规划与其他相关部门的规划协调较好。(6) 规划采用的基础资料翔实可靠。(7) 规划文本、说明及专题研究内容符合要求、论述清楚。(8) 规划图件内容全面，编绘方法正规，图面整洁清晰。(9) 预算编制符合规范，工程造价计算准确。

规划成果评审小组对被评审的规划成果应做出结论，符合要求的应评为合格，可报送有批准权的机关批准公布实施。对规划成果不合格或部分内容不合格的，评审小组应提出修改或补充的具体意见。

2.5.1.8 规划设计变更

规划一经批准公布实施，在规划期内一般不得随意修改变动，在实施过程中，允许做出小的调整，因情况变化需要进行较大修改的，必须经原批准机关批准。

2.5.2 调查分析内容

土地整治项目规划设计的调查分析涉及项目区自然条件、社会经济条件、土地利用和质量等级状况、基础设施条件、土地利用和质量等级限制因素、新增耕地来源、水土资源平衡等方面。

2.5.2.1 自然条件

(1) 调查应采用土地利用现状图（比例尺 1∶1000~1∶5000）、实测地形图（测绘精度不应小于 1∶2000）和遥感影像，并以实地相结合。测绘图还应符合《工程测量规范》(GB 50026) 和《土地整治制图规范》(TD/T 1040) 的有关规定。

(2) 调查项目区所在乡（镇）村（行政村）四范围、经纬度坐标（采用西安 80 坐标系）等位置信息，并在项目现状图中表示。

(3) 调查地形地貌、地面高程、地面坡度、坡向等，地形复杂的应分区域说明地形变化情况、不同地貌单元划分及微地貌形态的分布特征。

(4) 调查多年平均降水量、蒸发量、最大暴雨量；平均气温、最高和最低气温、相对湿度；多年平均日照时数、积温；多年平均冰冻期、冻土层深度、无霜期；主风向、风速、最大风力特征值等。调查不宜小于 20 年的月平均降雨量、蒸发量资料。

(5) 调查土壤类型、质地、结构、分布状况、土层厚度、耕作层厚度和 pH 值、氮、磷、钾、有机物含量等，以及影响土地利用的障碍因子、调查客土土源的土壤质量、储量及其位置、权属状况、运输线路、相关权利人的意愿等。

(6) 调查植被种类、分布、覆盖情况，退耕还林、还草区域，水土流失现状及治理情况等。

(7) 调查主要河流流域面积、径流量及流向、水质、含沙量、洪水特征、可供水量、水位、灌溉面积等现状利用情况；湖泊、塘坝的总蓄水量、可供水量、灌溉面积、水位、水质等现状利用情况；水库总库容、有效库容、灌溉面积、水位、水质等现状利用情况。调查地下水类型、分布、含水层岩性、赋存条件、动静水位、水质、补给量、可开采量、灌溉面积等现状利用情况。

（8）调查拟建工程地址的地层、岩性、地质构造和岩体风化等地质条件，必要时应补充地质勘探。

（9）调查项目建设相关的天然建筑材料的种类、质量，当地可供应量、运输条件。

（10）调查项目区内及周边农田景观格局，主要生物种群类型、分布和习性，重要生态廊道、湿地等自然景观情况。

（11）调查旱、涝、冰、冻、霜、渍、潮、风、沙、地质等主要自然灾害的类型、发生频率、危害程度、影响范围及其对土地利用产生的影响。

2.5.2.2　社会经济条件

（1）调查乡（镇）、行政村及自然村数量，所涉及乡（镇）、行政村近三年的总人口及劳动力状况、人均年纯收入、人均耕地数量、主要作物单位面积平均产量、生产成本、畜牧业和乡镇企业发展状况、农产品和建筑材料价格等。

（2）调查农业种植结构、种植制度、复种指数、机械化作业程度、农业生产经营方法、土地流转情况以及当地农业科技发展水平。

（3）调查居名点归并、中心村建设分布和发展状况，待整治村庄分布、人口规模、用地面积、建筑质量，以及村庄基础设施状况。

（4）调查历史文化遗产、乡土特色情况，包括具有历史文化价值的古村落、古树、建（构）筑物和具有农村特色、地域特色以及民族特色的建筑风貌等。

2.5.2.3　土地利用和质量等级状况

（1）调查土地的所有权、使用权和承包经营权等权属状况，以及土地流转和土地租赁情况。

（2）收集最新土地利用变更成果和基本农田划定成果资料，复核土地利用现状、基本农田数量和分布，编制土地利用现状表。

（3）收集农用地分等定级成果、耕地质量等级更新成果和农用地产能核算成果等资料，复核耕地质量等级状况、分布及其生产能力等。

（4）调查灌溉面积、农田有效灌溉面积、实灌面积、排涝面积、耕地撂荒情况；田块类型、规格、耕作方向、田块内平整情况；耕地利用和农业生产中存在的主要问题等。

2.5.2.4　基础设施条件

（1）调查骨干道路和田间道路的分布、类型、等级、完好程度和利用状况，以及在建等情况。

（2）调查现状地表水水源工程的类型、等级、数量、供水能力、完好程度和利用状况；现状机井的分布、数量、涌水量、水质、动静水位、井深、机电配套情况、完好程度和利用状况；现状骨干渠（沟、管）道的类型、等级、数量、分布、设计流量、特征水位、完好程度和利用状况；现状渠（沟、管）系建筑物的位置、类型、主要结构尺寸、完好程度和利用状况；现状田间灌排设施的控制面积、数量、完好程度和运行状况等。有排涝、降渍要求时，应调查项目区外围排水出口或承泄区及骨干设施情况。调查水源工程、骨干灌排设施、渠（沟、管）系建筑物、田间灌排设施的在建情况。

（3）调查现状变电站位置、规模、容量、电压等级及相关输配电线路走向，配电、用电设备位置、数量、用电功率、分布及运营方式；调查电力设施的在建情况。

(4) 调查现状、在建的防洪、水土保持和防护林等农田防护与生态环境保持工程设施的具体分布、类型、数量、结构和运行情况等。

(5) 调查地下管网线、光缆等现状、在建情况。调查是否有工厂排污、历史遗留等环境污染情况。

(6) 调查项目区内现状基础设施与周边基础设施的衔接，及在建情况。

2.5.2.5 土地利用和质量等级限制因素

(1) 分析土地利用总体规划、土地整治规划、村镇规划、新农村建设和各行业发展规划等对项目区土地利用和农业生产的影响方式、范围和程度，并提出解决措施。

(2) 分析土壤、气候、水文和水文地质条件以及旱、涝、渍、碱、风灾、洪灾等自然因素对土地利用和农业生产的影响，应确定限制因素，并提出消除或降低土地利用限制性因素的具体措施。

(3) 分析田块规格、交通设施、灌排设施、农田防护和防洪排涝等设施状况对土地利用和农业生产的影响，应确定限制因子，并提出解决措施。

(4) 分析地表水、地下水、土壤和大气等的污染源对土地利用和农业生产的影响范围和程度，并提出防治措施。

(5) 分析项目区自然山水格局、地表形态等景观特征，提出不同景观特征类型和景观重建、保护等措施。

(6) 分析社会经济等其他因素对项目区土地利用和农业生产的影响，并提出改善措施。

2.5.2.6 新增耕地来源

应通过现场图斑比对和初步拟定规划方案，逐地块分析新增耕地的可行性。通过开发、复垦等方式新增耕地的地块应进行土地适宜性评价。

2.5.2.7 水土资源平衡分析

在可供水量调查与计算、需水量调查与计算的基础上，进行水土资源平衡分析。

2.5.3 规划设计原则

编制土地整治项目规划设计文件要以土地利用总体规划、土地整治专项规划和有关法律、法规、政策为依据，认真贯彻“十分珍惜、合理利用土地和切实保护耕地”的基本国策和“在保护中开发、在开发中保护”的方针；立足于提高土地利用效率，增加农用地及有效耕地面积，以实现经济效益、社会效益、生态效益的统一。按照上述指导思想，土地整治项目规划设计应遵循下列原则：

(1) 依法依规编制规划的原则。土地整治项目规划设计要以国家、地方的相关法律、法规、政策、行业规范为依据，在其指导和规范下进行。

(2) 因地制宜的原则。土地整治具有鲜明的地域性，地区不同，土地整治项目规划设计的重点、内容和方法也不相同，编制规划要充分体现地域特征。丘陵地区土地整治项目规划设计的重点是如何解决灌溉问题以及如何防止水土流失；低洼易涝地区的重点则应放在如何解决排涝排渍问题上；平原地区重点需在确保农田基础设施的配套与完善的基础上，有条件的地方在田块设计方面应该满足土地适度规模经营和机械化的要求。

（3）政府决策和公众参与相结合的原则。土地整治涉及农业、交通、水利、林业、城镇等多个方面，土地整治项目规划设计要充分听取各部门的意见和当地农民、居民的意见，注重与基本农田建设、生态退耕、农业结构调整和土地权属调整相结合，在不能一致时，要充分听取有关部门的意见，并做好协调工作，否则，土地整治项目规划设计难以顺利实施。

（4）系统性的原则。系统是具有特定功能、相互间具有有机联系的许多要素所构成的一个有机整体，土地整治的系统性特点决定了土地整治项目规划设计必须着眼全局，充分发挥系统各组成部分的功能，使土地整治系统效益达到最优。以灌溉与排水工程设计为例：衬砌渠道通过铺设水泥硬化渠底可保证水路畅通，但从系统论的角度考虑，这是否会导致物种多样性的下降，最终造成生态失衡。此外，土地整治不仅有自己的各个组成部分，同时也是土地利用活动的重要内容，作为这个大系统的一部分，土地整治项目规划设计中应处理好土地整治与其他土地利用活动的关系，促进土地利用的持续发展。

（5）三效益相结合的原则。经济效益是土地整治的基础，只有长期平均产出大于投入，土地整治才可能顺利进行并良性发展；生态效益是土地整治的保障，只有保护和改善生态环境，提高环境的容纳能力与自我调节能力，土地整治的成果才可能得到长期巩固，土地整治才具有持续的生命力；社会效益是土地整治的支撑，在土地整治前要广泛征求社会群众意见，引导群众参与，充分考虑和保障农民的切身利益。经济、生态、社会三大效益长期来说是一致的，但短期内却有可能发生冲突，如短期内为增加耕地面积而破坏植被，导致生态失衡；为求规模经营不顾农民意志强行集中田块，破坏农民参与土地整治的积极性等。因此，在土地整治项目规划设计中，特别是在安排土地开发时，一定要注意生态环境的保护，以追求生态、经济、社会三大效益的统一原则，要从全局和长远利益出发，通过土地整治，改善生态环境，做到土地资源的可持续利用，做到经济有效、生态平衡、社会和谐。

2.6 土地利用现状分析与评价

土地利用现状分析的内容主要包括对土地利用结构及布局、土地利用变化动态、土地开发利用程度、土地集约经营程度、土地利用经济效果、土地利用生态条件、土地整治潜力等进行分析和述评，以寻找项目区土地开发利用特点和变化规律。在土地利用现状分析的基础上进行适宜性评价，主要是为了阐明土地整治的方向、数量、质量、分布以及进行用地结构调整的可能性。

土地利用现状分析是指在一个区域自然、社会经济条件下，对全区域各类土地的利用类型、质量，不同的土地利用方式，土地利用结构与布局，土地的生产率和利用率等方向进行分析，明确本区域土地资源潜力及特点，以及土地利用的经验与存在的问题，为土地利用规划提供科学规划依据。

土地利用现状分析是编制土地整治规划的起点和重要依据。通过土地利用现状分析可以掌握规划区域的以下情况：（1）土地利用的自然条件和社会经济条件；（2）土地利用的历史演变及其变化趋势；（3）土地利用现状结构与布局特点；（4）土地开发利用程度；（5）土地利用效果；（6）土地利用中存在的主要问题等。

2.6.1 土地利用数量、质量和结构分析

2.6.1.1 农业用地的数量、质量、结构及分布分析

耕地是指人们经常翻耕、耙耘，以种植农作物为主的土地，是一种经济价值较高的农业土地利用类型．包括耕作地、休闲地、轮歇地、草田间作地，以种植农作物为主的零星果树、桑树或其他树木的土地，新开垦耕种三年以上的滩地、海涂、荒草地、盐碱地。耕地利用现状分析主要包括以下内容：耕地面积及其在土地总面积中所占的比例；灌溉水田、望天田、水浇地、菜地、旱地的面积及在总耕地面积中所占的比例；水资源状况及灌溉条件；分析计算各类作物占用耕地的面积及所占比例；计算区域人均占有耕地面积，并将其与全国、省、同类县的平均水平比较，说明该区域人均耕地的多少。耕地质量的好坏是耕地肥力、水土流失情况、坡度情况、涝洪灾害情况、生产力水平和集约化程度的综合反映。耕地质量分析是分析各种质量的耕地在总耕地中所占的比例，以揭示区域耕地的整体质量。

园地是指以采集果、叶、根、茎为主的，集约经营的多年生木本和草本作物，覆盖度大于 50%，或每亩株数大于合理株数 70%的土地。园地又分为果园、桑园、茶园、橡胶园和其他园地。园地利用现状分析的主要内容是：园地面积占土地总面积的比例、各类园地面积和分布状况、各类园地面积占总园地面积的比例、园地的生产情况及人均占有量以及园地商品率。

林地是指生长乔木、灌木、沿海红树林等林木的土地。不包括居民点在内的绿化用地，以及铁路、公路、河流、沟渠的护路、护岸林。林地又分为有林地、灌木林、疏林地、未成林造林地、迹地、苗圃等。林地利用现状分析的主要内容是：林地面积及其占该区域土地总面积比例，并对林地内部结构、数量、分布进行深入的分析研究，对于有林地可进一步分析说明其中用材林、薪炭林、防护林、经济林的面积及各自在有林地中所占比例。通过分析可以看出区域内各类林业用地的基本情况及开发利用状况，阐明规划区域内林地的整体质量及其开发利用的潜力。通过分析可以看出本区域各类林业用地的基本情况及开发利用状况，阐明规划区域内林地的整体质量及其开发利用的潜力。

牧草地是指以生长草本植被为主，用于牧业生产的土地。它又分为天然草地、改良草地和人工草地。草地的生产水平决定于气候、土壤与水源条件，也决定于草种结构、草质和管理水平。牧草地利用现状分析的主要内容是：牧草地面积及其占该区域土地总面积的比例，并对牧草地内部结构、数量、分布、质量进行分析研究，确定二级地类占牧草地总面积的比例。同时分析各类草地的产草量、自然条件、载畜量等具体内容，说明本区域牧草地的主要种类、特点、生产水平、发展潜力等。

2.6.1.2 非农业建设用地的数量、质量、分布及结构分析

居民点及独立工矿用地是指城乡居民点及其居民点以外的独立工矿、国防和名胜古迹等用地。分析的主要内容是：居民点及独立工矿用地面积及其占区域土地总面积的比例；并分析居民点及独立工矿用地内部的城市用地、集镇用地、农村居民点用地、独立工矿用地、盐田、特殊用地的面积及在区域居民点及独立工矿用地中的比例；进一步分析研究城市和农村居民点中的人均用地面积、户均用地面积、工矿用地单位产品产量占地面积，用

此说明居民点及独立工矿用地的基本情况，居民点及独立工矿内部土地存量及存在问题，为非农业建设用地指标的制定提供依据。

交通用地是指居民点以外的铁路、公路、农村道路、民用机场、港口码头及其附属设施用地。分析主要内容包括：交通用地面积及其在区域土地总面积中所占比例，其中包括铁路、公路、农村道路、民用机场、港口码头等用地的面积及其在交通用地中所占的比例；分析交通密度、通车里程、道行能力、道路等级等现有交通网是否能满足社会经济发展的需要。

水域是指陆地水域和水利设施用地，不包括滞洪区和垦殖三年以上的滩地，海滩中的耕地、林地、居民点、道路等。水域中又分为河流水面、湖泊水面、水库水面、坑塘水平、苇地、滩涂、沟渠、水工建筑物、冰川及永久积雪。水域利用现状分析的主要内容包括：水域面积及其占区域土地总面积的比例，河流水面，湖泊、水库、坑塘水面，苇地、滩涂、沟渠、水工建筑物、冰川及永久积雪面积及其在水域面积中所占的比例；并进一步分析研究河流水面，水库水面，湖泊水面，坑塘水面的利用率，水产养殖的产量、产值情况；分析研究滩涂的可开垦率以及开发后土地的质量状况，为土地利用总体规划提供科学依据。

2.6.1.3 未利用土地数量、质量、结构及分布分析

未利用土地是指目前还未利用的土地。未利用土地又分为荒草地、盐碱地、沼泽地、沙地、裸土地、裸岩石砾地、田坎和其他未利用土地。未利用土地现状分析的主要内容包括：未利用土地面积及其占区域土地总面积的比例；未利用土地的主要类型及其比例；可开发利用土地类型、面积及分布状况，适宜开发利用方向、开发利用潜力及存在的制约因素等。

2.6.2 土地开发利用程度分析

土地开发利用程度反映土地利用是否充分、科学合理，主要体现在土地利用率、土地垦殖率、净面积和毛面积之比、复种指数、森林覆盖率、农林牧用地比、人均占有土地、人均占有农林牧用地数量和生产、生活用地之比等方面。

土地利用率是已利用土地面积和土地总面积的百分比，是反映土地利用程度和土地资源潜力的指标，即：

$$\text{土地利用率} = \frac{\text{土地总面积} - \text{未利用土地面积}}{\text{土地总面积}} \times 100\%$$

土地垦殖率是耕地面积与土地总面积的百分比，反映土地的开发程度以及种植业的发展程度，即：

$$\text{土地垦殖率} = \frac{\text{耕地面积}}{\text{土地总面积}} \times 100\%$$

农业用地率指大农业（包括农、林、牧、渔各业）用地面积与土地总面积的百分比，反映大农业的发展程度，即：

$$\text{农业用地率} = \frac{\text{农业用地面积}}{\text{总土地面积}} \times 100\%$$

耕地复种率是全年农作物播种总面积与耕地总面积的百分比，反映耕地的利用效率和程度，即：

$$耕地复种率 = \frac{全年农作物播种面积}{总耕地面积} \times 100\%$$

粮食作物复种率是全年粮食作物播种面积与粮占耕地面积的百分比，反映粮占耕地的利用效率，即：

$$粮食作物复种率 = \frac{全年粮食作物播种面积}{粮占耕地面积} \times 100\%$$

建设用地率是建设用地面积与土地总面积的百分比，反映建设用地占地情况，即：

$$建设用地率 = (居民点及工矿用地面积 + 交通用地面积) \times 100\%$$

载畜量指每平方千米草原所放养的牲畜头数，反映牧区草原利用程度，即：

$$载畜量 = \frac{放养各种牲畜总头数}{放牧草原面积}$$

水面利用率指已利用的水面面积占水面总面积的百分比，反映水面利用的程度，即：

$$水面利用率 = \frac{已利用水面面积}{水面总面积} \times 100\%$$

2.6.3 土地利用的限制因素分析

土地利用限制因素分析是指对规划区内影响土地有效利用的自然因素和社会经济因素进行的分析，目的是通过分析找出影响规划区土地有效利用的主要问题，并提出相应的解决对策。土地利用限制因素分析的重点是对可以通过工程措施加以改善的自然限制因素进行分析。一般情况下，可以通过工程措施加以改善的自然限制因素包括以下几类：

（1）旱灾。旱灾是我国涉及地区最广、危害最严重的自然灾害。严重的干旱，可使水源干涸、田地龟裂、草木枯萎，甚至人畜饮水都发生困难。特大旱灾对农业生产的破坏性很大，对整个国民经济的发展也有较大的影响。一般采取的改良措施为开发水源，包括开采地下水、兴建蓄水工程等。

（2）涝灾。涝灾是指洪涝灾害，范围虽不如旱灾广，但危害程度是严重的。轻灾会造成减产，重灾则使农田绝收，甚至冲毁田园，危及人民的生命安全。洪涝灾害按雨涝发生的季节可分为春涝、春夏涝、夏涝、夏秋涝。春涝和春夏涝主要发生在华南及长江中下游一带，多由连阴雨造成，使农作物遭受湿、渍害，引起小麦、油菜烂根、早衰、结实率和干粒重降低以及病虫害（如小麦锈病、赤霉病、油菜菌核病、棉花枯病、炭疽病等）的流行。早稻育秧期间的连阴雨和低温，易引起大面积烂秧。夏涝发生的地区较广泛，黄淮海平原、长江中下游、华南、西南、东北等地发生的概率都较高，多由暴雨或连日大雨造成，常形成涝灾或渍害，影响夏收夏种，引起麦子倒伏，麦粒发芽、霉烂，棉花蕾铃脱落，水稻倒伏，结实率降低而减产。夏秋涝以西南、华南和长江中下游地区发生的概率最多，其次是江淮地区和华北，多由暴雨和连绵阴雨造成，常形成涝渍害，对水稻、玉米、棉花、谷子等作物的产量影响很大。

一般采取的改善措施包括：一是因地制宜地安排防涝排水系统工程用地，农田开挖排水渠道，大江、大河以及沿海兴建堤防工程，丘陵山地兴建渠道工程；二是要根据水涝灾害特点调整作物种植结构。轻涝的平地适宜种植耐涝的作物高粱，而不宜种怕涝的棉花、玉米等作物；重涝的洼地往往实行一水一麦，麦收后休闲，一年一熟。

（3）风害。风速不小于 17m/s 即 8 级以上称为大风，北方多于南方，沿海多于内陆，高山隘口多于盆地河谷。绝大多数地区春季大风最多，夏季最少，秋季与冬季相近。东南沿海受台风影响大，风也较多。大风对农业的直接危害包括风蚀、对植物的机械损伤、对农业设施的破坏、加剧蒸腾失水和冻害等。我国西部地区风力侵蚀十分严重，主要发生在内蒙古、新疆、甘肃和宁夏等省区，以内蒙古最为严重，其南部的农牧交错带是全国土壤风蚀最严重的地区。土壤风蚀使表层土壤有机质被连续吹失，造成土壤肥力下降。

风沙是大风造成的一种恶劣天气，能埋没农作物，造成机械损伤或污染农产品，风沙还侵蚀土壤，使土壤肥力下降，淤塞水库、塘坝、水井。一般采取的措施为兴建防护林。

（4）水土流失。水土流失是农业地质灾害的一种，以黄土高原最为严重。水土流失与干旱、暴雨等自然因素有关，更重要的是与人口和资源不足的矛盾加剧和掠夺式的经济活动造成植被破坏。

一般采取的改善措施包括丘陵坡地梯田化，横坡耕地，带状种植，实行带状、块状和穴状间隔造林，构筑生物篱，并辅以鱼鳞坑等工程。

（5）土壤潜育化。土壤潜育化是土壤处于地下水长期浸润状态下，得不到通气与氧化，同时，在易分解的有机构还原影响下，使土壤及积滞水的 pH 值下降，土壤矿质中的铁和锰处于还原低价状态，土体显青色或青黑色。土壤次生潜育化是指因耕作或灌溉等人为原因，土壤（主要是水稻土）从非潜育型转变为高位潜育型的过程。常表现为 50cm 土体内出现青泥层。我国南方有潜育化或次生潜育化稻田多半为冷浸田，是农业发展的又一障碍。

一般采取的改善措施为：开沟排水、消除渍害、在稻田周围开沟、排灌分离、防止串灌。明沟成本较低，但暗沟效果较好，沟距以 6～8m（重黏土）和 10～15m（轻黏土）为宜。

（6）土壤盐渍化。土壤中可溶性盐类随水向土壤表层运移累积，从而达到影响一般植物的正常生长的含量（超过 0.1%）的过程，称为土壤盐渍化。自然条件下的土壤盐渍化称为原生盐渍化。由于人为活动不当，使原来非盐渍化的土壤发生了盐渍化，或增强了原土壤的盐化程度，或已经改良好的盐渍化的土壤再次发生盐渍化，称为次生盐渍化。

西北干旱、半干旱地区是土壤盐渍化较严重的地区，近年来，这一地区的盐碱土耕地面积有所增加，其中多数是由于土壤发生次生盐渍化的结果。由于西北地区的渠系不健全，田间工程不配套，缺少排水系统，在灌溉定额过高的情况下，易抬高地下水位，既浪费了水资源，又由此导致次生盐渍化的发生。土壤盐渍化引起的土地退化，是土地荒漠化产生的原因之一。

一般采取的改善措施包括以下几方面：

1）排水体系是防止土壤次生盐渍化的基本设施，在排水体系中排水沟是防止土壤次生盐渍化极为重要而不可代替的保证措施。排水沟不但可以排除灌溉退水、降雨所产生的地表径流，而且还可以排除灌溉渗漏水、淋盐渗水和部分地下水。在排水的同时，也排走了溶解于水中的大量盐分。

2）合理灌溉也是防止土壤次生盐渍化的重要保证。因此，地面灌溉要避免大水漫灌，确定合理的灌溉定额，以免水分渗漏抬高地下水位，造成土壤积盐或返盐。因作物制宜地采用节水农业措施，提高节水灌溉技术，如小麦宜用畦灌，棉花、玉米等作物可采用沟灌或隔垄沟灌，做到既高产又节水。

3）在地面水引水不便的地区，可以利用浅井水灌溉。抽取地下浅层水还可以降低水位，有助于防止土壤返盐。干旱、半干旱地区河流在雨季、旱季流量变化很大，而作物需水量大的季节，往往正是河道枯水时期，水源供应不足。因此，实行井渠结合，互补余缺，可以解决抗旱与除涝防盐的矛盾。但是，使用地下水，要注意地下水的矿化度，避免用高矿化度的地下水灌溉。

4）土地不平整是形成盐渍地的重要原因之一。在微地貌上，盐斑出现在平原地形突起部位，这里暴露面大，蒸发强烈，土壤水分散失快，在毛管上升水流和毛管侧向水流的补给下，导致盐分的局部聚积。平整土地，消除盐分富集的微域地形条件，使土壤在降雨和灌溉时受水均匀，蒸发也趋于一致，这也是防止土壤次生盐渍化的重要田间措施。

2.6.4 土地适宜性评价

2.6.4.1 土地适宜性评价的概念

土地适宜性评价就是评定土地对于某种用途是否适宜以及适宜的程度，它是进行土地利用决策，确定土地利用方向的基本依据。进行土地适宜性评价，就是要通过评定，把土地利用现状与土地的适宜用途进行比较，以便对土地用途是否应该调整、调整后的土地用途可能会产生怎样的后果和影响、应如何调整等进行决策。

土地的适宜性是针对土地的用途来说的，不同的用途对土地质量有不同的要求，同一块土地对不同的用途有不同的适宜性。土地开发整理项目土地适宜性评价针对的土地用途主要为耕地。土地的适宜性不仅与土地的自然属性有关，也受到其社会经济条件的影响，如自然属性相似的两块土地，位于城镇郊区的适宜于蔬菜种植，而远离公路的偏僻地块则宜于种粮食。

一般而言，土地适宜性评价应对一定区域范围内全部土地和相应的各种土地利用方式进行评定。但是由于评价的工作量较大，为工作的需要，实践中应重点对耕地后备资源进行土地适宜性评价。

值得强调的是，土地开发、复垦、整理都需要进行土地适宜性评价，只是所采用的评价方法和指标各有侧重，其中重点是对土地开发项目和土地复垦项目进行适宜性评价。

2.6.4.2 土地适宜性评价的原则

根据土地属性对耕地利用的适宜程度及其对土地开发、复垦和整理可能产生的限制影响类型和强度，应参考土地形态和目前的开发水平以及进一步开发的可能性，采取综合分析和主导因子（主导限制因子）相结合的方法进行评价。评价时应遵循以下几项原则：

（1）合理利用原则。要针对特定的用途种类进行土地适宜性评价和分类。这是因为不同的土地用途种类对土地的性状有不同的要求。例如，水稻需要一定的淹水条件，排水困难的冲积泛滥平原就适宜种水稻，而不适宜种小麦、果树，因为水稻必须有一定条件的淹水，而果树的根则不能生长在地下水位以下。因此，土壤水分的有效性、旱涝程度等都是对每种用途的要求比较而言的。

（2）效益最佳原则。土地适宜性评价要求对不同的土地类型在可能获得的利益和需要的投入之间进行比较。所有土地利用都需要投入，投入和产出分析可以比较不同的土地类型的好坏，这是土地适宜性评价的一个重要的指标。例如，在坡地种植小麦，为防止水土流失或便于灌溉，就必须修建梯田，尽管最后可以获得跟平地一样的产量，但由于修筑梯田需要较大的投入，便可以认为坡地没有平地适宜于种植小麦。由于投入总是有限的，因此人们总是希望用有限的投入获得最大的收益，即将投入放在最适宜的土地类型上。

（3）因地制宜原则。评价要切合当地的自然、经济和社会条件。土地适宜性评价时，必须同时考虑各种土地因素，以及与当地土地条件有关的因素。这些因素包括自然因素，如气候、地质、地貌、水文、土壤、植被、畜禽等经济和社会因素，如居民素质和生活水平、劳力供应状况和劳动费用、交通与通讯、市场与销售、科学与文化、政策等。不同的地区，这些因素的变化很大，由于实际情况和技术上的需要，评价中不可能将所有因素都作为评价的因子。但对那些没有做评价的因素也要认真分析，否则可能会造成很大的失误。如在半干旱、干旱地区，认为灌溉条件下适宜于种小麦就大面积推广，而没有对该地区的地表水及地下水源做认真分析论证，或灌水技术方式选择不当，便可能造成几年之后再没有水可灌溉的后果。在偏远地区推广种桃，便会造成由于没有保鲜技术和交通不便使桃子原地烂掉。又如长江中下游平原、黄淮海平原自然条件适宜于种粮食，是我国的主要粮食产区，对国民经济的发展起到重要作用，若再进行宜农、宜林、宜牧的适宜评价，就没有实际意义了。所以，土地适宜性评价要因地制宜，充分分析当地的自然、经济和社会条件，使评价结果具有科学性和实用性。

（4）可持续利用原则。随着时间的推移，土地及其环境有一个演变过程，人为的扰动会改变或加速这种演变。环境的演变又改变土地的性状及土地的生产能力，进而影响土地的利用。因此，在改变土地的生产行为时，必须仔细分析这种扰动带来的演变过程，尽量避免不利的发展趋势，以保持土地的可持续利用性，确定适宜的土地利用方式。

（5）可靠性原则。有些影响土地适宜性的因素是固定不变的，而另一些是经过努力可以改变的。在土地适宜性评价过程中，应该确定各项改良措施的成本，以便能够预测开发的经济和环境后果。土地固定性特征有温度、土壤质地、基岩深度和宏观地形；可改变的特征包括植被、盐强度、地下水深度、微地貌及社会和经济条件。评价要在几种用途之间进行比较。土地适宜性评价的主要目的是分析各种土地用途的优劣，以便在土地利用规划中，为选择最佳的土地利用方式提供依据。如一块肥力较差的地，不管种什么产量都比较低，种谷子能达到二等适宜性，而种小麦只能达到三等适宜性或不适宜性，比较说明种谷比种小麦好。还可在当前用途与设想用途之间，或在不同作物和不同灌溉方法之间进行比较。通过比较若干供选方案的投入和产出，可以提高评价的可靠性，以保证所选土地用途不仅是适宜的，而且是适宜供选方案中最佳的。

2.6.4.3　土地适宜性评价系统

土地适宜性评价应在对项目区内的未利用地、毁损废弃地和需整理土地进行调查的基础上进行，采用类、等、型三级划分的评价系统，见表2.1。

表2.1　土地适宜性评价系统

类	等	型
宜耕地（A）	一等地（A_1）	无限制（A_1-00）
	二等地（A_2）	水分限制（A_2-00）
		温度限制（A_2-01）
		质地限制（A_2-02）
		盐碱限制（A_2-03）
		……
	三等地（A_3）	水分限制（A_3-00）
		温度限制（A_3-01）
		质地限制（A_3-02）
		盐碱限制（A_3-03）
		……
不宜耕地（N）	不续分	

适宜类分宜耕地和不宜耕地两类。宜耕地类是指按照有关规程定义的各相关地类评价指标和方法评定为宜耕种的土地。对宜耕地类划分质量等级，可将耕地后备资源划分一等地、二等地和三等地。

（1）一等地：开发、复垦和整理条件好，无或仅有一种限制因素，且限制程度低，不需或需低成本改良；开发、复垦和整理后作物产量高，供食用的农副产品能够达到国家食用卫生标准（含饲料作物，下同），非食用的作物产品质量合格，在正常利用下，不会产生土地退化和给邻近土地带来不良后果。

（2）二等地：开发、复垦和整理条件中等，有一两种限制因素，限制强度中等，需要采取一定改良或保护措施，成本中等；开发、复垦和整理后作物产量中等，供食用的农副产品能够达到国家食用卫生标准．非食用的作物产品质量合格，如利用不当，对生态环境有一定的不良影响。

（3）三等地：开发、复垦和整理条件较差，有多种限制因素，且限制强度大，改造困难，需要采取复杂的工程或生物措施，成本较高；或开发、复垦和整理后作物产量低，供食用的农副产品能够达到国家食用卫生标准，非食用的作物产品质量合格；如利用不当，对土地质量和生态环境有较严重的不良影响。

在等下设限制型，按其限制因子的限制程度划分。同一型内具有相似的限制因素和强度以及相似的改造措施。对待开发土地，有无限制、温度限制、水源限制、土厚限制、质地限制、坡度限制、水文与排水限制、盐碱限制、沙化限制、风害限制、生态退化限制等限制型；对待复垦土地，有无限制、温度限制、水源限制、坡度限制、地下水位限制、挖损或塌陷深度限制、积水深度限制、土源限制、盐分限制、堆积物平整量限制、堆积物塌陷、挖损地面污染物毒性限制、污染程度限制、污染源限制、砂石堆积厚度限制、灾害发生频率限制等限制型；对待整理土地，有无限制、温度限制、水源限制、土厚限制、坡度限制、质地限制、土源限制、耕地整理系数限制、土地利用兼容程度限制等限制型。

2.6.4.4 评价单元

以土地利用现状图为底图，通过野外调查形成耕地后备资源类型图。评价单元以耕地后备资源类型图为基础划分，具体可采用两种方式形成：（1）采用 GIS 技术，将耕地后备资源类型图、土壤图（具体到土种）和其他相关图件叠加，以耕地后备资源类型图图斑界线为准，经野外校核、合并或补绘形成；（2）以耕地后备资源类型图为基础，参照土壤图（具体到土种）和其他相关图件，经野外调绘形成。

2.6.4.5 评价指标及分级

选择对土地质量和开发整治有显著影响的，且较稳定的因素作为评价指标。

A 待开发耕地后备资源评价

待开发耕地后备资源评价选择温度条件、水分条件、有效土层厚度、土壤质地、坡角（或坡度）、水文与排水条件、盐碱度、沙化状况、风害、生态退化可能性等作为待开发耕地后备资源评价指标。

（1）温度条件。按作物对积温的要求，以及是否受霜冻威胁，将温度条件划分如下四级：

1）A_1——积温条件能满足大田作物要求，无霜冻威胁；

2）A_2——积温能满足大田作物的要求，受霜冻影响，造成减产小于 20%；

3）A_3——积温能满足大田作物要求，经常有霜冻危害，造成产量减产 20%~40%；

4）N ——积温不能满足大田作物要求，有严重霜冻威胁，造成减产大于 40%。

（2）水分条件。干旱区必须有灌溉水源才能开发，依据灌溉水源保证率划分水分限制级别。湿润地区有较充足降雨，水分可做无限制处理。在半干旱区和半湿润区，如旱作稳定，可不要求有灌溉水源，如有灌溉水源可做水分无限制处理（A_1），其他做水分二级限制处理（A_2）；如旱作不稳定，则需有灌溉水源，依据灌溉水源保证率划分水分限制级别。对干旱区和旱作不稳定的半干旱及半湿润区，依据灌溉水源保证率，将水分条件分为四级，见表 2.2。

表 2.2 待开发耕地后备资源水分限制等级

区 域	年降水量 /mm	年湿润度 (P/E)	灌溉水源保证率/%			
			A_1	A_2	A_3	N
干旱区	<250	<0.3	100	80~100	70~80	<70
半干旱区	250~500	0.3~0.6	>80	70~80	50~70	<50
半湿润区	500~1000	0.6~1.0	>60	50~60	40~50	<40
湿润区	>1000	>1.0				

（3）有效土层厚度。有效土层厚度指从自然地表到障碍层或石质接触面的土壤厚度。

依据土壤下伏基岩或母质类型，分三种情况将有效土层厚度划分为四级，见表 2.3。

表 2.3 待开发耕地后备资源有效土层厚度限制等级

母岩（质）	有效土层厚度/cm			
	A_1	A_2	A_3	N
黄土性母质和易风化的泥质岩类	>100	50~100	30~50	<30
中性、酸性结晶岩类	>100	60~100	50~60	<50
石英岩类，碳酸岩类	>100	70~100	50~70	<50

（4）土壤质地。以土壤表层 30cm 的平均质地为标准，将土壤质地分为黏质土（重壤、黏土）、壤土（轻壤、中壤）、砂壤土、沙土和砾质土。土壤质地条件可分为四级：

1）A_1——壤质；

2）A_2——砂壤质和黏质土；

3）A_3——沙土或石砾含量 15%~50%，且可以改良的砾质土；

4）N ——石质即岩石露头面积大于 50%或石砾含量大于 50%（体积分数）。

（5）坡角。一般坡角小于 2°情况下，无明显侵蚀发生；坡角 2°~6°时有发生侵蚀的可能，开发时一般需采取一定的水土保持措施；坡角 6°~15°时有土壤侵蚀，需采取水土保持措施才可开发；坡角大于 15°一般不宜开发，但在土层深厚的黄土地区和紫色土区，以及土层厚度大于 70cm 的其他山地丘陵区，建设水平梯田的条件较好，可放宽至 25°；坡角大于 25°的坡地严格禁止开发。待开发耕地后备资源坡度限制等级见表 2.4。

表 2.4 待开发耕地后备资源坡角限制等级

地 区	坡角/（°）			
	A_1	A_2	A_3	N
黄土地区和紫色土区，以及土层厚度大于 70cm 的地区	<6	6~15	15~25	>25
其他地区	<3	3~6	6~15	>15

（6）水文与排水条件。根据地表积水时间、排泄条件和改良措施复杂程度，可分为以下四级：

1）A_1——常年不引起洪涝，不积水，排水条件好，不需改良或只需简单改良；

2）A_2——季节性洪涝或季节性积水，可以采取防洪、排涝措施加以改良；

3）A_3——常年洪涝或长期积水，需采取比较复杂的防洪、排涝措施加以改良；

4）N ——经常有洪涝威胁或长期被水淹没，排水条件很差，改良困难。

（7）盐碱化程度。按土壤盐碱化程度、改良条件及改良措施复杂程度，分为四级：

1）A_1——无盐碱化或轻度盐碱化，不需改良或简单改良；

2）A_2——中度盐化、轻度盐碱化，需水利改良措施；

3）A_3——中度碱化、强度盐化土、盐土，改良条件较差，需复杂的水利或化学改良措施；

4）N ——中、强度碱化土和碱土，改良条件很差，不宜开发。

（8）沙化状况。根据沙化情况，分为四级：

1）A_1——半湿润、湿润地区的半固定/流动沙地；

2）A_2——半干旱地区的半固定/流动沙地，有灌溉和营造防护林网条件的；

3）A_3——干旱地区的半固定/流动沙地，有灌溉和营造防护林网条件的；

4）N ——干旱、半干旱地区的半固定/流动沙地，没有灌溉和营造防护林网条件的。

（9）风害。风力是沙尘对异地生态环境产生影响的主要动力源，是评价干旱和半干旱地区待开发土地生态立地条件的主要因子之一。依据待开发土地开发后，沙尘在风力的作用下，对异地生态环境影响大小，以及灾害性大风对作物生长和成熟的影响程度，将风害程度划分如下四级：

1）A_1——不起沙或轻微起沙，对近地（小于 1km 范围）生态环境无或有轻微影响，作物生长期间无灾害性大风；

2）A_2——起沙，对近地生态环境有一定影响，或作物生长期间有灾害性大风，造成作物减产小于 20%；

3）A_3——经常起沙，对远地（大于 1km）有一定影响，或作物生长期间经常有灾害性大风，造成作物减产 20%~40%；

4）N ——频繁起沙，对远地生态有明显影响，或作物生长期间灾害性大风发生频繁，造成作物减产大于 40%。

（10）生态退化可能性。生态退化可能性是衡量土地开发后，引起土地本身和异地生态质量退化可能性的一种定性综合量度。对土地本身生态质量退化评估主要集中于开发后是否存在次生盐渍化、土壤结构退化（如沙化）等可能性及其大小；对异地生态质量退化可能性评估，主要集中于是否造成或加重区域干旱化、水土流失，以及对周围或区域生态系统的生物多样性产生影响。依据生态退化的类型及其可能性大小，将生态退化可能性划分如下四级：

1）A_1——无或有较小潜在生态退化可能性，或对异地生态系统无或有轻微影响，不需要或采取简单措施，可以防止；

2）A_2——有潜在生态退化可能性或对异地生态系统有一定影响，需采取一定措施加以防止；

3）A_3——有较大的潜在生态退化可能性或对异地生态有明显的影响，需采取复杂的措施加以防止；

4）N ——潜在生态退化可能性大或对异地生态有严重影响。

B　待复垦耕地后备资源评价

在对温度和水分（源）条件评价（标准同待开发耕地后备资源）的基础上，依据毁损废弃地类型采用不同的评价因子体系。

（1）待复垦挖损地评价。采用挖损地面坡度、挖掘深度、积水深度、土源保证率、地下水位等六项因子评价待复垦挖损地，其评价因子限制等级见表 2.5。

1）挖损地面坡度：指挖损地面主导坡度，对拟采用覆土或其他工程措施恢复或整平地面的，按整治后地面坡度评价。

2）挖掘深度：指挖损地面相对于周围地面的平均深度，单位为 m。

3）积水深度：指常年或作物生长期间积水的平均深度。

4）土源保证率：指对达到拟种植作物一等地要求的有效土层厚度所需土方量的满足

程度，单位为%。

5）地下水位：指复垦后的地下水位，对拟种植水生作物的土地，不做此项评价。

6）挖损地面物质毒性：以污染物质对拟种植作物产量和品质的影响来衡量。对于采用覆土措施复垦的，覆土深度达1m或对作物产量和品质不产生危害的不作此项评价。

表2.5 待复垦挖损地评价因素限制等级

评价因子	A_1	A_2	A_3	N
挖损地面坡角/(°)	<6	6~15	15~25	>25
挖掘深度/m	<1	1~3	3~5	>5
积水深度/m	<1	1~2	2~3	>3
土源保障率/%	100	80~100	50~80	<50
地下水位/m	>1	0.5~1	0.2~0.5	0.2
挖损地面污染物毒性	无化学有害物质	有少量化学有害物质，造成产量下降小于20%，农副产品达食用标准	有化学有害物质，造成产量下降20%~40%，农副产品达食用标准	有化学有害物质，造成产量下降大于40%，或农副产品不能食用

（2）待复垦塌陷地评价。仅对地下已经停止采矿活动或已采取防止塌陷的技术措施，地面已经呈稳定状态的稳定塌陷地进行评价，对于不稳定塌陷地作为不宜耕处理。稳定塌陷地采用塌陷地面坡角、塌陷深度、积水深度、盐分含量、土源保证率、地下水位等七项因子评价待复垦塌陷地，其评价因子限制等级见表2.6。

1）塌陷地面坡度：指塌陷地面主导坡度，对拟采用覆土或其他工程措施恢复或整平地面的，按整治后地面坡度评价。

2）塌陷深度：指塌陷地面相对于周围地面的平均深度，单位为m。

3）积水深度：指塌陷地面常年或作物生长期间积水的平均深度。

4）盐分含量：指表层易溶性盐分含量。

5）土源保证率：指对达到当地一等地要求的有效土层厚度所需土方量的满足程度，以%表示。

6）地下水位：指复垦后的地下水位，对拟种植水生作物的，不做此项评价。

7）塌陷地面物质毒性：以污染物质对拟种植作物产量和品质的影响来衡量，对于采用覆土措施复垦的，覆土深度达1m或对作物产量和品质不产生危害的不作此项。

表2.6 待复垦塌陷地评价因子限制等级

评价因子	A_1	A_2	A_3	N
塌陷地面坡角/(°)	<6	6~15	15~25	>25
塌陷深度/m	<1	1~3	3~5	>5
积水深度/m	<1	1~2	2~3	>3
表层盐分含量/%	<0.1	0.1~0.2	0.2~0.4	>0.4
土源保证率/cm	100	80~100	50~80	<50
地下水水位/m	>1	0.5~1	0.2~0.5	0.2

续表 2.6

评价因子	A_1	A_2	A_3	N
地面污染物毒性	无化学有害物质	有少量化学有害物质，造成产量下降小于 20%，农副产品达食用标准	有化学有害物质，造成产量下降20%~40%，农副产品达食用标准	有化学有害物质，造成产量下降大于 40%，或农副产品不能食用

（3）待复垦压占地评价。采用堆积物平整量、堆积物毒性、堆积地面坡角（或坡度）、土源保证率等四项因子评价待复垦压占地，其评价因子限制等级见表 2.7。

1）堆积物平整量：指单位面积上需经工程平整的堆积物数量，单位为 m。

2）堆积物毒性：指堆积物中有害物质残留在土壤中的含量及深度对拟种植作物的产量和质量的毒害程度。

3）堆积物坡度：指堆积物主导坡度，对拟采用覆土或其他工程措施恢复或整平地面的，按整治后地面坡度评价。

4）土源保证率：指对达到当地一等地要求的有效土层厚度所需土方量的满足程度，单位为%。

表 2.7 待复垦压占地评价因子限制等级

评价因子	A_1	A_2	A_3	N
堆积物平整量/m	<2	2~5	5~10	>10
堆积物毒性	无化学有害物质	有少量化学有害物质，造成产量下降小于 20%，农副产品达食用标准	有化学有害物质，造成产量下降20%~40%，农副产品达食用标准	有化学有害物质，造成产量下降大于 40%，或农副产品不能食用
堆积地面坡角/(°)	<6	6~15	15~25	>25
土源保证率/%	100	80~100	50~80	<50

（4）待复垦污染破坏地评价。采用污染物质毒性、土壤污染指数、有效土层厚度、污染源治理率等四项因子评价待复垦污染破坏地，其评价因子限制等级见表 2.8。

1）污染物质毒性：以污染物质对拟种植作物产量和品质的影响来衡量；

2）土壤污染程度：用土壤污染指数（P），表示为 $P = \sum P_i$，其中 P_i 为土壤中污染物 i 的污染指数，等于污染物质实测值与背景值的比值；

3）有效土层厚度：指地表到障碍土层或石质接触面的深度；

4）污染源治理率：用以衡量造成土地污染废弃的污染源的治理程度。

表 2.8 待复垦污染破坏地评价因子限制等级表

评价因子	A_1	A_2	A_3	N
污染物质毒性	无影响	造成产量下降小于 20%，农副产品达食用标准	造成产量下降20%~40%，农副产品达食用标准	造成产量下降大于 40%，或农副产品达不到食用标准

续表 2.8

评价因子	A_1	A_2	A_3	N
土壤污染程度 P	$1 \leqslant P<2$	$2 \leqslant P<3$	$3 \leqslant P<4$	$P>4$
有效土层厚度/cm	>100	80~100	50~80	<50
污染源治理率/%	100	80~100	60~80	<60

（5）待复垦自然灾害毁损地评价。采用地面坡角（或坡度）、有效土层厚度、砂石堆积厚度、土源保证率、灾害发生频率等四项因子评价待复垦自然灾害毁损地，其评价因子限制等级见表 2.9。

1）地面坡度：指毁损废弃地面主导坡度。

2）有效土层厚度：按自然或覆土后地表表层到障碍土层或石质接触面的深度。

3）砂石堆积厚度：地表承接砂石的厚度，单位为 cm。

4）灾害发生频率：指造成地面严重毁损的自然灾害在 10 年内发生的次数。

表 2.9 待复垦自然灾害损毁地评价因子限制等级

评价因子	A_1	A_2	A_3	N
地面坡角/(°)	<6	6~15	15~25	>25
有效土层厚度/cm	>100	80~100	50~80	<50
砂石堆积厚度/cm	0~20	20~40	40~50	<50
土源保证率/%	100	80~100	50~80	<50
灾害发生频率	0	0	1	>1

C 待整理耕地后备资源评价

在对温度、水源条件和地面坡度评价（标准同待开发耕地后备资源）的基础上，依据待整理类型采用不同的评价因子体系。

（1）待整理农用地评价。采用耕地整理系数、土源保证率两项因子评价待整理农用地，其评价因子限制等级见表 2.10。

表 2.10 待整理农用地评价因子限制等级

评价因子	A_1	A_2	A_3	暂不整理
耕地整理系数/%	>5	2.5~5	1~2.5	<1
土源保证率/%	>100	80~100	50~80	<50

1）耕地整理系数：整理后净增耕地面积与待整理农用地区面积之比，即净增耕地率，单位为%。土地整理净增耕地面积可依据下式进行计算：

$$M_z = (1 - R_2) \times (M_1 - M_2) + (R_1 - R_2) \times M$$

式中，M_z为整理后净增耕地面积；M 为待整理农地区的原耕地面积；R_1为整理前的待整理农地区田埂系数；R_2为整理后的田埂系数（视当地实际情况和整理区类型确定）；M_1为待整理农地区非耕地地类的面积（含沟渠、道路、园地和林地等）；M_2为待整理农地区整理后必须保留的非耕地地类面积（含沟渠、道路、园地和林地等）。

因此，土地整理净增耕地来源有两个途径：一是对整理前的耕地而言，通过降低田埂系数增加一部分耕地；二是通过减少非耕地地类面积增加一部分耕地。

田埂系数的测算可参考《第二次全国土地调查技术规程》（TD/T 1014—2007）。将耕地划分为5个坡度（坡角）级（上含下不含），见表2.11。坡角不大于2°的视为平地，其他分为梯田和坡地两类。

表2.11 耕地坡度（坡角）分级及代码

坡角级代码	Ⅰ	Ⅱ	Ⅲ	Ⅳ	Ⅴ
坡角/(°)	≤2	2~6	6~15	15~25	>25

当坡角大于2°时，测算耕地田埂系数。按耕地分布、地形地貌相似性等特征对项目区进行分区。区内按不同坡度级和坡地、梯田类型分组，选择样方、测算系数。样方应均匀分布，每组数量不少于30个，单个样方不小于0.4hm^2。实测样方中的田埂面积，计算样方田埂系数，即田埂面积占扣除其他线状地物后样方面积的比例，单位为%。当同组样方田埂系数相对集中、最大值不超过最小值的30%时，取其算术平均数，作为该组田埂系数。

2）土源保证率：指对达到当地一等地要求的有效土层厚度所需土方量的满足程度，单位为%。

（2）待整理建设用地评价。评价其整理耕地的难易程度，主要考虑待整理建设用地与周边土地利用的兼容程度（简称土地利用兼容程度）、土源保证率、土壤质地（土壤侵入体按石砾处理）、水文及排水条件、盐碱度等因子。待整理建设用地与周边土地利用的兼容程度主要考虑周边的土地利用状况，各地可视情况确定等级。

2.6.4.6 评价方法

根据《耕地后备资源调查与评价技术规程》（TD/T 1007—2003）的规定，评价一般采用最小限制因子法。即在有关评价指标的分级中，以分级最低评级因子的分级作为该评价单元的等级，并在等级后加注其代号，作为其限制性因子类型。如有2个评价指标的分级均为最低，则应加注2个限制性因子，代号之间用破折号分开。

根据《土地复垦方案编制规程（通则）》（TD/T 1031.1—2011）的规定，土地复垦适宜性评价可采用定性或定量的方法，其中定量法可采用极限条件法、综合指数法和多因素综合模糊法等，具体评价时可以采用其中一种方法，也可以将多种方法结合起来使用。

2.6.5 土地整治潜力调查与评价

“潜力”是一个相对概念，是指在一定时期、一定生产水平、某种既定用途下，某一指标可能提高或节约的能力。土地整治潜力是指在一定的经济社会发展条件和科学技术水平等因素限制下，对田、水、路、林、村进行综合整治，提高土地利用效率，由此可增加的有效耕地面积、其他农用地面积和节约的建设用地面积。

土地整治潜力具有以下基本特征：（1）针对性。土地整治潜力总是针对某一确定的土地用途而言的，离开了潜力的对象，就无从谈潜力。（2）地域性。土地整治潜力的大小应是针对一定的地域范围而言的，如全国土地整治潜力、全县土地整治潜力等，没有具体的地域范围，就无法进行潜力的比较。（3）相对性。土地整治潜力是一个具有大小或等级的概念，潜力本身就是相对而言的。（4）多样性。由于对“潜力”含义的理解不同，其表达的指标也是多样的。归纳起来，“潜力”应是质与量的统一。评价潜力时，既可用单一指标评价法，也可用多指标综合评价法。(5) 复杂性。不论是表达“潜力”的单一指标，还是综合指标，其影响因素都是众多而复杂的。(6) 时限性。土地整治潜力总是相对于某一时点或可预测时段内的生产力水平而言的，生产力水平越高，人们利用土地的技术能力越强，潜力就越大；反之，则越小。

土地整治潜力调查与评价是编制土地整治规划的一项基础性工作，市（地）级土地整治规划以乡（镇）为单元开展调查，县级汇总；县级土地整治规划以行政村为单元开展调查，乡（镇）汇总。本小节内容以县级土地整治规划中的土地整治潜力调查与评价为例进行说明。

2.6.5.1 调查评价内容

土地整治潜力调查评价应针对不同土地整治类型分别开展。分类如下：

(1) 农用地整治潜力。调查评价可整治农用地规模、分布、可补充耕地面积、新增耕地系数和可提高耕地质量等级，重点调查评价基本农田数量、质量和分布状况以及可建设高标准基本农田规模等。

(2) 农村建设用地整治潜力。调查评价可整治农村建设用地规模、分布、可减少建设用地面积和可补充耕地面积等。

(3) 城镇工矿建设用地整治潜力。调查评价旧城镇、旧工矿、“城中村”等可再开发利用的存量城镇工矿建设用地规模、分布和土地利用效率提升程度等。

(4) 土地复垦潜力。调查评价各类建设挖损、塌陷、压占、污染及灾害损毁等可复垦土地规模、分布和可补充耕地面积等。

(5) 宜耕后备土地资源开发潜力。调查评价荒草地、盐碱地、沙地和滩涂等可开发的宜耕后备土地资源规模、分布和可补充耕地面积等。

2.6.5.2 调查方法和要求

土地整治潜力调查可采用问卷调查、实地抽样、深入访谈等方法。调查方式包括全面调查、典型调查或项目调查。全面调查以行政村为单元，对县域内全部土地进行调查；典型调查是在县域范围内选取若干典型行政村开展调查，选取典型行政村数量一般不少于村总数的30%；项目调查是对于已开展土地整治活动的行政村，可选取若干个已实施的典型整治项目进行调查分析。

调查应针对不同土地整治类型，有重点地调查相关信息，分类如下：

(1) 农用地整治潜力调查。重点调查分析农用地整治规模、可补充耕地面积、新增耕地系数和可提高耕地质量等级等信息。应通过分析田间沟渠、农村道路、田坎规模及系数等信息调查可补充耕地面积。新增耕地系数和可提高耕地质量等级调查应根据实际情况区别对待。对已开展农用地整治的行政村，可通过选取若干有代表性的整治项目，分析得出；对未开展农用地整治的行政村，可选取若干有代表性的集中连片的农用地区片，并与同类型地区农用地整治项目进行对比，分析得出。

(2) 高标准基本农田整治潜力调查。以县级土地利用总体规划确定的基本农田保护区和上级规划确定的土地整治重点区域、重点工程、全国基本农田整治示范县所涉及的乡镇为重点，重点调查分析基本农田的数量与分布、耕地质量等级、已建成高标准基本农田面积、拟建设高标准基本农田面积等情况。有条件的地区可进一步调查基本农田的基础设施条件、土地权属状况、土地经营方式、农作物种植情况、投入产出情况、生态环境条件等。

（3）农村建设用地整治潜力调查。重点调查现状及规划的人口、人均用地、户均用地、农村建设用地整治规模与分布、可减少建设用地面积和可补充耕地面积等信息，调查已实施项目可补充耕地面积和新增耕地系数，调查村庄规划布局设想、村民整治意愿等。

（4）城镇工矿建设用地整治潜力调查。重点调查评价旧城镇、旧工矿、“城中村”等可再开发利用的用地规模、分布和土地利用效率提升程度。

（5）土地复垦潜力调查。重点调查各类建设挖损、塌陷、压占、污染及灾害损毁等废弃地的数量和分布等，调查废弃地的成因、复垦限制因素、可复垦条件、复垦率、复垦环境风险、复垦投资要求等。

（6）宜耕后备土地资源开发潜力调查。重点调查荒草地、盐碱地、沙地和滩涂等未利用土地可开发利用的数量与分布等，调查宜耕后备土地资源开发的限制因素、可开发利用条件、开发利用率、开发环境风险、开发投资要求、可补充耕地面积等。

调查结果可以表格的形式体现，具体可参考《县级土地整治规划编制规程》（TD/T 1035—2013）。

2.6.5.3 评价与分级方法

土地整治潜力评价应在分析各级土地利用总体规划确定的建设用地空间管制要求、重要生态功能区布局、历史文化村镇保护及地形坡度等条件的基础上，明确可开展土地整治工作的范围以及土地整治工作的重点方向。

土地整治潜力分级应以行政村为单元，潜力等级划分为3~5级，从优到劣依次为一级、二级、三级、四级、五级。

A 农用地整治潜力评价与分级方法

农用地整治潜力评价依照可补充耕地面积、新增耕地系数和提高耕地质量程度分别评价。

a 潜力评价方法

农用地整治潜力评价步骤如下：

（1）采用统计分析和空间分析等手段，筛选出各行政村范围内可开展农用地整治的耕地及其周边符合条件的闲散地等，确定可整治农用地规模。

（2）计算各行政村农用地整治可补充耕地面积，包括转为耕地的田坎潜力规模、其他非建设用地潜力规模等。

（3）计算各行政村农用地整治可新增耕地系数。

b 潜力等级划分方法

农用地整治潜力等级划分时，应同时考虑可补充耕地面积和新增耕地系数，依下列方法中的一种进行：

（1）最低门槛法。依据当地已实施项目的经验，设定可补充耕地面积的最低门槛，低于最低门槛的行政村统一划分为最低等级，其他行政村依可新增耕地系数大小进行等级划分。

（2）四象限法。以各行政村可补充耕地面积、新增耕地系数的平均值为标准，依不同情形划分等级如下：

1）一级：双指标不低于各自平均值；

2）二级：可补充耕地面积不低于平均值，新增耕地系数低于平均值；

3）三级：可补充耕地面积低于平均值，新增耕地系数不低于平均值；

4）四级：双指标低于各自平均值。

B 农村建设用地整治潜力评价与分级方法

农村建设用地整治潜力评价可结合农村建设用地整治潜力调查成果，采用人均用地估算法、问卷调查法、规划模拟法等，测算可开展农村建设用地整治的规模、可减少建设用地面积以及可补充耕地面积。

a 潜力评价方法

可采用人均用地估算法、问卷调查法、规划模拟法等方法，评价可整治的农村建设用地规模；结合不同地形地貌特征以及已实施项目的经验，确定不同地形地貌特征下农村建设用地整治后的新增耕地系数，计算可补充耕地面积。

（1）人均用地估算法。人均用地估算法可预测农村人口、预测农村建设用地腾退情况。

1）预测农村人口。其计算公式为：

$$Q_t = Q_0 \times (1 + r)^t \pm \Delta Q$$

式中，Q_t为行政村规划农村人口总数；Q_0为现状农村人口总数；r为人口自然增长率；t为规划期（年）；ΔQ为人口机械变动量。

2）预测农村建设用地腾退规模。其计算公式为：

$$S_t = B \times Q_t$$

$$\Delta S = S_0 - S_t$$

式中，S_0为现状农村建设用地面积；S_t为规划农村建设用地面积；B为规划人均用地标准；Q_t为农村建设用地腾退规模。

（2）问卷调查法。以行政村为单元开展问卷调查，问卷下发前应对乡镇相关人员进行培训，以指导本乡镇内的行政村相关人员填写问卷。问卷可包括村庄交通区位、经济社会条件、基础设施条件、村庄规划情况、计划开展项目情况等方面内容。

（3）规划模拟法。可参照区县以及各乡镇的土地利用总体规划、城乡规划及相关调查结果，对规划拟腾退的农村建设用地进行汇总，计算农村建设用地可整治规模，结合已实施项目经验，计算可补充耕地面积。

b 潜力等级划分方法

潜力等级划分可依据指标为：（1）农村建设用地整治规模；（2）可增加耕地面积。

C 城镇工矿建设用地整治潜力测算与分级方法

城镇工矿建设用地整治潜力评价重点评价土地利用总体规划确定的允许建设区中的存量建设用地可再开发利用的规模和土地利用效率提升程度。

a 潜力评价方法

结合调查，筛选出各乡（镇）范围内可整治的城镇工矿建设用地规模。

b 潜力等级划分方法

依据城镇工矿建设用地整治规模划分潜力等级。

D 土地复垦潜力测算与分级方法

土地复垦潜力评价可结合土地复垦潜力调查成果，测算可开展土地复垦的规模和可补充耕地面积。

a 潜力评价方法

土地复垦潜力评价步骤如下：

（1）结合调查，筛选出各行政村范围内可复垦土地规模。

（2）依据已开展项目经验，确定相应的新增耕地系数。

（3）计算各行政村内土地复垦可补充耕地面积。

b 潜力等级划分方法

潜力等级划分可依据指标为：（1）可复垦土地规模；（2）土地复垦可补充耕地面积。

E 宜耕后备土地资源开发潜力测算与分级方法

宜耕后备土地资源开发潜力评价可结合宜耕后备土地资源潜力调查成果，测算可开发的宜耕后备土地资源的规模和可补充耕地面积。

a 潜力评价方法

宜耕后备土地资源开发潜力评价步骤如下：

（1）结合宜耕后备土地资源开发潜力调查成果，筛选出各行政村范围内可开发的宜耕后备土地资源，确定不同地貌单元或不同类型土地的可开发规模。

（2）依据不同地貌单元或不同类型土地的已开展项目经验，确定相应的新增耕地系数。

（3）计算各行政村内不同地貌单元或不同类型的宜耕后备土地资源开发可补充耕地面积，予以汇总。

b 潜力等级划分方法

潜力等级划分以可补充耕地面积大小为依据。

2.7 水资源平衡分析

水利是农业的命脉，水是农作物生长的基本条件之一。要保证农作物的正常发育，必须根据不同作物对水分条件的要求，保证适时适量的水分供应。作物需水量通常系指作物田间耗水量，即生长期中叶面蒸发（蒸腾）量和棵间地面蒸发量的总和（对水稻来说，还包括稻田渗漏量在内）。它一方面随不同作物而不同，另一方面受气候条件，尤其是温度、湿度条件的制约。在温度愈高、气候越干旱的地区，蒸发越强烈，需水量越多。就作物来说，水稻需水量最多，旱作物棉花、玉米等次之。就地区来说，我国南方湿润地区作物需水量，一般少于北方半湿润地区；而西北干旱地区，作物需水量最大。

自然界的水分来源，主要是降水。雨雪降落地面后，一部分消耗于蒸发；一部分化为径流，形成河川；另一部分则渗入地下，形成地下水。水利化，就是利用现代科学技术调剂水分条件。这是保证地区内作物生长发育正常化的重大措施。在规划时，一般要解决三个问题：

（1）需要与可能。就作物生长期内可能蒸发量与降水量的对比关系的地区差异，来确定各地区对于灌溉的需要程度。

（2）灌溉方式。考虑地形的坡度与地面割切深度，确定灌溉方式（自流或提灌），布置灌溉渠系和工程规模的大小。

（3）灌溉定额。确定定额是非常复杂的，与气候、土壤和农作物的种类都密切有关。

综合以上三方面的问题，做出综合反映地区内水利化条件与方式的工程规划。一般在山区、丘陵地区主要修建水库、塘坝、谷坊、盘山开渠、节节拦蓄，达到引水、蓄水和水土保持兼顾的要求。在平原和低洼地带，应使大小沟渠和干支流相连沟通，以利排灌，特别是防洪排涝，形成地区水网化。在城镇附近进行渠、塘、水库等的建设，应与城镇给排水系统相结合。

农田水利的问题，主要是灌溉和排水。灌溉用水，它一方面对河川的径流调节提出很高的要求，另一方面也受径流调节的支配。处理得当，在农业灌溉需水的季节，可以得到足够水量的保证；否则，在灌溉需水最多的季节，往往是河流天然流量较小的时候，得不到足够的水量。但是径流调节需要满足多部门水利的要求。比如，考虑防洪要求，水库需常“空”，但是，若水位太低，水库在枯水期难以满足各部门用水的需求；又如，水力发电，它的特点是对水库的水位要求高，而灌溉用水将降低水库的高水位，这就与发电有矛盾；再如航运，要求保证一定的水深，希望来水稳定而均匀，灌溉耗水若无补给则影响航道水深，如此等等，都需要从一个统一的角度平衡和调节径流，合理选择水库各种特征水位（包括正常高水位、死水位、防洪限制水位及设计洪水位等），以协调各部门用水需求的矛盾。

农业用水规划的内容，一是根据水利化的标准和要求抗旱能力达到的水平，确定用水指标，计算需水量；二是规划灌溉主体工程。前者与气候、土壤及作物的种类有关，蒸发大于降水者，对灌溉要求高；土壤有机质的含量和结构影响水分吸收的快慢和保存时间的长短；各种作物的播种、发育、抽穗的时间各有不同，它们对各个阶段的需水量也有很大差别。后者着重研究主要灌区的灌溉方式（提水或自流）和渠系的骨干工程的布置。排水的问题特别需要注意，由于水库的建设抬高了水库周围一些农田地下水的水位，从而有可能使部分农田被浸没而成沼泽，或者发生盐碱化。

土地整治规划中的水资源平衡分析就是综合考虑规划区内水资源的供应能力和需求状况，分析规划区水资源的余缺情况，合理协调水资源的供求关系，以寻求水土资源的平衡。通过水土平衡分析，比较供水量与需水量可以进一步挖掘水资源的潜力，确定水量调节措施，确定适宜的灌溉面积和作物种植结构，以达到水土平衡与合理利用。土地利用工程项目的水资源平衡分析应以规划区为单元进行，当一个规划区包含多片时应分片进行分析计算。

水资源平衡分析是土地整治规划中，调整土地利用方式、确定水量调节措施及水利工程措施的基本依据。其作用主要体现在：（1）明确规划后土地利用方式。土地资源的利用是受水资源制约的，通过水资源平衡计算，可以根据水量的余缺情况改进土地利用方式，以达到水资源的最佳组合。若可供水量有余，可以根据当地季节、劳动力等具体情况，扩大灌溉面积，调整作物布局和轮作制度。反之，就应适当减少灌溉定额，以提高水资源的有效利用率。（2）确定水量调节工程措施。通过水资源平衡计算，如果规划区水量充足有余，可考虑向外区调水；如果水量不足，应考虑从区外引水。

水量供需平衡计算包括可供水量和需水量两个部分。可供水量是指规划区内可以利用的一切水源；需水量则指灌溉用水、工业用水、城乡居民生活用水，以及水运、水电、水产养殖等需水量。一般来讲，水运、水电、水产养殖对水资源是用而不耗（不包括水体的蒸发），计算用水量时可不包括在内。水资源平衡是一个相对的概念，是指在一定的保证率下的水量供需平衡。在进行水资源平衡分析之前，首先从规划区的水土资源状况出发，选择合适的灌溉设计保证率。如果灌溉设计保证率选得过高，就会增加水利工程的投资和管理费用；若灌溉设计保证率选得过低，则不能满足生产的需水要求。因此，在水资源平衡计算时，要考虑气象、水源、土地面积、土壤质地、各类作物产量指标和灌水定额等因素，一般取中等干旱年作为选择保证率的依据。

2.7.1 可供水量计算

可供水量包括规划区域内可以利用的一切水资源，包括地面径流和地下水等。

2.7.1.1 河川径流

河川径流指江河、湖泊来水，计算河流来水量要区别水源的调节形式和取水方式。水源的调节形式，一般分为有调节和无调节两种形式。水源有调节形式是指通过工程措施（如修建水库、塘坝、山塘等）对水源进行调节后加以利用。无调节形式是不经控制，直接从水源取水。取水方式在自流引水方式中，又分无坝渠首引水和有坝渠首引水两种形式。无坝渠首引水，是指当河流水位、流量均能满足灌溉要求，在渠首无须筑坝，直接选择适宜的位置作为取水口，修建进水闸，进行引水的自流灌溉。有坝渠首引水，系当河流水位不能满足灌溉要求时，须在河道上修筑拦河坝或建闸，以抬高水位，进行自流灌溉。

河川径流计算由于引水的方式不向，计算的方法也不一样。

（1）无坝渠道引水，计算式如下：

$$W=86400QT$$

式中，W 为河流可供水量，m^3；Q 为在设计保证率下的供水流量，m^3/s；T 为引水时间，d。

（2）有坝渠道引水，引水量大小取决于截引面积的大小、年径流量及分配过程和引水渠的断面尺寸，一般计算式如下：

$$W=\sum_{i=1}^{12}0.1FY_i\eta$$

式中，W 为可引水量，万米^3；F 为截引面积，即拦河坝与引水渠拦截的集水面积，km^2；Y 为月径流量，mm；i 为月份；η 为径流利用率，与月径流量、引水渠尺寸和沿渠土质有关，一般为 0.7~0.8。

（3）泵站提水，计算式如下：

$$W=3600Qtn$$

式中，W 为泵站提水总量，m^3；Q 为泵站设计流量，m^3/s；t 为泵站每天开机时间，一般为 20~22h；n 为抽水天数，d。

2.7.1.2 当地地表径流

当地地表径流指由当地降水产生的径流。为了充分利用地表径流，应当在适当地点修筑水库、塘坝或者蓄水池等。

（1）水库供水量，计算式如下：

$$W = 1000FCP$$

式中，W 为水库供水量，m^3；F 为水库集水面积，km^2；C 为该地区年径流系数，与库区地形、植被、土质等因素有关，一般为 0.3~0.5；P 为年降雨量，mm。

（2）塘堰可供水量，在南方丘陵山区，塘堰蓄水对农田灌溉有着重要作用。由于塘堰类型多样，计算其供水量较为困难，一般采用下列两种方法进行估算：

1）复蓄次数法，其计算如下：

$$W=NV$$

式中，W 为塘堰供水量，m^3；N 为塘堰有效容积，为总容积减去因养鱼等需要留下的垫底容积；V 为塘堰复蓄次数（指塘堰在一年之内蓄满的次数，因不同地区而异）。

2）塘堰径流法，其计算式如下：

$$W=0.001\alpha PF\eta$$

式中，W 为塘堰供水量，m^3；α 为径流系数；P 为降雨量，mm；F 为塘堰汇水面积，m^2；η 为塘堰蓄水利用系数，一般为 0.5~0.7。

2.7.1.3 地下水

地下水分为浅层水（潜水）与承压水（层间水）两种。浅层水是指地表和第一个不透水层之间的水，补给来源主要是大气降水和地表水的渗入。承压水是指埋藏在两个不透水层之间的地下水，水流主要来自水源补给区的地表径流或者浅层水。潜水埋藏较浅，受气候特别是降水的影响较大，流量不稳定，容易受污染，水质较差；承压水埋藏较深，直接受气候的影响较小，流量稳定，不易受污染，水质比较好。

地下水资源又可分为天然资源和开采资源。天然资源是指天然状态下，在一定时间内含水层中地下水的数量；评价地下水的天然资源，一般应分析其三个组成部分，即贮存量、调节量和径流量。开采资源是指在一定的开采条件下，在一定时期内既有补给保证，又能取出来的稳定开采量。

（1）降雨入渗补给量。降雨是浅层地下水的主要补给源之一，降雨入渗补给量与降雨强度、降雨的雨型、降雨前的土壤状况及地下水等诸因素有关。为简化计算，可根据灌溉设计保证率选取设计降雨年，然后从当地水文地质资料中查得降雨入渗补给系数，由下式计算：

$$W_1 = 0.001KPA$$

式中，W_1 为降雨入渗补给量，万米^3；K 为降雨入渗补给系数；P 为设计年降水量，mm；A 为地下水补给面积，m^2。

（2）侧向补给量。侧向补给是影响浅层地下水储量的因素之一。将项目区作为一个储水整体，计算一年内区域边界补给或排泄的水量。

$$W_2 = 365\sum(KH_{含}L_i J_i)$$

式中，W_2 为侧向补给量（补给为正，排泄为负），m^3；K 为含水层渗透系数，m/d；$H_{含}$ 为补给区中地下水含水层厚度，m；L_i 为补给区边界长度；J_i 为补给区内对应边界的地下水坡度。

（3）灌溉回归水量。项目区内渠灌和井灌水均会部分入渗补给地下水。灌溉回归水量受多种因素影响，一般由当地水文地质资料查得的灌溉回归系数计算灌溉回归水量。

$$W_3 = 10\beta M_{毛} A$$

式中，W_3为灌溉回归水量，m^3；β 为灌溉回归系数；$M_{毛}$为毛灌溉定额，mm；A 为灌溉面积，hm^2。

（4）地下水总补给量（可开发利用量）。地下水埋深较浅时，潜水蒸发是地下水主要消耗项之一，但平原地区灌区地下水一般埋深较大，通常可不考虑该项，故：

$$W_{供} = W_1 + W_2 + W_3$$

2.7.2 需水量预测

需水量预测包括对农业灌溉需水量、当地工业生产需水量、当地居民生活需水量、畜牧业需水量、林业需水量和渔业需水量的预测。

（1）居民生活用水，其计算式如下：

$$W = CP$$

式中，W 为项目区内居民生活用水量，m^3；C 为项目区内居民人口总数；P 为平均每个居民日用水量（每人每天平均用水 20~40L）。

（2）工业用水。用水量因工业种类、设备、工艺水平而不同，可参考表 2.12。

表 2.12　工业用水量标准参考

工业种类	用水量标准/$m^3 \cdot t^{-1}$	工业种类	用水量标准/$m^3 \cdot t^{-1}$
钢铁	20	毛织物	600
水泥	1.5~2	造纸	200
化肥	2~5.5	人造丝	2660
制砖	0.7~1.2	屠宰	1~2m^3/头
榨油	7~10		

（3）农业灌溉用水。农业灌溉需水量为灌溉面积乘以综合灌溉定额。在规划水平年，计算出不同保证率的农业灌溉需水量。1）灌溉面积。灌溉面积的预测很复杂，合理地确定灌溉规模是计算灌溉用水量的基础。2）农业灌溉用水定额。计算农业灌溉用水，要制定农作物灌溉制度。灌溉制度是指按年物需水要求和不同灌水方法制定的灌水次数、灌水时间、灌水定额及灌溉定额的总称。它是在一定气候、土壤和农业耕作技术条件下，为了保证农作物丰产，满足农作物在各个生育阶段对水分的需求所规定的适时、适量灌水的制度。灌水定额是指每次灌入农田的水量，一般用单位面积上的灌溉水量来表示（米^3/亩，m^3/hm^2）。灌溉定额是指作物播种前灌水（包括水田插秧前泡田灌水）和全生育期内单位面积上的总灌水量，即各次灌水定额之和。3）灌溉设计保证率。灌区用水量在多年期间能够得到充分满足的概率称为保证率。灌溉设计保证率可根据水文气象、水土资源、作物组成、灌区规模、灌水方法及经济效益等因素确定。

$$W = mAn$$

$$m = \frac{m'}{\eta}$$

$$m' = \sum q_i m_i$$

式中，W 为项目区灌溉用水总量，m^3；m 为综合毛灌溉定额，m^3/hm^2；m'为灌区综合净灌溉定额，m^3/hm^2；q_i为各种作物种植比例；m_i为相应作物的灌溉定额；η 为灌溉水利用系数；A 为灌溉面积，hm^2；n 为复种指数。

（4）家畜家禽用水。家畜家禽的种类不同，其用水量也不同，见表 2-13。

表 2.13 家畜家禽用水量

家畜家禽种类	每头（只）用水量/$L \cdot d^{-1}$	家畜家禽种类	每头（只）用水量/$L \cdot d^{-1}$
牛	50~60	育肥猪	20
马	40	羊	5~10
驴	40	鸡	0.5
母猪	60	鸭	1

2.7.3 水资源供需平衡分析

在分别计算了项目区内的可供水量和需水量之后，对其进行比较，就可发现水量的余缺情况，除水量供需平衡外会出现以下两种情况：

（1）供过于求。在这种情况下，一切水利设施的规划方案，应以总需水量为准，不能因水资源丰富，规划超过需水量的水利设施。对用水来说不能进行过量灌溉，这不仅会引起地下水上升，产生土壤盐渍化，还会增加投资。

（2）供不应求。如有条件，进行调水规划；如果没有这种可能，在进行灌溉与排水工程规划时，应以可利用来水量为依据，不可搞“小马拉大车”的用水规划，否则会使一些水利设施弃而无用，不能发挥起作用而造成浪费。

2.7.3.1 现状水平水资源年度平衡分析

按不同保证率年份分析总需水量及可供水量，进行供需平衡计算，得出余缺水量。随着保证率的提高，余水将逐渐减少，缺水将逐渐增大。

2.7.3.2 远景水平水资源年度平衡分析

按不同保证率年份分析总需水量，计算出在现状基础上增加的需水量。在总需水量中列出农业灌溉需水量、当地工业生产需水量、当地居民生活需水量、畜牧业需水量、林业需水量和渔业需水量，经过供需平衡汇总后，计算出余缺水量。

2.8 土地整治效益评价

2.8.1 项目效益评价内容与方法

土地整治项目是指以土地为对象，通过工程、生物或综合措施，把尚未利用或已被破坏的土地资源或利用不充分的土地资源变为可充分有效利用的土地资源，提高土地的利用率和产出率，是一项达到扩大再生产，形成新的固定资产和新的生产能力的投资建设活动。土地整治项目效益评价的目的是对土地整治项目规划设计进行审查和评价，对项目建设的社会效益、生态效益、经济效益进行系统的论证，以期更好地开展土地整治工作。

2.8.1.1 评价内容

土地整治项目效益评价的内容包括社会效益评价、生态效益评价、经济效益评价。

（1）社会效益评价。分析土地整治项目对当地社会生活、宏观社会经济环境等方面的相互作用、相互影响，对相关因素进行识别、计量、综合、分析和论证，以评价项目的社会可行性。

（2）生态效益评价。在项目实施后，根据研究方案，设置反映生态环境影响的指标，对土地整治项目产生的环境影响和生态效益进行评价。

（3）经济效益评价。通过投入产出的分析手段，考察土地整治项目在微观上的盈利能力、清偿能力以及在宏观上对国民经济的净贡献能力，从而评价项目在经济上的合理性和对当地社会经济的贡献程度。按照盈利性质不同，土地整治项目又可以分为非盈利性项目和盈利性项目。

2.8.1.2 评价方法

土地整治项目效益评价可分为定量分析法与定性分析法两类：

（1）定量指标是衡量土地整治项目效果的客观尺度，用数量概念能够较准确地反映项目建设对经济、社会、环境等不同侧面的影响程度和效果。对于社会效益评价常用的定量指标有新增耕地面积和新增耕地率、新增耕地可供养人数、农民的收入水平、单位投资就业人数、脱贫率、农业劳动生产率增量等；对于生态效益评价常用的定量分析指标有土地垦殖率、绿色植被覆盖率、林草覆盖率、草场载畜量指数、水土流失面积指数、土地恶化面积比率、旱涝灾害率、水体环境质量指数、土壤有机质平衡比率、土壤氮磷钾平衡比率、农田水分平衡比较值、农田抗逆力等；对于经济效益评价常用的指标有静态投资收益率、静态投资回收期、项目单位面积投资、新增耕地单位面积投资、每万元投资新增耕地数量、基础设施运营成本、运营成本率等。

（2）定性分析法。土地整治项目效益评价中，有些效果和影响难以用定量指标度量和表示，因此需要采用定性方法进行分析。在运用定量评价指标的时候，必须紧密结合定性分析方法。在对具体项目进行分析时，需要根据项目的性质、特定目标等实际情况选择相应的定性分析指标。

2.8.2 社会效益评价

土地整治项目的社会效益评价旨在系统调查土地整治项目的建设、运营产生的社会影响与社会效益。通过分析项目涉及的各种社会因素，评价项目的社会可行性，分析项目与当地社会的协调关系，是否规避社会风险，促进社会稳定。对土地整治项目进行社会效益评价有利于国民经济发展目标与社会发展目标协调一致，防止单纯追求项目的财务效益；有利于项目与所在地区利益协调一致，减少社会矛盾和纠纷，防止可能产生不利的社会影响和后果，促进社会稳定；有利于避免或减少项目建设和运营的社会风险，提高投资效益。

2.8.2.1 社会效益评价的步骤

社会效益评价一般分为调查社会资料、识别社会因素、论证比选方案三个步骤。

（1）调查社会资料。调查了解土地整治项目所在地区的社会环境等方面的资料。调查的内容包括项目所在地区的人口统计资料、基础设施与服务设施状况；当地的风俗习惯、人际关系；各利益群体对项目的反应、要求与接受程度；各利益群体参与项目活动的可能性，如项目所在地区干部、群众对参与项目活动的态度和积极性，可能参与的形式、时间等。社会调查可采用多种调查方法，如查阅历史文献、统计资料、问卷调查、现场访问、观察、开座谈会等。

（2）识别社会因素。分析调查获得的资料，对土地整治项目涉及的各种社会因素进行分类。一般可以分为三类：影响人类生活和行为的因素、影响社会环境变迁的因素、影响社会稳定与发展的因素。从中识别与选择影响项目实施和项目成功与否的主要社会因素，作为社会效益评价的重点和论证比选方案的内容之一。

（3）论证比选方案。对土地整治项目技术方案和工程方案中涉及的主要社会因素进行定性、定量分析，选择社会正面影响大、社会负面影响小的方案。

2.8.2.2 *社会效益评价方法*

项目涉及的社会因素、社会影响和社会风险不可能用统一的指标、量纲和判据进行评价，因此社会效益评价应根据项目的具体情况采用灵活的评价方法。社会效益评价方法主要有快速社会效益评价法和详细社会效益评价法。

快速社会效益评价法是项目前期阶段进行社会效益评价常用的一种简捷方法，通过这一方法可大致了解土地整治项目所在地区社会环境的基本情况，识别主要社会影响因素，粗略地预测可能出现的情况及其对项目的影响程度。快速社会效益评价法主要分析现有资料和现有状况，着眼于负面社会因素的分析判断，一般以定性描述为主。具体步骤如下：第一，识别社会因素。对影响土地整治项目的社会因素分组，可按其与项目之间关系和预期影响程度划分为影响一般、影响较大和严重影响三级。应侧重分析评价那些影响严重的社会因素。第二，确定利益群体。对土地整治项目所在地区的受益、受损利益群体进行划分，着重对受损利益群体的情况进行分析。按受损程度，划分为受损一般、受损较大、受损严重三级，重点分析受损严重群体的人数、结构，以及他们对土地整治项目的态度和可能产生的矛盾。第三，估计接受程度。大体分析当地现有经济条件、社会条件对项目与发展的接受程度，一般分高、中、低三级。应侧重对接受程度低的因素进行分析，并提出土地整治项目与当地社会环境相互适应的措施建议。

详细社会效益评价是在快速社会效益评价的基础上，进一步研究与土地整治项目有关的社会因素和社会影响，进行详细论证，并预测风险度。结合土地整治项目备选的技术方案、工程方案等，从社会分析角度进行优化。详细社会效益评价采用定量与定性分析相结合的方法，进行过程分析。主要步骤如下：第一，识别社会因素并排序。对社会因素按正面影响与负面影响，持续时间长短，风险度大小，风险变化趋势（减弱或者增强）分组。应注重对那些持续时间长、风险度大、可能激化的负面影响进行论证。第二，识别利益群体并排序。对利益群体按直接受益或者受损，间接受益或者受损，减轻或者补偿受损措施的代价分组。在此基础上详细论证各受益群体与受损群体之间，利益群体与项目之间的利害关系，以及可能出现的社会矛盾。第三，论证当地社会环境对项目的适应程度。详细分析项目建设与运营过程中可以从地方获得支持与配合的程度，按好、中、差分组。应注重研究地方利益群体、当地政府和非政府机构的参与方式及参与意愿，并提出协调矛盾的措施。第四，比选方案，将上述各项分析的结果进行归纳，比选、推荐合理方案。

在进行项目详细社会效益评价时一般采用参与式评价，即吸收公众参与评价项目的技术方案、工程方案等，这种方式有利于提高项目方案的透明度；有助于取得项目所在地各有关利益群体的理解、支持与合作；有利于提高项目的成功率，预防不良社会后果。一般而言，公众参与程度越高，项目的社会风险越小。参与式评价可采用下列形式：(1) 咨询式参与。由社会评价人员将项目方案中涉及当地居民生产、生活的有关内容，直接交给居民讨论，征询意见，通常采用问卷调查法。(2) 邀请式参与。由社会评价人员邀请不同利益群体中有代表性的人员座谈，注意听取反对意见，进行分析。(3) 委托式参与。由社会评价人员将项目方案中特别需要当地居民支持、配合的问题，委托给当地政府或机构，组织有关利益群体讨论，并收集反馈意见。

2.8.2.3 社会效益评价指标

A 定量分析指标

定量分析指标是衡量项目效果的客观尺度，用数量概念能够反映土地整治项目建设对经济、社会、环境等不同侧面的影响程度和效果。项目的实施，必须剔除消极的影响，争取有更好的效果。作为社会效益评价的定量指标有许多，根据国内外社会效益评价的经验，我国土地整治项目社会效益评价可考虑选用的一系列指标。当然，在对某一具体项目进行评价时，要因项目差异，指标应有所选择或有所侧重。

(1) 新增耕地面积和新增耕地率。土地整治是解决粮食安全问题的一个具体举措，其最重要的目的就是增加耕地数量，提高耕地质量。因此，项目实施后新增耕地的数量是现阶段考察项目的一项重要依据，更是反映项目社会效益和影响程度大小的指标。其计算公式为：

$$\text{新增耕地面积} = \text{项目实施后耕地总面积} - \text{项目区原有耕地面积}$$

$$\text{新增耕地率} = \frac{\text{新增耕地面积}}{\text{项目区总面积}} \times 100\%$$

这两项指标值越大，则表示项目产生的社会效益越高。对于这两项指标值来说，各种不同性质的土地整治项目对其大小均有一定的要求。

(2) 新增耕地可供养人数。就我国目前现状而言，耕地仍然是农民最基本的社会保障，人均耕地资源的增加意味着农民基本社会保障程度的提高。土地整治项目的实施将对项目区人均耕地资源有一定程度提高，实践中可以通过计算新增耕地可供养人数的多少来反映项目所产生的社会效益大小。其计算公式为：

$$\text{新增耕地可供养人数} = \frac{\text{新增耕地面积} \times \text{乡镇总人口}}{\text{乡镇耕地面积}}$$

该指标值越大，说明项目区农民基本社会保障提高程度越大，项目产生的社会效益也越高。实践中，人均耕地面积小的地区比人均耕地面积大的地区人地矛盾更为严峻，对耕地的需求程度也较后者更为迫切，在新增耕地面积相同的情况下，计算出的新增耕地可供养人数值前者较后者更大，即表明前者所获得的社会效益要比后者高。

(3) 农民的收入水平。土地整治项目的效益不仅要体现在增加耕地数量和提高耕地质量，其最终目的还要体现在农民的增产和增收上，提高项目区农民的收入水平，改善他们的生产、生活条件，这也是调动和提高广大农民参与项目建设积极性的一个直接动因。其计算公式为：

$$人均年纯收入增加量=\frac{项目区农户年纯收入增量之和}{项目区人口数量}$$

（4）就业效果。农村的剩余劳动力，其就业是一个突出的社会问题，土地整治项目将会对项目区农村劳动力就业问题产生较大的影响。项目为农村劳动力增加了就业机会，如项目区采用产业化经营的模式建立现代化的蔬菜基地，农户在不减少收入的基础上，每亩投入的劳动力还较原来有所增加，这时项目的就业效果为正值；项目实施后，使得项目区有条件进行规模化经营，由此带来的项目区劳动力相对过剩，尽管其就业效果呈负值，但由于规模化经营是农业现代化发展的目标，它所带来的实际社会效益是积极的，因此对于这种情况下的就业效果指标可以不予计量；此外，由于项目的建立而使项目区农民减少了就业机会，这时项目就业效果为负值。具体可以通过单位投资就业人数来对项目就业效果进行衡量。其计算公式为：

$$单位投资就业人数=\frac{项目新增总就业人数}{项目总投资}$$

土地整治项目的单位投资就业人数值为正且值越大，则说明项目的就业效果越好；反之为负值且值越小，则说明就业效果越差。在项目规划方案选优时，对于经济效益相同的若干方案，就业效果好的方案应作为优选对象。

（5）扶贫效果。国家和有关地方政府通过项目的形式对这些地区在生产条件上给以扶持，使他们最终能够依靠自己发展生产、摆脱贫困落后的局面。各贫困地区均制定了脱离贫困生活的标准金额界限，根据这些标准可以计算出项目区脱贫率水平。其计算公式为：

$$脱贫率=\frac{项目实施后某年已脱贫人口}{项目区某年总人口}$$

该指标值越大，则说明项目的扶贫效果越好，社会效益也越高。

（6）生产力效果。农业劳动生产率低是我国城乡收入差距大的一个根本原因。随着土地整治项目的建立和实施，它将加快和促进项目区农业劳动生产力向第二、第三产业转移、农业机械化发展以及单位面积农业产量提高，项目区生产力效果也因此将得到提高。生产力效果的提高程度可以通过计算项目实施后农业劳动生产率增量进行衡量。其计算公式为：

$$农业劳动生产率=\frac{年均总产值}{有效劳动力数}$$

农业劳动生产率增量指标值越大，说明项目的社会效益越好；若指标值等于零或小于零，则均表明项目不可取。

B 定性分析指标

土地整治项目的许多社会效果和影响难以用定量指标衡量和表示，因此需要采用定性方法进行分析。在对具体项目进行分析时，需要根据项目的性质、特定目标等实际情况选择若干问题进行分析：

（1）项目对当地产业结构与发展方面的影响。如项目的建立对当地农业内部或工业的结构的影响；项目对当地农业现代化进程的影响；项目对社会农产品市场供应的影响；项目对项目区的远景经济与社会发展的影响；项目区经济受益、受损的范围与人数；项目区农业劳动力的素质状况，农民对新技术的态度；当地为农业服务的支持系统对项目建设与实施的影响等方面。

（2）项目对当地社会、环境方面的影响。如项目区农民对待和参与项目的态度以及对土地管理事业的理解程度；当地政府对项目的态度与支持状况；当地风俗习惯、宗教信仰、民族团结与项目的相互影响等方面。

2.8.3 生态效益评价

土地整治项目实施后，会对项目区的生态环境产生各种各样的影响，可能给当地生产与生活带来积极或消极的作用。

土地整治项目应注意保护当地的水土资源、海洋资源、矿产资源、森林植被等自然环境和社会环境。项目生态效益评价应坚持以下原则：

（1）符合国家环境保护法律、法规和环境功能规划的要求。

（2）坚持“三同时”原则，即环境治理设施应与项目的主体工程同时设计、同时施工、同时使用。

（3）应从生态效益与经济效益相统一的角度进行论证，力求土地整治项目方案技术可行和经济合理。

土地整治的生态效益评价通常采用定量分析与定性分析相结合的方法。

2.8.3.1 定量分析指标

生态环境效果是评价项目对项目区自然环境和生态环境的保护与改善，从而促进生态环境趋向平衡的项目效果。根据特定的项目，分别选用计算指标，进行项目前后对比，评价其变化幅度，具体评价指标如下：

（1）生态资源利用程度的指标。生态资源利用程度的指标有：

1）绿色植被覆盖率。即绿色植物面积与土地总面积之比。

2）林草覆盖率。即林草地面积占土地总面积的比例。

3）草场载畜量指数。即草场实际载畜量与允许载畜量的比例。

（2）环境质量影响的指标。分析土地整治项目实施后对土壤、水体、生物、大气等所引起的生态环境变化。主要指标有：

1）水土流失面积指数。即水土流失面积占土地总面积的比例。

2）土地退化面积比率。该指标要进行项目前后对比，以表示项目实施后变化情况。土地退化面积减少越多，说明土地整治效果越好。

3）旱涝灾率。

2.8.3.2 定性分析指标

在运用定量评价指标的时候，必须紧密结合定性分析方法。受试验和检测手段等条件的限制，完全按照定量评价指标要求会有一定的难度，因此，有些指标也可以采取定性分析的方法。

在生态效益评价中，通常采用的定性分析指标有：自然资源综合利用状况；水资源节约利用状况，灌溉水和人、畜饮用水资源的余缺状况；土地资源节约利用状况，已有耕地是否得到合理利用；对缺能地区，特别是生活缺能地区，能源开发利用的效果；项目有无废气、废渣、废水、噪声，对环境有无污染，采取的环保措施是否得当；项目区的生态环境状况，进行建设的效果和影响。

2.8.4 经济效益评价

非盈利性土地整治项目是指投资方以无偿的方式为项目区提供农田基础建设投资，不以盈利为主要目的的投资项目。这类项目主要以国家投资、地方政府投资以及中央和地方联合投资为主，其显著特点有两个方面：（1）无偿投资方式；（2）有特定的投资目的和任务，如增加有效耕地面积、实现耕地占补平衡、缓解人地矛盾、改善农业基本生产条件等。对于投资参与方或项目业主而言，非盈利性项目投资并不为其带来直接经济收益。所以，非盈利性项目经济效益评价在评价指标的选取和评价方法上与盈利性项目有所不同，一般只进行简单的经济效益评价。

盈利性土地整治项目是指投资方以有偿的方式为项目区提供农田基础建设投资，项目除需要完成特定的土地整治任务外，还有着更为明确的盈利目标。这类项目资金来源主要有企业投资、政府与企业联合投资以及中外联合投资。盈利性项目经济效益评价较非盈利性项目更为严格和复杂。

土地整治项目经济效益评价中应采用“有无项目对比法”进行评价。对于土地整治项目来说，项目未实施前，项目区已存在一定的收益和费用。因此，评价时需要计算“有项目”与“无项目”的增量效益和增量费用；而对于土地开发项目，一般情况下，“无项目”时的收益和费用为零，所以只需计算“有项目”的收益和费用。

2.8.4.1 非盈利性土地整治项目的经济效益评价

非盈利性土地整治项目的直接受益者多为项目区农户，虽然投资者并未获得直接投资收益，我们仍然可以通过计算农户所获得的投资收益来考察整个项目的经济效果和经济贡献。由于项目投资收益分散于各个农户生产经营中，通过计算众多独立经营农户的投资收益来评价整个项目的经济效益困难很大，因此。在实践中通常计算项目区主要农作物的平均新增净收益来衡量项目的经济效益。具体评价指标如下：

（1）静态经济评价指标。静态分析是指不考虑资金因时间差异面产生的价值变化，以各年投入、产出的当年实际资金额计算有关经济指标来进行效益评价的方法。静态分析法相对计算简便直观，容易理解。非盈利性土地整治项目资金主要来源于政策性资金和政府投入，通常不考虑项目资金的时间价值，因此多选用静态评价指标进行快速、简便的分析。

静态投资收益率是反映项目投入产出比大小的一个静态指标。在条件相同的情况下，静态投资收益率越高，表明项目获得的产出越高，经济效益也越大。项目静态投资收益率的判别依据，可采用同行业或相关行业发布或者投资者设定的基础投资收益率，当静态投资收益率对于或等于基础投资收益率时，即认为项目的盈利能力能够满足要求。进行方案对比选择时，条件相同的情况下，应选投资收益率高的方案。

静态投资回收期是反映以项目年净收益偿还项目全部投资所需时间长短的一个静态指通常静态投资回收期越短，表明项目的盈利能力和抗风险能力越好。进行方案比选条件相同的情况下，以回收期短的方案为优。

（2）单位投资水平指标。单位投资水平指标有：1）项目单位面积投资；2）新增耕地单位面积投资；3）每万元投资新增耕地数量。进行方案比较时，在确保完成项目预期目标的前提下，项目单位面积投资或新增耕地单位面积投资越少、每万元投资新增耕地数量越多，其方案越优。

（3）项目运营效果，即基础设施运营成本。该项指标是指项目为农业生产服务而新建或提供的农田基础设施的年正常运营成本，它包括基础设施自身的运行成本以及正常维护管理成本，如负责项目区土地灌排的泵站、机井等新建农田水利基础设施的电费、维修费、管理费等费用成本。

项目基础设施运营成本率越高，项目实施后农户对基础设施的利用率就越低，最终将影响项目的经济效益。因此，在方案比选时，以基础设施运营成本率低的方案为优。

2.8.4.2 盈利性土地整治项目的经济效益评价

盈利性土地整治项目经济效益评价除需要考察非盈利性项目的评价指标以外，还应进行财务评价。财务评价是在设计方案的基础上，根据项目的投资、生产成本、资金筹措等，从项目的角度出发，按照国家现行财务制度和现行价格，以投入产出分析为主要手段所进行的项目盈利分析，计算财务评价指标，考察项目的盈利能力、偿债能力，据以判断项目对各类投资参与者的财务可行性。财务评价的主要目的是：评价项目的盈利能力；分析项目实施后对贷款的偿还能力；编制资金筹措计划。

A 财务内部收益率

财务内部收益率（*FIRR*）是指项目在整个计算期内各年净现金流量现值累计等于零时的折现率，它反映项目所占用资金的盈利率，是评价项目盈利能力的主要动态指标。其表达式为：

$$\sum_{i=1}^{n}(CI - CO)_t(1 + FIRR)^{-t} = 0$$

式中，CI 为现金流入量；CO 为现金流出量；$(CI-CO)_t$ 为第 t 年的净现金流量；n 为计算年数。

财务内部收益率可根据财务现金流量表中净现金流量，用试差法计算，也可以采用专用软件的财务函数计算。

按分析范围和对象不同，财务内部收益率分为项目财务内部收益率、资本金收益率（即资本金财务内部收益率）和投资各方收益率（即投资各方财务内部收益率）：

（1）项目财务内部收益率是考察指项目融资方案前（未计算借款利息）且在所得税前整个项目的盈利能力，供项目决策者进行项目规划方案比选和银行金融机构进行信贷决策时参考。由于项目各融资方案的利率不尽相同，所得税税率与享受到优惠政策也可能不同，在计算项目财务内部收益率时。不考虑利息支出和所得税，是为了保持项目方案的可比性。

（2）资本金收益率，是以项目资本金为计算基础，考察税后资本金可能获得到收益水平。

（3）投资各方收益率，是以投资各方出资额为计算基础，考察投资各方可能获得的收益水平。

项目财务内部收益率（*FIRR*）的判别依据，应采用行业发布或者评价人员设定的财务基础收益率（i_c），当 $FIRR \geqslant i_c$ 时，即认为项目的盈利能力能够满足要求。资本金和投资各方收益率应与出资方最低期望收益率对比，判断投资方收益水平。

B 财务净现值

财务净现值（*FNPV*）是指按设定的折现率 i_c 计算的项目计算期内各年净现金流量的现值之和，也是评价项目盈利能力的主要动态指标。计算公式为：

$$FNPV=\sum_{t=1}^{n}(CI-CO)_t(1+i_c)^{-1}$$

式中，*CI* 为现金流入量；*CO* 为现金流出量；$(CI-CO)_t$ 为第 t 年的净现金流量；n 为计算年数；i_c 为设定的折现率。

财务净现值同时又是评价项目盈利能力的绝对指标，它反映项目在满足设定折现率要求的盈利之外，获得的超额盈利的现值。财务净现值等于或者大于零，表明项目的盈利能力达到或者超过按设定的折现率计算的盈利水平。一般只计算所得税前财务净现值。

C 动态投资回收期

动态投资回收期（P_t）是指以项目的净收益偿还项目全部投资所需要的时间，一般以年为单位，并从项目建设起始年算起。若从项目投产年算起，应予以特别注明。其表达式为：

$$\sum_{t=1}^{P_t}(CI-CO)_t=0$$

动态投资回收期越短，表明项目的盈利能力和抗风险能力越好。动态投资回收期的判别标准是基准投资回收期，其取值可根据行业水平或者投资者的要求设定。

D 投资利润率

投资利润率是指项目在计算期内正常生产年份的年利润总额（或年平均利润总额）与项目投入总资金的比例，它是考察单位投资盈利能力的静态指标。将项目投资利润率与同行业平均投资利润率对比，判断项目的获利能力和水平。

E 借款偿还期

借款偿还期是指以项目投产后获得的可用于还本付息的资金，还清借款本息所需的时间，一般以年为单位表示。这项指标可由借款偿还计划表推算。不足整年的部分可用内插法计算。指标值要能满足贷款机构的期限要求。借款偿还期指标旨在计算最大偿还能力，适用于尽快还款的项目，不适用于已经约定借款偿还期限的项目。对于已约定借款偿还期限的项目，应采用利息备付率和偿债备付率指标分析项目的偿债能力。

F 利息备付率

利息备付率是指项目在借款偿还期内，各年可用于支付利息的税息前利润与当期应付利息费用的比值，即：

$$利息备付率=\frac{税息前利润}{当期应付利息费用}$$

$$税息前利润=利润总额+计入总成本费用的利息费用$$

当期应付利息是指计入总成本费用的全部利息。利息备付率可以按年计算，也可以按整个借款期计算。利息备付率表示项目的利润偿付利息的保证倍率。对于正常营业的企业，利息备付率应当大于 2；否则，表示付息能力保障程度不足。

G 偿债备付率

偿债备付率是指项目在借款偿还期内，各年可用于还本付息资金与当期应还本付息金额的比值，可用于还本付息的资金包括可用于还款的折旧和摊销、在成本中列支的利息费用、可用于还款的利润等。当期应还本付息金额包括当期应还贷款本金及计入成本的利息。

偿债备付率可以按年计算，又可以按整个借款期计算。偿债备付率表示可用于还本付息的资金偿还借款本息的保证倍率。偿债备付率在正常情况下应当大于1；当指标小于1时，表示当年资金来源不足以偿还当期债务，需要通过短期借款偿付已到期债务。

复习思考题

2-1 简述土地整治规划在规划体系中的地位与作用。
2-2 中部水土资源丰富地区土地整治规划应重点针对哪些问题？
2-3 如何在实践中运用土地整治规划的原则？
2-4 如何进行土地适宜性评价？
2-5 简述土地整治效益评价的主要内容。
2-6 简述土地整治项目实施程序。
2-7 土地整治项目的可行性研究报告与项目建议书有哪些区别？
2-8 结合土地整治实践，谈谈如何运用土地整治的相关理论。

3 县级土地整治规划

3.1 县级土地整治规划任务与编制原则

县级规划是实施和深化市（地）级土地整治规划（以下简称市级规划）和县级土地利用总体规划的重要手段，是指导县级行政区土地整治活动的实施性文件，是土地整治项目立项及审批的基本依据，是安排各类土地整治资金的重要依据。县级规划的期限一般为5年，可展望至10年。县级规划要统筹安排农用地整治、农村建设用地整治、城镇工矿建设用地整治、土地复垦和宜耕后备土地资源开发等各类土地整治活动，重点安排高标准基本农田建设和补充耕地项目，促进土地整治工作全面、深入、有序开展。

3.1.1 县级土地整治规划任务

县级规划要在市级规划的控制和指导下，确定本行政区土地整治特别是高标准基本农田建设项目、布局和实施时序，提出土地整治资金投入和安排计划，制定实施规划的保障措施。

县级规划编制的主要任务包括：

（1）评价上一阶段规划期间土地整治相关工作情况。全面总结、客观评价上一阶段土地整治规划实施和城乡建设用地挂钩试点工作情况，认真研究成功做法、经验和存在的问题，提出有序推进的意见和措施。

（2）调查评价土地整治潜力。充分利用全国土地调查和国土资源大调查成果，结合规划编制重点，做好补充调查，全面分析测算土地整治潜力，包括土地整治补充耕地的规模、质量、条件和空间分布，农村建设用地整治及其节约土地的规模和范围等。

（3）明确土地整治的目标任务。研究提出规划期间土地整治的总体目标、主要任务，确定土地整治的规模、结构、布局和时序。

（4）确定土地整治项目规模、布局和时序，确定土地整治重点布局安排。以土地整治潜力为基础，围绕粮食产能核心区和战略后备区建设、基本农田集中区建设、城乡经济社会一体化发展示范区建设，科学划定土地整治重点区域，确定土地整治重点工程和项目，提出实施计划和资金使用安排方案。

（5）进行资金供需分析和效益评价。

（6）制定规划实施的保障措施。包括经济、科技、行政等措施和手段。重点加强补充耕地管理体制改革、城乡建设用地增减挂钩等政策的研究，加强制度创新。

（7）建立土地整治规划数据库。按照“一张图”综合监管平台建设的总体部署，充分运用信息技术与二调（第二次全国土地调查）成果，与同级土地利用总体规划数据库建设相衔接，推进土地整治规划数据库的建设，实现规划成果叠加上图、动态更新。

（8）开展土地整治重大问题研究。围绕中央对土地整治工作提出的新要求和规划目标，结合地方实际，组织开展土地整治目标任务、土地整治与城乡统筹发展、土地整治与农业发展、土地整治与生态环境保护、土地整治权属管理、土地整治重点工程安排、城乡建设用地增减挂钩的土地收入使用、实施土地整治规划政策措施等重大问题研究。

3.1.2 县级土地整治规划的编制原则

县级土地整治规划的编制应坚持以下原则：

（1）依法依规，科学规划。以《中华人民共和国土地管理法》等法律法规为依据，细化和落实市级土地整治规划和县级土地利用总体规划等对土地整治的部署安排，合理确定土地整治目标，明确规划期间的高标准基本农田建设、新农村土地整治示范建设、统筹城乡土地综合整治等安排部署和相关政策措施等，确保县级土地利用总体规划的全面实施。

（2）因地制宜、科学可行。围绕协调推进城镇化和新农村建设的总体要求，以土地整治与城乡建设用地增减挂钩相结合为平台，整合资源，集中资金，规范推进城乡建设用地整治，优化城乡土地利用结构和布局，以高标准基本农田建设为重点，统筹推进田、水、路、林、村、城（镇）综合整治，提高耕地综合生产能力，促进土地节约集约利用，改善农民生产生活条件，发挥土地整治综合效益。

（3）上下结合，相互衔接。健全土地整治规划体系，落实上级下达的土地整治任务，结合本地经济社会发展条件和土地整治潜力状况，统筹安排本地区土地整治目标任务；广泛听取市级、各乡镇级的意见，做到上下衔接；加强与主体功能区规划、城乡建设、农业发展、产业布局、基础设施建设、水利建设、林地保护、生态环境保护等相关规划的衔接，共同推进土地整治活动。

（4）部门合作，公众参与。建立土地整治工作领导机构，加强对土地整治规划编制工作的组织领导，统筹推进规划编制工作，健全规划编制的专家咨询和部门协调机制，加强规划论证。采取多种方式和渠道，扩大规划编制的公众参与，认真听取和尊重土地整治范围内的基层政府、集体经济组织和群众意见，增强规划修编的公开性和透明度，实行科学、民主决策。

3.2 县级土地整治规划的程序

3.2.1 准备阶段

3.2.1.1 机构设置

县级规划编制应成立相应的决策机构、规划编制工作机构，确定规划编制技术单位。应建立以县级政府主要领导负责、相关部门负责人参加的规划编制协调和决策机构，负责审定工作计划、审查规划方案、落实编制经费，及时解决规划编制中的重大问题。规划编制工作机构设在县级国土资源管理部门，负责规划编制日常性工作。注重发挥土地整治机构作用，鼓励技术实力强、列入土地规划机构推荐名录的单位参与，负责方案制定、调查评价、成果编制等工作。

3.2.1.2 资料收集

根据规划编制需要，有针对性地收集相关基础资料。基础资料包括：

(1) 自然条件、资源禀赋、土地利用状况、经济社会状况、生态环境状况及各类规划、标准、调查评价成果等文字资料。

(2) 图件资料。以基期年全国土地调查和土地利用变更调查成果编制的土地利用现状图作为规划底图。规划底图应明确反映行政界线、河流水系、道路交通等主要地理要素信息。根据土地整治规划制图要求，选择和准备其他有关基础图件。

3.2.1.3 规划基数确定

以已经确认的基期年全国土地调查和土地利用变更调查成果作为规划基数。

3.2.2 调查与评价阶段

3.2.2.1 土地整治规划实施或土地整治相关工作进行分析评价

土地整治规划实施或土地整治相关工作进行分析评价内容包括：(1) 总结上一阶段规划期间土地整治工作经验；(2) 评价上一阶段规划或相关工作目标任务落实情况，重点评价高标准基本农田建设、补充耕地任务和耕地占补平衡等落实情况；(3) 评价规划实施的经济效益、社会效益和生态效益；(4) 评价农用地整理、农村建设用地整治、城镇工矿建设用地整治、土地复垦、宜耕后备土地资源开发等土地整治活动开展情况；(5) 提出新一阶段规划编制建议。

3.2.2.2 土地整治潜力调查

土地整治潜力调查评价以确认的土地调查成果为基础，以空间分析为辅，考虑与相关规划成果相衔接，由县级组织、乡镇汇总、以行政村为单元开展。

土地整治潜力调查评价内容应针对不同土地整治类型分别开展。包括：(1) 农用地整治潜力。调查评价可整治农用地规模和分布、可补充耕地面积、新增耕地系数以及可提高耕地质量等级，重点调查评价基本农田数量、质量和分布状况以及可建设高标准基本农田规模等。(2) 农村建设用地整治潜力。调查评价可整治农村建设用地规模、分布、可减少建设用地面积和可补充耕地面积等。(3) 城镇工矿建设用地整治潜力。调查评价旧城镇、旧工矿、“城中村”等可再开发利用的存量城镇工矿建设用地规模、分布和土地利用效率提升程度等。(4) 土地复垦潜力。调查评价各类建设挖损、塌陷、压占、污染及灾害损毁等可复垦土地规模、分布和可补充耕地面积等。(5) 宜耕后备土地资源开发潜力。调查评价荒草地、盐碱地、沙地和滩涂等可开发的宜耕后备土地资源规模、分布和可补充耕地面积等。

3.2.2.3 土地整治潜力评价

土地整治潜力评价应在分析各级土地利用总体规划确定的建设用地空间管制要求、重要生态功能区布局、历史文化村镇保护及地形坡度等条件的基础上，明确可开展土地整治工作的范围以及土地整治工作的重点方向。

(1) 农用地整治潜力评价。依照可补充耕地面积、新增耕地系数和提高耕地质量程度分别评价。结合农用地整治潜力调查成果，确定可开展农用地整治的规模，综合考虑社会经济、科技水平和可投入资金量等因素，测算可补充耕地面积以及新增耕地系数。提高耕地质量程度评价应利用农用地分等定级成果，分析耕地现状质量状况及分布，结合已有土地整治项目经验，确定耕地质量可提高的平均等级。

（2）农村建设用地整治潜力评价。可结合农村建设用地整治潜力调查成果，采用人均用地估算法、问卷调查法、规划模拟法等，测算可开展农村建设用地整治的规模、可减少建设用地面积以及可补充耕地面积。

（3）城镇工矿建设用地整治潜力评价。重点评价土地利用总体规划确定的允许建设区中的存量建设用地可再开发利用的规模和土地利用效率提升程度。

（4）土地复垦潜力评价。可结合土地复垦潜力调查成果，测算可开展土地复垦的规模和可补充耕地面积。

（5）宜耕后备土地资源开发潜力评价。可结合宜耕后备土地资源潜力调查成果，测算可开发的宜耕后备土地资源的规模和可补充耕地面积。

根据不同类型的土地整治潜力调查评价结果，进行相应类型的潜力分级，并编制相应类型的土地整治潜力分布图。

3.2.3 方案编制阶段

规划成果编制阶段应按照不同的技术、经济和政策条件，拟定若干规划供选方案，在多方案论证比较和与相关规划衔接的基础上，形成科学合理、切实可行、综合效益较好的推荐方案。方案编制阶段需要拟定规划目标，安排土地整治工作任务，估算投资与效益。

3.2.3.1 规划目标

规划目标是指为保障经济社会可持续发展对土地资源的需求，规划期间通过土地整治所要达到的状态和要完成的任务。主要依据经济社会发展规划、上级土地整治规划和本级土地利用总体规划、生态建设和环境保护等要求，以及土地整治潜力确定。

3.2.3.2 任务安排

任务安排包括以下几个方面：

（1）高标准基本农田建设安排。将市级土地整治规划确定的高标准基本农田建设任务分解落实到各乡镇，明确建设布局和项目，提出建设内容和要求。

（2）补充耕地任务安排。根据土地整治目标、潜力调查评价以及地方实际情况，确定农用地整治、土地复垦、宜耕后备土地资源开发等补充耕地任务，并分解落实到各乡镇。

（3）城乡建设用地整治安排。根据土地利用总体规划和城乡规划，结合经济社会发展条件和用地需求，明确农村建设用地整治、城镇工矿建设用地整治、城乡建设用地增减挂钩等安排，提出城乡建设用地整治的措施要求。

（4）土地生态环境整治安排。根据保护优先、自然恢复的原则，提出生态网络布局和绿色基础设施的建设要求，重点针对水土流失、土地沙化、土地盐碱化、土壤污染、土地生态服务功能衰退和生物多样性损失严重的区域，提出土地生态环境综合整治方向和措施。

3.2.3.3 项目安排

土地整治项目是围绕规划确定的土地整治任务，集中资金成规模开展的土地整治活动。可分为农用地整治、高标准基本农田建设、农村建设用地整治、城镇工矿建设用地整治、土地复垦、宜耕后备土地资源开发、土地综合整治等项目。

土地整治项目安排应遵循以下原则：（1）落实市级规划确定的重点项目；（2）土地整治基础条件好，潜力大，分布相对集中；（3）预期效益明显，具有较强的示范意义；（4）具备较好的群众基础；（5）符合国家规定的其他要求；（6）土地整治项目范围原则上不打破行政村界限，项目安排应明确规模、布局和建设时序，编制项目列表；（7）有条件的地区可围绕土地生态环境建设安排相关项目。

3.2.3.4 投资估算与效益分析

根据规划目标和项目安排，按照土地整治类型，分类估算资金需求，进行资金供需平衡分析，提出资金筹措方案。可采用单位面积标准法、系数法等进行估算。

效益分析包含以下内容：（1）经济效益分析。重点对土地整治的投入产出进行分析，一般采用静态分析法，主要测算投入量、预期净产出等。（2）社会效益分析。重点从土地整治后补充耕地对扩大农村剩余劳动力就业、降低生产成本、增加农民收入、土地经营规模化和集约化、改善农业生产和农民生活条件、促进农村现代化建设等方面，进行定性与定量相结合的分析。（3）环境效益分析。可从植被覆盖率增加、防治土地退化面积、治理和改善农田生态环境、提高旱涝保收能力等方面，进行定性与定量相结合的分析。

3.2.3.5 成果要求

县级规划成果一般包括规划文本、规划图件、规划说明、规划数据库和其他材料。

规划文本一般应包括以下内容：（1）前言。简述规划目的、任务、依据，规划范围和规划期限。（2）背景与形势：简述土地整治的自然、经济、社会条件，上一阶段规划实施效果，土地整治存在的问题，以及未来面临的机遇与挑战等。（3）规划原则与目标。明确土地整治的原则、目标、任务和主要规划指标。（4）任务安排。阐述农用地整治特别是高标准基本农田建设、农村建设用地整治、城镇工矿建设用地整治、土地复垦、宜耕后备土地资源开发等任务和措施。（5）项目安排。阐明土地整治项目的规模、布局、时序和资金安排，明确建设内容和要求。（6）投资与效益。阐明土地整治的资金需求规模、筹资渠道，以及土地整治的经济、社会、生态效益。（7）实施保障措施。阐明实施规划需采取的行政、法律、经济和技术手段等。（8）文本附表。主要包括土地利用现状表、土地整治规划控制指标表、土地整治规划指标分解表、土地整治潜力汇总表、土地整治项目表。

土地整治规划的必备图件包括土地利用现状图、土地整治潜力分布图、高标准基本农田建设项目规划图和土地整治项目规划图。其中，土地整治潜力分布图应分类型编制，包括农用地整治潜力分布图、农村建设用地整治潜力分布图、城镇工矿建设用地整治潜力分布图、土地复垦潜力分布图、宜耕后备土地资源开发潜力分布图。各地可根据需要编制其他图件，包括农用地整治图、城乡建设用地整治图、土地复垦图、宜农未利用地开发图等。规划图件应直观地反映规划成果，通过不同的符号、颜色、注记等方式来反映专题要素。应进行必要的图面整饰，标出图名、图廓、地理位置示意图、指北针、比例尺、图例、制图单位和时间等。

规划说明主要阐述规划编制的依据和过程，一般包括以下内容：（1）上一阶段土地整治工作情况和规划背景。说明土地整治取得的经验、成效，面临的问题和未来形势等。（2）编制规划的简要过程。阐述规划编制各阶段的主要工作。（3）规划基础数据。说明规划采用的自然、人口、经济、土地利用等基础数据及其来源。(4) 土地整治潜力调查评价。阐明规划采用的调查评价方法、评价过程，土地整治的潜力类型、级别、数量及其分布状况等。(5) 规划目标与任务分解。阐明确定规划目标的依据，说明整治任务的指标分解依据，重点说明方案形成过程、比选方法等。(6) 项目安排。阐明土地整治项目确定的依据和方法。(7) 投资与效益。说明资金测算的依据、方法和结果，说明效益评价的方法和结论，分析规划实施的可行性。(8) 与相关规划衔接情况。说明土地整治规划与上级土地整治规划、本级土地利用总体规划、国民经济和社会发展规划、城乡规划、生态保护规划等相关规划的协调衔接情况。(9) 征求意见情况。说明规划方案论证、征求部门和公众意见以及处理情况。

规划数据库是规划成果数据的电子形式，包括规划文档、规划表格、规划图件的矢量数据和栅格数据，及元数据等。规划数据库内容应与纸质的规划成果内容一致。

其他材料包括规划编制过程中形成的工作报告、调研报告、规划基础研究报告、基础资料、会议纪要、部门意见、专家论证意见、公众参与记录等。

3.2.4　成果报批阶段

规划成果应充分征求部门意见，对规划目标、项目以及有关实施保障措施等进行重点论证，加强土地整治规划与上级土地整治规划、本级土地利用总体规划，以及国民经济和社会发展规划、城乡规划、生态保护规划等有关规划的协调，确保土地整治目标落实到位。规划涉及的重大问题应组织专家进行深入研究和论证，提高规划的科学性和可行性。规划成果应采取公告、听证等多种形式听取公众的意见和建议，广泛征求社会各界特别是相关权利人的意见。

县级规划成果（附征求意见及论证材料）报经市（地）级国土资源管理部门审核，并做好衔接后，由县级人民政府批准，报市（地）级国土资源管理部门备案。

县级规划成果经批准后，应纳入国土资源管理信息化体系，并向社会公告。同时对县级规划成果实施状况进行动态评估、监测和预警。

3.3　县级土地整治规划环境影响评价

3.3.1　评价原则

《中华人民共和国环境影响评价法》规定，组织编制与土地利用有关的规划，应在规划编制过程中进行环境影响评价，并在评价报告中编写与该规划有关的环境影响评价篇章或说明。所以，在编制土地整治规划时，为有效保护与优化土地生态环境，应进行生态环境保护研究，具体要在分析规划区土地环境现状基础上，对土地整治规划实施后可能造成的环境影响做出分析、预测和评估，并提出在土地整治规划中如何预防不良环境影响的措施与方法，以确保土地持续、高效利用。进行环境影响评价需遵循如下原则：

(1) 生态性原则。生态要素是制约土地资源利用的主导因子，追求土地的生态平衡是土地整治的基础。生态性原则是指从生态环境的角度出发，全面衡量土地本身的条件和生态特性，判断土地系统的开发利用方式是否与其生态结构相匹配，是否破坏土地的生态平衡等，通过区域土地整治维持土地的生态平衡，体现景观的整体功能。

（2）提高土地利用率与改善土地质量原则。我国土地整治是在解决粮食安全与耕地保护的背景下开展的，选取土地整治的生态评价因子时要考虑与土地利用率及耕地质量有关的因素，如反映土地整治潜力的人均建筑面积及耕地斑块形状指数、面积指数和连片度指数，与耕地质量密切相关的土壤有机质、坡度和地下水资源等因素。

（3）区域差异性和等级性原则。土地整治的生态评价是一项区域性和等级性的研究工作，不同区域具有不同的土地生态环境问题，同一区域等级水平不同其需要评价要素的详细程度也不同。因此，不同区域、不同层次其土地整治生态评价的依据、指标将有所区别。

（4）综合性原则。土地是由自然生态要素组成的自然综合体和人类过去与现在生产劳动的产物，而土地利用系统是一个典型的自然—经济—社会复合系统。只有综合分析区域的生态、经济和社会条件，客观地进行土地整治的生态评价，并辅以社会、经济评价，才能增强评价成果的科学性和实用性。

3.3.2 评价指标体系

指标体系的确定是评价的重要环节，土地整治生态评价侧重于自然生态环境方面，但同时还包括对经济和社会各要素现状的调查与综合评价。因此必须建立多方位的评价指标体系，从不同角度反映各评价单元的土地是否适宜开展土地整治。

在空间上，尽管区域土地整治生态评价都需要从自然生态和社会经济等方面综合考虑，但不同的尺度上侧重点不同，在县级区域范围，生态因素则成为制约土地整治的主导因子，土地整治要考虑环境容量与承载力、生态系统和生物多样性保护，同时也需要考虑一些经济方面的因素。

要进行区域土地整治生态评价因子的选取，首先要对目标区域存在的问题进行辨识，其主要目的是发现目标区域存在的生态环境问题和土地利用问题。辨识问题主要是利用比较分析方法，一般包括横向比较和纵向比较。横向比较是将该区域的特征数据与相似的区域比较，确定该区域生态环境和土地利用结构的优劣程度；纵向比较即与历史发展数据比较，与初始状态比较，从中分析其发展过程中存在的生态环境和土地利用问题。土地利用变化分析即属于纵向比较，在研究区域的土地利用变化过程中，通过利用景观生态学的方法分析土地空间结构与生态过程，从景观整体的角度，客观、真实地辨识研究区域的生态环境问题和土地利用问题。

3.3.2.1 自然生态评价因子

影响区域土地整治的自然生态要素有许多，大致可归为五种：气候、土壤、水资源、地形地貌和植被。气候因子中水热因子决定农作物的熟制，因此是区域土地整治生态评价的基本因子。土壤是土地生产力的最重要组成部分、土地生态评价的最基本因子。在区域土地整治生态评价中着重考虑土壤类型、土层厚度、土壤质地、酸碱度、有机质、氮磷钾等营养元素的含量等因子。同时，整理后的土地质量要适于耕种，土壤的环境不被破坏，因此，土壤的污染状况，包括土壤中重金属含量、有机农药含量和土壤硝态氮含量等也是重要因子。水资源是影响土地整治的重要因素之一，如灌溉保证程度、地下水资源量、地下水埋深、水质等级等因子直接影响整理后土地的持续利用。地貌因子包括地貌类型、海拔高度、坡度、坡向和侵蚀程度等因子。现有植被类型状况在一定程度上能反映当地生态环境状况，对通过实施土地整治改善当地生态环境具有一定借鉴作用。需要说明的是，选择自然生态评价因子时，没必要把所有的因子全部考虑进去，而是首先考虑对目标区域存在问题影响最大的关键因素。

3.3.2.2　社会经济评价因子

区域土地整治的最终实施取决于现有的社会经济技术条件，取决于经济技术运用的合理性、可行性及其保证程度。各个地方的土地整治不论是向广度还是深度发展，都要受制于当地的社会经济状况和科技水平。影响区域土地整治的社会经济因素是多方面的，具体可分为社会环境因子、经济资源与环境因子和技术资源与环境因子三个方面。社会环境因子主要包括宏观社会政策环境、社会接受能力、农户接受能力、美学价值等。经济资源与环境因子的选取主要基于以下考虑：由于农业生产特别是粮食生产是国民经济的重要基础和人民生活的必备条件，农民年均粮食水平和纯收入如何，决定了土地整治的能力及可能性；县、乡财政收入的多少反映了该地区配套国家土地整治专项资金的能力，以及项目工程实施的保障能力；土地利用集约程度和人均占有水平都是土地整治生态评价必须要考虑的影响因子。技术资源与环境因子，主要涉及与土地整治环境相关的技术方面的影响因子，如节水灌溉技术、水土保护技术、土地复垦技术、生态农业技术和土地污染治理技术等。

3.3.3　评价方法

由于生态评价是一个较为系统的工作，首先针对一定区域的土地系统生态问题，选取评价因子，确定这些因子的权重，借助于地理信息系统，将这些属性数据与空间数据结合起来进行土地整治生态评价。用 GIS 作为土地整治生态评价的技术平台，可以将生态评价的方法通过 GIS 空间分析能力很好地表现出来。生态系统的因子具有空间特征，而且是随时间和空间位置的变化而变化的，没有技术支持，大量的空间计算几乎难以实现，在 GIS 环境下，直接对包含属性信息的空间特征对象进行空间运算，在空间拓扑关系的支持下，其属性信息随之发生相应的改变，再通过空间信息的逻辑提取，可以方便地发现生态区域的空间分异特征，从而科学、合理地进行生态评价。

复习思考题

3-1　简述县级土地整治规划的程序。

3-2　县级土地整治规划中进行环境影响评价应遵循哪些原则？

4 农用地整治规划

4.1 农用地整治的地域差异

4.1.1 地貌类型差异

地形地貌通过土壤、气候、水文的再分布影响着土地资源的类型及其特性。不同的地区由于具有不同的海拔高度、地势起伏、地面坡度和坡向特征，因而有了特征各异的地形地貌、不同的地表通过对热量、水分的再分配制约着农林牧用地的分布及其利用方式。同时地表的起伏程度是影响项目工程量的主要因素。

4.1.1.1 土地整治项目中常见地貌类型

A 丘陵

丘陵是经过长期剥蚀切割、外貌呈低矮而平缓的起伏地形。其绝对高度小于500m，相对高度小于200m。丘陵地区基岩一般埋藏较浅，顶部常直接裸露，风化一般严重，有时表层为残积物掩盖；谷底堆积有较厚的洪积物、坡积物或冲积物，有时还有淤泥等；在边缘地带常堆积有结构松散的新近堆积物。丘陵地区地下水的分布较复杂，一般丘顶部分无地下水，边缘和谷底常有上层滞水或潜水型的孔隙水。

B 平原

土地整治项目中，平原有四种常见类型：

(1) 山前平原。在干旱、半干旱的气候条件下，暂时水流在山前堆积了大量的洪积物，这些洪积物和坡面冲击物汇合起来，形成了宽广平坦的山前平原。山前平原的规模大小不一，从外貌上看，环绕着山前地带成一狭长地形，靠近山麓地形较高，由于山前平原是由无数个大小不一的洪积扇所组成，因而形成高低起伏的波状地形。山前平原堆积物的岩性和山区岩层的分布有密切关系，如山区岩层中有煤系地层分布时，在山前平原上则广泛分布着夹杂煤屑的粉质黏土层。在新构造运动上升的地区，洪积扇向山麓的下方移动，因此山前平原的范围不断扩大，如果山区在上升过程中曾有过间歇，在山前平原上就产生了高差明显的山麓阶地。

(2) 冲积平原。巨大河流的中下游，河谷非常开阔，堆积作用十分强烈。每当雨季，洪水溢出河床，流速降低，堆积大量碎屑物，在两岸逐渐形成了天然堤。当洪水继续向河床以外广大面积上淹没时，流速愈来愈小，堆积了更为细小的物质，形成一片广阔的冲积平原。或者，当河流的阶地达到非常大的面积时，这个具有平缓的微微切割的广大地区也称为冲积平原。冲积平原上岩石埋藏一般很深，第四纪堆积物很厚，细颗粒多，地下水位浅，地基土的承载力较低。在冲积平原上，凡是地形比较低洼或水草茂盛的地方，过去曾是河漫滩、湖泊或牛轭湖❶，常有较厚的带状淤泥分布。冲积平原上有时被风沙所掩盖，形成了复杂的沙丘地貌。

(3) 湖泊平原。由于地表水流将大量的风化碎屑物带到湖泊洼地，使湖岸堆积、湖边堆积和湖心堆积不断地扩大和发展，形成了大片向湖心倾斜的平原，称为湖泊平原。湖泊平原由于是在静水条件下堆积起来的，淤泥和泥炭的总厚度很大，其中往往夹有数层很薄的水平层理的细砂或黏土夹层，很少见到圆砾或卵石。土的颗粒由湖岸向湖心逐渐变细。湖泊平原上地下水位一般都很浅，土质也软弱。

(4) 溶蚀准平原。岩溶盆地经过长期的溶蚀破坏，形成比较开阔的平原称溶蚀准平原。其上常有稀落低矮的残峰分布，地表为河流冲积层或石灰岩的风化残积物（红黏土）所覆盖，河流两旁或河床底部有时有灰岩出露，地面分布着漏斗或落水洞，或有石芽出露地表。暗河时出时没，常见有地表塌陷及造成塌陷的土洞。

4.1.1.2 地势起伏

不同的地表起伏即相对高差，对农林牧用地方式和土地利用措施有着显著的影响。一般而言，地势起伏越小，越有利于耕地集中连片，以及水利化和农业机械化的实现。平原区土地资源分布比较集中连片，便于大规模的集约经营和进行现代化生产，对种植的发展和现代化农业机械的使用提供了良好的土地资源条件。微地形的起伏、土壤质地或水分状况等常是影响土地利用方式的主导因素。而较大的地势起伏，则影响热量、水分条件的分布，从而影响农林牧业用地的布局。

在黄淮海平原地区分布有大大小小的平浅洼地和古河道自然堤的带状缓岗，其间又存在大面积的缓坡地，形成岗、坡、洼交错分布的微地形，其相对高差不过 3.5m，对耕地类型、作物种植、旱涝盐碱状况及其治理措施具有明显的影响。如平浅洼地，地势低，土壤黏重，排水不畅，适宜种植高粱、大豆、小麦，以防涝措施为主；岗地地势偏高，易旱无涝，土壤为砂壤土，适宜种植小麦、玉米，以防旱为主，缓坡地处于两者之间，旱涝碱交替，主要种植棉花和粮食作物，以旱涝碱综合治理为主。

黄土高原丘陵地区，地形复杂，地势起伏大，土地被切割，耕地不易集中连片，水利化和机械化也较困难。由于不同地形部位的土地质量、水分状况和水土流失程度不同，使得土地利用方向或方式也不同，河谷为高产粮田，坡梁为梯田旱地，陡坡和坡顶为林草地，形成分层次的土地利用格局。我国南方，由于丘陵起伏比较平缓，相对高差多在 200m 以下，对农垦的限制性较山地小，是重要的农业区。

四川盆地丘陵、两湖丘陵、苏皖丘陵、南沿海丘陵都是我国农垦最盛的地区，多数丘陵形成层层的梯田，由山脚修到山顶，垦殖指数可高达 30%~50%。如苏南宁镇丘陵区，大部分起伏不超过 50m 左右，在利用上随地形部位的不同，形成了岗（丘陵）、塝（丘坡）、冲（谷地）组合的耕地类型，由于各类型的水源状况、灌排难易、抗旱能力、保收程度存在很大差别，从而直接影响到水、旱作物的布局及早、中、晚稻的种植比例。南方丘陵坡地更大的潜力还在于经济林，由于有一定的起伏和坡度，有利于排水防涝和通风透

---

❶ 牛轭湖，在平原地区流淌的河流，河曲发育，随着流水对河面的冲刷与侵蚀，河流越来越曲，最后导致河流自然截弯取直，河水由取直部位径直流去，原来弯曲的河道被废弃，形成湖泊，因这种湖泊的形状恰似牛轭，故称之为牛轭湖。

光，加之海拔不高，热量限制小，一般土层较厚，因而种植经济林、果树的条件比平原更为有利。我国主要经济林木和果树，如茶叶、柑橘、苹果等绝大部分分布在低缓的丘陵山区。

地势的起伏变化还导致热量、水分条件的变化，从而影响了土地利用状况。例如西北山地避风向阳的南坡及谷地是主要的牲畜冬营地。在西南山地丘陵之间常有面积较小的盆地（坝子），地势平坦，土层深厚，水热条件较好，成为当地重要的农业基地。

4.1.1.3 地面坡角和坡向

地面坡角对道路建设和机械使用有多方面的影响。地面坡角对交通道路的选线、纵坡的确定及土石方工程量的影响尤为明显。一般大、中型拖拉机只能在坡角15°以下作业，手扶拖拉机最大可在坡角17°以下坡地作业。

地面坡向通过影响热量状况而影响农林牧用地布局。例如西北干旱地区，阳坡光温条件优于阴坡，而水分条件次于阴坡，林木生长状况不如阴坡，而牧草生长尚好，往往是牲畜的冬牧场。阳坡人类活动比较频繁，植被破坏较严重，水土流失和干旱程度大于阴坡。相反，阴坡植被生长和保存较好，但阳光不足，适宜耐阴林木生长。

4.1.1.4 土地整治项目中平原区与丘陵区任务差异

根据土地整治项目的实践，按地貌类型可将项目划分为平原区项目与丘陵山地区项目。由于地貌类型的差异，常导致项目选择、建设标准、工程布局与设计等的巨大差异。

平原区土地整治项目的任务侧重于：支持粮食主产区和基本农田保护区建设，集中连片建设高标准农田，确保农田基础设施的配套和完善；合理引导土地流转，实现土地适度规模经营，提高农业生产效率；农田林网控制率宜不低于80%；加大耕地污染的防治力度，改善农田生态环境，提高粮食综合生产能力，促进农业现代化，保障国家粮食安全。

丘陵山地区土地整治项目的任务侧重于：将土地整治与生态环境保护相结合，在开发中保护，在保护中开发，实现绿色发展，并根据实际情况，适当放宽农田整治项目立项的连片面积规模标准，因地制宜确定新增耕地指标，强化通过改善农业生产条件和生态环境提高耕地质量；调整土地利用结构，加大退耕还林还草力度，加强荒山荒坡治理，防止水土流失；不得以耕地占补平衡、低丘缓坡开发为名开垦林地、草原；鼓励生态脆弱、经济落后、交通不便的地区，运用增减挂钩政策，合理引导移民搬迁，开展农村居民点整理复垦还林还耕还草和调整使用，将增减挂钩取得的收益按规定用于农村，促进新农村建设。

4.1.2 气候条件差异

气候条件对土地资源及其开发利用的影响显著，特别是对农业土地资源开发利用有着十分重要的作用。农业生产受自然条件的影响很大，其中最基本与最重要的是气候和土壤两个因素。通常农作物的产量是作物、气候、土壤三者综合作用的结果。气候则对农作物种类和品种的分布、各地区的耕作制度、栽培方式以及农作物的产量与品质有着极为深刻的影响。

4.1.2.1 气候指标

反映气候条件的主要指标有：（1）太阳辐射。太阳辐射不仅以其热效应给予动植物一个适宜的环境温度条件，更重要的是在光的作用下，绿色植物实现了光合效应、光形态效益和光周期效应而生长发育，为一切生物（包括动物、人类和植物自身）制造有机物。农作物总干物质中有90%～95%是通过光合作用得来的，只有5%～10%来自土壤养分。因此，太阳光能的多少及其利用率的高低与一定区域内的作物产量与品质关系极大。日照时数在很大程度上反映了一个地区的太阳辐射的多少和强弱，对植物的生长发育与光合作用影响极大。(2）热量条件。热量是影响农业土地利用的重要因素，主要包括生长期、无霜期、积温、最冷和最热平均温度、极端最低和极端最高温度、多年平均温度等指标。热量的多少不仅影响着农作物、牧草、林木等的生长发育、产量和质量以及作物本身的全部生命过程，而且也影响其分布界限、种植制度和栽培方式等。(3）降水。月降水量、月际降水变率、年降水量、年际降水变率、蒸散量、空气湿度等。（4）气压与风。主要包括气压、气流方向变化、风频及其时间方向分布、气压差、风力大小、风向、风速等。

4.1.2.2　我国典型气候类型

A　热带季风气候

热带季风气候的特点是全年高温，降水分旱、雨两季。主要分布在中国云南西双版纳地区、台湾南部、雷州半岛、海南岛。这里全年高温，年平均气温在20℃以上，最冷月一般在18℃以上。年降水量大，集中在夏季，这是由于夏季在赤道海洋气团控制下，多对流雨，再加上热带气旋过境带来大量降水，因此造成比热带干湿季气候更多的夏雨。在一些迎风海岸，因地形作用，夏季降水甚至超过赤道多雨气候区。年降水量一般在1500～2000mm。

B　亚热带季风气候

亚热带季风气候特点是夏季高温多雨，冬季温和少雨。主要出现在北纬25°～35°亚热带的大陆东岸，主要分布在中国东部秦岭淮河以南、热带季风气候类型以北的地带。这里冬季温暖，最冷月平均气温在0℃以上；夏季炎热，最热月平均气温大于22℃，气温的季节变化显著，四季分明，年降水量一般在1000～1500mm，但无明显干季。同温带季风气候相比，季节变化基本相似，只是冬温较高，年降水量较多。

C　温带季风气候

温带季风气候特点是夏季暖热多雨，冬季寒冷干燥。主要出现在亚欧大陆温带地区的东部，包括中国东北地区和华北地区。冬季这里受来自高纬度内陆偏北风的影响，盛行极地大陆气团，寒冷干燥；夏季受极地海洋气团或变性热带海洋气团影响，盛行东和东南风，暖热多雨，雨热同季。年降水量1000mm左右，约有2/3集中于夏季（6～8月）。全年四季分明，天气多变，随着纬度的增高，冬、夏气温变幅相应增大，而降水逐渐减少。

D　温带大陆性气候

温带大陆性气候特点是冬冷夏热，全年少雨。该气候是世界上分布最广泛的气候类型。这种气候在气温、降水的变化上同温带季风气候有些类似，但风向和风力的季节变化不像温带季风气候那样明显。冬季由于气旋活动影响，降水稍多；夏季有对流雨，但夏雨集中程度不像温带季风气候那样显著。天气的非周期性变化也很大，主要分以下两种气候：

（1）温带草原气候。温带大陆性干旱与半干旱气候，也称温带荒漠和温带草原气候，主要分布于大陆的腹地。因距海遥远，深入内陆，四周又有山地、高原阻挡，湿润的海洋气流难以到达，终年盛行温带大陆气团，于是形成了冬冷夏热、干燥少雨的温带大陆性干旱与半干旱气候。一般而言，干旱气候的年平均降水量为250mm以下，半干旱气候则为250~500mm。南美的此类气候区地处西风带的大陆东岸，是西风带的雨影区域，且西岸有高大的安第斯山脉，西风过山以后下沉，绝热增温，干燥少雨，加上沿岸又有寒流经过，空气稳定，降水稀少。

（2）温带沙漠气候。温带大陆腹地沙漠地区的气候，极端干旱，降雨稀少，年平均降水量200~300mm，有的地方甚至多年无雨。夏季炎热，白昼最高气温可达50℃或以上；冬季寒冷，最冷月平均气温在0℃以下，气温年差较大，相对日照长，太阳辐射强。自然景观多为荒漠，自然植物只有少量的沙生植物。中国塔里木盆地属温带沙漠气候。

4.1.3 土壤质地差异

土壤是构成土地的要素之一，也是植物生长的基础。土壤质地对土壤的各种性状如养分含量、通气透水性、保水保肥性以及耕作性状等都有很大的影响，特别是目前我国耕作土壤有机质含量不多的情况下，质地对土壤各种性状的影响更为明显。因此，实施土地整治项目要对土壤质地进行详细的分析，以便采取必要的工程措施对土壤进行改良。同时在地表进行土地整治工程建设，土质影响工程造价，单体工程设计时对土质的工程分类也必须进行必要的说明。

在我国现有耕地中，土壤耕层过沙过黏、夹沙夹黏、通体沙通体黏等土体构型，均不能满足作物对水、肥、气、热的协调供应，需加以改良。其改良途径和措施包括以下几类：（1）掺沙掺黏，客土调剂。一般要就地取材、因地制宜。在沙地附近有熟土、胶泥土、河泥，可采用搬黏掺沙的办法，黏土地附近有沙土、河沙可采取搬沙压淤的办法，逐年客土改良，使之达到三泥七沙或四泥六沙的壤土范围。（2）翻淤压沙或翻沙压淤。沙土层下浅层处有淤泥层，黏土层下浅层处有沙土层，可以采用深翻，或“大揭盖”将沙土层、黏土层翻至表层，经耕、耙使上下沙黏掺混，改变其土质。（3）引洪漫淤或引洪漫沙。洪水中所携带的淤泥是冲蚀地表的肥土，养分丰富。把洪水有控制地引入农田，使淤泥沉积于沙土表层，既可增厚土层，改良质地，又能肥沃土壤，所谓“一年洪水三年肥”。“引洪漫沙”也有改良黏质土的效果。其方法是漫沙将畦口开低，漫淤则将畦口抬高，每次漫沙漫淤不能超过10cm，逐年进行，可使大面积的沙土地或黏土地得到改良。这种方法实质上也是一种“客土法”。（4）增施有机肥，改良土性。每年大量施用有机肥，不仅能增加土壤中的养分，而且能改善过沙过黏土壤的不良性质，增强土壤保水、保肥性能。因为有机肥施入土壤中形成腐殖质，可增加沙土的黏熟性和团聚性，降低黏土的联结性，促进土壤中团粒结构的形成。因此，施用有机肥对沙土或黏土都有改良作用，它是一种后效长的改良措施，其改良效果黏土大于沙土，这是因为腐殖质在黏土中容易积累，而在沙土中容易分解的缘故。

4.2 耕地布局规划

耕作田块是由道路及自然边界（河流、沟谷、山等）所围成的最基本耕作管理单位。它的规模（面积大小）、长度、宽度、方向、形状等要素配置得合理与否，直接影响到田间灌排渠系、田间道路、农田防护林带等作用的发挥以及机耕效率、灌水效果的提高，所以正确配置耕作田块是耕地规划的一项重要内容。

4.2.1 耕作田块的规模

4.2.1.1 耕作田块的方向

耕作田块方向指田块的长边方向，它与灌水地段和轮作田区的长边方向以及作物播种和田间耕作方向、末级固定沟渠、田间道路和护田林网中的主林带方向相一致。耕作田块方向选择得合理与否，将长期影响田块的日照、灌排、田间作业和防风等条件以及下地距离远近，在选择田块方向时应考虑下列要求：

（1）利于机械作业和水土保持。在坡耕地上，因地块方向影响到地表径流的大小和土壤的侵蚀量，所以耕地规划时耕地的方向应与坡向相垂直（与等高线平行）。当拖拉机机组顺坡耕作时，为了克服爬坡阻力，势必加大拖拉机的功率消耗。可见田块的长边应沿等高线方向配置。土壤质地黏重，气候湿润的地区，耕地地块的方向可以与等高线成一定角度布置，以利于排水。

（2）有利于降低地下水位。特别是在盐渍地区或冷浸田区，降低地下水位、排碱洗盐是农业生产中的关键问题。所以末级排水沟（农沟），应垂直地下水流向布置，以利截排地下水。

（3）有利于防风。在有风害的地区，一般主林带沿田块长边方向配置，使主林带与主害风方向垂直，防风效果最好，因此风蚀地区，应与当地主害风向垂直或与主害风向垂直线的交角小于30°方向布置。

（4）有利于交通运输。要使耕作田块的方向与居民点之间保持最短的距离，避免由于田块方向设计不合理引起绕道而行。

（5）光照条件。田块方向影响作物种植方向，应使得作物在一天或一个生长季内能够尽可能多接受较多的太阳光照。根据日出与日落的方位移动，太阳光线投射到作物东西行向和南北行向的时间不同，一年两熟或多熟地区，夏半年（春分到秋分）太阳出没偏北，太阳照射到东西行向的株间的时间比南北行向株间的长，温度也较高，这对春播和喜温作物有利，所以夏半年作物东西行种植为好。而冬半年（秋分到春分）太阳出没方位偏南，投射到南北行的株间时间比夏半年要长，这对越冬作物有利，所以冬半年以南北行种植作物为好。对于一年一熟地区，地块的方向以南北向种植能够接受更多的太阳光，以南北向种植为佳。特殊作物特殊对待，至于某些耐阴作物或有特殊要求的作物要根据其要求具体分析，恰当安排。

此外，不同地区存在的问题不同，所需侧重考虑的因素也不尽相同，不可机械加以确定。在此基础上，耕作田块的方向应体现以人为本的原则，使耕作田块与居民点之间的位置保持最短的距离和最便利的交通条件。

4.2.1.2 耕作田块的长度

适宜的田块长度有利于提高机械作业效率、灌溉效率和灌水效果及合理组织田间生产过程。

（1）机械作业效率。为了提高拖拉机的工作效率，要求耕作田块具有一定的长度。田块越长，则作业机械在地头空行转弯的次数相对地越少，工作效率也越高，耗油量也随之减少，机件磨损也小。据测算，田块长度在 500m 左右时，拖拉机行程利用率即可达到 90%以上。从我国目前情况来看，农业机械化程度地区间差异较大，一些地区的田间作业，还依赖人力、畜力完成，所以田块长度也要兼顾人力、畜力作业的要求。

（2）灌水效果。田块的长度还要考虑灌溉的要求，在灌溉区，要根据末级固定渠道要求的适宜长度和控制面积来确定田块的长度。根据有关试验，农渠长度为 400~600m 是适宜的。田块的长度一般在 500~800m 或更长一些。在平原地区田块长些，而丘陵地区要短些；在旱作地区可长些，而在水田区则短些。此外，土壤质地即黏粒含量的多寡影响水分的渗漏效果或影响上水和下水头均匀湿润的效果，黏质土壤宜长，砂质土壤宜短。因此，机械化程度高的地区，田块长度一般 500~800m 为好；以中、小型农机具为主的地区，以 500m 左右为宜；机械化程度低的平原地区，田块长度一般取 300~500m；机械化程度低的丘陵地区，或以劳畜力为主的平原地区，田块长度一般取 200~300m。

农业部门的耕作机械化程度包括农业生产过程中的主要作业如耕、耙、播、中耕、施肥、收割及脱粒等的机械化。耕地（包括耙地）机械化程度是反映农业机械化程度最根本的指标。耕地机械化程度以当年实际机耕面积占总耕地面积的百分比表示。计算公式为：

$$耕地机械化程度 = \frac{当年实际机耕面积}{总耕地面积} \times 100\%$$

$$播种机械化程度 = \frac{某作物当年实际机播(机插)面积}{某作物播种(插植)总面积} \times 100\%$$

计算其他作业机械化程度时可参考上列公式。另外，在某种作物的生产中，有多种作业项目，要综合了解其机械化程度，就要计算这种作物在整个生产过程中，主要作业的平均机械化程度，即将各项主要作业全部折合成标准亩数，然后计算机械作业量在总作业量中所占比例。计算公式为：

$$主要作业平均机械化程度 = \frac{机械作业量(标准亩)}{主要作业总作业量(标准亩)} \times 100\%$$

4.2.1.3 耕作田块的宽度

耕作田块的宽度基本取决于机械作业的幅宽、末级渠道的间距和防护林带中主林带的有效防风距离、土壤质地的砂黏状况（与灌水效果有关）：

（1）在平原地区机械化较高的条件下，田块的宽度要便于机械顺利作业田块宽度最好为作业小区整数倍。如康拜因收割机采用回形法收割时，其作业小区宽一般为 200~300m，由于各种机组的工作幅宽不同，所以在具体确定田块宽度时，可参照当地使用量最多的机组的工作幅宽的整数倍来定。

（2）灌溉区田块的宽度即末级固定渠道的间距，据试验以 200m 左右为宜，最大不超过 300m。田块过宽，往往使田块内小地形不一致，增加平整土地的工作量。

（3）风害地区要由护田林带的间距来确定，主林带沿田块长边配置，其间距即为田块的宽度，林带的间距取决于有效防风距离，一般为树高的 25~30 倍，若树高 10~12m，护田林带间距则为 250~350m，但实际工作中远远小于此数值。

（4）在需要排水的地区，田块宽度要结合排水沟的有效间距来确定，以保证将地下水位控制在临界深度以下。这时排水沟间距与土壤质地、作物对地下水位深度的要求、沟的深度及机械作业要求等因素有关。一般在非盐碱地区，沟深 1.0~1.5m 时，排水沟间距可采用200m左右，在盐碱地区，沟距可适当缩短。

4.2.1.4 耕作田块的规模

根据上述耕作田块的适宜长度和宽度，平原地区耕作田块规模大致为10～13.33hm^2，南方多雨丘陵地区耕作田块规模大致为4～6hm^2。在一定的独立地段上，由于面积已定，也限制了田块的长和宽，因此田块的长宽与规模是相互制约的。在不同地区由于采取不同的经营方针，种植不同的作物种类田块规模差别很大。一般在平原机械化旱作地区，要求田块具有较大的规模。

4.2.2 耕作田块的外形

为了给机械作业和田间管理创造良好的条件，田块的外形要力求规整，尽量做到：

（1）田块最好是长方形、方形；

（2）其次是直角梯形、平行四边形；

（3）田块的两个长边要呈平行直线；

（4）不能把梯形和平行四边形田块的短边设计得过斜；

（5）不能把田块设计成形状不规整的三角形和多边形；

（6）在自然边界（河流、沟谷、山等）不规整的地区，最好把自然界线设计成田块的短边，这样既不影响机械作业又不浪费土地。

三角形田块的耕作田块规划案例：图4.1所示为某平原地区土地整治项目现状图局部，据现场调查，图4.1中由支沟1、支沟2，及南沙公路所围成的三角形田块需布置沟、渠、路，田块两直角边长度分别为600m、650m，要求：布置道路工程，道路需与南沙公路连通，将三角形田块分割成三个耕作田块，且至少两个田块宽度为200m。

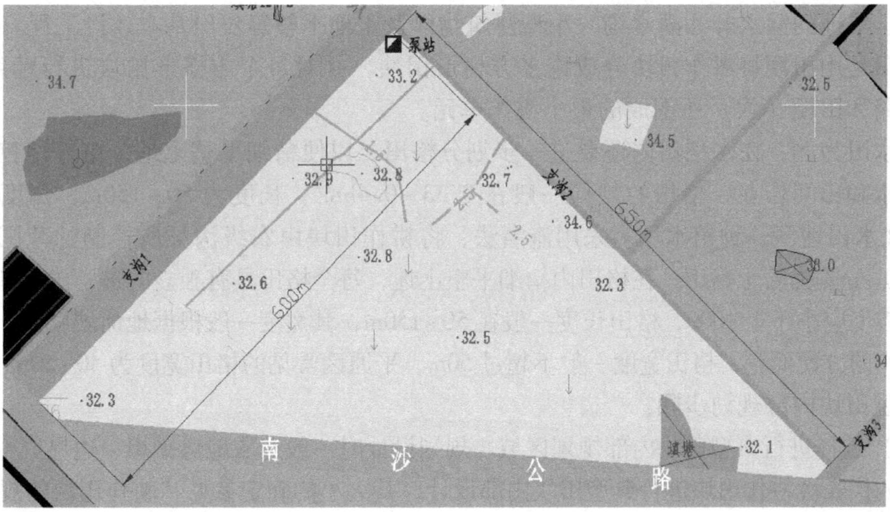

图4.1 三角形田块现状图

图4.2所示为三角形田块规划图。从南沙公路出发，沿支沟1在三角田块边上修建生产路，以这条生产路为基准向东南方向偏移200m处新建田间道（田间道A），以支沟2边上的田间道向西南方向偏移200m处新修建田间道（田间道B），从田间道A、田间道B的

交点出发作南沙公路的平行线，作为规划田间道（田间道 C），将三角形田块分隔为三个梯形耕作田块，避免出现三角形田块。

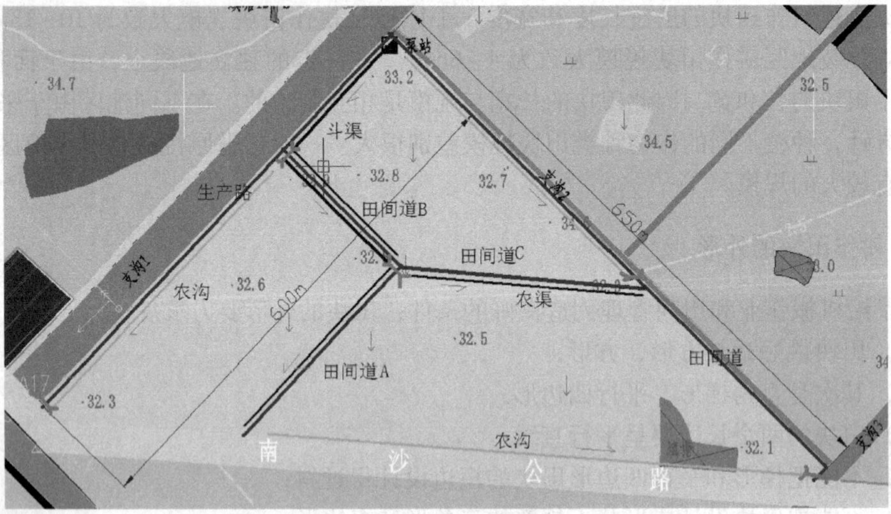

图 4.2 三角形田块规划图

4.2.3 典型田块规划

典型田块，或称标准田块，是土地整治规划中用于表示格田划分、格田灌排等工程布置的具有代表性的耕作田块。耕作田块内部工程通常包括：末级固定渠道（农渠）和末级固定沟道（农沟），以及末级道路之间的条田范围内的临时渠道、排水小沟、稻田的格田和田埂、旱地的灌水畦和灌水沟、小型建筑物以及土地平整等农田基本建设工程。

格田是用田埂将耕作田块分成许多方格形田块，并对每个方格形田块进行精细平整，是由道路和田埂（坎）所围成的最小耕作单元。

以水田为例：在水稻田内还要进一步划分格田，以便精细平整土地，更好地控制稻田的灌排水和田间作业，格田的规模一般在 $0.33 \sim 0.4hm^2$，长度为 50~150m，宽度为 20~50m。在水田地区，种植水稻多采用淹灌法，将耕作田块由农级沟渠所控制的范围内用田埂（坎）分隔为若干格田，在格田内精细平整土地，每个格田具有独立的进、出水口。格田的地面坡度应小于 1/1000，格田长度一般在 50~150m，其宽度一般根据地面坡度大小及田间管理工作的方便而定，格田宽度一般不超过 50m，平原区常见的格田宽度为 40~50m。

典型田块内部规划步骤：

（1）选择进行典型田块内部规划区域。规划设计时一般选取地势平坦、边界规整、灌排条件好的代表性耕作田块进行典型田块内部设计，其大小的确定参见“耕作田块的规模”。

（2）进行灌溉与排水工程、土地平整工程、田间路桥工程规划。

（3）确定格田长度与宽度，用田埂划分耕作田块。

（4）布置毛沟、毛渠。

（5）标注。必须标注的要素有：道路、田埂（坎）、斗农沟渠、毛沟、毛渠、农口、水流方向。

案例：480m×200m 典型田块内部规划（格田规格为 100m×40m）如图 4.3 所示。

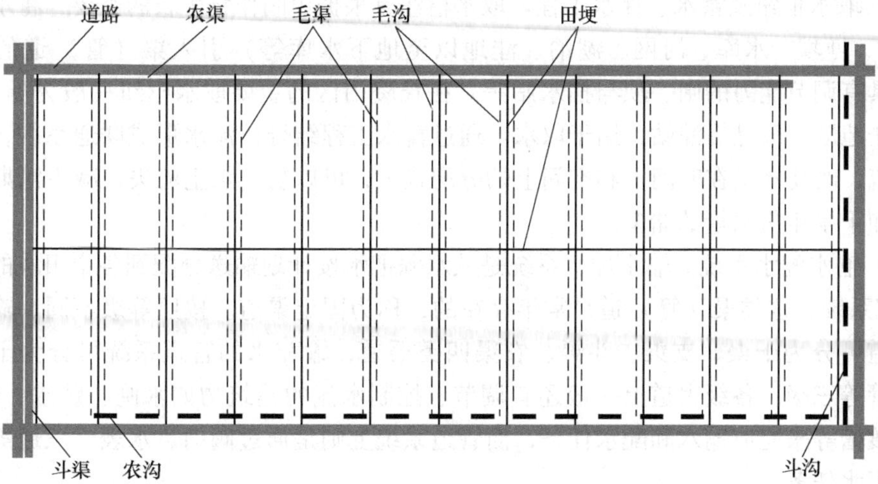

图 4.3　480m×200m 典型田块内部规划

典型田块内部规划需要注意以下问题：（1）土地整治项目实践中，部分田埂在实施中不投资，由村民自行修筑，典型田块内部规划可为村民提供参考。（2）典型田块内部规划是计算进、出水口数量的主要依据。（3）进行典型田块内部规划时，需要看懂地形，核实水流方向是否合理。（4）应结合道路工程、灌排工程、土地平整工程进行。（5）格田的形状参照耕作田块的要求进行，如图 4.4 所示。

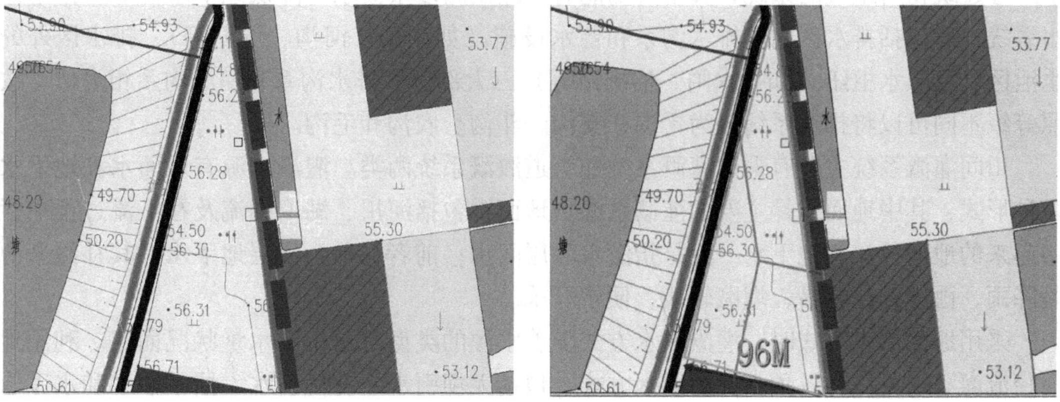

图 4.4　三角形典型田块格田划分

4.3　灌溉与排水工程规划

4.3.1　灌溉与排水工程类型以及规划的原则

4.3.1.1　田间灌排系统组成

灌排系统主要包括取水枢纽、输水配水系统、田间调节系统和排水泄水系统等几个部分。

（1）取水枢纽及蓄水、保水工程。取水枢纽是根据田间作物生长的需要，将水从水源（如谷坊、塘坝、水库、河网、湖泊、洼地以至地下水库等）引入渠（管）道的工程设施，如具有调节能力的闸、坝与抽水站等。在丘陵山区的主要取水枢纽一般为塘堰工程，平原低洼地区一般是提灌站，用于取水。通过蓄水工程结合长流水形成联通系统，挡、蓄地表径流，改变水量在时间上和空间上的分配状况，可以防止水土流失，减少汛期洪水流量，增加干旱年份水量的储备。

（2）输水配水系统。输水配水系统是从水源把水按计划输送分配到各个田块的各级渠（管）道系统，这类渠（管）道是常年存在的，称为固定渠道。按照等级不同，输配水的灌溉渠道可分为干渠、支渠、斗渠、农渠四类渠道，输配水的管道系统可分为干管、支管、毛管等三级。各级渠道上一般还有调节、控制水流的建筑物如水闸、跌水、倒虹吸、涵洞、渡槽等来完成输水和配水任务，而管道系统上则是通过阀门、水表、三通等来完成输水和配水任务。

（3）田间调节系统。田间调节工程又称为田间工程，包括毛渠、毛沟、输水垄沟、灌水沟等田间临时灌溉渠道，其主要任务是将来自末级灌溉渠（管）道的灌溉用水输送至田间，以满足作物需要的水分供应，保证作物的正常生长。田间多余的水量也要通过田间调节系统排除，使作物免受渍害。田间调节系统一般依据农业生产和机械作业的需要随时填挖。

（4）排水泄水系统。排水泄水系统是由将田间积水排至容泄区的排水沟道以及相应排水工程建筑物所组成的系统，其主要功能有排除田间多余渍水与降低地下水位等。排水泄水系统一般包括排水区内的排水沟系和蓄水设施（如湖泊、河沟、坑塘等）、排水区外的承泄区以及排水枢纽（如排水闸、抽排站等）三大部分。排水沟系和灌溉沟系相类似，按照等级不同可以将排水系统分为干沟、支沟、斗沟、农沟和毛沟。

田间灌溉系统主要有渠道灌溉系统和管道灌溉系统两类。灌溉水源有地面水和地下水两种形式，其中地面水是主要的灌溉水源。地面水包括河川、湖泊径流及在汇流过程中拦蓄起来的地面径流。地下水一般是指潜水和层间水；前者又称为浅层地下水，其补给来源是降雨，由于补给容易，埋藏较浅，便于开采。

采用地面取水方式时，灌溉取水方式随着水源的类型、水位和水量状况而定。利用地面径流灌溉，可以有各种不同的取水方式，包括无坝引水、有坝引水、抽水取水和水库取水等。

（1）无坝引水。项目区附近河流水位、流量均能满足灌溉要求时，即可选择适宜的位置作为取水口，修建进水闸引水自流灌溉，形成无坝引水。在丘陵山区，灌区位置较高，可自河流上游水位较高的地点引水，借修筑较长的引水渠，取得自流灌溉的水头。这种方式引水口一般距灌区较远，引水渠常有可能遇到难工险段。无坝引水渠首一般由进水闸、冲沙闸和导流堤三部分组成。进水闸的作用是控制进入渠道的流量，冲沙闸是冲走淤积在进水闸前的泥沙，导流堤发挥导流引水和防沙作用，枯水期可以截断河流，保证引水。

（2）有坝引水。河流水源虽然比较丰富，但是水位比较低，这时需要在河道上修建壅水❶建筑物来抬高水位，以便能够自流引水灌溉，形成有坝引水的方式。有坝引水枢纽主要由拦河坝、进水闸、冲沙闸及防洪堤等建筑物组成。此方式与无坝引水相比，增加了拦河坝工程，但是可以缩短干渠线路，减少工程量。

（3）抽水引水。河流水资源丰富，但水位低，采取其他自流引水工程困难或不经济时，可以修建泵站提水。采用抽水取水方式，干渠工程量小，但增加了机电设备及管理费用。

（4）水库取水。河流的流量和水位均不能满足要求时，必须在河流的适当地点修建水库进行径流调节，以解决来水和用水之间的矛盾。水库取水必须修建大坝、溢洪道和进水闸等建筑物，工程量和投资均较大，但是其调节能力大，能充分利用河流水资源。上述四种取水方式可以综合使用，形成蓄、引、提结合的灌溉系统。

采用地下水取水方式时，需要打井或修筑其他的集水工程，不同地区的水文地质、地貌条件不同，地下水的开采利用方式和取水建筑物的形式也不相同。土地整治工程中常见的地下取水建筑物主要有管井和筒井。

（1）管井。管井是利用地下水时最常用的建筑物，不但适用于深层承压水，也是开采浅层水的好方式。由于井结构主要是由一系列井管组成，故称为管井。据经验，井深在60m以内，井径一般500mm或以上；60~150m深的管井，井径一般为300~400mm；150m以上的深井，井径一般取200~300mm。管井由井台、井壁管、滤水管和沉淀管等部分组成。

（2）筒井。筒井是一种大口径的取水建筑物，故又称大口井，由于其直径较大，一般为1~2m，形似圆桶而得名。有的地区井径达到3~4m，甚至12m。筒井具有结构简单，检修容易和能够就地取材等优点，但要注意井不宜过深（施工、建筑和用料等有困难）。筒井多用于开采浅层地下水，其深度一般为6~20m。筒井由井台、井筒和进水部分组成。

4.3.1.2 灌水方法

适用于渠道灌溉系统和管道灌溉系统常见的灌水方法可分为全面灌溉和局部灌溉。全面灌溉主要有地面灌溉和喷灌，局部灌溉有滴灌和微喷灌等。

（1）地面灌溉。现在应用的地面灌溉主要有畦灌、沟灌、淹灌和漫灌，地面灌水方法比较简单，易于被群众掌握，因此应用广泛。1）畦灌。水在畦田上形成很薄的水层，沿畦长方向流动，在流动的过程中借重力的作用逐渐湿润土壤。畦灌需要输水垄沟和畦埂，主要适用于我国北方的小麦、谷子等窄行作物以及牧草和一些蔬菜。自流灌区畦长一般为30~100m，畦宽按照农业机具宽度的整数倍确定，一般为2~4m，每亩5~10个畦块。2）沟灌。在作物行间开挖灌水沟，在流动的过程中主要借毛细管作用湿润土壤，适用于宽行距的中耕作物。沟灌的适宜坡度一般在0.005~0.02左右。一般灌水沟是沿地面坡度方向布置，但当地面坡度较大时，可以与地形等高线成锐角，使灌水沟获得适宜的坡度。沟的间距视土壤性质而定。根据灌水沟两侧土壤湿润的范围，一般轻质土壤的间距较窄，重质

❶ 壅水指因水流受阻而产生的水位升高现象。

土壤的较宽。灌水沟的断面一般成梯形或三角形，浅沟深约3~15cm，上口宽20~35cm；深沟约15~35cm深，上口宽约25~40cm，水深一般为1/3~2/3沟深。3）淹灌。淹灌也称为格田灌溉，是用田埂将灌溉土地划分成许多格田，灌水时使格田内保持一定深度的水层，借重力作用湿润土壤，主要适用于水稻。4）漫灌。田间不做任何沟埂，灌水时任水在田间漫流，借重力渗入土壤，是一种比较粗放的灌水方法。灌水均匀性差，水量浪费大，应尽量避免使用这种灌水方法。

（2）喷灌。喷灌是利用专门设备将有压水送到灌溉田块，并喷射到空中散成细小的水滴，像天然降雨一样进行灌溉。主要优点是对地形适应性强、自动化程度高、灌水均匀、灌溉水利用系数高，尤其适合于透水性强的土壤。但投资高，需要运行费用，受风的影响较大。

（3）滴灌。滴灌是利用一套塑料管道系统将水直接输送到每棵作物根部，水由每个滴头直接滴在根部上的地表，然后渗入土壤并浸润作物根系最发达的区域。其突出优点是非常省水，自动化程度高，可以使土壤湿度始终保持在最优状态。但需要大量塑料管，投资较高，滴头极易堵塞。把滴灌毛管布置在地膜的下面，可基本上避免地面无效蒸发，称之为膜下灌。

（4）微喷灌。微喷灌又称为微型喷灌或微喷灌溉。是用很小的喷头（微喷头）将水喷洒在土壤表面。微喷头的工作压力与滴头差不多，但是它是在空中消散水流的能量。由于同时湿润的面积较大，这样流量可以大一些，喷洒的孔口也可以大一些，出流流速比滴头大得多，因此堵塞的可能性大大减小了。

4.3.1.3 田间排水系统分类

控制地下水位的田间工程，有水平排水和垂直排水两种形式。水平排水又可分为明沟和暗管两种。明沟排水是在地面上开挖沟道进行排水，它具有适应性强、排水量大，降低地下水位效果好，容易开挖、施工方便，造价低廉等优点，是一种应用广泛的排水方式。暗管排水是在地面下适当的深度埋设管道或修建暗沟进行排水，是一种很有发展前途的排水方式。主要优点是：排除地下水和过多土壤水以及控制稻田渗漏水效果好，增产显著，土方工程量少，便于耕作和田间交通；便于机械化施工，管护省力等。缺点是需要大量管材、一次投资费用大，施工技术要求严格，清淤困难。

4.3.1.4 灌溉与排水工程布局原则

灌溉与排水工程布局需遵循以下原则：（1）全面安排、统筹兼顾、综合开发的原则。参照农业区划的成果，根据地区农业生产的特点以及灌溉的可供水量进行灌溉工程的总体规划；兼顾防洪、排涝、排渍等各方面的要求，在易涝、盐碱地区应同时规划健全的排水系统。（2）投资省、效益大的原则。应在区域水土资源平衡和效益分析的基础上，按照工程投资少，灌排效益大的原则，提高灌排效率，选定适宜的工程方案；尊重当地农民灌排习惯，尽量利用现有沟渠以节省投资。（3）保护生态环境的原则。水资源的开发利用应在符合全流域水利规划和保护生态环境的原则的基础上，合理利用当地水资源，防止水土流失。（4）便于今后维护和管理，满足施工要求。（5）因地制宜的原则。

随着工农业生产的发展与科学技术的进步，人类改造自然的范围与能力越来越强，灌溉与排水理论和技术也都有了新的发展。就水资源的开发利用而言，已开始将降水、地面水、地下水统一起来联合运用；在需水要求方面，有的国家已在土壤、作物、施肥、耕作管理基本定型的情况下，根据气象预测预报来制定农业生产计划与灌溉排水计划，并通过电子技术制定最优方案；在用水技术方面则采用自动化的设备进行自动化灌排。在农用地整治中，应根据农田灌排原理与技术，结合土壤、作物、水分的相互联系与需水规律，从而不断革新灌溉、排水技术，科学地调节土壤水分状况，不断培肥地力，以保证作物的高产稳产。

4.3.1.5 沟渠级别

灌排沟渠按其使用寿命分为固定渠道和临时渠道两种。按控制面积大小和水量分配层次又可把沟渠分为若干等级，大、中型灌区的固定沟渠一般分为干、支、斗、农四级（见图4.5）。在地形复杂的大型灌区，固定渠道的级数往往多于四级，干渠可分成总干渠和分干渠，支渠可下设分支渠，甚至斗渠也可下设分斗渠；在灌溉面积较小的灌区，固定渠道的级数较少，农渠以下的小渠道一般为季节性的临时渠道。

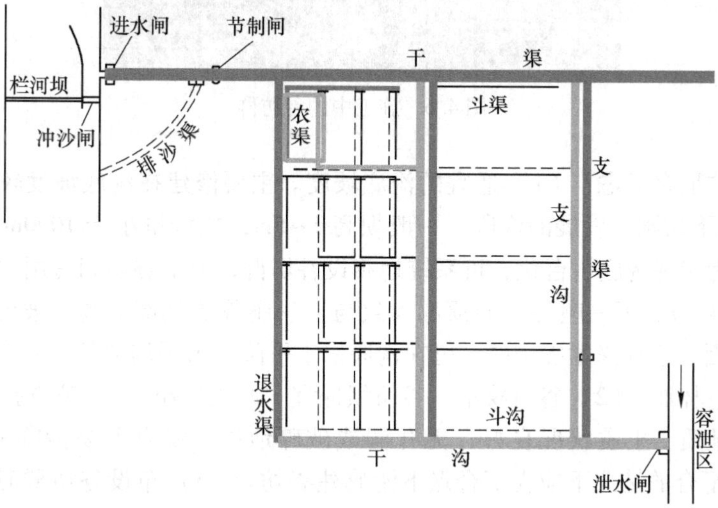

图4.5 大、中型灌区的干、支、斗、农四级沟渠

4.3.2 灌溉水源工程规划

4.3.2.1 拦（河）沟引水工程

溢流坝（overflow dam）指坝顶可泄洪的坝，也称滚水坝。溢流坝一般由混凝土或浆砌石筑成，按坝型有溢流重力坝、溢流拱坝、溢流支墩坝和溢流土石坝。选择地形有利的河道或冲沟，利用有效的汇水条件，在沟道修建低水头溢流坝，通过溢流坝将天然降水产生的径流汇集并抬高水位，为农业灌溉和居民生活用水提供保障。

小型拦河坝坝址位置应能控制大部分灌溉面积，应布置在河道较窄、地质条件较好的河段，拦河坝的建设应保证对现有河道的行洪不构成威胁，且正常蓄水位不得淹没耕地。

在丘陵山区，冲沟溢流坝常称为谷坊。谷坊（check dam）横筑于易受侵蚀的小沟道或小溪中，既抬高水位，又固沟、拦泥、滞洪，高度一般在5m以下。按不同建筑材料分为石谷坊、土谷坊、梢枝谷坊、插柳谷坊、竹笼谷坊等。石谷坊主要用石垒建成，除防止侵蚀外，还有提高水位、引水灌溉之用。柳谷坊是将柳桩捆成束捆，打在建坝之外，一般3~4排，每排间距0.5~1.0m，然后将柳梢束成捆填在其中。修建顺序是先上游，后下游；先支沟、毛沟，后干沟；先修沟底，逐年加高。在要害关键位置修主坝，并在主坝之间配合修副坝，主副结合，大小成群（见图4.6），当年就可收效。

图4.6 施工中的谷坊群

谷坊工程选址宜考虑：（1）适宜的沟底坡度。主要修建在沟底坡度较大（5%~10%或更大），沟底下切剧烈发展的沟段。一般坝高1~5m，拦沙量小于1000m^3。在沟底坡度较大的沟段，为实现沟底川台化，可系统地布设谷坊群，上下谷坊间常用“顶底相照”原则确定（见图4.7），下一座谷坊的顶部大致与上一座谷坊基部等高。坡度很大（15%以上）或其他原因，不宜修建谷坊的，可在沟底修水平阶、水平沟造林，并在两岸开挖排水沟，保护沟底造林地。（2）谷口狭窄。谷坊坝址宜“肚大口小”，以节省投资。（3）沟底与岸坡地形、地质、土质状况良好，无孔洞或破碎地层，没有不易清除的乱石和杂物。（4）在有支流汇合的情况下应在汇合点下游修建谷坊。（5）布设谷坊群时，谷坊的间距应通过计算确定。在土质沟道内，以上部坝根与下部坝顶大体呈水平来决定谷坊间距，而在石质和砂卵石道内，以修建后与沟道纵坡保持1/70~1/100坡度为宜。根据这一考虑确定谷坊数量、宽度、高度与间距，力求布局均匀，防止过稀过密，否则容易造成洪水忽急忽缓而引起冲刷。

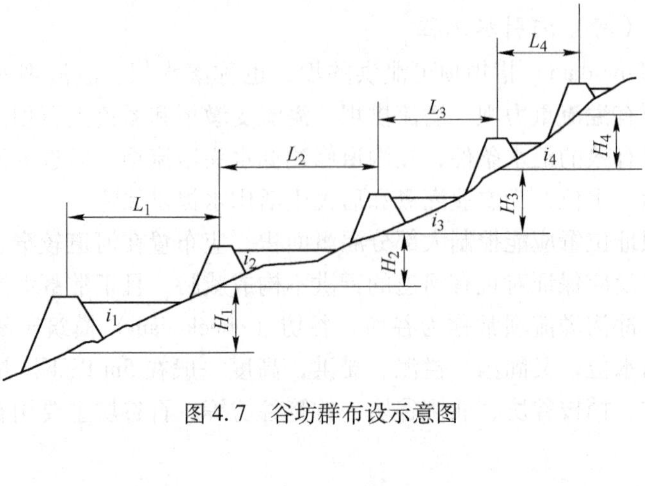

图4.7 谷坊群布设示意图

4.3.2.2 蓄水坑塘

蓄水坑塘是按一定的设计标准，利用有利的地形条件、汇水区域，通过塘坝将自然降水产生的径流存蓄起来的集水工程。一般包括土坝、溢洪道、泄水洞三大部分。水流量小时由泄水洞泄水，水大时由溢洪道或出水管涵泄水。在水土流失和局部干旱地区能起到拦蓄洪水泥沙、发展灌溉的作用，还可保护下游的淤地坝，是治沟工程不可缺少的措施。

塘坝是指拦截和贮存当地地表径流的蓄水量不足10万米^{3}的蓄水设施。塘坝的水源主要是拦蓄自身集水面积内的当地径流，独立运行（包括联塘运行），自成灌溉体系；反调节塘坝除拦蓄当地径流外，还依靠渠道引外水补给渠水灌塘、塘水灌田。渠、塘联合运行，“长藤结瓜”，起调节作用。

塘坝的作用主要包括以下几方面：（1）充分拦蓄地表径流，分散蓄水、就近灌溉，供水及时、管理方便，适应地形起伏、岗冲交错的丘陵地区分散农田的灌溉。同时还可以缩短输水距离与灌水时间，减少水量损失，提高灌水效率。（2）利用塘坝蓄水灌溉，可以减小灌区提、引水工程的规模，减小渠首及各级渠道和配套建筑物的设计流量，减小渠道断面和建筑孔径，节省其工程量和投资。（3）塘坝蓄水浅，水温高，在低温季节引塘水灌田有利于农作物生长。（4）塘坝可以缓洪减峰，防治水土流失，减轻农田洪涝灾害损失。（5）利用塘坝进行综合开发，解决人畜用水，发展“塘坝经济”，可以促进当地农、林、牧、副和渔业发展，增加农民收入，扩大农村就业门路，发展农村经济，改变农村面貌。

丘陵地区，由于坑塘的分布范围广、数量多、作用大，投工、投资少，可就地取材，施工技术简单，群众能够自建、自管、自用，一般能当年兴建、当年受益。因此，是丘陵地区灌溉、抗旱、解决人畜用水和发展“水产养殖”的重要水利基础设施。

新建坑塘选址，应结合规划区内的农用地灌溉要求，尽可能满足能灌能蓄、方便施工与利用，规划时需综合考虑如下几个方面：（1）地形条件好。具有天然的蓄水地形，位置高，塘容大，自流灌溉面积大；淹没占地少，有适宜修建溢洪道的位置；工程简单，土方和配套建筑物少，费用省，用工少。比如，选择“两岗夹一洼，中间筑个坝”，集水面积大，筑坝较容易。（2）地质条件好，工程安全可靠，渗漏损失小。（3）水源条件好，集水面积大，来水量丰富，无严重污染源、淤积源。（4）靠近灌区。“塘跟田走”，连接渠道短，输水损失小。（5）施工、交通及管理方便。附近有合适的筑塘土料，取土运土方便，最好能利用挖塘土筑塘埂。（6）行政区划单一。归属权界定应清楚，尽量避免水源、用水和占地矛盾。（7）有人畜用水要求的，尽量靠近村庄，或选择位置较高处，能自压给水。

4.3.2.3 囤水田坎工程

囤水田是在工程水利设施缺乏、灌溉条件差的地区，一种简易的以田蓄水保水设施。囤水田不仅抗旱保墒，而且涵养水源、调节区域小气候，具有良好的生态效应。囤水田常见于蒸发量不大的丘陵山区，如巴中市在水稻收割后，稻田蓄秋雨过冬，水深0.7m以上则称囤水田，除保本田次年栽秧外，还有多余水供周边田块使用，囤水1亩，基本可供2~3亩农田用水，部分囤水田兼供牲畜饮用。

囤水田主要布置在缺少水源且泡田期缺水情况严重的冲田中上部。囤水田工程内容主要是新修囤水田坎：将水田原有田坎加高加固，并进行防渗处理，以提高田块的囤水能力。

4.3.2.4 蓄水池

蓄水池是用人工材料修建的具有防渗作用的蓄水设施，多修在村庄附近、路旁、坡地，或挖坑，或筑埂，或半挖半填而成，解决人畜用水，结合灌溉。南方地区地表径流和泉水丰富，蓄水保证率高，多以灌溉为主。蓄水池形状一般多为圆形或方形（见图4.8），容积根据来水面积、雨量、灌溉需水量等具体情况而有所不同。蓄水池设进水口、放水口和溢流口，溢流口底坎应与蓄水池最高水位相同。水流入池前进水口处需设置沉沙池（沉沙凼），放水口可设涵洞、竖井或卧管，便于分层放水。

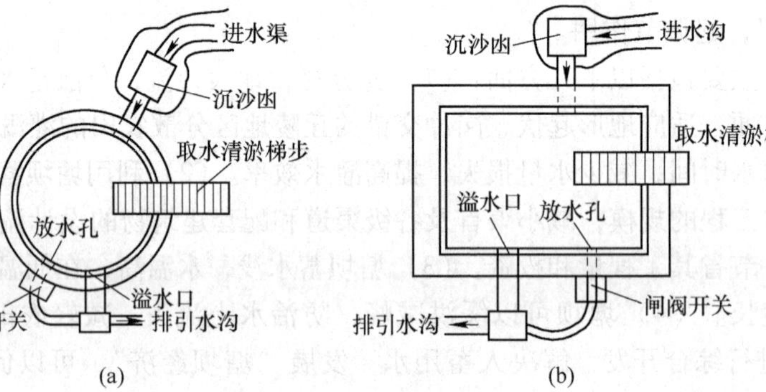

图4.8 圆形与方形蓄水池示意图
(a) 圆形；(b) 方形

蓄水池一般布置在一些地质条件较差、不宜布置水窖的地方，同时为了调剂用水，可在田间地头修建蓄水池，在用水紧缺时使用。蓄水池容积可根据以下原则确定：(1) 要考虑可能收集、贮存水量的多少，判断是属于临时或季节性蓄水还是常年蓄水，分析蓄水池的主要用途和蓄水量要求。(2) 要调查、掌握当地的地形、土质情况。(3) 要结合当地经济水平和投入产出比确定最佳容积。

蓄水池与沉沙池布局原则：(1) 蓄水池可布设在坡面局部低凹、垭口处，或坡腰处，与排水沟的终端相连，容蓄坡面排水。(2) 蓄水池的分布与容量，应根据坡面径流总量、排蓄关系和修建省工、使用方便的原则，因地制宜具体确定。一个坡面蓄排系统可集中布设一个蓄水池，也可分散布设若干蓄水池。(3) 沉沙池的位置一般布设在蓄水池进水口上游附近，如图4.9所示。

4.3.2.5 水窖

水窖是在地下挖成井、缸形式，以贮蓄地表径流的集水设施。在土质地区的水窖多为圆形断面，岩石地区的水窖多采用矩形宽浅式断面。我国北方干旱山区和黄土地区，水窖主要解决人畜用水困难；南方常用于抗旱点浇。做法是在地下开挖一个瓶状土窖，底部和四壁做防渗处理，下雨时，地表径流经沉沙池初步澄清后，引入窖内存储，有防止水面蒸发损失的优点。

水窖布局应考虑如下因素：(1) 水窖布置区域应选择合理的集雨场、靠近引水渠、溪沟、路边沟等便于引水拦蓄的地方。(2) 水窖应有深厚坚实的土层，距沟头、沟边20m以上，石质区域的水窖，应修在不透水的基岩上。(3) 山区应充分利用地形，多建自流灌

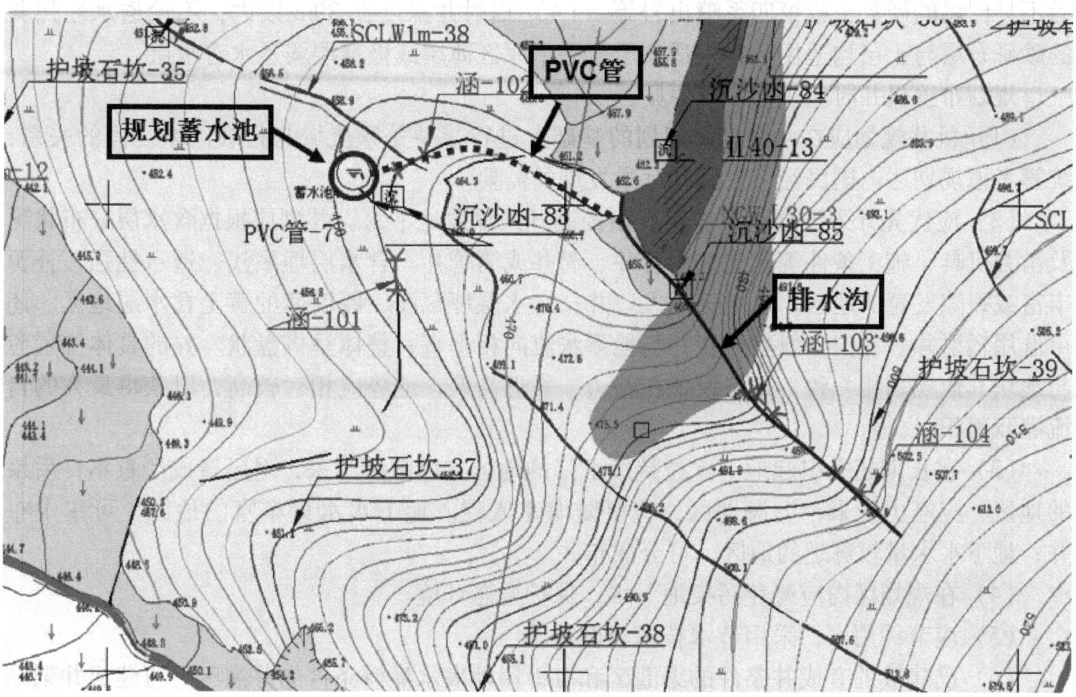

图 4.9 蓄水池与沉沙池布局案例

溉水窖，节省费用。(4) 水窖应根据用途及地形等当地条件进行整体规划布局。以解决人畜饮用水为主的应将窖建在庭院内地形较低处；窖外壁距崖坎的距离不少于 5m，并距根系较发育的树木 5m 以外。若是群窖，两窖外壁之间的间隔距离不得小于 4m。公路旁的蓄水池与公路的距离应符合公路部门的有关规定。(5) 水窖的进水渠（管）上应设闸板并在适当位置布置排水道，当水窖蓄满后应立即停止进水，防止水窖超蓄。利用天然土坡、土路、场院作集流面时，集流的雨水宜先引入涝池、塘坝，待泥沙沉淀 2~3 日后再引入水窖蓄存。

4.3.2.6 机井工程

在北方干旱半干旱平原地区，由于地表水源缺乏，常开采地下水进行农田灌溉，机井是开采利用地下水中应用最广泛的取水建筑物，也是集水工程的一个组成部分。机井灌溉优点是不用修明渠，或者无法获得地表水资源无法修明渠，因此占用耕地少，缺点是若引用地下水过量，会引发地面下陷。

规划机井时，应首先熟悉项目区的自然基础资料，特别是地下水资源状况，掌握地下水资源储量、实际可利用量、用水制度、用水技术等关键数据。井型（地下取水建筑物）可以分为垂直与水平两大类，有五种基本形式：管井、大口井（筒井）、大底井（真空井或真空插管井）、辐射井和渗渠（卧管井或水平集水廊道）等：(1) 管井一般深度在 20~1000m，适用于任何松散或基岩含水层。(2) 大口井深在 15m 以内，适用于地下水埋藏较浅（10m 内）、含水层较薄且渗透性较强的地层取水，它具有就地取材、施工简便的优点；井径根据水量、抽水设备布置和施工条件等因素确定，一般常用为 5~8m，不宜超过 10m。(3) 大底井（真空井）一般深度为 10~30m，适于含水层为松散砂砾石，顶板牢固、悬空后不易倒塌的硬黏土或第四系喷出岩等。（4）辐射井深度在30m以内，不论透水性强弱的砂砾石层与土层均适用，特别适宜于开采平原区薄层或极薄层弱透水含水层。

规划布置机井时应遵循以下原则：

（1）机井规划应在水利总体规划的基础上进行，并兼顾流域与行政区域之间的关系，统筹考虑规划区内国民经济近期和远景发展的需要。

（2）应优先开采浅层地下水，严格控制开采深层地下水。井型应根据含水层分布状况及凿井机具、施工条件等优先选用管井、筒井或筒管井。含水层埋藏浅、透水性强、补源丰富或裂隙发育的地区，也可选用大口井；含水层埋藏浅、厚度薄的黄土含水层地区，还可选用辐射井。井位一般呈行状并与地下水流向相垂直，整体呈棋盘状。井的具体位置应与地块其他规划相一致，最好设置在路边，靠近沟渠，地势应相对较高，以获得最大的自流灌溉面积。

（3）在长期超采引起地下水位持续下降的地区，应限量开采，对已造成严重不良后果的地区，应停止开采，滨海地区，应严防海水入侵。地下水水量丰富的地区，可集中布井；地下水水量较贫乏的地区，可分散布井。

（4）在规划区内应避免污染地下水，保护生态环境。

（5）应节约用水，采用节水技术和设备。

（6）已建成的有成井条件的渠灌区和有引用地表水灌溉条件的井灌区，可建成井渠结合灌区。

（7）地下水水力坡度较陡的地区，应沿等水位线交错布井；地下水水力坡度平缓的地区，应按梅花形或方格形布井。

（8）应与灌排渠沟或管道系统、道路、林带、输电线路的布置相协调。井位布置服从农田基本建设的总体安排，一般应靠近渠路沟布置，多设在田块的角上。进行井群平面布置时，在确定井数与井距后，考虑地形与地下水流向以及灌溉方式等因素，并与沟、渠、田、路、林相配合，尽量按直线排列成行，做到灌排顺当，按二倍影响半径确定井距，以便充分发挥井灌、井排效益，节约基建与运行管理费用。当实际布井数与设计布井数有矛盾时，不应轻易减少或增加，增加井数不宜超过设计井数的10%。同时开采两个以上含水层时，在平面上应将浅、中、深井相间布置，以减少同一含水层间的井间干扰。井区的布置形式有排状、环状和网状等形式。

4.3.2.7 提水泵站

提水泵站又称提灌站，指利用机电动力、水力或风力等，从水库、河流或其他水源提取灌溉用水浇灌作物，所专门建立的农田水利设施。提水泵站在广大农村地区广泛存在，为农田的灌溉起着重要的作用。一般由水泵、动力设备、输水管道、进水闸、引水渠、前池、进水池、出水池、泵房和泄水渠等组成；高扬程泵站还设有水锤消除器等防护设施；从多泥沙水源中提水的泵站要设沉沙池。

提水泵站可分为固定式和活动式两大类。前者适用于水位变幅较小的场合，后者适用于水源水位变幅较大且水泵机组较小的场合。活动泵站一般将水泵机组安装在船上或有滑轨的用钢丝缆牵引而升降的泵车上。此外，还有利用自然能源进行提灌的泵站，如利用山溪水力的水轮泵站和水锤泵站、利用风力提水的泵站、利用太阳能或潮汐能提水的泵站等。

提水灌溉一般不需修建大型挡水或引水建筑物，受水源、地形、地质等条件的影响较小，一次性投资少、工期短、受益快，并能因地制宜并及时满足灌溉的要求。但在运行期间需要消耗能量和经常性地进行维护、修理，其管理费用比自流灌溉较高。

提水泵站站址应根据泵站规模、运行特点和综合利用要求，考虑地形、地质、水源或承泄区、电源、枢纽布置、对外交通、占地、拆迁、施工管理等因素以及扩建的可能性，经过技术经济比较选定。布局规划时应考虑：（1）靠近水源。灌溉泵站应选择布置在稳定水源岸边高处，既要保证引水，又要避免受淹。山丘区泵站站址宜选择在地形开阔、岸坡适宜、有利于工程布置的地点。（2）地基稳定。泵站站址宜选择建在岩土坚实、抗渗性能良好的天然地基上，不应设在不良地质地段。（3）方便后期管理。泵站宜建于田间道附近，便于施工及日常维护；泵站灌溉范围应结合村组权属界线划分，尽量避免一泵多村。（4）经济合理。泵站控制面积不宜过小；扬程一般不宜过高，设计时需考虑泵站使用成本；高扬程提水灌溉工程，应根据灌区地形、分区、提蓄结合等因素确定一级或多级设站。多级设站时，可结合行政区划与管理要求等，按整个提水灌溉工程动力机装机功率最小的原则确定各级站址。（5）因地制宜。由河流取水的泵站，当河道边岸为缓坡时，宜采用引水式布置，河道边岸为陡坡时，宜采用岸边式布置；由渠道取水的泵站，宜在取水口下游侧的渠道上设节制闸；由湖泊或水库取水的泵站，可根据地形及水文情况，采用引水式或岸边式布置。从多泥沙河流上取水的泵站，应设置沉沙、冲沙和清淤设施。（6）保持与现有工程的安全距离。泵房距离铁路、高压输电线路、地下压力管道、高速公路及一、二级公路之间的距离不宜小于100m。（7）自流灌溉困难、面积较小、分布分散的地块宜采用移动式抽水方式，需要设置抽水平台和集水池。配套安装连接管，修建出水池，并做好出水池与灌溉渠道的连接。

4.3.3 引水灌溉工程规划

4.3.3.1 引水渠系工程布局原则

引水渠系工程规划布置关系到整个灌区的规划方案、灌溉效益、工程造价以及今后管理养护等一系列问题。干、支渠是输水渠道，担负着全灌区的输水任务，其规划方案影响着下级渠道、渠系建筑物的布置，关系到土石方工程量的大小、渠系建筑物的多少、施工和管理的难易，以及工程效益的高低。因此，进行灌溉渠系布局，一定要深入现场，调查研究土地整治区域的地形、土壤、地质、水文、气象和社会经济等情况，布局时应遵循如下原则：（1）尽可能获得最大的自流灌溉面积。引水渠应布置在灌区较高地带，以便自流控制较大灌溉面积，其他各级渠道也应布置在各自控制方位内的较高地带。对面积很小的局部高地宜采用提水灌溉的方式，不必据此抬高渠道高程。（2）工程量和工程费用最小。一般来说渠线应尽可能短直，以减少占地和工程量，要充分利用现有农田水利设施。在山区、丘陵地区，岗、冲、溪、谷等地形障碍较多，地质条件比较复杂，若渠道沿等高线绕岗穿谷，可减少建筑物的数量或减小建筑物的规模，但渠线较长，土方量较大，占地较多；如果渠道直穿岗、谷，则渠线短直，工程量和占地较少，但建筑物投资较大，施工困难。方案要通过经济比较才能确定。（3）灌排系统结合考虑，统一布置。在多数地区，必须有灌有排，以便有效地调节农田水分状况。通常先以天然河沟作为骨干排水沟道布置排水系统，在此基础上，布置灌溉渠系。应避免沟、渠交叉，以减少交叉建筑物。有条件的要建立“长藤结瓜”式灌溉系统，以发挥塘库的调蓄作用，扩大灌溉水源。（4）安全可靠。尽可能避免深挖方、高填方和难工险段，以求渠床稳固，施工方便，输水安全。山区尽可能不沿河、溪边缘布置，以防被山洪冲毁。（5）渠系布置要和行政区划、土地利用规划相结合，每个用水单位最好有单独的用水渠道，以提高土地利用率，方便生产和生活。

4.3.3.2 *灌溉渠道规划布置形式*

干渠是用于输水的主水渠，输水渠道的主干部分，作为支渠水流的主要来源。支渠，又称配水渠道，是从干渠取水分配给各用户的输水渠道。支渠一般布置在干渠的一侧或两侧，其设计要求及线路选择，视地形条件而定。支渠在灌溉系统中作为灌区内部分配水量的渠道。上承干渠、下接斗渠。在大型灌区，支渠控制的灌溉面积一般在万亩以上。在田、路、渠、林配套时，支渠两侧应营造防护林带。

干渠、支渠常常采用两种布置形式：（1）干渠沿等高线布置，采用较小的纵坡，支渠则垂直于等高线布置。这种形式常见于地形呈一面倾斜的地区。（2）干渠垂直于等高线布置，其纵坡视地面坡度而定，支渠自干渠两侧分出，形如马鬃，这种形式常见于地形呈脊状隆起浅丘岗地。

在丘陵山区，根据地形特点和所处部位，分为岗地（岗田）、坡地（塝田）、谷地（冲田）三种类型。

（1）岗地。由于岗地易发生地表径流，岗地怕旱，渠系布置要以灌水为主，布置形式上一般沿岗脊布置斗渠，在斗渠两侧设置农渠。

（2）坡地。坡地由于地面倾斜，地表易形成径流，坡地怕旱，原则上要修建水平梯田。一般采用斗、农两级渠道。斗渠平行等高线布置，农渠垂直等高线布置。

（3）谷地。谷地地势低洼，地下水位高，易涝易渍，应以排为主，兼顾灌溉。在谷地较宽大时（宽度在200m以上），一般谷地中心流水线开挖排水沟，两侧修建灌水渠，垂直于灌溉渠系和排水沟修建次级排水沟，渠系总的布局呈“用”字形布置。若谷地较窄（如谷地田块宽度在100~200m），在谷地纵向坡度大地势低（坡面聚水较多）的一侧修建排水渠；在另一侧修建灌排两用沟渠。垂直于排水沟与灌排两用沟渠修建次级排水沟，排水沟与灌排两用沟渠呈“月”形布置。特别窄的谷地（宽度小于100m），可修建一条灌排两用沟渠，如图4.10所示。

低洼排水地区地势低洼，易涝渍，因此低洼地区排水十分重要。而排水速率、地下水位的高低、土壤的脱盐程度在一定程度上多取决于排水沟的深度和间距，特别是末级固定排水沟的间距。

丘陵山区有条件的地方可以采用输水渠道与多种水源相结合的“长藤结瓜”式布局，不仅可以调盈补缺扩大灌溉面积，同时对防止山洪和保持水土也有很大作用。所谓“长藤结瓜”，是指以盘山渠道为藤，以坑塘、水库为瓜，用渠道把河流和灌区内部的塘库等蓄水工程串联起来，能实现分散蓄水、统一灌溉的典型丘陵山区灌溉工程布局形式，如图4.11所示。

“长藤结瓜”农田水利系统一般由三部分组成：一是渠首引水或蓄水工程，二是输水、配水渠道系统，三是灌区内部的小型水库和坑塘。在非灌溉季节，利用渠道引水入瓜，补充其蓄水之不足；在灌溉季节，尤其是用水紧张时，渠道引坑塘、水库水灌田、供水，提高了灌溉、供水保证率。缺点是修建这种灌溉系统的蓄水设施，常占用一些土地，耗费一

图 4.10 特别窄的谷地可修建一条灌排两用沟渠

图 4.11 “长藤结瓜”式布局案例

定的建设和管理养护费用，蓄起来的水也会有一部分蒸发渗漏损失。采用“长藤结瓜”布局形式，应考虑如下几个问题：

（1）盘山渠道必须截断天然地表径流，暴雨时山洪可能冲毁渠堤和建筑物，淹没农田和村庄。因此必须解决渠道的防洪问题。

（2）灌溉渠道不宜直接穿过库、塘、堰，且库、塘、堰的布置宜满足自流灌溉需要为主，必要时可设泵站或流动抽水机组向渠道补水。

（3）进行分区水量平衡计算。选定位置较高、库容较大的水库作为骨干水库；分区确定灌溉需水量及供水过程；对各供水区分别按多种水源来水量进行水量平衡计算，然后按各分区的缺水量总和确定骨干水库的供水量及供水过程；充分利用非灌溉期和丰水年的来水，充蓄库、塘、堰。

4.3.3.3 管道输水系统

低压管输水灌溉是以低压管道取代明渠输水灌溉的一种工程情势。采取低压管道输水，能够大大减少输水进程中的渗漏和蒸发丧失，使输水效率达95%以上，比土渠、砌石渠道、混凝土板衬砌渠道分别多节水约30%、15%和7%。

对于井灌区，因为减少了水的输送丧失，使从井中抽取的水量大大减少，因此可减少能耗25%以上。另外，以管代渠，能够减少输水渠道占地，使土地利用率提高2%~3%，且具备管理便捷、输水速度快、省工省时、便于机耕和养护等许多优点。

因此，对于地下水资源严重超采的北方地区，井灌区应大力推行低压管道输水技巧，特别是新建井灌区，要力争实现输水管道化。近几年南方经济条件的渠灌区也在大力推广低压管灌。因为低压管道输水灌溉方式的一次性投资较低，管理便捷，适宜于我国乡村当前的经济情况和土地经营管理模式。

A 管道输水系统的类型

管道输水灌溉系统按其输配水方式、管网形式、工作方式和结构形式可分为以下类型：

（1）按输配水方式分类。低压管道输水灌溉系统按输配水方式可分为加压输水系统和自压输水系统。加压输水系统分为两种，一种是水泵直送式，即水泵直接将水送入管道系统，然后再通过分水口进入田间；另一种形式是蓄水池调蓄式，即经水泵加压通过管道将水输送到某一高位蓄水池，然后由蓄水池通过管道自压向田间供水。

（2）按管网形式分类。低压管道输水灌溉系统按管网形式可分为树状网和环状网。树状网的管网为树枝状，水流在干管、支管、分支管中从上游流向末端，只有分流而无汇流。环状网是管网通过节点将各管道连接成闭合环状，根据出水口位置和控制阀启闭情况，水流可作正向或逆向流动。

（3）按工作方式分类。低压管道输水灌溉系统按工作方式可分为移动式、半固定式和固定式。移动式除水源外，管道及分水设备都可移动，机泵有的固定，有的也可移动。半固定式管道系统的一部分固定，另一部分移动。固定式是低压管道输水灌溉系统中的各级管道及分水设施均埋入地下，固定不动。

（4）按结构形式分类。低压管道输水灌溉系统按结构形式可分为开敞式、半封闭式和封闭式。开敞式是指在上游高差不太大的一些部位设有自由水面调压井的管道系统形式。

半封闭式是指在输水过程中，管道系统不完全封闭，在适宜的位置设置浮球阀来控制阀门启闭的一种输水形式。封闭式是指水流在全封闭的管道中从上游管端流向下游管道末端，输水过程中系统不出现自由水面。

B 管道输水系统布局要求

管道输水系统可根据地形、水源和用户用水情况，采用环状管网或树状管网，其工程布置应满足下列条件：

(1) 管网布置应力求管道总长度最短、管道短而直，减少拐弯、起伏和折点，尽量避免逆坡布置。

(2) 管道灌溉宜采用单水源管道系统，采用多水源汇流管道系统，应经技术经济论证。

(3) 平坝区各级管道宜布置在各自控制区域中间，双向供水，干管应尽量垂直等高线布置；低山丘陵区干管宜沿平行于等高线布置。最末一级固定管道的走向应与作物种植方向一致。给水栓和出水口的间距应根据生产管理体制、灌溉方法及灌溉计划确定，间距宜为50~150m。各用水单位应设置独立的配水口，单口灌溉面积宜在0.25~0.60hm^2，单向灌水取较小值，双向灌水取较大值。在山丘区梯田中，应考虑在每个台地中设置给水栓。

(4) 管网压力分布差异较大时，可结合地形条件进行压力分区，采用不同压力等级的管材和不同的灌溉方式。

4.3.4 田间灌排渠系规划

田间灌排渠系系指末级固定渠道（农渠、农沟）以下及耕作田块内的临时渠道（毛渠、毛沟、灌水沟、畦等）。由于地区和灌水方式的不同，田间灌排渠道布置形式亦多种多样，以下主要介绍地面明渠方式下田间灌排渠系的配置。

4.3.4.1 末级固定渠道布置

末级固定渠道布置的一般要求：

(1) 要与其他有关规划项目紧密配合，要结合田块、林带、道路的配置综合考虑，一般应将田间沟、渠沿田块界线配置，做到地块规整，便于耕作和灌排。

(2) 要考虑地形条件和机耕要求，尽量利用田间原有工程设施，以减少工程量和财力消耗。

(3) 布置田间沟渠时应注意与上一级沟渠的水位衔接，以利灌溉和排水。

末级固定渠道（农渠、农沟）的常见布置形式有：灌排相邻布置、灌排相间布置、灌排合一等，其比较见表4.1。灌排相邻布置与灌排相间布置示意图如图4.12所示。

表4.1 末级固定渠道（农渠、农沟）的常见布置形式比较

布置形式	概　念	适用的情形	优　点	缺　点
灌排相邻布置	灌水农渠与排水农沟平行相邻布置	单面坡向且坡面坡度较为一致的地形，即农渠从地势高的一面灌水，农沟从地势低的一面排水	渠道土方工程量相对较小；一般用挖排水沟的土方修建灌水渠或沟渠间的道路	容易引起灌水渠道坍塌；在盐碱土地区不利于排碱洗盐

续表 4.1

布置形式	概念	适用的情形	优点	缺点
灌排相间布置	灌水渠设置在高处，排水渠设置在低处；农渠向两侧灌水、农沟承泄两侧的排水，灌水渠道与排水沟隔地块相间布置	地形起伏区，将农渠布设在高处，向两侧灌水；农沟布设在低处，承泄两侧的排水	灌排相邻造成的渠道的渗漏损失减少	土方工程量大；田面宽度相对变窄，对机耕效率和土地利用率的提高不利
灌排合一	灌排使用同一条渠道，为灌排合一形式	受地形、水源、容泄区、田块面积等限制不便于灌排分开	节约耕地	渠道尺寸较大；不便于控制地下水位，不利于排碱洗盐

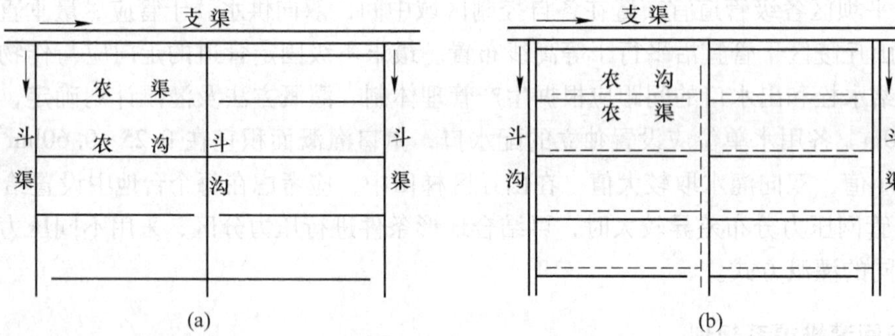

图 4.12 灌排相邻布置与灌排相间布置示意图

(a) 灌排相间布置；(b) 灌排相邻布置

4.3.4.2 田间临时渠系

田间临时渠系的布置形式分两种情况：

(1) 纵向布置。这种布置形式田间临时渠道是由毛渠和输水沟两级所构成，灌溉水从毛渠经过输水沟进入灌水垄沟或畦。毛渠布设方向与灌水沟、畦方向一致。毛渠沿地面最大坡度方向布置。在微地形地区，毛渠可以进行双向控制，对于减少土地平整的工作量十分有利。纵向布置一般适用于地形不太平坦的田间地块。

(2) 横向布置。这种布置形式田间临时渠道只是由毛渠一级构成，灌溉水直接从毛渠输送到灌水沟、畦。毛渠布设方向与灌水沟、畦方向垂直。横向布置一般适用于地形平坦的田间地块。

毛渠的间距，当采用纵向布置时，输水垄沟的长度一般在 50~80m，若双向控制，则间距加倍。当采用横向布置时，毛渠的间距即灌水沟的长度一般在 50~100m，若双向控制，为其两倍，毛渠的长度即农渠的长度一般为 200~400m。畦田是整地播种时，修筑 15~25cm 高的纵横小埂，形成一块块狭长的畦田，田面坡度为 1/300~1/1000，一般畦长 30~100m。

在水田地区，种植水稻多采用淹灌法，将灌水地段由毛渠所控制的范围内用田埂分隔为若干格田，在格田内进行精细地平整土地，并且具有格田独立的进、泄水口。格田的地面坡度应小于 1/1000，格田长度一般在 50~150m；格田的宽度，一般根据地面坡度大小及田间管理工作的方便而定，在 20~50m。

4.3.5 排水工程规划

我国多数地区降水量的季节分配极不均匀。在排水工程规划中，必须将蓄、排措施与兴利措施紧密地结合起来。属于“蓄”的措施有消灭水土流失，在广大面积上控制洪水发生的水土保持工作；有在洪水发生以后将洪水拦蓄于坑塘、水库之中的蓄洪工程。属于“排”的措施有使流入支沟、河流的洪水安全下泄的堤防工程。这些工程相互之间的配合和与有关兴利措施的配合，必须在综合利用、综合治理的原则下进行全面规划，采取以蓄为主，蓄排结合的原则，达到最经济有效地变水害为水利的目的。

排水除涝措施可分工程措施和农业措施两大类：

（1）工程除涝措施，即兴建、扩建和管好、用好除涝工程设施。对于有自流排出条件的易涝区，常采取挖沟、疏河和下移出水口等办法提高自流排水能力。对于低洼易涝区，常采取上做截流工程，下做围堤工程，同时修建排水闸和排涝站等措施，能自流排水时开闸自排，不能自排时闭闸抽排。修好除涝工程，仅为除涝准备了物质条件，管好、用好工程设施才是取得除涝实效的关键。平时抓维修，雨季抓排水，力争早排、快排、自流排，最大限度地发挥除涝效益。完整的除涝排水，不仅要及时排除地面积水，而且要及时降低地下水位，排除过多的土壤水。前者属于排涝，后者属于防渍，除涝防渍并举，才能取得除涝保收的效果。

（2）农业除涝措施，即为防涝避灾而采取的调整农业布局和合理利用水土资源等除涝措施。在低洼易涝区，选种耐涝作物，增强农田抗涝能力。必要时，把排水困难、排水代价过高的局部洼地规划为蓄涝养殖区，这样既能降低排涝费用，又能发展多种经营。实践证明，农业措施与水利措施相结合，常能组成最佳的除涝措施方案。

4.3.5.1 排水沟

排水沟布局应考虑：（1）排水沟路线宜短而直，排水沟应布置在低洼区域，应利用天然冲沟，避免填方，排水沟的终端应连接蓄水池或天然排水道。（2）排水工程布置应与田间其他工程（灌渠、道路、林网）相协调。在平原、平坝地区一般与灌溉渠分离；在丘陵山区，排水沟可选用灌排兼用或灌排分离的形式。排水出口应根据承泄区水位情况采取自排、抽排或自排与抽排相结合的方式。（3）排水沟在坡面上的坡度，根据其排水去处的位置而定，当排水出口的位置在坡脚时，排水沟大致与坡面等高线正交布设；当排水去处位于坡面时，排水沟可基本沿等高线或与等高线斜交布设，各种布设都应做好防冲措施。（4）对控制地下水位有要求的区域，需注意沟深与沟距关系，旱作区与水稻区控制地下水位的沟深与沟距关系值分别见表4.2和表4.3。

表4.2 旱作区控制地下水位的沟深与沟距 (m)

沟 深	不同土质下的沟距				
	砂壤土	轻壤土	中壤土	重壤土	黏 土
1.0~1.2	150	120~150	65	35	30
1.5~1.7	250	200~250	120	70	60
2.0~2.2	400	300~400	180	120	100

表 4.3 水稻区控制地下水位的沟深与沟距 (m)

沟 深	不同土质下的沟距		
	黏 土	壤 土	砂 土
0.8~1.2	50~60	60~70	70~80

4.3.5.2 排水泵站

排水泵站（排涝站）是用于排除洪涝渍水和降低地下水位的泵站，在排水管道的中途和终点需要提升废水时设置泵站，称为中途泵站和终点泵站。当周围环境有特殊要求时，中途泵站有时全部隐建在地下。泵站配泵时要顾及雨天流量和晴天流量的巨大变化，可采用不同类型及不同流量的泵组组合以利运转，但泵组的品种宜少些。螺旋泵效率较高、能耗较少、不易阻塞、易于维修，最宜用于扬水量较大、扬程较小的场合。

排水泵站的主要组成部分是泵房和集水池，泵房中设置由水泵和动力设备组成的机组。动力设备通常是电动机，设有配电盘。泵房顶部设起重设备，供安装和检修时起吊机组之用。集水池中设置机械或人工清除垃圾的格栅，拦挡粗大的和容易截住的悬浮物，以防水泵阻塞。集水池有一定的储水容积以利水泵的启动。

排水泵站的布局，应根据自排与提排、排除涝水与降低地下水位、排水与灌溉相结合，以及现有和计划兴建的灌排渠系布置的要求，因地制宜选用集中或分散建站、一级或多级排水的方式。排水泵站出水口不宜选在岸崩、河床不稳定或淤积严重的河段。有部分自排条件的排水泵站，宜与排水闸合建。灌排结合泵站站址，应根据外水内引和内水外排的要求确定，总体布置应紧凑合理，配套涵闸的过流能力必须与泵站抽水能力相适应。

4.3.6 低压管道灌溉规划

本节主要介绍工作压力低于 0.2MPa，自成独立灌溉系统的低压输水，简称管道灌溉，或管道输水。

4.3.6.1 低压管道灌溉的概念与特点

管道灌溉一般指低压管道输水，是以管道代替明渠灌溉的一种工程形式，水由分水设施输送到田间，由管道分水口分水进入田间沟、畦。管道输水有多种使用范围，大中型灌区可以采用明渠水与管道有压输水相结合。

管道输水方式具有如下特点：（1）节水节能。管道输水可减少渗漏损失和蒸发损失，与土垄沟相比，管道输水损失可减少 5%，水的利用率比土渠提高了 30%~40%，比混凝土等衬砌方式节水 5%~15%。对机井灌区，节水就意味着降低能耗。（2）省地、省工。用土渠输水，田间渠道用地一般占灌溉面积的 1%~2%，有的多达 3%~5%，而管道输水只占灌溉面积的 0.5%，提高了土地利用率。同时管道输水速度快，避免了跑水漏水现象，缩短了灌水周期，节省了巡渠和清淤维修用工。（3）投资小、效益高。管灌投资较低，一般每亩在 100~300 元。同等水源条件下，由于能适时适量灌溉，满足作物生长期需水要求，因而起到增产增收作用。（4）适应性强。管道输水出水口流量大，不会发生堵塞；压力管道输水，可以越沟、爬坡和跨路，受地形限制小，施工安装方便，便于群众掌握，便于推广；配上田间地面移动软管，可解决零散地块浇水问题。

4.3.6.2 管道输水系统的组成

管道输水灌溉系统由水源与取水工程、输水配水管网系统和田间灌水系统3部分组成：(1) 水源与取水工程。管道输水灌溉系统的水源有井、泉、沟、渠道、塘坝、河湖和水库等。水质应符合《农田灌溉用水标准》，且不含有大量杂草、泥沙等杂物。井灌区的取水工程应根据用水量和扬程大小，选择适宜的水泵和配套动力机、压力表及水表，并建有管理房。自压灌区或大中型提水灌区的取水工程还应改进水闸、分水闸、拦污栅及泵房等配套建筑物。(2) 输水配水管网系统。输配水管网系统是指管道输水灌溉系统中的各级管道、分水设施、保护装置和其他附属设施。在面积较大灌区，管网可由干管、分干管、支管和分支管等多级管道组成。(3) 田间灌水系统。田间灌水系统指出水口以下的田间部分，它仍属地面灌水，因而应采取地面节水灌溉技术，达到灌水均匀并减小灌水定额的目的。

4.3.6.3 管道输水系统的分类

管道输水系统按其压力获取方式、管网形式、管网可移动程度等的不同可分为以下类型：

(1) 按压力获取方式分类。按压力获取方式不同可分为机压输水系统和自压输水系统。1) 机压（水泵提水）输水系统。它又分为水泵直送式和蓄水池式。当水源水位不能满足自压输水要求时，要利用水泵加压将水输送到所需要的高度或蓄水池中，通过分水口或管道输水至田间。目前，井灌区大部分采用直送式。2) 自压输水系统。当水源较高时，可利用地形自然落差所提供的水头作为管道输水所需要的工作压力。在丘陵地区的自流灌区多采用这种形式。

(2) 按管网形式分类。按管网形式不同可分为树状网和环状网两种类型。1) 树状网。管网呈树枝状，水流通过“树干”流向“树枝”，即从干管流向支管、分支管，只有分流而无汇流。2) 环状网。管网通过节点将各管道连接成闭合环状网。根据给水栓位置和控制阀启闭情况，水流可作正逆方向流动。目前国内低压管道输水灌溉系统多采用树状网，环状网在一些试点地区也有应用。

(3) 按固定方式分类。低压管道输水灌溉系统按固定方式可分为移动式、半固定式和固定式。1) 移动式。除水源外，管道及分水设备都可移动，机泵有的固定，有的也可移动，管道多采用软管，简便易行，一次性投资低，多在井灌区临时抗旱时应用。但是劳动强度大，管道易破损。2) 半固定式。其管道灌溉系统的一部分固定，另一部分移动。一般是水源固定，干管或支管为固定地埋管，由分水口连接移动软管输水进入田间。这种形式工程投资介于移动式和固定式之间，比移动式劳动强度低，但比固定式管理难度大，经济条件一般的地区，宜采用半固定式系统。3) 固定式。管道灌溉系统中的水源和各级管道及分水设施均埋入地下，固定不动。给水栓或分水口直接分水进入田间沟、畦，没有软管连接。田间毛渠较短，固定管道密度大，标准高。固定式管道灌溉系统一次性投资大，但运行管理方便，灌水均匀。有条件的地方应逐渐推行这种形式。

4.3.6.4 管网系统布置的原则

管网系统布置是管道输水工程设计的关键内容之一。一般管网工程投资占管道系统总投资的70%以上。管网系统布置得合理与否，对工程投资、运行和管理维护都有直接的影响。因此，应从技术、经济和运行管理等方面，对管网系统的布置方案应进行充分、科学的论证比较，选择最佳的方案。

（1）井灌区的管网一般以单个井为单元进行布置。在井群统一管理调度情况下，也可采用多井汇流管网系统，但应进行充分的技术经济论证。渠灌区应根据地形条件、地块形状及水源位置和作物布局、灌溉要求等分区布置管网。

（2）应根据水源位置（机井位置或管网入口位置）、地块形状、种植方向及原有工程配套等因素，通过比较，确定采用树状管网或环状管网。

（3）管网布置应满足地面灌水技术指标的要求，在平原区，各级管道尽可能采用双向供水。

（4）管网布置应力求控制面积大，且管线平顺，减少折点和起伏。若管线布置有起伏时，应避免管道内产生负压。

（5）管网布置应紧密结合水源位置、道路、林带、灌溉明渠和排水沟以及供电线路等，统筹安排，以适应机耕和农业技术措施的要求，避免干扰输油、输气管道及电信线路等。

（6）管网布置时应尽量利用现有的水利工程，如倒虹吸和涵管等。

（7）管道级数，应根据系统灌溉面积（或流量）和经济条件等因素确定。井灌旱作物区，当系统流量小于 $30m^3/h$ 时，可采用一级固定管道；系统流量在 $30\sim60m^3/h$ 时，可采用干管（输水）、支管（配水）两级固定管道；系统流量大于 $60m^3/h$，可采用两级或多级固定管道。渠灌区，目前主要在支渠以下采用低压管道输水灌溉技术，其管网级数一般为斗管、分管、引管三级。对于渗透性强的砂质土灌区，末级还应增设地面移动管道。在梯田上，地面移动管道应布置在同一级梯田上，以便移动和摆放。

（8）管线布置应与地形坡度相适应。如在平坦地形，为充分利用地面坡度，干（支）管应尽量垂直等高线布置；若在山丘区，地面坡度较陡时，干（支）管布置应平行等高线，以防水头压力过大而需增加减压措施。田间最末一级管道，其布置走向应与作物种植方向和耕作方向一致，移动软管或田间垄沟垂直于作物种植行。

（9）给水栓和出水口的间距应根据生产管理体制、灌溉方法及灌溉计划确定，间距宜为 $50\sim100m$，单口灌溉面积宜为 $0.25\sim0.6hm^2$，单向浇地取较小值，双向浇地取较大值。在山丘区梯田中，应考虑在每个台地中设置给水栓，以便于灌溉管理。

（10）在已确定给水栓位置的前提下，力求管道总长度最短，管径最小。

（11）充分考虑管路中量水、控制和安全保护装置的适宜位置。渠灌区、丘陵自压灌区、河网提水灌区的取水工程根据需要可设置进水闸、分水闸、拦污栅、沉沙池。

4.3.6.5 管网规划布置的步骤

根据管网布置原则，按以下步骤进行管网规划布置：

（1）根据地形条件分析确定管网形式。

（2）确定给水栓的适宜位置。

（3）按管道总长度最短布置原则，确定管网中各级管道的走向与长度。

（4）在纵断面图上标注各级管道桩号、高程、给水装置、保护设施、连接管件及附属建筑物的位置。

（5）对各级管道、管件、给水装置等，列表分类统计。

4.3.6.6 管网布置形式

A 井灌区管网典型布置形式

井灌区管网布置形式常见以下几种：

（1）机井位于地块一侧，控制面积较大且地块近似成方形，如图 4.13~图 4.15 所示。这些布置形式适合于井出水量 60~100m^3/h、控制面积 10~20hm^2，地块长宽比约等于 1 的情况。

（2）机井位于地块一侧，地块呈长条形，可布置成“一”字形、L 形、T 形，如图 4.16~图 4.18 所示。这些布置形式适合于井出水量 20~40m^3/h，控制面积 3~7hm^2，地块长宽比不大于 3 的情况。

（3）机井位于地块中心时，常采用图 4.19 所示的“H”形布置形式。这些布置形式适合于井出水量 40~60m^3/h、控制面积 7~10hm^2，地块长宽比不大于 2 的情况。当地块长宽比大于 2 时，宜采用图 4.20 所示的长“一”字形布置形式。

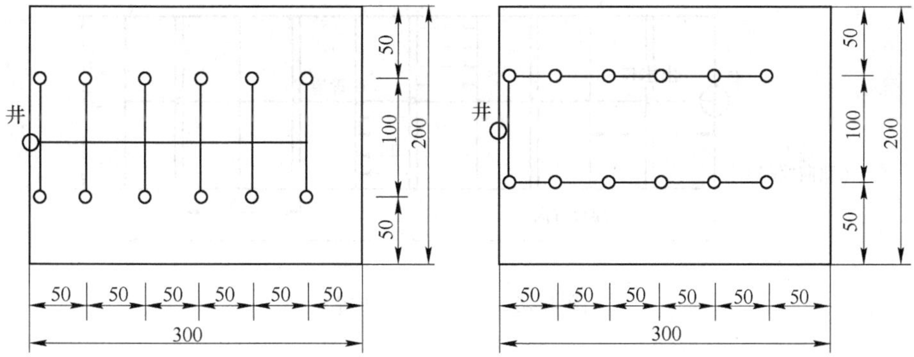

(a) (b)

图 4.13 给水栓向一侧分水示意图（一）（单位：m）

（a）圭字形布置；（b）Ⅱ形布置

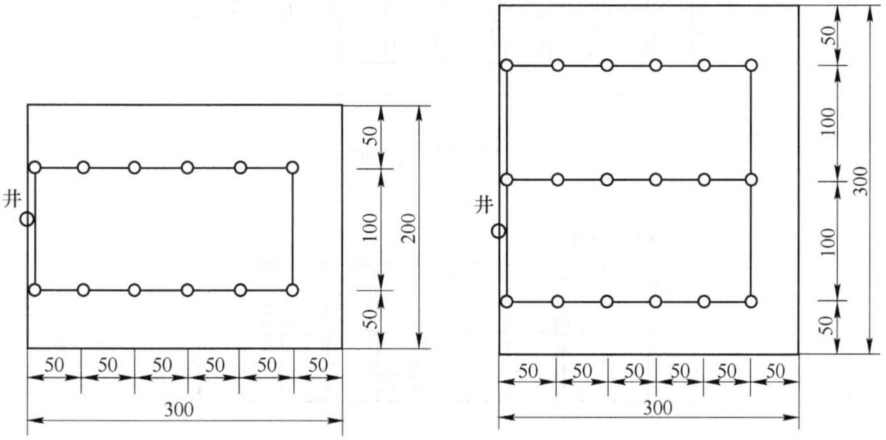

(a) (b)

图 4.14 给水栓向一侧分水示意图（二）（单位：m）

（a）单环形布置；（b）双环形布置

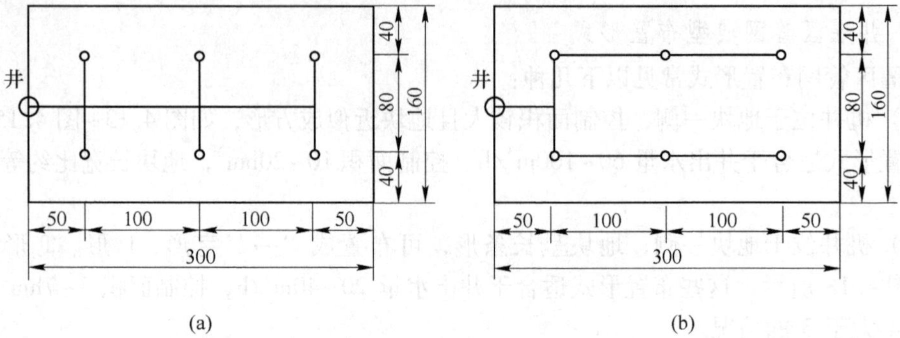

图 4.15 给水栓向两侧分水示意图（单位：m）
（a）圭字形布置；（b）Ⅱ形布置

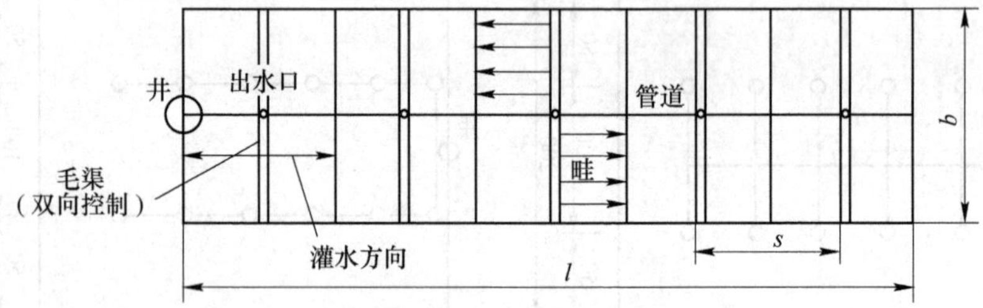

图 4.16 "一"字形布置

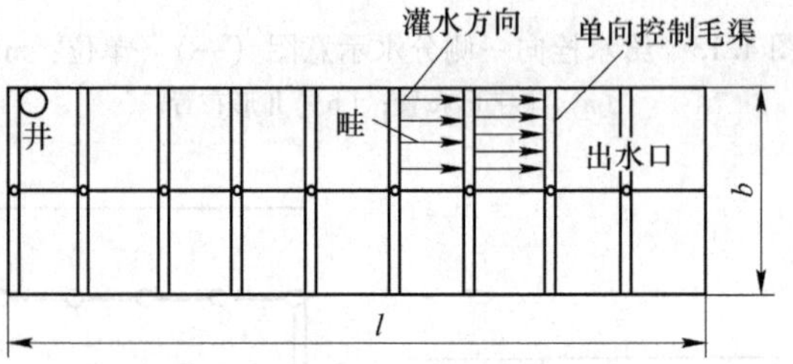

图 4.17 "L"形布置

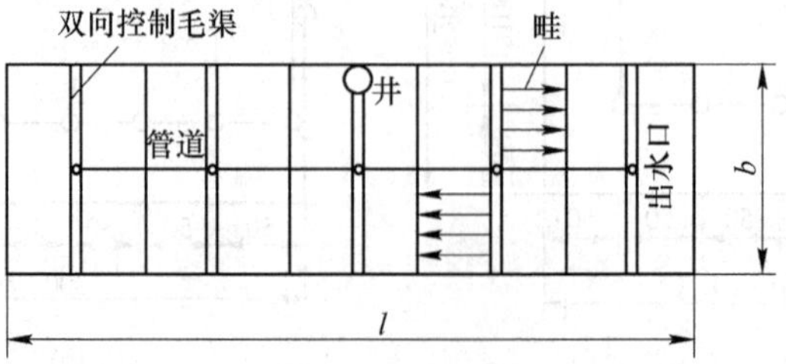

图 4.18 "T"形布置

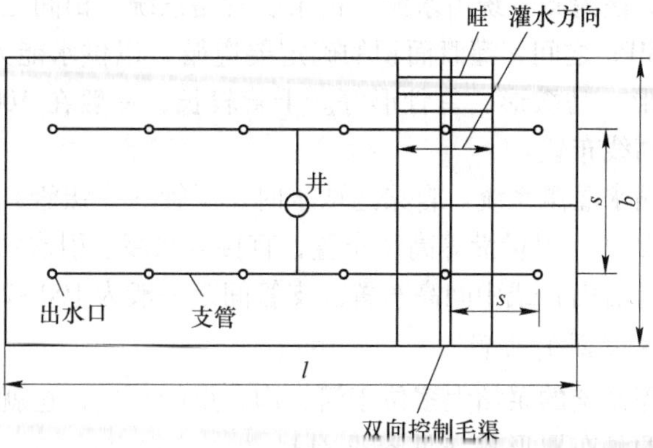

图 4.19 “H” 形布置

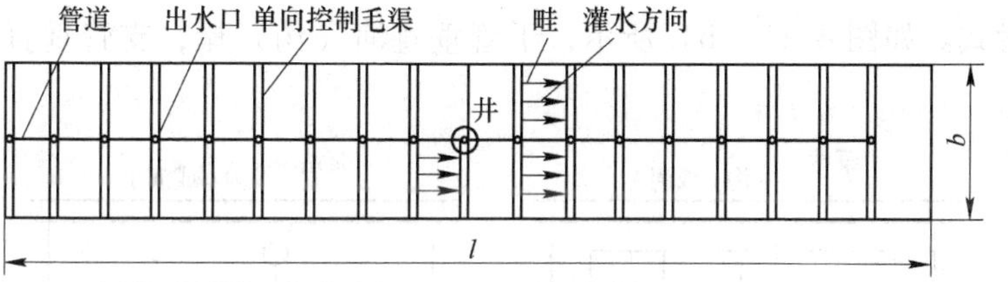

图 4.20 长“一”字形布置形式

B 渠灌区管网典型布置形式

渠灌区管灌系统主要采用树枝状管网，影响其具体布置的因素有：水源位置及其与管灌区的相对位置，控制范围和面积大小及其形状，作物种植方式、耕作方向等。根据不同的地形特点，介绍 3 种典型渠灌区管网布置形式：

（1）梯田管灌系统呈树枝状管网的布置形式。由于管灌区地形坡度陡，因此干管沿地形坡度走向，即干管垂直等高线布置。这样干管可双向布置支管，支管均沿田地块方向，平行等高线布置。每块梯田布置一条支管，各自独立由干管引水。支管上给水栓或出水口只能单向向输水垄沟或闸孔管输水，对畦、沟则可双向进行灌溉。

（2）山丘区提水渠灌区管灌系统呈辐射树枝状管网的布置形式。该管灌区地形起伏，坡度陡，水源位置低，因此需建泵站提水加压，经干管（为泵站压力水管）、支管输水，由于干管实际上是泵站的扬水压力管道，必须垂直等高线布置，以使管线最短。支管平行于等高线布置，但要注意，既要使管线布置顺直，少弯折，又要考虑尽量减少土方量，减轻管线挖填强度，同时因地形起伏，布置斗管以辐射状由支管给水栓分出，并沿山脊线垂直等高线走向。斗管上布置出水口给水栓，其平行等高线双向配水或灌水浇地。

（3）平坦地形，管灌区控制面积大，并有均一坡度情况下的典型树枝状管网布置形式。其管网由三级地埋暗管组成，即斗管、分管和引管。田间灌水可采用输水垄沟或地面移动软管，由引管引水。由于该类管灌区地形既有纵向坡度，又有横向坡度，而且地形坡度总趋势纵横均为单一比较均匀地向下游的坡向，因此管网只能单向输水和配水。

C 丘陵区管网的布置

对于谷深坡平、耕地相对集中、相对高差在 50m 以内水低田高的山丘，可利用管道逆坡远距离输水灌溉。该灌溉系统由水源、机泵、管路系统、田间工程 4 部分组成，工作压力一般在 0.2~0.4MPa 之间，灌溉面积的确定要遵循“以供水能力确定面积”的原则。管网布置形式有树枝形、马鞍形、鱼骨形等。干管较长，一般在 1000m 左右，垂直于等高线布置；支管沿等高线布置。

丘陵区自流管道输水灌溉系统。自渠道取水时，干管（一级管）尽量沿山脊或中间高顺坡布置，支管（二级管）尽量沿等高线布置；直接自水库、引水坝取水的，干管尽量沿等高线布置，支管尽量沿山脊或中间高布置。支管间距一般为 100~200m。

D　河网提水灌区管网的布置

河网提水灌区管灌系统的泵站大多位于河、沟、渠的一边，这就决定了河网提水灌区管灌系统主要有以下两种布置形式（见图 4.21）。

（1）梳齿式。如图 4.21（a）所示，干管沿河（沟）岸布置，支管垂直于干管排列，形成二级管网。

（2）鱼骨式。如图 4.21（b）所示，干管垂直河（沟）岸，支管垂直于干管，沿河沟方向布置。

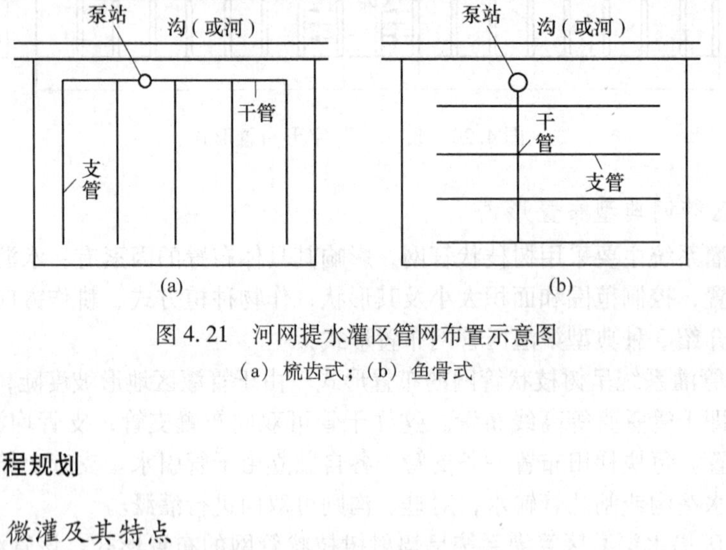

图 4.21　河网提水灌区管网布置示意图

（a）梳齿式；（b）鱼骨式

4.3.7 微灌工程规划

4.3.7.1　微灌及其特点

微灌是利用微灌设备组装成微灌系统，将有压水输送分配到田间，通过灌水器以微小的流量湿润作物根部附近土壤的一种灌水技术。微灌按灌水器及出流形式的不同，主要有滴灌、微喷灌、小管出流（涌泉灌）、渗灌等形式。其中，滴灌、渗灌宜用于果树、蔬菜、经济作物及温室大棚灌溉；微喷灌宜用于果树、经济作物、花卉、草坪及温室大棚灌溉；涌泉灌适用于地形较平坦地区的果树灌溉。

滴灌是利用安装在末级管道（称为毛管）上的滴头，或与毛管制作成一体的滴灌带（或滴灌管）将压力水以水滴状湿润土壤，在灌水器流量较大时，形成连续细小水流湿润土壤。通常将毛管和灌水器放在地面，也可以把毛管和灌水器埋入地面以下 30cm 左右。前者称为地表滴灌，后者称为地下滴灌。滴灌灌水器的流量通常为 1.14~10L/h。

微喷灌是利用直接安装在毛管上或与毛管连接的微喷头将压力水以喷洒状湿润土壤。它与喷灌的主要区别在于工作压力低、流量小，在果园灌溉中仅湿润部分土壤。微喷头有固定式和旋转式两种。前者喷射范围小，水滴小；后者喷射范围较大，水滴也大些，故安装的间距也比较大。微喷头的流量通常为 20~250L/h。另外还有微喷带也属于微喷灌系列，微喷带又称多孔管、喷水带，是在可压扁的塑料软管上采用机械或激光直接加工出水小孔，进行微喷灌的设备。

小管出流是利用 ϕ4mm 的小塑料管与毛管连接作为灌水器，以细流（射流）状局部湿润作物附近的土壤，小管出流的流量常为 40~250L/h。对于高大果树通常围绕树干修一渗水小沟，以分散水流，均匀湿润果树周围土壤。在国内，为增加毛管的铺设长度，减少毛管首末端流量的不均匀，通常在小塑料管上安装稳流器，以保证每个灌水器流量的均匀性。

渗灌是利用一种特别的渗水毛管埋入地表以下 30cm 左右，压力水通过渗水毛管管壁的毛细孔以渗流的形式湿润其周围土壤。由于渗灌能减少土壤表面蒸发，从技术上来讲，是用水量很省的一种微灌技术，但目前使用起来，渗灌管常埋于地下，由于作物根系有向水性，渗灌管经常遭受堵塞问题困扰。

4.3.7.2 微灌的优缺点

微灌可以非常方便地将水灌到每一株植物附近的土壤中，经常维持较低的水压力满足作物生长需要。微灌具有以下许多优点：

（1）省水、省工、节能。微灌是按作物需水要求适时适量地灌水，仅湿润根区附近的土壤，因而显著减少了水的损失。微灌是管网供水，操作方便，劳动效率高，而且便于自动控制，因而可明显节省劳力。同时微灌大部分属局部灌溉，大部分地表保持干燥，减少了杂草的生长，也就减少了用于除草的劳力和除草剂费用。肥料和药剂可通过微灌系统与灌溉水一起直接施到根系附近的土壤中，不需人工作业，提高了施肥、施药的效率和利用率。微灌灌水器的工作压力一般为 50~150kPa，比喷灌低得多，又因微灌比地面灌溉省水，对提水灌溉来说意味着减少了能耗。

（2）灌水均匀。微灌系统能够做到有效地控制每个灌水器的出水流量，灌水均匀度高，一般可达 80%~90%。

（3）增产。微灌能适时适量地向作物根区供水供肥，为作物根系活动层土壤创造了很好的水、热、气、养分状况，因而可实现稳产，提高产品质量。

（4）对土壤和地形的适应性强。微灌的灌水强度可根据土壤的入渗特性选用相应的灌水器，并对其调节，不产生地表径流和深层渗漏。微灌是采用压力管道将水输送到每棵作物的根部附近，可在任何复杂的地形条件下有效工作，甚至在某些很陡的土地或在乱石滩上种的树也可以采用。

微灌的缺点：（1）微灌系统投资一般要高于地面灌；（2）微灌灌水器出口很小，易被水中的矿物质或有机物堵塞，减少系统水量分布均匀度，严重时会使整个系统无法正常工作，甚至报废；（3）微灌毛管一般铺设在地面，使用中会影响田间管理，有时会被拉断、割破，发生漏水，增加了后期维护费用。

4.3.7.3 微灌系统的组成

微灌系统由水源、首部枢纽、输配水管网和灌水器以及流量、压力控制部件和量测仪表等组成，如图 4.22 所示。

A 水源

河流、渠道、湖泊、水库、井、泉等均可作为微灌水源，但其水质需符合微灌要求。

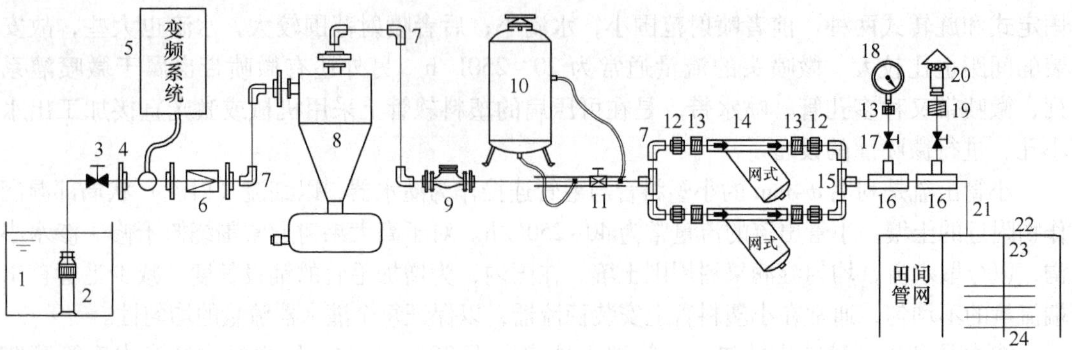

图 4.22 微灌系统示意图

1—水源；2—水泵；3—闸阀；4—法兰盘；5—变频系统；6—止回阀；7—弯头；8—离心过滤器；9—螺翼水表；10—压差式施肥罐；11—施肥阀；12—活接头；13—内丝接头；14—筛网过滤器；15—正三通；16—异径三通；17—球阀；18—压力表；19—外丝接头；20—进排气阀；21—干管；22—干支管；23—支管；24—毛管及灌水器

B 首部枢纽

首部枢纽包括水泵、动力机、肥料和化学药品注入设备、过滤设备、控制阀、进排气阀、压力流量测量仪表等。其作用是从水源取水增压并将其处理成符合微灌要求的水流送到微灌系统中去。微灌常用的水泵有潜水泵、深井泵、离心泵等，动力机可以是柴油机、电动机等。在供水量需要调蓄或含沙量很大的水源，常要修建蓄水池和沉淀池。沉淀池用于去除灌溉水源中的大固体颗粒，为了避免在沉淀池中产生藻类植物，应尽可能将沉淀池或蓄水池加盖。过滤设备的作用是将灌溉水中的固体颗粒滤去，避免污物进入系统，造成系统堵塞。过滤设备应安装在输配水管道之前。肥料和化学药品注入设备用于将肥料、除草剂、杀虫剂等直接施入微灌系统，注入设备应设在过滤设备之前。

流量压力量测仪表用于测量管线中的流量或压力，包括水表、压力表等。水表用于测量管线中流过的总水量，根据需要可以安装于首部，也可以安装于任何一条干管、支管上，如安装在首部，须设于施肥装置之前，以防肥料腐蚀。压力表用于测量管线中的内水压力，在过滤器和密封式施肥装置的前后各安设一个压力表，可观测其压力差，通过压力差的大小能够判定施肥量的大小和过滤器是否需要清洗。

控制器用于对系统进行自动控制，一般控制器具有定时或编程功能，根据用户给定的指令操作电磁阀或水动阀，进而对系统进行控制。

阀门是直接用来控制和调节微灌系统压力流量的操纵部件，布置在需要控制的部位上，其形式有闸阀、逆止阀、空气阀、水动阀、电磁阀等。

C 输配水管网

输配水管网的作用是将首部枢纽处理过的水按照要求输送分配到每个灌水单元和灌水器，输配水管网包括干管、支管和毛管三级管道。毛管是微灌系统的最末一级管道，其上安装或连接灌水器。

D 灌水器

灌水器是微灌设备中最关键的部件，是直接向作物施水的设备，其作用是消减压力，将水流变为水滴或细流或喷洒状施入土壤，包括滴头、滴灌带、滴灌管、微喷头、微喷带、渗灌管等，灌水器多数是用塑料制成的。

4.3.7.4 微灌系统的分类

由于组成微灌系统的灌水器不同，相应的分为滴灌系统、微喷灌系统、小管出流系统以及渗灌系统等。

根据配水管道在灌水季节中是否移动，每一类微灌系统又可分为固定式、半固定式和移动式。

(1) 固定式微灌系统的各个组成部分在整个灌水季节都是固定不动的，干管、支管一般埋在地下，根据条件，毛管有的埋在地下，有的放在地表或悬挂在离地面一定高度的支架上。固定式微灌系统常用于经济价值较高的经济作物。

(2) 半固定式微灌系统的首部枢纽及干管、支管是固定的，毛管连同其上的灌水器是可以移动的。根据设计要求，一条毛管可以在多个位置工作。

(3) 移动式微灌系统各组成部分都可移动，在灌溉周期内按计划移动安装在灌区内不同的位置进行灌溉。移动式微灌系统提高了微灌设备的利用率，降低了单位面积微灌的投资，但操作管理比较麻烦，适合在经济条件较差的地区使用。

4.3.7.5 微灌系统的布置

微灌系统通常是在比例尺 1∶500~1∶1000 的地形图上进行初步布置，然后再到现场与实际地形进行对照修正。

A 首部枢纽位置的确定

一般首部枢纽均与水源工程相结合，其位置应以投资少、管理方便为原则进行选定。若水源距灌区较远，首部枢纽可单独布置在灌区附近或灌区中心，以缩短输水干管的长度。

B 毛管和灌水器的布置

滴灌毛管与灌水器的布置:

(1) 单行毛管直线布置。毛管顺作物行方向布置，一行作物布置一条毛管，滴头安装在毛管上，主要适用于窄行密植作物，如蔬菜和幼树等。

(2) 单行毛管带环状管布置。成龄果树滴灌可沿一行树布置一条输水毛管，然后再围绕每棵树布置一根环状灌水管，并在其上安装 4~6 个单出水口滴头。这种布置灌水均匀度高，但增加了环状管，使毛管总长度大大加长。

(3) 双行毛管平行布置。当滴灌高大作物时，可采用该种布置形式。如滴灌果树可沿树两侧布置两条毛管，每株树的两边各安装 2~4 个滴头。

(4) 单行毛管带微管布置。当使用微管滴灌果树时，每一行树布置一条毛管，再用一段分水管与毛管连接，在分水管上安装 4~6 条微管，这种布置减少了毛管用量，微管价低，可相应降低投资。

以上各种布置，毛管均沿作物行方向布置。在山丘区一般均采用等高种植，故毛管应沿等高线布置。对于果树，滴头与树干的距离通常应为树冠半径的 2/3。布置毛管的长度直接关系灌水的均匀度和工程投资。因此，毛管允许的最大长度应满足设计灌水均匀度的要求，并通过水力计算确定。

微喷灌毛管与灌水器的布置。根据作物和所使用的微喷头的结构与水力性能不同，毛管和灌水器的布置也不同，常见的布置形式为毛管沿作物行方向布置，一条毛管可控制一行作物，也可控制若干行作物，取决于微喷头的喷洒直径和作物的种类。毛管长度取决于喷头的流量和灌水均匀度的要求，由水力计算决定。

4.3.7.6 干管、支管布置

干管、支管布置决定于地形、水源、作物分布和毛管的布置，要求管理方便和投资最小。在山丘地区，干管多沿山脊布置，或沿等高线布置。支管则尽量垂直于等高线，并向两边的毛管配水。在平地，干管、支管应尽量双向控制，在其两侧布置下级管道，以节省管材。

4.3.8 喷灌工程规划

喷灌法具有省水、增产、省工、省地、保土保肥、适应性强和便于机械化灌水等优点。

(1) 省水。喷灌可根据不同的土壤和灌水需要，掌握灌水量的大小，实行小定额灌溉。从技术上可使喷灌强度小于土壤的入渗率，所以不产生深层渗漏和田面流失，实现保土保肥。灌水比较均匀，田间灌水有效利用系数高，与地面灌相比，一般可节水30%~50%，对透水性大的土壤，节水量更大。

(2) 增产。细小的水滴对土壤表层和作物叶面的打击力小，不致破坏土壤结构和损伤作物，有利于保持土壤团粒结构，土壤通气性好，微生物活跃，而且能按作物的需水要求，较准确地控制和调节土壤水分，又能调节田间小气候，增加近地表层空气湿度。这些因素都会促进作物的生长和发育，因此产量高。据全国喷灌资料，粮食作物喷灌比地面沟畦灌增产10%~30%。

(3) 适应性强。喷灌适用于蔬菜、果园、苗圃和多种作物灌溉。对地形和土壤的适应性强。当地面坡度大于2%时，采用地面灌溉就有困难，需要进行大量的土地平整工作，在土壤透水性强的地区，如采用地面灌溉，将有大量的灌溉水渗漏浪费，而喷灌则不受地形和土壤的影响，特别是在地形复杂，坡陡，土层薄，渗漏严重，不适于地面灌溉的地区，最适于发展喷灌。

(4) 省工省地。喷灌可减少土地平整工程量；田间渠道少，不打畦，不筑埂，田间工程量小；灌水效率高，节约劳力，少占耕地，土地利用率高。据统计，喷灌用工仅为地面灌的1/6。

(5) 喷灌有利于实现灌水机械化和自动化。还可结合喷灌进行喷肥、喷药、防干热风、防霜冻等。

喷灌也有一些缺点：(1) 需要一定量的压力管道和动力机械设备；(2) 能源消耗量大（自压喷灌则不需动力机械及热、电能源）；(3) 初期投资大，运行维修费高，技术性强，需有一定的技术人员操作和管理；(4) 喷灌受风的影响大，在风速大于三级时，不宜进行喷灌。

4.3.8.1 喷灌系统的组成

喷灌系统按其设备组成可分为管道式喷灌系统和机组式喷灌系统两大类。一个完整的管道式喷灌系统，一般由水源工程、水泵和动力机、压力管道、喷头等组成。

河流、水库、山塘、湖泊、渠道、井泉等，只要能满足灌溉用水要求，都可作为喷灌水源。水泵和动力机是喷灌系统的加压设备，为喷头提供工作压力。管道的作用是将压力水流输送到喷头，而喷头的作用则是将有压集中水流喷出并粉碎成细小水滴，均匀洒落在田间。

4.3.8.2 喷灌系统分类

喷灌系统根据不同的方式可分为以下三种：

（1）按获得的压力方式分为机压喷灌系统和自压喷灌系统。

1）机压喷灌系统。靠水泵和动力机械将水加压使系统获得喷头工作压力的喷灌系统。

2）自压喷灌系统。利用地形落差所形成的自然水头为喷头提供压力的喷灌系统。自压喷灌不用水泵和动力设备，不消耗热电能源，操作维修方便，运行费用小，适用于山区、丘陵区。

（2）按管道可移动程度分为固定式喷灌系统、移动式喷灌系统、半固定式喷灌系统。

1）固定式喷灌系统。除喷头外，喷灌系统的所有组成部分均固定不动，各级管道埋入地下，支管上设有竖管，根据轮灌计划，喷头轮流安设在竖管上进行喷洒。固定式喷灌系统操作使用方便，易于维修管理，多用于灌水频繁，经济价值高的蔬菜、果园和经济作物。缺点是管材用量多，投资大；竖管对耕作有一定的妨碍。

2）移动式喷灌系统。除水源工程外，水泵和动力机、各级管道、喷头都可拆卸移动。喷灌时，在一个田块上作业完毕，依次转到下一个田块作业，轮流喷洒。其优点是设备利用率高，管材用量少，投资小。缺点是设备拆装和搬运工作量大，维修量大，搬移时还会损坏作物。

3）半固定式喷灌系统。喷头和支管是可移动的，其他各组成部分都是固定的，干管埋入地下。喷灌时，将带有喷头的支管与安装在干管上的给水栓相连接进行灌溉，并按计划顺序移动支管位置，轮流喷洒。其优点是设备利用率较高，管材用量较少，是国内外广泛使用的一种较好的喷灌系统，特别适用于大面积喷灌工程建设。

（3）按喷灌机组的喷洒特征分：喷灌机组式喷灌系统是由水泵、动力机、管道、喷头、机架和移动部件等配套组合的一种灌水装置。按喷洒特征又可分为定喷机组式和行喷机组式两种。

1）定喷机组式喷灌系统。喷灌机组沿田间渠（管）道移动，并在预先设置渠（管）道上的工作池作定点喷洒，喷完一处，再移到另一工作池处喷洒，依次轮流作业。喷灌机组可带单喷头，也可带多喷头。可人工移动，也可用机械移动。这种系统机动灵活，设备利用率高，造价较低，是目前我国使用的一种主要喷灌形式。缺点是劳动强度大，田间渠道占地多。

2）行喷机组式喷灌系统。其特点是喷灌机组在自行移动的过程中进行喷洒，机械化和自动化程度高，灌水效率高，节省人力，受风的影响较小，均匀度高。但能源消耗大，一次性投资高，技术性强。适用于土地开阔、平坦、田间障碍物少的地区。

灌水频繁的蔬菜和经济作物区以及地面坡度陡、局部地形复杂区宜选用固定管道式喷灌系统；大田作物灌水次数少，宜选用半固定管道式喷灌系统；地势平坦，固定水源距离较近，能保证系统沿水源正常移动作业，宜选用移动管道式喷灌系统。在水源水位低于或稍高于项目区地面高程，不能以自然压力形成喷灌所需要的水头时，宜选用机压喷灌系统；在自然压力满足喷灌要求的水头时，宜选用自压喷灌系统。

4.3.8.3 喷头布置形式

喷头的布置形式也称组合形式，一般用4个相邻喷头在平面位置上的组合图形表示。其基本布置形式有6种，如图4.23所示。在矩形布置时，应尽可能使支管间距大于喷头间距，并使支管垂直风向布置。当风向多变时，应采用正方形布置，此时 $a=b$。正三角形布置时 $a>b$，这对节省支管不利。

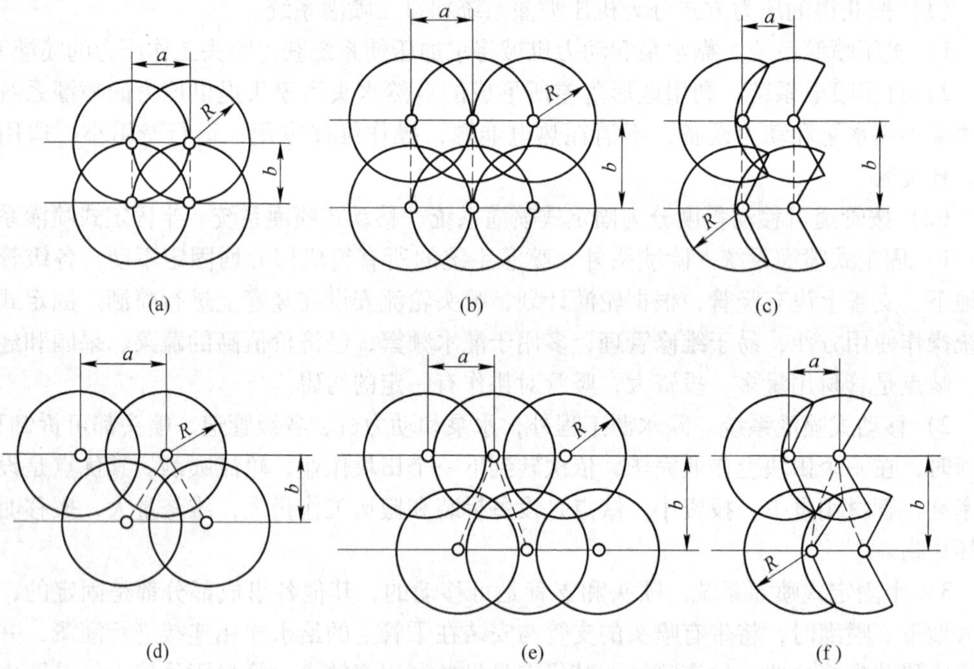

图4.23 喷头组合方式示意图

（a）圆形喷洒正方形组合；（b）圆形喷洒矩形组合；（c）扇形喷洒矩形组合；
（d）圆形喷洒正三角形组合；（e）圆形喷洒等腰三角形组合；（f）扇形喷洒等腰三角形组合

喷头的喷洒方式有全圆喷洒和扇形喷洒两种。全圆喷洒喷点控制面积大，喷头间距大，移动次数少，喷灌效率和劳动生产率都较高，一般固定式喷灌系统采用这种形式。但全圆喷洒要在泥泞的田间行走、装卸、搬移喷头及喷水管，工作条件差，故半固定式与移动式喷灌系统中，一般采用单喷头或多喷头扇形喷洒方式。另外，在固定式喷灌系统的地边田角，要采用180°、90°或其他角度的扇形喷洒，以避免喷到界外和道路上，造成浪费。在坡度较陡的山丘区喷灌时，不应向上而要向下作扇形喷洒，以免冲刷坡面土壤；当风力较大时，应作顺风向的扇形喷洒，以减少风的影响。

4.3.8.4 管道系统的布置

固定式、半固定式喷灌系统，根据灌溉面积大小对管道进行分级。面积大时管道可布置成总干管、干管、分干管和支管4级，或布置成干管、分干管、支管3级；面积较小时一般布置成干管和支管2级。支管是田间末级管道，支管上安装喷头。管道的布置应考虑以下因素：

（1）干管应沿主坡方向布置，一般支管应垂直于干管。在平坦地区，支管布置应尽量与耕作方向一致，以减少竖管对机耕的影响。在山丘区，支管应顺等高线布置，干管垂直等高线布置。

（2）支管上各喷头的工作压力要接近一致，或在允许的误差范围内。一般要求喷头间的出流量差值不应大于10%，即要求支管上各喷头间工作的压力差不大于20%。因此，支管不宜太长，以保证喷灌质量。如果支管能取得适当的坡度，使地形落差抵消支管的摩阻损失，则可增加支管长度。但需经水力计算确定。

（3）管道布置应考虑各用水单位的要求，方便管理，有利于组织轮灌和迅速分散水量。抽水站应尽量布置在喷灌系统的中心，以减少各级输水管道的水头损失。

（4）在经常有风的地区，支管布置应与主风向垂直，喷灌时可加密喷头间距，以补偿由于风而造成喷头横向射程的缩短。

（5）管道布置应充分考虑地块形状，力求使支管长度一致，规格统一。管线纵剖面应平顺，减少折点，避免产生负压。管道总长度应尽量减少，以使造价最低。各级管道应有利于水锤的防护。

4.3.9 渠系建筑物布局

渠系建筑物包括分水闸、节制闸、泄水闸、渡槽、跌水、陡坡、倒虹吸、农桥、涵洞及量水建筑物等，担负着输送和分配水量、控制渠道水位、量测渠道过水流量、排出灌区多余水量以及便利交通等任务。

4.3.9.1 分水闸、节制闸与泄水闸

分水闸建在上级渠道与下级渠道分水的地方。上级渠道的分水闸就是下级渠道的进水闸。斗渠、农渠的进水闸习惯上称为斗门、农门。分水闸的作用是控制和调节向下级渠道的配水量，其结构形式有开敞式和涵洞式两种。节制闸垂直渠道中心线布置，其作用是根据需抬高上级渠道的水位或阻止渠水继续流向下游。

在下级渠道中，个别渠道进水闸处的设计水位和渠底高程较高，当上级渠道的工作流量小于设计流量时，就进水困难，为保证该渠道能正常引水灌溉，就要在分水闸的下游设一节制闸，提高上游水位，满足下级渠道的引水要求。

下级渠道实行轮灌时，需在轮灌组的分界处设置节制闸，在上游渠道轮灌供水期，用节制闸拦断水流，把全部水量配给上游轮灌组中的各条下级渠道。

为了保护渠道上的重要建筑物或险工渠段，退泄降雨期间汇入上游渠段的暴雨径流，通常在它们的上游设泄水闸，在泄水闸与被保护建筑物之间设节制闸，使多余水量从泄水闸流向天然河道或排水沟道。

4.3.9.2 隧洞

当渠道遇到山岗时，或因石质坚硬，或因开挖工程量过大，往往不能采用深挖方渠道，若沿等高线绕行，渠道线路又过长，工程量仍然较大，而且增加了水头损失。在这种情况下，可选择山岗单薄的地方凿洞而过。

4.3.9.3 渡槽

渡槽（aqueduct flume）是输送渠水跨越冲沟、谷口、河流、渠道及交通道路等的桥式交叉输水建筑物，其示意图如图4.24所示。

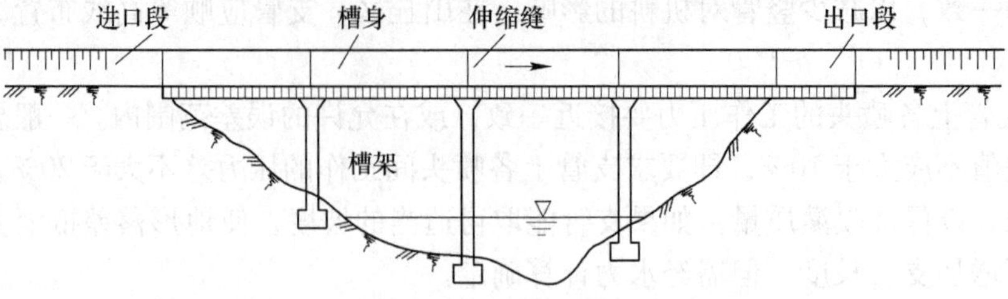

图 4.24　渡槽示意图

渠道穿过河沟、道路时，如果渠底高于河沟最高洪水位或渠底高于路面的净空大于行驶车辆要求的安全高度时，可架设渡槽，让渠道从河沟、道路的上空通过。渠道穿越洼地时，如采取高填方渠道工程太大，也可采用渡槽。

渡槽位置选择应结合渠道线路布置，尽可能修建在有较好地形、地质条件的地方，渡槽的进出口应尽可能与渠道顺直连接，并将衔接段设在挖方地段。

4.3.9.4　倒虹吸

倒虹吸（inverted siphon）是指以倒虹吸形式敷设于地面或地下用以输送渠道水流穿过其他水道、洼地、道路的压力管道式交叉建筑物。

渠道穿过河沟、道路时，如果渠道水位高出路面或河沟洪水位，但渠底高程却低于路面或河沟洪水位时；或渠底高程虽高于路面，但净空不能满足交通要求时，就要用压力管道代替渠道，从河沟、道路下面通过，压力管道的轴线向下弯曲。

倒虹吸位置选择应根据地质、地形条件，力求与河流、谷地、道路正交，以缩短管长，同时选择较缓的地形，以保证管身稳定和便于施工，在地质上要求避开滑坡、坍塌等不稳定的地段。

4.3.9.5　涵洞

渠道与道路相交，渠道水位低于路面，而且流量较小时，常在路面下面埋设平直的管道，称作涵洞（见图 4.25）。当渠道与河沟相交，河沟洪水位低于渠底高程，而且河沟洪水流量小于渠道流量时，可用填方渠道跨越河沟，在填方渠道下面建造排洪涵洞。

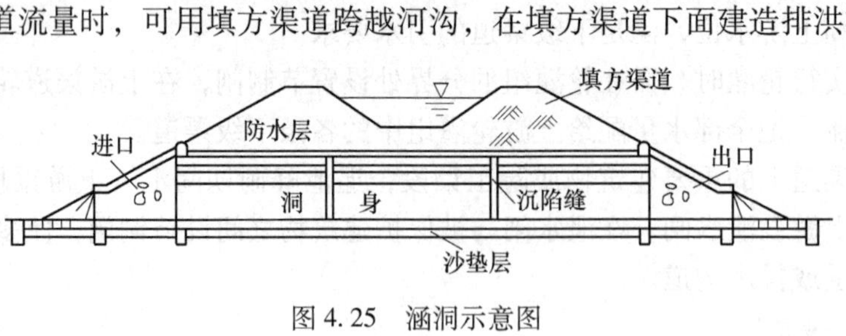

图 4.25　涵洞示意图

渠道穿越道路、圩堤、高地时，宜选用渠道涵洞（简称渠涵），渠道被其他渠道、沟溪或道路穿越时，宜设渠下输水、排洪或交通涵洞（统称渠下涵），涵洞轴线宜短而直，并与溪沟、道路中线正交，进出口应与上下游渠（沟）道平顺连接；小流量过水涵洞宜采用安装定型预制管的圆管涵，无压涵洞当洞顶填土高度较小时宜选用盖板涵洞或箱涵，有压涵应选用管涵或箱涵。

4.3.9.6 桥梁

渠道与道路相交，渠道水位低于路面，渠道上修建桥梁，满足交通要求。

4.3.9.7 跌水和陡坡

跌水（drop plumage）是连接两段不同高程的渠道、使水流直接跌落的阶梯式落差建筑物。陡坡（chute）是连接两段高程不同的渠道、其底坡大于临界坡的陡槽式落差建筑物。

当渠道通过坡度较大的地段，而且流量较大、水面较宽时，为了防止渠道冲刷，保持渠道的设计坡度，就把渠道分成上、下两段，中间用衔接建筑物联结，这种建筑物常见的有跌水和陡坡，一般当渠道通过跌差较小的陡坎时，可采用跌水；跌差较大、地形变化均匀时，多采用陡坡。

上下级渠道结合处的跌水或陡坡常与水闸、溢流堰等结合成为渠道上完整的退水、泄水建筑物。跌水陡坡应布置在直线渠（沟）段上，其上下游应有长度大于10倍渠（沟）底宽的直线段，中轴线应与渠（沟）道中线重合。

4.3.9.8 退水、泄水渠道

退水、泄水渠道包括渠道排沙渠、中途泄水渠和渠尾退水渠，其主要作用是定期冲刷和排放渠道段的撇沙、排泄入渠洪水、退泄渠道剩余水量及下游出现工程事故时断流排水等，达到调节渠道流量、保证渠道及建筑物安全运行的目的。中途退水设施一般布置在重要建筑物和险工渠段的上游，具体位置的确定，还要考虑地形条件，应选在利用天然河沟、洼地等作为退水出路的地方。干渠、支渠道的末端应设退水渠道和退水闸。

4.3.10 农田输配电工程规划

农田输配电工程布设应根据输送容量、供电半径选择输配电线路导线截面和输送方式，并与田间道路、灌溉与排水等工程相结合，合理布设变电台区，确定主变电容量、电压等级、馈线分布、负荷分配及保护方式。

4.3.10.1 10kV 架空线路

土地整治工程中高压输电线路以10kV为主。10kV架空线路的导线长期在旷野、山区运行，经常受到风、冰等外荷作用，此外还有气温的剧烈变化以及化学气体等侵袭。因此，要求它具有较高的导电性能和机械强度，能耐振、耐腐蚀，同时又必须符合国家电缆产品技术标准和部颁标准，并要贯彻以铝代铜的技术政策，节约有色金属。为此，架空线路的导线一般采用铜芯铝绞线，腐蚀地区选用防腐型钢芯铝绞线。高压线路不应采用铝线和铝合金绞线，也不应采用单股铜线。

架空线路的敷设，应考虑以下原则要求：

（1）架空线路应沿道路平行敷设，宜避免通过各种起重机频繁活动地区和各种露天堆场。

（2）架空线路与爆炸物、易燃物和可燃气（液）体的厂房、仓库、储罐等设施的防火距离不应小于电杆高度的1.5倍。

（3）架空线路的导线与地面的距离，在最大计算弧垂情况下不小于表4.4中所示距离。

表 4.4 架空导线与地面的最小距离 (m)

线路经过地区	线路电压/kV		
	35	3~10	<3
居民区	7.0	6.5	6.0
非居民区	6.0	5.5	5.0
交通困难地区	5.0	4.5	4.0

(4) 架空线路的导线与建筑物之间的距离，不应小于表 4.5 中所示距离。

表 4.5 架空导线与建筑物的最小距离 (m)

线路经过地区	线路电压/kV		
	35	3~10	<3
导线跨越建筑物垂直距离（最大计算弧垂）	4.0	3.0	2.5
边导线与建筑物水平距离（最大计算风偏）	3.0	1.5	1.0

10kV 架空线路主要配电设备的设计选用应充分考虑负荷类别、保护配合的选择性和安全性。负荷类别分为以下 3 类：(1) 一类负荷。一旦停电将造成严重的经济损失和人员伤亡。对于一类负荷应由两个电源供电，当一个电源发生故障时，另一个电源应能保证正常供电。一类负荷是特别重要的负荷，除用两个电源外，还应增设应急电源，并严禁将其他负荷接入应急供电系统；(2) 二类负荷。比较重要的负荷，一旦停电将会造成一定的经济损失或人员伤亡，但采取一定的有效措施可以减少或避免停电造成的损失。对这一类负荷应架设专用线，配备专用电源；(3) 三类负荷。除一、二类负荷外的负荷都为三类负荷，一旦停电，不会带来经济损失或人员伤亡。

在农村配电系统中，一般为三类负荷，少数为二类负荷，极少数为一类负荷。在配电系统设计和配电设备选型时，应充分考虑各用户的负荷类别，分别对待。

配电设备的保护配合的选择性，从电源到负荷的保护配合及其保护值的整定，在时限上、动作参数上都应体现阶梯形的选择性，并利用设备具备的功能对故障段能有效地切除隔离，迅速地恢复非故障区段的供电。

配电设备的安全性是对所选用的设备而言，不单能正常满足负荷电流做功的需要，还能承受故障时短路电流热效应、电磁效应所产生的破坏力，满足热稳定性、动稳定性的要求。

在满足安全性、选择性的条件下，也应充分考虑选用方面的经济性，达到经济合理、技术先进。10kV 架空线路上的电气设备包括跌落式熔断器、杆上隔离开关、负荷开关、杆上断路器、避雷器。

4.3.10.2 低压配电线路

低压配电线路一般是指线电压为 3kV，相电压为 220V 的线路。这种电路适用于输送电能到比较近的地方，作为动力和照明电源。由于农村用电分散，供电面广，季节性强，配电线路多以配电变压器为中心，采用向四周引出线路的方式，即采用放射型供电方式。

供排灌等动力专用线路多采用380V三相三线制供电方式；供动力与照明合用的线路，通常采用380V/220V三相四线制供电方式。

农村的低压配电线路多采用架空线路形式。低压架空线路的结构主要由导线、电杆、横担、绝缘子、金具和拉线等组成。选择架空线路路径时，一般应综合考虑以下要求：(1) 线路起点至终点的距离尽可能要短，转角要少。(2) 尽量架设在交通比较方便的地带，以便施工和维护。(3) 尽可能不穿越高山、河流、沼泽地、果树林和防护林地带。(4) 不要架设在易燃、易爆等危险品场所以及已经另有用途的地段。(5) 电杆位置应尽可能避开以下地方：很可能被车辆碰撞的地方；积水或水淹地带；易被山洪冲刷的山坡上；易受水流冲刷的河床及河岸地带。

架空线路路径确定后，可通过现场测量来确定杆位。常用的测量工具是花杆和线尺，有条件时可采用经纬仪。首先要确定线路首端和末端两基电杆的位置，然后根据地形条件和跨越要求来确定转角杆的位置，将已确定的相邻两转角杆之间连成直线，并根据农村地区配电线路档距的要求（农村地区档距高压为80~100m，低压为50~70m）确定直杆的杆位。确定杆位时要注意：(1) 在平坦地带各个档距要均匀分布。(2) 遇有障碍物时，电杆可前后移动，必要时可调整杆高。(3) 遇有跨越物时，新架线路在其上方通过的，电杆应尽量靠近被跨越物（但要在倒杆范围外）；新架线路在下方的，交叉点尽可能在新建线路的档距中间。

4.4 土地平整工程规划

土地平整是改善农用地生产条件，建设稳产高产农田必不可少的重要措施。搞好平整土地，对合理灌排、提高机械作业效率，以及改良土壤、保水、保土、保肥等有着重要的作用。特别是在盐碱地等低产土地的治理中，土地平不平直接影响到土壤水分和盐分的重新分配，土壤含盐匀不匀、干湿均不均直接关系到作物的播种、保苗。因此，土地平整工程规划是土地整治中农用地改造、土壤改良、保水保土的一个重要环节。

4.4.1 土地平整工程规划原则

在确保环境保护和农业生产，节约投资的情况下，尽可能增加有效耕地面积、提高土地利用效率为土地平整工程规划的基本要求，具体规划时需遵循如下原则：

(1) 整体性原则。土地平整工程作为土地整治工程体系的一个组成部分，要和沟、渠、林、路、井等工程密切结合，统一规划，使土地平整适应土地整治的要求。土地平整工程应满足田块灌排的需要，平整后的地面坡度应满足灌排水要求，水稻田或以洗盐为主要目的的平地范围，可以以一个格田的面积为平整单位。

(2) 保持地力原则。平整后的土地要尽量保持一定的肥力，平整前有耕作层的，应规划表土保留工程，防止单纯追求数量，不讲究质量，破坏表土的现象。

(3) 利于机耕原则。通过土地平整要达到便于机耕，发挥机械效率，提高机耕质量。

(4) 工程量最小原则。合理选择平整区域与平整单元，在平整田块内应力求尽可能挖高填低，使填挖土方量基本平衡，总的平整土方量达到最小。在此基础上，应使同一平整田块内的平均土方运距最小。

4.4.2 平整田块确定与平整方案选择

4.4.2.1 平原及缓坡区土地平整方案

A 平整区范围选择

土地整治项目中，受资金等因素约束，一般不能对项目区内所有土地进行平整，规划时需选择平整范围。以下几种情况的田块优先平整（见图 4.26）：(1) 附近有填塘、填沟、清淤工程。(2) 田块内部废弃沟渠路较多。(3) 田块较小（田埂多、杂乱），且高差不大。(4) 可以改造为农用地的未利用地。

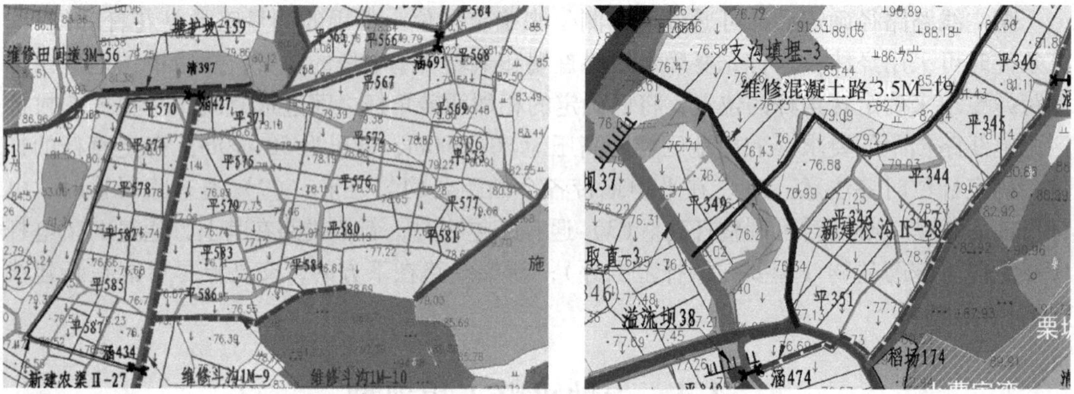

(a) (b)

图 4.26 废弃沟渠多且田埂杂乱的田块优先平整

不宜进行平整的田块包括：(1) 高差较大的水平梯田。(2) 权属有争议且难以协商的耕地。(3) 坡度较大的未利用地。

平整区范围选择时，必须考虑平整区工程设施与不平整区拟保留工程（尤其是沟渠）的对接，保证排水有去向，灌水有来源，如图 4.27 所示。

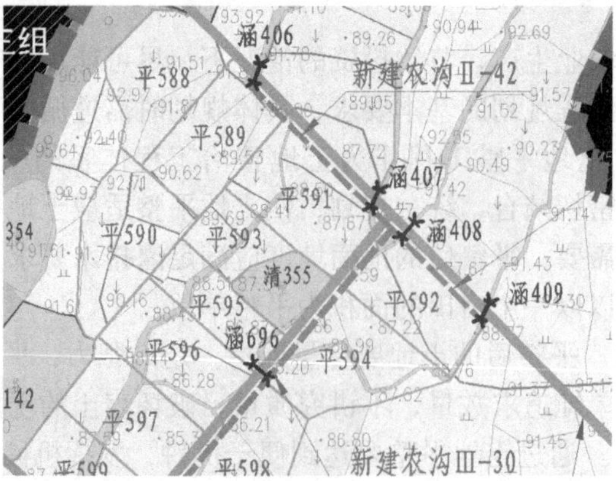

图 4.27 平整区范围选择需考虑与现状工程对接

B 平整方案选择

平整方案有以下两种：

(1) 耕作田块完全平整。这种方案的优点是能够最大限度地挖掘土地利用潜力，增加耕地面积，便于布置各单项工程，方便农业生产；缺点是填挖方工程量大，投资量大，对表土造成极大的破坏。

(2) 局部平整。根据地形地势特点，以一块或相邻的几块格田为平整单元，在每个平整单元内部，保持土地的挖填方平衡，不需要从区外大量取土或将土地大量运往区外，最终的田面高程是在挖填方平衡高程的基础上，结合农田灌排水的要求而确定，各平整单元之间允许有一定的高差。

农地整理中农田平整高程设计的合理与否关系到平整工程量的大小及相应的田块规划。因此在农地平整当中应当遵循因地制宜、确保农田旱涝保收、填挖土方量最小和与农田水利工程设计相结合的原则。在不同地区农田平整高程设计的标准不同，主要体现为：(1) 地形起伏小、土层厚的旱涝保收农田田面设计高程根据土方挖填量确定。(2) 以防涝为主的农田，田面设计高程应高于常年涝水位 0.2m 以上。(3) 地形起伏大、土层薄的坡地的田面高程设计应因地制宜。(4) 地下水位较高的农田，田面设计高程应高于常年地下水位 0.8m 以上。

平整单元的选择要求：(1) 在每个平整单元内部，保持土地的挖填方平衡。(2) 格田长边尽量沿等高线方向。(3) 符合农田灌排水的要求。(4) 相邻两平整单元之间平均高程之差不宜过大，一般小于 1.5m。

4.4.2.2 梯田平整方案选择

梯田 (terraced farmland) 是在山地、丘陵和地形不平的坡面，为防止水土流失和便于耕作利用修筑成的阶梯状局部水平的田块。梯田是改造坡耕地的一项重要措施，修筑梯田属于治坡工程。修筑梯田可以改变地形坡度，拦蓄雨水，防治水土流失，达到保水、保土、保肥和增产的目的。

A 梯田类型

按梯田田面的纵坡不同，可分为水平梯田、隔坡梯田、坡式梯田和反坡梯田。

(1) 水平梯田。梯田的田面呈水平，在坡地上以半挖半填方式进行，将土地坡面修建成若干台阶的水平梯田，其断面示意图如图 4.28 所示。梯田面上适宜种植水稻和其他旱作、果树等。在人多地少的地方，应优先修建水平梯田，修一块成一块，一劳永逸。

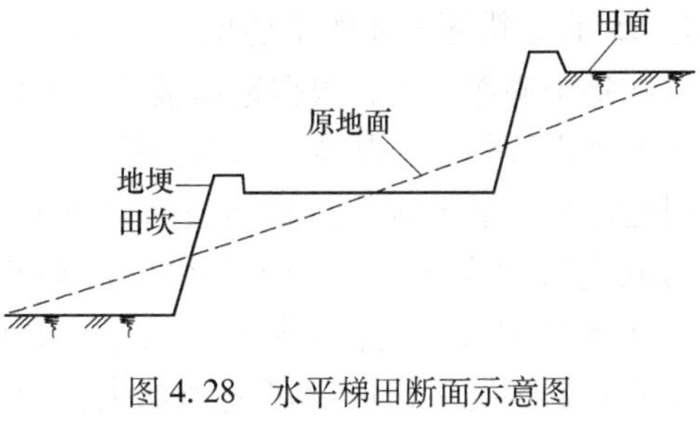

图 4.28 水平梯田断面示意图

(2) 隔坡梯田。在坡面上将 1/2～1/3 面积保留为坡地，其他面积修成水平梯田，形成坡梯相间的台阶形式，这样从坡面流失的水土可被截留于隔坡梯田上，有利于农作物生长，梯田上部坡地种植牧草和灌木，形成粮草间种、农牧结合的方式。隔坡梯田特别适宜于土地多、劳力少的地区，作为水平梯田的一种过渡形式。

(3) 坡式梯田。它由坡耕地逐步改造而来，其断面示意图如图 4.29 所示。顺坡向每隔一定间距沿等高线修筑地埂而成的梯田，依靠逐年翻耕、径流冲淤并加高地埂，使田面坡度逐渐减缓，终成水平梯田，所以这也是一种过渡形式。坡耕地修建成坡式梯田，许多地方在边埂上栽桑植果，栽种黄花草等，既巩固了地埂，增加收益，又提高了水土保持效果，具有广泛的适用性强、投入少、进度快，既能保水保肥又能稳产的特点。在条件许可时，坡式梯田应改造成水平梯田。

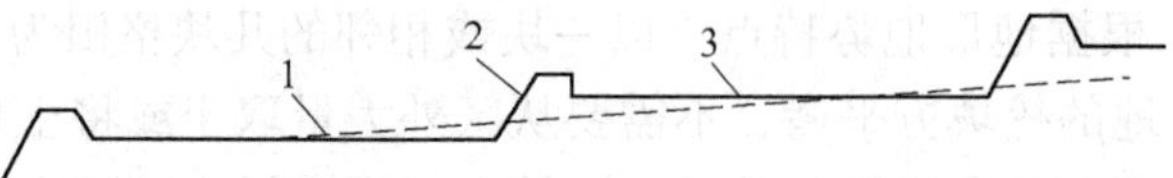

图 4.29 坡式梯田断面示意图

1—原地面；2—地埂；3—田面

(4) 反坡梯田。为保持水土、种植作物或树木而将缓坡地（一般小于 15°）改成水平的台阶式田地，其断面示意图如图 4.30 所示。水平阶整地后坡面外高内低的梯田称反坡梯田。反坡面坡度视荒山坡度大小而异，反坡面坡角一般可达 2°，坡陡面窄者反坡角较大，反之较小。田面宽 1.5~3m。长度视地形破碎度而定。反坡梯田能蓄水保土，增加田面蓄水量，并使暴雨过多的径流由梯田内侧排走，适用于干旱及水土冲刷较重的山坡地及黄土高原，但修筑较费工，适宜旱作与种植果树。

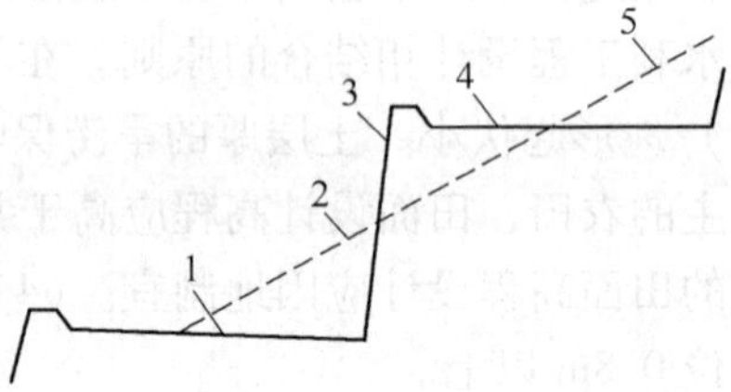

图 4.30 反坡梯田断面示意图

1—反坡角度（一般不超过 2°）；2—田坎；3—地埂；4—田面；5—原地面

(5) 复式梯田。复式梯田是指因山就势、因地制宜在山丘坡面上开辟的水平梯田、坡式梯田、隔坡梯田等多种形式的梯田组合。它的修建宜经过统筹规划，在必要条件下还可配合水平沟等水土保持工程，以提高坡面耕地的保水抗蚀能力。修建复式梯田可更合理地利用土地，节省工程投资和提高水土保持效益。

B 梯田地块规划

修筑梯田一般以坡角为 5°~15°为宜，地面坡角 15°~25°时应谨慎选择梯田方案，坡角超过 25°宜退耕还林还牧草还果。

在每个耕作区内，根据地面坡度、坡向等因素，进行地块规划应考虑以下因素：(1) 地块的平面形状，应基本上顺等高线呈长条形、带状布设。一般情况下，尽量避免梯田施工时远距离运送土方。(2) 当坡面有浅沟等复杂地形时，地块布设必须注意“大弯随势，小弯取直”，不强求一律顺等高线，以免把田面的纵向修成连续的 S 形，不利于机械耕作。(3) 如果梯田有自流灌溉条件，则应使田面纵向保留 1∶500~1∶300 的坡度，以利灌水，在某些特殊情况下，坡度可适当加大，但不应大于 1∶200。(4) 地块长度规划，一般 150~200m，如有地形限制，地块长度最好不要小于 100m。(5) 在耕作区和地块规划中，如有不同镇乡的插花地，必须根据“自愿互利”和“等价交换”的原则，进行协商和调整，便于施工和耕作。(6) 梯田的宽度根据地面坡度大小、土层厚薄、耕作方式、劳力多少和经济条件而定，和灌排系统、交通道路统一规划。修筑梯田时宜保留表土，梯田修成后，配合深翻、增施有机肥料、种植适当的先锋作物等农业耕作措施，以加速土壤熟化，提高土壤肥力。

C 梯田附属建筑物规划

梯田附属建筑物的规划内容，主要包括以下两个方面：（1）坡面蓄水拦沙设施的规划。梯田区的坡面蓄水拦沙设施的规划内容，包括“引、蓄、灌、排”等缓流拦沙附属工程。规划时，既要做到各设施之间的紧密结合，又要做到与梯田建设的紧密结合。规划程序可按“蓄引结合，蓄水为灌，灌余后排”的原则，根据各台梯的布置情况，从高台到低台逐台规划，其拦蓄量，可按拦蓄区内10年一遇的一次最大降雨的全部径流量与全年土壤可蚀总量之和为设计依据。（2）梯田区的道路规划。梯田区道路规划总的要求：1）尽可能保证机械化耕作的机具能顺利地进入耕作区每一地块；2）必须有一定的防冲设施，以保证路面完整与畅通，保证不因路面径流而冲毁农田。

4.5 田间路桥工程规划

4.5.1 田间道路的种类与工程内容

田间道路是田间生产和运输的动脉，它是联系县与乡、乡与村、村与村、村与田间的通道，妥善的布置田间道路，有助于合理组织田间劳作，提高劳动生产率。

根据田间道路服务面积与功能不同，可以将其划分为干道、支道、田间道和生产路四种类型。

（1）干道是乡镇与乡镇联系的道路，以通行汽车为主，是整个项目区道路网的骨干，联系着农村居民点和各乡镇，承担着项目区的主要客货运输。

（2）支道一般指村庄与村庄之间联系的道路，是村庄对外联系的通道，承担着运进农业生产资料、运出农产品的重任。

（3）田间道。田间道是田块与交通干支道、乡村道路或其他公路连接的道路，主要为货物运输、机械田间作业等生产操作过程服务。田间道有主辅之分：主要田间道是规划区内规模较大的居民点间联系的道路，或主要居民点到大面积地块的主要道路，供车辆行驶，在旱作区路宽5~7m，水田区要窄些，一般3.5~5m；辅助田间道由居民点通往田间地块，或连接地块与主要田间道的道路，路面宽3~4m，供田间作业车辆行驶，服务于一组或一个田块。

（4）生产路（田间小道）。生产路是为人工田间作业及收获农产品服务而修建的联系地块之间的主要道路，供小型机械或人、畜通行，主要起田间运输的作用，服务于1~2个田块，路宽0.8~3m。

干、支道是项目区的主要运输线路，是村庄对外联系的血脉，负担着项目区内外的运输任务，对项目区的整体布局及今后的发展有着重要影响，对其他基本建设项目的布局也起着牵制作用。在许多情况下，国有公路可以作为农村干、支道使用，一般来说农村干、支道相当于国家四级公路。干、支道的规划应结合村镇规划综合考虑。虽然目前土地整治项目一般不考虑干、支道规划，但作为道路系统的重要组成部分，特别是大范围的以田、水、路、林、村综合整治为内容的土地整治，也对干、支道作统一规划。

田间道路工程主要涉及以下几方面内容：

（1）路基工程。路基是路面的基础并与路面共同承受车辆荷载。路基按其断面的填挖情况分为路堤式、路堑式、半填半挖式三类。路肩是路面两侧路基边缘以内地带，用以支护路面、供临时停靠车辆或行人步行之用。路基土石方工程分为土方工程（松土、普通土、硬土三级）与石方工程（软石、次坚石、坚石三级）。

（2）路面工程。为适应行车作用和自然因素的影响，在路基上行车道范围内，用各种筑路材料修筑多层次的坚固、稳定、平整和一定粗糙度的路面。其构造一般由面层、基层（承重层）、垫层组成，表面应做成路拱以利排水。按其在荷载作用下的力学特性，路面可分为刚性路面（混凝土路面）和柔性路面（如泥结碎石路面）。

（3）道路排水工程。水是造成路基、路面和沿线构筑物冲毁的主因，根据来源不同分为地表水和地下水。地表水沿道路表面流向或渗入路基土内时，可能将冲毁路基的路肩和边坡以及路面；地下水能使路基湿软，降低土基强度和路面承载力，严重时可引起翻浆或边坡滑坍，导致交通中断。

（4）桥涵工程。道路跨越河流沟谷时，需建涵洞、桥梁等构筑物。过水构筑物有漫水桥、过水路面、渗水路堤等。桥涵要根据当地的地形、地质、水文等条件，行车及外力等荷载，建桥涵目的要求等，因地制宜，就地取材，合理选用桥涵形式，做到坚固、适用、安全、经济、美观。

4.5.2 道路系统布局原则

4.5.2.1 交通便捷的原则

道路系统规划应保证便捷的交通联系，要求线路尽可能笔直且往返路程最短；规划区内要有合适的路网密度，要保证规划区居民点对外、居民点之间、居民点与地块有方便的交通联系；满足道路纵坡要求。

4.5.2.2 经济合理的原则

对现有道路符合规划布局要求的，宜保留或维修；对现有道路完全不能符合规划布局要求的，特别是项目区内的弯曲小路，应随着土地平整或农民耕种而转变为耕地。

同时，道路系统的配置应该以节约建设与占地成本为目标，在确定合理道路面积与密度情况下尽量少占耕地，尽量避免或者减少道路跨越渠沟等，减少桥涵等交叉工程的投资。

4.5.2.3 尽量少占耕地原则

应尽量减少占耕地、农用地面积，确实需要占用的，可考虑如下从优先到尽量不占用的次序：塘埂、田埂（坎）、林地（园地）、旱地、水田。

4.5.2.4 综合配置、因地制宜的原则

田间道路应沿田块边界布设，并与渠道、护田林带相协调，同时应注意与干支道、居民点取得衔接，以便形成统一的农村道路网；道路宽度和密度应按实际需要而定。

由于道路工程规划受到地形地势、地质、水文等自然条件与土地用途、耕作方式等社会经济条件的影响，不同地区道路系统规划的内容与重点也不一样。在平原微丘地区，地形平缓，坡度变化不大，道路设计要力求短而直，应特别注意地面的排水设计，以保证路基的稳定性。在丘陵山区，高程变化大，应充分利用地形展线，形成沿河线、越岭线、山

脊线、山谷线，以减少工程量、降低费用，其重点是合理确定走向。在人多地少的南方地区，机械化程度较低，土地利用集约度高，应尽量减少占地面积，与渠道、防护林结合布局。在人少地广的北方地区，道路规划应充分考虑机械化作业的要求，纵坡不宜过大，路宽要合理，路基要达到一定的稳固性。

在土地整治项目区内，干道、支道、田间道、生产路相互作用、相互依赖，构成了项目区的道路系统，同时这个系统又隶属于由道路、田块、防护林、灌排系统等构成的项目区土地利用系统。在进行道路规划时，要结合当地的地貌特征、人文特征，使项目区内的各级道路构成一个层次分明、功能有别、运行高效的系统，以减少迂回运输、对流运输、过远运输等不合理布局形式。农村道路是为农业生产服务的，要从项目区农业大系统的高度来进行规划，田间道、生产路要服从田块规划，与渠道、排水沟、防护林结合布局，不能为了片面追求道路的短与直，而破坏田块的规整。

4.5.3 新建道路选线

选线是指根据道路的性质、任务、等级，结合自然条件，综合平、纵、横三方面因素，在实地或纸上选定道路中线平面位置的工作。

4.5.3.1 干支道选线

A 干支道选线步骤

干支道选线步骤如下：

（1）确定交通量。依据交通量和货运方向，确定线路的起点、终点、中间控制点的具体位置。交通量是指某道路横断面上单位时间（每小时或每昼夜）内通过车辆的往返数量。

干支道规划时交通量主要考虑满足旺季交通运输要求及生产运输车流量 A，一般按下式计算。在确定交通量时，除货运交通量外，还应考虑客运交通量。货运强度是在一定时间内货物运输的净重，可以按照项目区内的生产发展规划和居住人数计算一年内的货运量。

$$A = \frac{2N}{dP}$$

式中，A 为昼夜平均交通量，辆/天；N 为货运强度，t；d 为汽车运输期，d；P 为每辆汽车的载重，吨/辆。

（2）路线方案选择。路线方案选择要解决起、终点间路线基本走向的问题。路线基本走向应根据指定的路线总方向（起、终点和中间主要控制点），考虑路线等级在路网中的作用，结合各种运输方式布局，城镇、工矿企业、资源状况，及各种自然条件，通过实地踏勘、航空视察或用遥感或航摄资料，在土地利用现状图或小比例尺地形图上，从面到线，通过调查、分析、比选确定一条最优路线方案。

路线方案选择比较案例（见图 4.31）：1）方案三、方案四过于偏离总方向，虽能多联系几个县市，但对发展地区经济的作用不大，且方案四线形标准低，将来难改建；2）方案二虽路线短，但与铁路交叉过多；3）方案一路线短，线形标准高，用地最省，造价较低，是推荐的优选方案。

（3）路线带选择。在路线基本方向选定的基础上，按地形、地质、水文等自然条件选

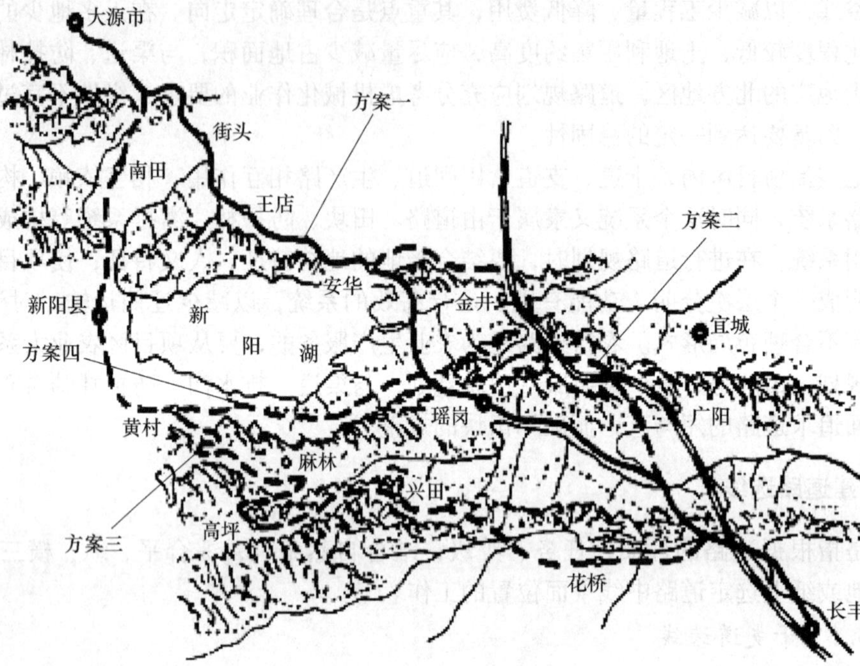

图 4.31　路线方案选择

定一些细部控制点，连接这些控制点即构成路线带。确定线路如何连接沿线的居民点、工矿区、农田、林带等。干支道要“靠村不进村，利民不扰民”，沿村庄边缘过。线路应选在地势平坦开阔、土质坚硬的地方，避免通过易被洪水淹没的地方，在丘陵地区可沿分水岭布置。

(4) 具体定线是根据技术标准和路线方案，结合有关条件在有利的定线带内进行平、纵、横综合设计，具体定出道路中线的工作。

B　各类地形选线要点

a　平原微丘地区选线

平原微丘地区人口稠密，有较多的城镇、居民点、广阔的农田以及纵横交错的灌溉渠道、铁路、公路、管道等。交通量一般比较大，对道路的技术标准要求较高。

平面线形应采用较高的技术指标，尽量避免采用长直线或小偏角，但不应避免长直线而随意转弯。在避让局部障碍物时要注意线形的连续、舒顺。纵面线形应结合桥涵、通道、交叉等构造物的布局，合理确定路基设计标高，纵坡不应频繁起伏，也不宜过于平缓。弯道半径应不小于 20m。但在一般情况下最好采用较大半径，以利于车辆快速行驶。

平原微丘区的线路，当通过农田时，必须慎重考虑，要从线路对国民经济的作用、对支农的效果以及当地地形条件、工程量等方面综合分析比较，使线路既不片面求直以致占用大片农田，也不要片面强调不占某块农田，使线路弯弯曲曲，造成行车条件恶化。应充分利用渠堤、沟岸，减少占地。通过低洼及排水不良地段时要保证填方高度最小，但需要有离地下水位 1m 以上的距离。

路线跨越水道时，无论在平面或纵断面上尽可能不破坏路线的平顺性。在中桥位应选在河床稳定、河道顺直、河面较窄、地质良好、两岸地开有利于桥头路线布设的河段。尽可能使桥位中线与洪水主流向正交。

小桥涵位置应服从路线走向，若遇到斜交过大或河沟过于弯曲，则可采取改河措施或改移路线予以适当调整。

b 丘陵山区选线

丘陵山区的地形复杂，其特点是在短距离内，山坡陡，溪流湍急，多数溪流的流量小，但是落差大，冲刷力强，沟谷又很曲折。这就形成山区道路转急弯，上下坡陡，转折起伏频繁，险路多，行车危险的特点。因此山区道路要有足够的稳定性，道路的纵断面、横断面、平面配合要适当，弯道半径不小于20m，对翻山越岭回头弯道半径可采用12m。纵坡应小于8%，个别大坡地段以不超过11%为宜，但海拔2000m以上或长期有冰雪的地方，其纵坡应限制在6%以内，以保证汽车的安全行驶，当连续纵坡大于5%时，应再设置缓和坡段。同时，应该利用有利的地形展线，以减少工程量，降低造价。由于地形限制，丘陵山区一般形成沿河线、越岭线等。

沿河线是指线路沿着河边或者某一河谷布设。它是山区线路方案中最常遇到的一种。河谷的纵坡除最上游某些较短地段可能较陡外，一般不会超出山区道路所允许的纵坡。线路应选在有适宜的较宽的台地，要求没有严重的地质不良现象如滑坍、落石、雪崩等。如果两岸地形区别不大，河流湍急，而河面又较宽，则选择工程量较小的河岸布置。如果两岸台地交错出现，河面又不甚宽，且建桥容易时，可建桥跨河。

越岭线是指当路线的两个主要控制点，位于山脊线的两侧山麓时，路线需从一侧山麓翻过山脊至另一侧山麓的翻山线路。由于山岭具有一定的高度，要以技术标准所规定的纵坡笔直翻过山岭是不可能的。所以越岭线要重点研究从山岭的什么部位通过，如何使线路按规定的坡度上山和下山的问题。线路通过山岭位置的高低和偏离线路总方向的大小，会影响上下山线路的长短和工程量，跨岭位置偏离总方向远且比较高，上下山的线路就会长；偏离总方向较小，位置低，上下山的线路就会短一些。解决通过山岭的基本方法有两种：

（1）选择一个接近线路总方向的垭口通过。垭口是山脊的缺口，位置比较低，选择垭口时，除要考虑它位置的高低，偏离线路总方向的大小外，还要注意垭口两侧的地形和地质对上下山线路的影响。当山坡比较顺直、无切割地形阻碍、地质条件较好时，可将线路顺着山坡、以小于5%的缓坡均匀上达垭口。当山坡地形切割严重时，应保持原来平缓坡度继续延伸，直到离垭口的距离正好能使线路上垭口的纵坡平均为5%即开始上坡。当山坡过陡、地质条件不好时，可考虑利用地形采用回头曲线（见图4.32）的方式上山，选择较平缓山坡，设置回头弯，来回盘绕延长距离，使线路以合乎规定的纵坡上达垭口。

（2）选择一个地质条件比较好、地势合适的山腹打隧道穿过。当线路要穿过又高又窄的山脊或所要经过的埂口，一年中大部分时间被积雪阻塞或垭口存在严重的地质不良情况时一般采用打隧道的方式。在一般情况下，隧道位置越低，线路越短，对行车有利；但位置低，隧道长，会增加工程量和延长工期。在确定隧道的位置时，要综合考虑各方面的因素，既要考虑工农业发展的需要和运输的方便，又要考虑目前的实际条件及地质情况。

4.5.3.2 田间道和生产路选线

田间道和生产路同农业生产作业过程直接联系，一般在典型田块规划后，参照典型田

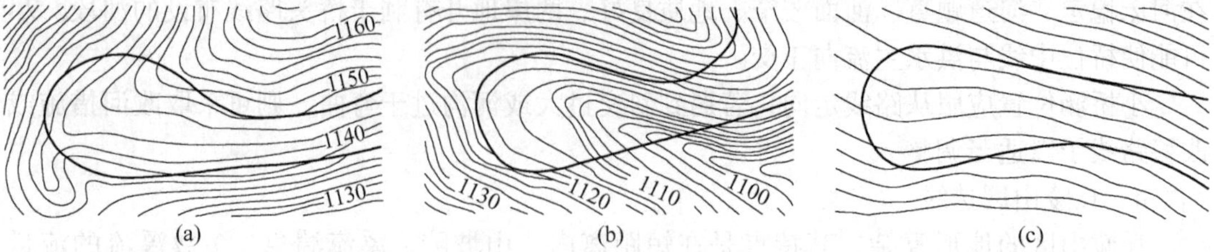

图 4.32 适合于设置回头曲线的地形
（a）直径较大、横坡较缓、相邻有较低鞍部的山包或平坦的山脊；
（b）地形开阔，横坡较缓的山沟或山坳；（c）地质、水文地质良好的平缓山坡

块的路网密度布设。田间道和生产路具有运输距离短、季节性强等特点，其规划要有利于田间生产和劳动管理，既要考虑人畜作业的要求，又要为机械化作业创造条件，应与田、林、沟、渠结合布局。田间道最大纵坡宜取 6%~8%，生产路最大纵坡宜取 6%~12%，最小纵坡在多雨区取 0.4%~0.5%，一般取 0.3%~0.4%。

田间道是由居民点通往田间作业的主要道路。除用于运输外，还起田间作业供应线的作用，应能通行农业机械。一般设置路宽为 3~6m，南方丘陵区通常采用小型农机，在此基础上，可酌情减少路宽。田间道又可分为主要田间道和次要田间道。

主要田间道是由农村居民点到大面积耕作区，或是联系大居民点的道路，它服务于一个或几个耕作区，如有可能应尽量结合干、支道布置。如需另行配置时，应考虑使其能为大多数田区服务。当同其他田间道相交时，应采用正交，以方便畜力车转弯。为减少占耕地，尽量利用田埂、塘埂展线，并兼顾便捷的原则，尽量设计成直线，如图 4.33 所示。

图 4.33 新建田间道选线案例

次要田间道供机械直接下地作业之用，在旱作区，次要田间道也可布设在作业区的中间，沿田块的长边布设，使农机从两边均可进入耕作田块。

生产路的规划应根据生产与田间管理工作的实际需要确定。生产路一般设在田块的长边，其主要作用是为下地生产与田间管理工作服务。平原区旱地田块宽度一般为 200~300m，可考虑每两个田块设一条生产路，以节约用地。

梯田的田间道与生产路。梯田是山区、丘陵区的一种主要的水土保持措施。梯田田间道路的布局应按照具体地形，采取通梁联峁，沿沟走边的方法布设。田间道多设置在沟边、沟底或山脊，宽 2~3m，转弯半径不小于 6m。为防止流水汇集冲毁田坎，沟边的路应修成里低外高的路面，并每隔一段筑一小土埂，将流水引入梯田。生产路也应考虑到通行小型农机具的要求，如山底坡缓，路呈斜线形；如山高坡陡，路可成“S”形、“之”字形或者螺旋形迂回上山，如图 4.34 所示。

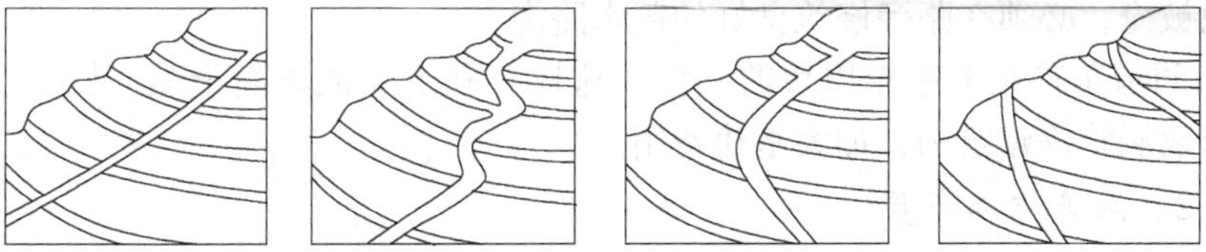

(a)　(b)　(c)　(d)

图 4.34　梯田田间道布局形式

（a）斜线形；（b）“S”形；（c）“之”字形；（d）螺旋形

梯田的田间道规划方案选择案例（见图 4.35）：（1）方案一较便捷，但局部纵坡较大，经计算核实，最大纵坡 14%，偏大，故舍弃。（2）方案二最便捷，但局部纵坡明显过大。（3）方案三采用“S”形，选线，最大纵坡在规定范围内，最终采纳此方案。

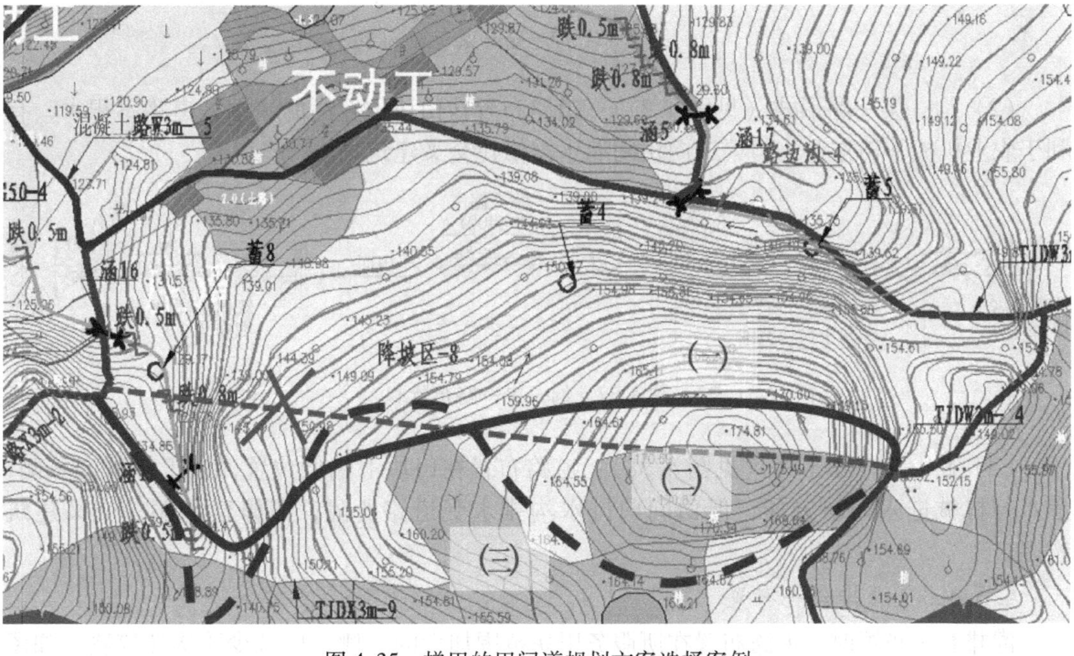

图 4.35　梯田的田间道规划方案选择案例

4.5.4　道路与渠道、排水沟的综合布置

在有渠系的地区，田间道要结合渠系布置。

4.5.4.1　沟渠相间布置

沟渠相间布置时，道路与沟渠的常见布置有两种情形：

（1）田间道布置在沟边靠农田一侧。这种布置形式可利用挖排水斗沟的土方填筑路基，节省土方量，并且农业机械可以直接下地作业，道路以后也有拓宽的余地。若田间道要穿越农沟，须在农沟与斗沟连接处埋设涵管或修建桥梁、涵洞等建筑物。埋设涵管时，如果孔径不足，势必影响排水，在雨季田块易积水受淹。并且在这种情况下，道路位置较低，为避免被淹，必须在路旁修筑良好的截水路沟。

（2）田间道布置在渠边靠田块的一侧。这样有利于保证路面干燥，机组下地作业方便，但需修建涵管等建筑物，加大基建费用。

4.5.4.2　沟渠相邻布置

道路与渠道、排水沟的位置关系有如下形式：

（1）沟—路—渠形式（见图4.36）：道路布置在灌溉渠和排水沟之间，有利于田间灌水和排水及沟渠的维修管理，但机械进入田块需要修建下田涵。在降雨量较小的地区，该方式使用最多，在降水较多的地区，排水斗沟断面较大，如采用这种形式投资大。

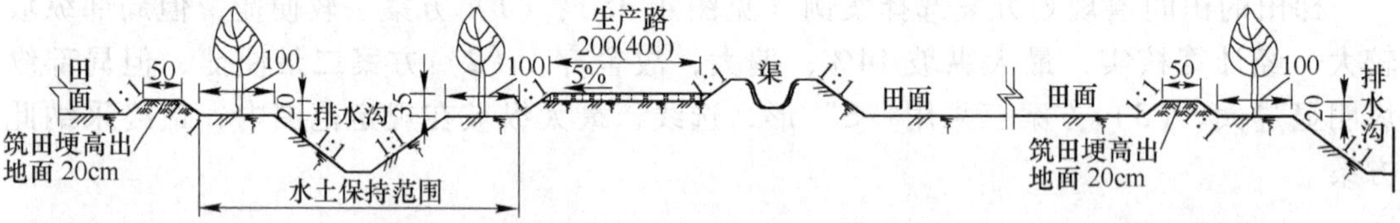

图4.36　沟—路—渠布置

（2）沟—渠—路形式（见图4.37）：道路布置在田块位置高的一端，道路不积水，有利于农业机械下田作业。但渠道向田间灌水需修建交叉建筑物。

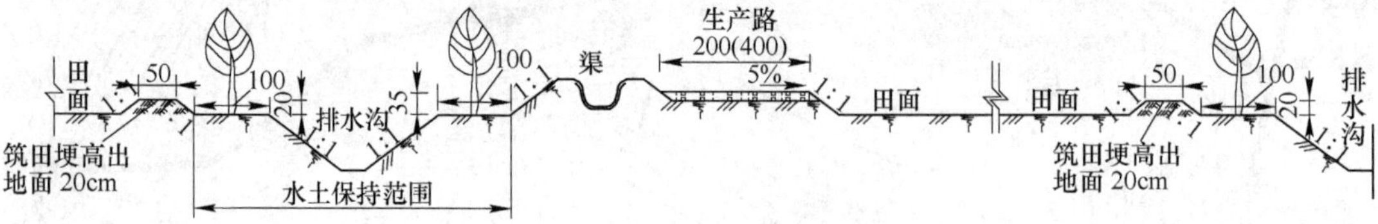

图4.37　沟—渠—路布置

（3）路—沟—渠形式（见图4.38）：道路布置在田块下端低位置，位于排水沟一侧，灌水与机械进入田块方便，但田间向排水沟排水受道路所隔，需修建涵洞，交叉建筑物多。

4.5.4.3　灌排合一布置

灌排合一布置时，道路布置在所服务田块范围加大的一侧，以减少跨沟建筑物，如图4.39所示。

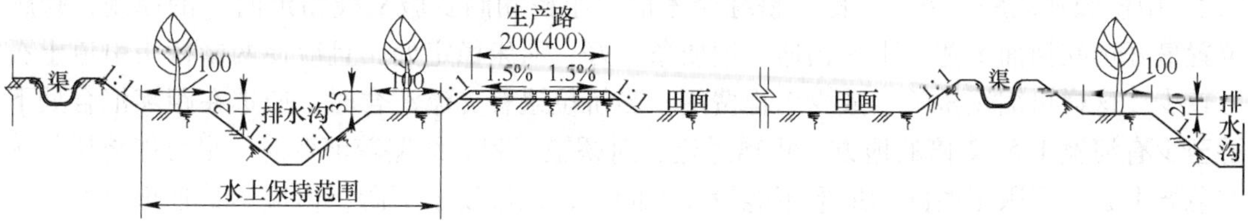

图 4.38　路—沟—渠布置

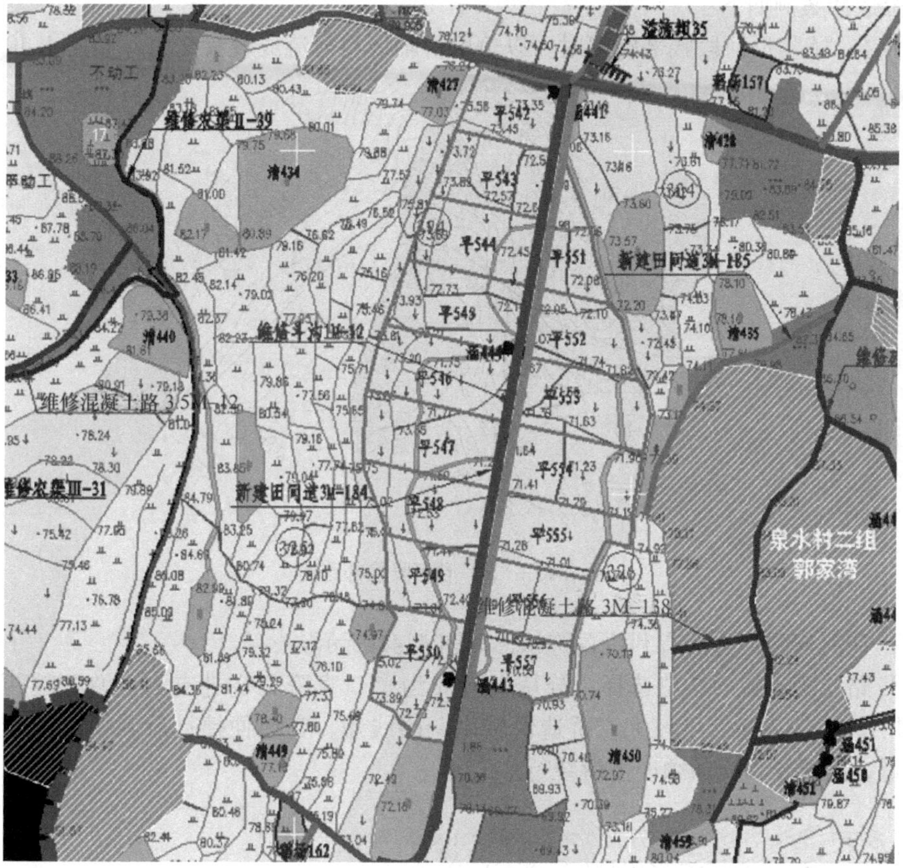

图 4.39　田间道与灌排合一沟配套布置

4.5.5　道路编号原则

土地整治规划图中，道路编号需遵循以下原则：(1) 同片、同类道路统一编号；(2) 走向相同或相近的视为同一条路；道路转弯大于45°的视为两条路，分别标号；(3) 被国标等级公路、干路、支路、田间路、河道、桥梁分段的应视为两条路，分别标号；(4) 穿过村庄、保护地、林地、坟地等处的路应分别标号。

4.5.6　农桥规划

拟定干、支道上桥的位置及桥型，确定它与其他交通线和管道的交叉方法。本着

"大、中桥服从线路总方向，路、桥综合考虑，小桥涵洞要服从线路走向"的原则，跨越位置最好选在河面不宽、水流畅通、地质条件好、河床稳定处，且应使两岸桥头引道土石方较少。这样可缩短桥长，减少工程费用。当桥位遇有支流汇合时，应选在距离汇合处下游至少有河宽 1.5~2 倍的地方。距离过近，对桥墩不利。线路跨河弯时，尽可能将桥位选在急弯上游，当限于线路和地形不能设在上游时，也可设于下游，但应尽量远离急弯，一般最好在河宽 1~1.5 倍以外。干道、支道与其他交通线和管道一般应该力求正交，在不能正交时，交角应不小于 45°，交角附近要有一段平直的路线，要保证规定的最短视距。

桥位选择案例如下：

(1) 在"S"形河段腰部跨河时，以争取桥轴线与河流成较大交角，如图 4.40 所示。

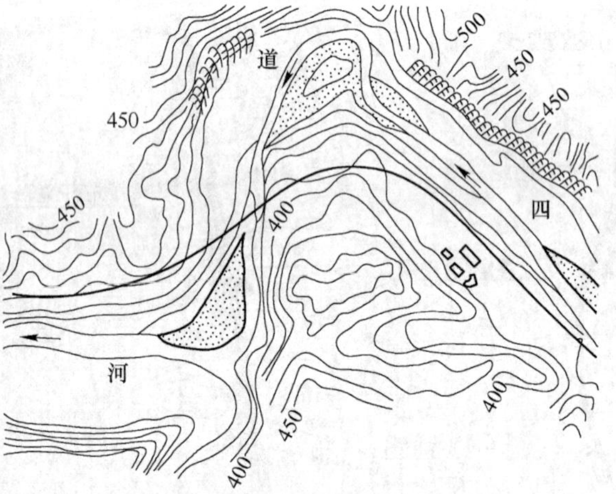

图 4.40　"S"形河段腰部跨河

(2) 在河弯附近选择有利位置跨越，如图 4.41 所示。

(3) 路线跨支流的桥位选择：分从支河（沟）口直跨和绕进支沟上游跨越两种情形（见图 4.42），前者桥跨度较大，桥造价较高，路线短，交通便捷；后者桥跨度较小，桥造价较低，路线长，交通须向上游绕行。

图 4.41　河弯附近选择有利位置跨越

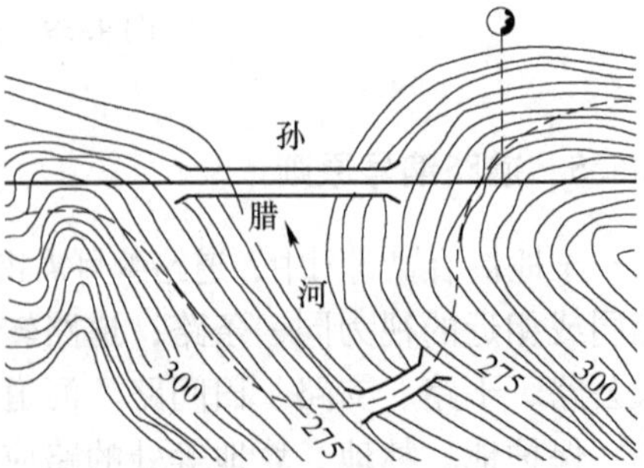

图 4.42　支河（沟）口直跨与绕进支沟上游跨越

4.6 其他工程规划

4.6.1 农田防护林

4.6.1.1 农田防护林工程规划原则

(1) 因地制宜，因害设防。农田防护林工程是根据项目区的抗灾防灾、生态建设与环境保护的要求而进行的生物与工程设施建设。因此，根据不同地区抗灾防灾的具体要求，农田保护工程也呈现出不同的特点。如黄土高原地区水土流失较为严重，主要布置水土保持林、护坡林以及护坡工程等；西北干旱地区风害沙害较为严重，主要布置的是防风固沙林；东南沿海地区由于临海，台风是主要的自然灾害，因此应该重点布置农田防护林抵御风害；长江沿岸以抵御洪涝灾害为主要内容，重点应该布置水土保持林、护岸护滩林等。即使同一地区，由于地形、植被、土地利用等状况不同，对农田保护的要求也不一样。因此，农田保护规划应该本着因地制宜、因害设防的原则，进行科学合理的规划布置。

(2) 全面规划，综合治理。农田防护规划是对农田生态环境的改善与治理，因此，应该从系统的角度进行生态环境保护工程的规划。一个方面的变化可能并不是简单形成的，有着其他方面的种种原因制约。如某个地区的洪涝灾害可能与另外一个地区的水土流失有关；一个地区在退耕还林，而另外一个地区可能正在毁林造地。片面考虑问题，规划过程中就可能导致“头痛医头，脚痛医脚”的短期行为，造成实践中顾此失彼的盲目混乱局面。因此，要从整个区域的角度全面地分析问题，既要处理好整体与局部的关系，大、中、小项目结合；又要处理好局部之间的关系，如上下游、河两岸、坡两端等防护工程的相互关系，真正做到统筹兼顾。

农田防护工程按工作的原理不同可以划分为工程保护措施与生物保护措施两类，前者耗时短、见效快，但一次性投资较大，无法从根本上消除不良因素对环境的影响，往往需要结合生物措施一起进行，既考虑短期的环境改善与土地质量提高产生的积极效果，同时也兼顾环境改善的长期性与持久性。以修建护坡工程以及水土保持林为例，目的都是为了防止水土流失，短期内防护林没有形成防护功效的时候，通过治坡工程措施，如修筑梯田、鱼鳞坑等，抑制水土流失；从长期来看，随着防护林的形成，将从根本上消除水土流失，从而达到更加理想的环境效果。

(3) 与其他规划相协调。生态环境保护工程是农田基本建设的一个重要组成部分，它的规划应该结合其他农田基本建设的规划，进行统筹安排，综合协调。在满足田、水、路、林、村综合规划要求的同时，达到“田成方、路成网、渠相连、林成行”的规划效果。例如，在对农田防护林进行布置时，与各田间设施规划相互结合，一方面以林护渠、护沟、护路，另一方面也方便田间生产管理与设施维护。

4.6.1.2 防护林的类型与作用

根据生产的需要和不同防护林的功能，防护林可细分为农田防护林、水土保持林、防风固沙林以及具有某种功能的特种防护林等次级防护林种。

农田防护林是在农田周围有计划营造的纵横交叉构成网状的林带。目的是防治害风及霜冻，保证农田高产稳产，同时提供各种林产品（如木材）以及美化环境。农田防护林能够降低风速，减少水分蒸发，改善农田气候，减轻风沙和干旱的危害，为农作物生长发育创造有利的条件，从而起到护田增产的作用：

（1）降低风速。当害风通过林带时，通过树干和枝叶的摩擦和阻拦而使风力减弱；越过树冠的气流与穿过林带的气流接触后又产生摩擦、混合，继续消耗气流动能，从而降低风速。

（2）调节气温和湿度。由于风速的减弱和林带树冠的蒸腾作用，使得林网内的空气温度和湿度得到了改善，有利于作物高产、稳产。

（3）改良土壤。在林带的防护范围内，由于风速的减小、减轻不发生土壤的风蚀。防护林带还能防止因灌溉不当所引起的土壤次生盐渍化。

（4）经济效益。除了林带防护作用所带来的经济效益外，林带本身还可提供木材、薪材、编条、果品等产品以及一定程度上的美化作用。

水土保持林是指水土流失地区以减少、阻拦及吸收地表径流，涵养水源、防止土壤侵蚀、改善农业生产条件为目的的防护林。其作用有：（1）涵养水源，保持水土。通过林冠层的截持、林地枯枝落叶层的调节、涵蓄降水及林下土壤的渗流等环节来实现水土保持林的涵养水源和保持水土的作用；（2）固持土壤。乔灌木树种依靠其深长的根系及扩展的水平根系，能在相当大的深度、广度范围内固持土体；（3）调节区域气候、改善环境条件。

防风固沙林以防止风沙危害、固定流沙为目的。通过林木的枝叶降低风速，枯枝落叶覆盖地表，庞大的根系固持土壤，使沙地不扬沙。通过林木的大量枯落物，增加沙地的有机质、腐殖质，改善土壤结构，提高土壤肥力，增强胶结抗蚀力。同时为沙区提供部分木材、薪炭、饲料、肥料及其他林产品。

4.6.1.3 林带结构

农田防护林带的防护作用大小，与林带结构和透风系数紧密相关。林带的结构是指造林类型、宽度、密度、层次和断面形状等综合外部形态特征。林带透风系数指林带背风面林缘 1m 处树高范围内平均风速与旷野的相应高度范围内平均风速之比。一般采用林带透风系数作为鉴别林带结构的指标，分 3 种类型：

（1）紧密结构。林带透风系数 0.35 以下为紧密结构，它由乔木、亚乔木和灌木组成，三层树冠，树叶茂密，几乎不透风，防风距离较短，相对有效防风距离为 $10H$（H 为树高），而且风积物容易沉积于林前和林带内。害风遇到这种林带，主要从林带上方越过。这种林带适用于果园防护林、阻挡流沙移动的固沙林以及保护公路、铁路的防沙防雪林，农田防护林不宜采用这种结构。

（2）疏透结构。林带透风系数 0.35~0.6 为疏透结构，它由数行乔木，两侧各配一行灌木所组成，上下透风均匀，相对有效防风距离为 $25H$。不会在带内和林缘造成积雪和淤沙，在防护效益方面，这种结构比较好。在风沙严重地区的农田防护林，多采用此种结构。

（3）透风结构。林带透风系数在 0.6 以上为透风结构。它只由乔木组成，不搭配灌木，大量透风，防风距离最大，所以风害地区多采用这种结构。但在带内和林缘处风速大，易引起近林带处风蚀。相对有效防护距离为 $30H$。透风结构适用于干旱、风沙危害较轻的地区。

4.6.1.4 林带方向、间距与宽度

主林带的走向取决于主害风方向和地形条件，根据因害设防的原则，主林带应垂直于主害风（指5级以上大风，风速不小于28m/s）方向，防风效果最佳。若由于地形条件或地界的变化，不能完全垂直时，可允许偏角有30°左右的变化，但不宜超过45°，否则防风效果显著下降。

林带间距的大小，决定于林带的有效防护距离，这种距离与树高成正比，同时与林带的结构有关。农田林网的网格是由主、副林带之间的距离所构成的。主林带与相邻主林带间的距离称为主林带间距，副林带与相邻副林带间的距离称为副林带间距。据有关观测资料表明，林带有效防风距离为树高的20~25倍，最多不超过30倍。林带的间距和网格的大小，要根据农田防护效果和对农作物有效受益面积来确定。网格面积一般为20~35hm^2，主林带间距300~500m，副林带间距500~1000m。在风沙严重地区，林网面积可适当缩小。

林带宽度以节约占地和保持适当透风程度所需最小宽度或者树的行数确定。林带过窄防风效果差，过宽则占用耕地，一般由3~10行组成，在干旱半干旱地区营造4~5行树的林带比较有效而且经济。

为方便农机具的运行，在林带的长边和短边的交汇处应该设置交通口，一般在主林带的长边每隔400~500m设置一个交通口，宽6~7m。两条相邻林带的交通口位置要相对错开，以免形成风洞，对农田土壤和农作物生长造成不良影响。

4.6.1.5 树种选择与搭配

树种选择与搭配主要考虑下述因素：(1) 生长迅速、树体高大、枝叶繁茂，如杨树和桉树，以便较早地发挥防护效益，延长防护距离。(2) 寿命长、生长稳定，能够长期发挥作用，减少更新次数。(3) 抗风力强、不易风倒和风折。(4) 水平根不过分伸展，以减少胁地和遮地面积。如泡桐、箭杆杨，树冠较紧束不开张。(5) 与农作物无共同病虫害。其病虫害与农作物不会产生交叉感染。(6) 树种有较高的经济价值，能生产木材和其他林副产品。(7) 乔灌结合时，灌木应位于乔木的两侧，不能将灌木配置在乔木的行间或株间。因为不同树种的生长速度不同，生长慢的会受到抑制，形成不整齐的断面形状，有的甚至只残留一两行乔木，起不到应有的防护作用。(8) 不宜采用单一树种。

4.6.2 水土保持工程规划

水土流失（soil erosion and water loss）指在水力、风力、重力及冻融等自然和人类活动作用下，水土资源和土地生产能力的破坏和损失，包括土地表层侵蚀及水的损失。水土保持（soil and water conservation）是防治水土流失，保护、改良与合理利用水土资源，维护和提高土地生产力，减轻洪水、干旱和风沙灾害，以利于充分发挥水、土资源的生态效益、经济效益和社会效益，建立良好生态环境，支撑可持续发展的生产活动和社会公益事业。

4.6.2.1 沟头防护工程

侵蚀沟沟头一般出现在凹地当中，下泄水流不断地向沟头淘刷而产生强烈的沟源侵蚀，使沟头不断前进。在我国黄土区，有的沟头一年可前进1~10m，遇上大雨，一次就可前进10m以上。

沟头防护工程（protective works of gully head）是为防止径流冲刷引起沟头前进和坡面蚕蚀而采取的工程措施和生物措施。目标是制止坡面暴雨径流由沟头进入沟道或使之有控制地进入沟道从而制止沟头前进，保护地面不被沟壑割切破坏。沟头防护是沟壑治理的起点，工程规划设计应考虑：(1) 沟头防护工程防御标准的选择。根据各地不同降雨情况，分别采取当地最易产生严重水土流失的短历时、高强度暴雨进行计算。(2) 沟头防护工程必须在以小流域为单元的全面规划、综合治理中，与谷坊、淤地坝等沟壑治理措施相互配合，以收到共同控制沟壑水土流失的效果。(3) 当坡面来水不仅集中于沟头，同时在沟边另有多处径流分散进入沟道的，应在修建沟头防护工程的同时，围绕沟边全面地修建沟边埂，制止坡面径流进入沟道。(4) 当沟头以上集水区面积较大（$10hm^2$ 以上）时，应布设相应的治坡措施与小型蓄水工程，以减少地表径流汇集沟头。

沟头防护工程形式可分蓄水型和排水型两类。蓄水型又包括围埂式和围埂蓄水池式。当沟头以上坡面来水量较大，蓄水型沟头防护工程不能完全拦蓄，或由于地形、土质限制，不能采用蓄水型时，则采用排水型沟头防护，排水型有陡坡式、台阶式跌水和悬臂式跌水三种（见图 4.43）。经过治理可基本控制沟头前进，若沟头防护工程与抬高沟道侵蚀基准面同时进行效果更佳。

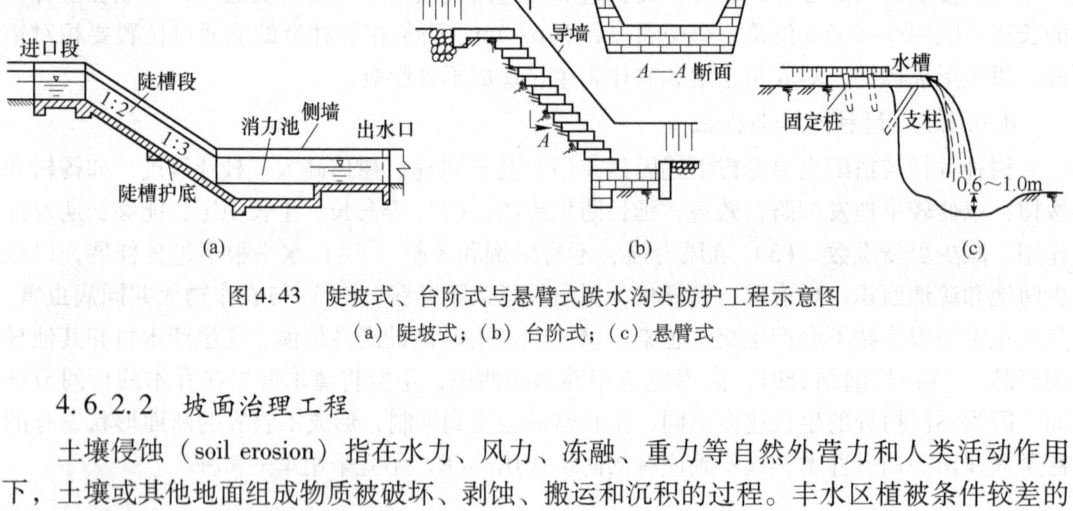

图 4.43　陡坡式、台阶式与悬臂式跌水沟头防护工程示意图

(a) 陡坡式；(b) 台阶式；(c) 悬臂式

4.6.2.2　坡面治理工程

土壤侵蚀（soil erosion）指在水力、风力、冻融、重力等自然外营力和人类活动作用下，土壤或其他地面组成物质被破坏、剥蚀、搬运和沉积的过程。丰水区植被条件较差的坡面土壤侵蚀尤为严重，有必要进行坡面治理与防护。

坡面治理工程（slope treatment for erosion control）是为防治坡面水土流失，保护、改良和合理利用坡面水土资源而修筑的工程设施。常见的坡面治理工程有：截水沟、拦山堰、鱼鳞坑等，以及为保证山体和坡面稳定而修建的固坡工程。固坡工程（slope stabilization project）包括挡土墙、抗滑桩、削坡、反压填土、滑动带加固工程等。

坡面治理工程规划应考虑以下要求：(1) 坡面沟渠工程应与梯田、耕作道路、沉沙蓄水工程同时规划，并以沟渠、道路为骨架，合理布设截水沟、排水沟、蓄水沟、引水渠、灌溉渠、沉沙池、蓄水池等工程，形成完整的防御、利用体系。(2) 根据不同的防治对象，因地制宜确定沟渠工程类型的数量，并按高水高排或高用、中水中排或中用、低水低排或低用的原则设计。(3) 以修梯田、保土耕作、经果林为主的坡面，应根据降雨和汇流面积合理布设截水沟、排水沟，并结合水源规划引水渠、灌溉渠；以保土耕作为主的坡面还应配合等高种植，规划若干道蓄水沟；以种植林草为主的坡面，沟渠工程应采用均匀分布的蓄水沟，上方有较大承雨面积的应规划截水沟或排洪沟。在坡面上一般应综合考虑布设截、排、引、灌溉渠工程，截水沟、排水沟可兼做引水渠、灌溉渠。（4）截水沟一般应与排水沟相接，并在连接处前后规划沉沙、防冲设施。（5）梯田区域内承接背沟两端的排水沟，一般垂直等高线布设，并与梯田两端的道路同向，呈路边沟或路代沟（为凹处）状，土质排水沟应分段设置跌水，一般以每台梯面宽为水平段，每台梯坎高为一级跌水，在跌水处做好铺草皮或石方衬砌等防冲消能措施。（6）截水沟和排水沟、引水渠、灌溉渠在坡面上的坡度，应视其截、排、用水去处（蓄水池或天然冲沟及用水地块）的位置而定。当截、排、用水去处的位置在坡面时，截水沟和排水沟可基本沿等高线布设，沟底坡度应满足不冲不淤流速；沟底坡度过大或与等高线垂直布设时，必须做好防冲措施。（7）一个坡面面积较小的沟渠工程系统，可视为一个排、引、灌水块。当坡面面积较大，可划分为几个排、引、灌水块或单元，各单元分别布置自己的排、引、灌去处（或蓄水池，或天然冲沟或用水地块）。（8）坡面沟渠工程规划还应尽量避开滑坡体、危岩等地带，同时注意节约用地，使交叉建筑物（如涵洞等）最少，投资最省。

A 截水沟（截流沟）

截水沟（water intercepting and drainage ditch on the slope）是在坡地上沿等高线修筑的拦截、疏导坡面径流，具有一定坡度的沟槽工程。坡面径流较大的坡耕地应布设截水沟。截水沟间距根据地面坡度、土质和暴雨径流情况，通过设计计算具体确定，以 20~30m 为宜。排水型截水沟排水一端应与坡面排水沟相接，并在连接处做好防冲措施。

B 拦山堰

当项目区上部有较大面积的坡面来水，坡面下部是耕地，上部是林草或荒坡时，应在其交界处布置拦山堰。拦山堰的排水一端应与坡面排水沟相接，并在连接处做好防冲措施。拦山堰应与其他排水设施衔接。

C 鱼鳞坑

鱼鳞坑（fish-scale pit）是在坡面上，修筑呈品字形排列的半圆形坑穴的造林整地方式。在较陡的梁峁坡面和支离破碎的沟坡上沿等高线自上而下的挖半月形坑，呈品字形排列，形如鱼鳞，因此称鱼鳞坑。鱼鳞坑具有一定蓄水能力，在坑内栽树，可保土保水保肥。

鱼鳞坑作为水土保持坡面治理和造林整地工程被广泛采用，也收到了比较好的治理效果，在设计中应注意以下几个问题：

（1）突出造林整地作用。鱼鳞坑虽然属坡面工程，有拦蓄坡面径流，沉淀泥沙作用，但其主要作用是造林整地。鱼鳞坑造林是工程措施和植物措施相结合的一种水土流失治理方法，鱼鳞坑的作用是保证树木的成活，由林木植被作为水土保持设施而长期发挥作用。

（2）确定合理的设计标准。对于土壤条件差，自然恢复植被能力弱的荒山、荒坡必须采取鱼鳞坑措施进行治理的，以 10 年一遇最大 24h 暴雨为设计标准是不合理的，应根据流域的具体情况，确定合适的设计标准。现行规划中小流域下游有水库、灌溉渠道等蓄水、调水工程时应尽量减少鱼鳞坑措施的面积，并要降低鱼鳞坑的标准。水库特别是小型水库径流为年内调节，其设计来水量是按水库流域初始植被状态下的径流来确定的，如果在库区流域采用的鱼鳞坑面积过大，标准较高，低于设计标准的降雨达不到蓄满条件，不产生径流，即使通过下渗产生径流，也会导致蒸发量增加，产流减少，汇流滞后，破坏了水库水量的正常调节，出现阶段或全年蓄水量不足，兴利库容减少，灌溉保证率降低等不良后果。库区上游的鱼鳞坑设计标准不宜超过 5 年一遇，对抗冲刷能力较强的土壤，应低于 5 年一遇。

（3）鱼鳞坑修建应满足苗木栽植标准，但不能一概而论，应根据降雨、坡度、土壤渗透强度等具体确定。在干旱地区，若土质风化料较多，鱼鳞坑内水量积存少，存水时间短，抗涝能力强的大苗应按规范中规定的栽入坑中距下沿 0.2～0.3m 处。对降雨量较多，土壤渗透能力弱的土壤和鱼鳞坑内水量积存多，时间长，抗涝能力弱的小苗，鱼鳞坑的坑底应顺山坡修成 15°～20°坡度，苗木栽种在坑中上部，以免明水浸淹苗木。对坡间台地、下渗水流出露地块，可采用鱼鳞坑与植树分离的方法，即把树栽植在鱼鳞坑之间的坡地上，以免给苗木造成涝害。

鱼鳞坑呈“品”字形排列，每亩设置的坑数按栽植的树种确定。开挖面呈半圆形，长径 100～100cm，短径 50～70cm，深 40～60cm，土埂高 15～35cm，埂顶宽 10～25cm，鱼鳞坑设计如图 4.44 所示。

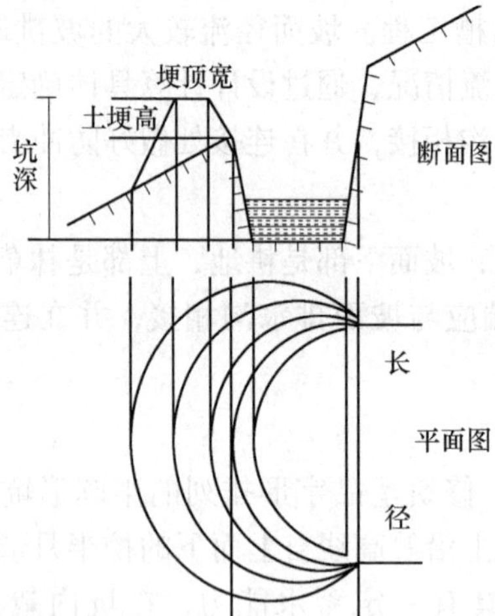

部位名称	鱼鳞坑
长径 /cm	70～100
短径 /cm	50～70
坑深 /cm	40～60
土埂高 /cm	30
埂顶宽 /cm	20

图 4.44　鱼鳞坑设计示意图

4.6.2.3　淤地坝

淤地坝（check dam for farmland forming）是以滞洪拦泥、淤地造田为主要目的，在水土流失区支沟内修建的水土保持工程。淤地坝在我国古代筑坝淤田经验的基础上逐步发展起来，是我国水土流失地区沟道治理的一项行之有效的水土保持工程措施。

筑淤地坝在我国北方及长江流域比较普遍。一般小型淤地坝可淤泥造地数亩，中型的可造地几十亩，大型的可造地百亩到几百亩。根据沟底情况，一般打坝数座，在一条沟内先从下游沟口修第一座坝，被淤后再在其上游修第二、第三座。根据情况在上游蓄水，下游种田。筑坝方法应统筹规划设计，选址施工，采取填土夯实等办法进行。

淤地坝工程一般由坝体、溢洪道、放水洞组成。坝体是横拦沟道的挡水建筑物，用以拦蓄洪水，淤积泥沙。溢洪道是排洪建筑物，当淤地坝内洪水位超过设计高度时，洪水就会由溢洪道排出，以保证坝体的安全和坝堤生产的正常运行。放水建筑物用以排泄沟道长流水、库内积水到坝的下游，通常采用竖井和卧管的形式。

A 淤地坝的类型

根据坝高、库容、淤地面积，淤地坝分为以下三类：

（1）小型淤地坝。一般坝高5~15m，库容1万~10万米^3，淤地面积0.2~2hm^2，修在小支沟或较大支沟的上中游，单坝集水面积在1km^{2}以下。

（2）中型淤地坝。一般坝高15~25m，库容10万~50万米^3，淤地面积2~7hm^2，修在较大支沟下游或主沟上中游，单坝集水面积1~3km^2。

（3）大型淤地坝。一般坝高为25m以上，库容50万~500万米^3，淤地面积7hm^{2}以上，修在主沟的中下游或较大支沟的下游，单坝集水面积3km^{2}以上。

B 坝系规划

为达到沟道分段拦蓄水沙，分散洪水，防止洪水危害，使坝地稳定生产的目的，坝系应包括滞洪坝、种植坝、引洪蓄水灌溉坝等，使各单坝明确分工、有机配合，生产职能可以变换，科学地使用水沙，持久地发挥坝系整体的最大水沙利用和生产效益。坝系规划在流域综合治理基础上进行，做到生物措施与工程措施相结合，坡面治理与沟道治理同步实施。

坝系规划应以完整的小流域为单元，从支沟到主沟，从上游到下游，根据不同的地形和坡度，全面系统地布设大、中、小型淤地坝，除地形不良的沟道外，尽可能将坝布满。在具有控制作用的沟段，应部署少量治沟骨干工程，以拦蓄暴雨洪水，保护沟中其他坝库的安全生产。一般根据不同的集水面积，分别布置不同的淤地坝，并确定实施顺序。

（1）集水面积在1km^{2}以下的小支沟，淤地坝的建设顺序为先从沟口或下游开始，修建第一座坝；淤平种地时，再修第二座坝，在拦泥淤地的过程中，保第一座坝安全生产；第二座坝淤平种地时，再修其上游的第三座坝，依次向上推移，直到将全沟修完。

（2）集水面积在3~5km^{2}的支沟，淤地坝一般应从上游向中、下游依次修淤地坝。其坝高、库容等技术指标，应依次逐渐加大。也可在中游和下游同时各修一座中型以上的淤地坝，淤平以后逐步向上推移修坝。并在上、中游适当位置。选一坝址，作为治沟骨干工程，以保证坝地的安全。

（3）集水面积在10~20km^{2}的主沟，淤地坝一般应在其上游和两岸支沟各坝建成后，再建中下游的淤地坝（一般为大型），以减轻洪水、泥沙负担，降低工程造价。要求单坝控制区的净面积在6km^{2}以下，工程规模按大型淤地坝考虑，并于即将淤平前1~2年，在坝库上游的主沟或主要产洪支沟选择适当的位置，修治沟骨干工程，以保证坝地的安全生产。

C 淤地坝的坝址选择

坝址的选择宜综合考虑：淤地面积大、工程量小、施工方便、运用安全可靠。沟谷狭窄、上游地形开阔平坦、并处于口小肚大的葫芦口地形处是理想的建坝地点。

坝端岸坡应有开挖溢洪道的良好地形和土质（或基岩）；其两岸坡角不应大于45°，不应有集流洼地、冲沟、陷穴、泉眼等。而且要求坝址处土质坚硬、地质构造稳定，最好是黄土下面为红胶土或基岩，以节省溢洪道衬砌的工程量和投资。同时坝址附近应有良好的筑坝材料（土料、石料）和料场，而且采运容易，交通、施工方便。在采用水坠法筑坝时，土场应紧靠坝址，并有一定高度，且坝址附近应有充足的水源（施工期间能提供比坝体充填土方量大1倍的水量）。建坝时应尽量缩小库区淹没损失，避免淹没村庄、公路、大片耕地和其他重要建筑物。

4.7 农田景观规划

农地整治作为实现土地资源可持续利用，提高土地利用率及耕地总量动态平衡的手段，在合理配置土地资源、保障粮食安全方面起到积极的作用。然而，农地整治可能带来的生态风险和对乡村景观风貌的破坏同样值得关注。因此，探讨景观生态型农地整治规划模式和方法具有较强的现实意义。本节构建了景观生态型农地整治规划的理论框架模型，并对框架模型中的每一步骤进行了简要阐述，力图丰富目前国内农地整治规划的理论，并能很好地指导实践。

4.7.1 相关概念

4.7.1.1 景观规划

景观（landscape）指土地及土地上的空间和物体所构成的综合体，是复杂的自然过程和人类活动在大地上的烙印。地理学家把景观作为一个科学名词，定义为综合自然地理区，或呈一种类型单位的通称，如农田景观、草原景观、森林景观等；艺术家把景观作为表现与再现的对象，风景园林师则把景观作为建筑物的配景或背景；生态学家把景观定义为生态系统或生态系统的系统；旅游学家把景观视为资源；而更常见的是景观被城市美化运动者和开发商等同于城市的街景立面，霓虹灯，房地产中的园林绿化和小品、喷泉叠水。作为景观设计的对象，景观可被理解和表现为：（1）风景。视觉审美过程的对象；（2）栖居地。人类和其他生物生活的空间和环境；（3）生态系统。一个具有结构和功能、具有内在和外在联系的有机系统；（4）符号。一种记载人类过去、表达希望与理想，赖以认同和寄托的语言和精神空间。根据教育部最新学科目录调整，景观设计已调整为风景园林，景观设计现为地理学或风景园林学一个方向。

景观规划是在一定尺度对景观资源的再分配，通过研究景观格局对资源利用过程的影响，在景观分析与评价的基础上，提出景观资源的优化利用方案。作为调整人与自然关系的重要手段，景观规划设计包括视觉景观形象、环境生态绿化、大众行为心理3个方面的内容：（1）视觉景观形象是大家所熟悉的主要从人类视觉感受要求出发，根据美学规律、利用空间实体景观研究如何创造赏心悦目的环境形象。（2）环境生态绿化是随着现代环境意识运动的发展而深入景观规划设计的内容。主要是从人类的生态感受要求出发，根据生物学原理，利用阳光、气候、动植物、土壤、水体等自然和人工材料，研究如何创造令人舒服的物理环境。（3）大众行为心理是随着人口增长、现代文化交流以及社会科学的发展而注入景观环境设计的现代内容。主要是从人类的心理精神感受需求出发，根据人类在环境中的行为心理乃至精神活动的规律，利用心理文化的引导，研究如何创造使人赏心悦目、浮想联翩、积极上进的精神环境。

视觉景观形象、环境生态绿化、大众行为心理三元素对于人们景观坏境感受所起的作用是相辅相成的、密不可分的。通过以视觉为主的感受，借助于物化的景观环境形态，在人们的行为心理上引起反应，即所谓：鸟语花香、心旷神怡、触景生情、心驰神往。这也就是中国古典园林中的三境一体——物境、情境、意境的综合作用。

景观规划设计在生物多样性保护中起着决定性的作用。基于不同的保护哲学，生物多样性保护的景观规划途径主要可分为两种：一是以物种为核心的景观规划途径，另一种是以景观元素为核心和出发点的规划途径。前者首先确定物种，然后根据物种的生态特性来设计景观格局，后者则以各种尺度的景观元素作为保护对象，根据其空间位置和关系设计景观格局。五种空间战略被认为有利于生物多样性的保护，包括保护核心栖息地、建立缓冲区、构筑廊道、增加景观异质性和引入或恢复栖息地。

4.7.1.2　农田景观规划

农田景观规划是应用景观生态学原理和农业生态学原理，对农田景观要素的时空组织和安排，制定农田景观利用规则，维护农田生物多样性，实现农田高产、稳产，为人们创造优美休闲场所。

农田景观规划是一项复杂的系统工程，不仅涉及自然、社会、经济等诸多因素，而且要发挥出农田生态系统整体功能，合理协调各干扰因素间的相互关系。因此，农田景观规划设计的内容具有整体性和层次性，一般应包括景观区域总体规划、景观区片规划、景观细部规划三个层次。

（1）农田景观区域总体规划是根据区域景观斑块适宜性，优化景观格局，提高区域景观整体功能，确定各斑块的利用方向和利用规则。具体内容包括景观干扰因素调查、景观过程分析、景观格局功能评价、景观功能区配置、主廊道布局、景观功能区利用规则确定等。

（2）农田景观区片规划是依据区片景观利用方向和利用规则，优化景观结构，提高区片景观整体功能，是区域景观总体规划的细化。其内容包括景观格局调查、基质适宜性评价、次廊道布局、斑块布局、斑块利用方向与利用规则确定等。

（3）景观细部规划设计是实现景观的依据。根据农田生态系统的功能要求，合理组织景观内部结构，提高生物多样性，满足生态农业生产需要。其内容主要有斑块设计（斑块朝向、斑块宽度、斑块长度、斑块标高）、廊道设计（支廊道布局、廊道结构、廊道形式、廊道形状、廊道宽度）、基质设计（基质改良、作物轮作、作物栽培）等。

景观规划与农田景观的规划与设计有着密切的渊源，但从现代景观生态学中对景观的分类来看，农田景观的规划与设计只是景观规划的一个研究和应用领域。发挥农田整体效应，协调农田生物与环境间的关系，促进农业生态系统能流、物流、信息流、资金流的良性循环，是农田景观规划设计的新任务。

二十世纪五六十年代，国外在乡村景观规划方面就开始进行科学的研究，并很快形成完整理论体系，对世界乡村景观规划及农业发展都起到了积极的推动作用。例如，德国Haber等人所建立的在GIS和景观生态学的应用研究基础上，用于相应的自然保护规划及基于农业的系统，对于乡村景观重新规划设计及同城市土地利用相协调方面具有非常重要的作用。再如，美国的 Forman 提出一种在生态空间理论基础上的乡村景观改建的规划模式及景观规划设计的原则，强调景观中文化背景与生态价值的有机融合。日本、韩国等国家对乡村景观规划设计方面的研究，对保护传统的乡村景观及耕地具有非常重要的作用。很多位于丘陵、沟谷、河川边的安静而传统的乡村群落与有序规划的梯田稻田、果园、人工草地等都会给人留下深刻的印象，这种优美的农村景观，有效地推动韩国的生态旅游业及乡村旅游业的快速发展。

20 世纪 80 年代以来，农田景观规划设计研究侧重于农田某一景观要素规划设计研究，如对农田防护林形态、格局、结构的研究，不同地区灌排水利设施空间布局研究，土壤基质改良研究等，缺乏对农田景观整体研究；或者集中于农业景观规划研究，如生态功能规划、景观中的生态结构设计等，类似于农业生态规划，没有体现农田景观的空间格局。

为增强农田景观的生态整体性，达到农田的可持续利用，在农田景观规划设计中，必须从农田生态学的角度，综合考虑农田景观干扰因素的空间作用、空间关系和干扰过程，提高农田生产力、生态稳定性及美学价值。

4.7.2　景观生态型农地整治规划模式

农地整治的过程也是项目区景观格局改变的过程。在这个过程中，项目区内原有土地资源的景观格局和原位状态将被打破，从而对项目区内土壤、植被、水文、生物甚至地形等环境要素及其生态过程产生影响。国外较早进行农地整治的国家大多已从单纯田块归并、农田基础设施建设发展到乡村景观塑造，注重农地整治与乡村自然景观的有机融合，强调农地整治过程中的生物多样性保护。国内部分学者也注意到，以耕地数量增加为主的农地整治模式不利于项目区生态环境的保护，会对乡村自然景观产生不利影响。为此，叶艳妹等提出了农地整治过程中的生态环境保育型模式设计方法，鲍海君等提出环境伦理型农地整治模式；万星富则提出了生态型农地整治模式。这些研究丰富了国内农地整治的理论，并对实践起到了良好的指导作用。

景观生态学的发展从一开始就与土地规划联系密切，它注重土地利用如何影响物质流和能量流，注重结构和过程的相互关系分析，使其在空间土地利用规划中得到广泛应用。因此，景观生态学也被称为地生态学。随着景观生态学理论和方法的不断完善，景观生态学与规划的结合被认为是走向可持续规划最令人激动的途径，也是在一个可操作界面上实现人地关系和谐的最合适的途径。国内有学者尝试将景观生态学的原理与农地整治规划实践相结合，研究农地整治过程中的景观生态规划设计方法，但更多的则是探讨农地整治对区域景观生态环境的影响。在相关研究基础上，系统探讨景观生态型农地整治的规划模式和具体方法，可为国内农地整治工作的进一步开展提供参考。

4.7.2.1　农地整治的景观生态学反思

1939 年，德国著名生物地理学家 Troll 在利用航片研究东非土地利用问题时提出了“景观生态学”的概念：“景观生态学的概念是由两种科学思想结合而产生出来的，一种是地理学（景观），另一种是生物学（生态学）。景观生态学表示支配一个区域不同地域单元的自然-生物综合体的相互关系的分析”并进一步将景观生态学解释为：“对景观某一地段上生物群落与环境间的主要的、综合的因果关系的研究，这些相互关系可以从明确的分布组合（景观镶嵌、景观组合）和各种大小不同等级的自然区划表现出来。”

20 世纪 80 年代以前，景观生态学主要应用领域涉及土地利用规划和设计、资源开发与管理、生物多样性保护等方面，在理论上强调景观的多功能性、综合整体性、景观与文化的协同等，并提出了整体性景观生态学的概念。1981 年“第一届国际景观生态学大会”在荷兰举行及 1982 年“国际景观生态学协会”的成立，特别是以 Forman 和 Godron 为代表的北美景观生态学派的兴起，景观生态学才开始发展成为体现生态学主流并盛行于全球的综合性科学。其中，北美的景观生态学逐渐形成了自己的特色，以景观的数量化和模拟研究以及自然景观研究见长。但总体说来，现代景观生态学是研究景观单元的类型组成、空间格局及其与生态学过程相互作用的综合性学科，强调空间格局，生态学过程与尺度之间的相互作用。

景观生态规划模型是景观生态学规划思想的载体。随着景观生态学的发展，各国学者提出了各种不同类型的景观生态规划模型，如 Haber 的“10%规则”，Forman 的“斑块-廊道-基质”分析模型和“集中与分散相结合”的格局，俞孔坚的“安全格局的表面模型”等。从景观生态学的角度分析，现行农地整治规划存在以下缺陷：

（1）强调地块单元内的生态关系，而忽视了水平生态过程，即发生在地块单元之间的生态流。主要表现在：

1）重耕作田块内部规划，轻乡村景观总体布局。现行农地整治规划的主要目标是增加耕地面积和提高耕地质量，规划的中心任务是耕作田块的规划，项目的四大工程（土地平整、农田水利、田间道路和其他工程）也主要是围绕如何方便田块生产进行。加上部分地区农地整治过程中一味追求“高标准”，灌排沟渠、田间道路的“硬化”割裂了耕作田块之间、田块与其他地块之间的有机联系。

2）重数量指标，轻结构保护。农地整治强调出地率，即新增耕地的比例，导致实践中大量的草地被开垦，坑塘被填埋，往往忽视了对典型土地利用功能组合的结构保护。如珠江三角洲地区的湿地基塘组合、东北平原地区的沙田-草-林组合、南方丘陵地区的坑塘-田组合和黄土高原地区的农-草-林组合等，不仅是经过当地劳动人民在长期的生产实践中创造出来的，符合当地自然环境条件的土地利用组合类型，也是当地独特乡村景色的载体。

（2）缺乏对空间关键地段的识别及控制。景观生态学认为，通过对空间某些位置和局部的控制，能更有效地维护或控制某种生态过程。景观生态学将这些关键性的点称为景观战略点，并认为，通过景观战略点的判别、改变及管理将异常有效地维护和控制某种生态过程。在 Forman 构建的土地利用空间格局优化模式中，关键地段的识别也是重要的一个环节。提出应对那些具有关键生态作用或生态价值的景观地段给予特别重视，如具有较高物种多样性的生境类型或单元、生态网络的关键节点和间断点、对人为干扰很敏感而对景观稳定性又影响较大的单元，以及那些对于景观健康发展具有战略意义的地段等。然而，现行农地整治规划往往缺乏这一环节，忽略了空间关键地段的作用。

（3）忽略了乡村农地景观的多重价值。景观生态学不但关注景观的经济价值和生态价值，而且还关注景观的美学价值。并认为景观是众多景观要素组成的景观客体，人既是景观的组成部分，同时也是感受景观的主体。在特定的美学价值观的支配下，必须对周围景观环境形成美学价值判断，获得自然或人文美的感受。要求规划的目标和措施应符合当地居民的生活习惯和审美要求。现行的农地整治在保障粮食安全的前提下往往专注于农地的生产功能（经济价值），而忽略了农地的生态价值和美学价值。

4.7.2.2 景观生态型农地整治规划模式

根据以上分析，农地整治规划改进可参照如图 4.45 所示的模式。该模式继承了现行农地整治规划的合理成分，同时融入了景观生态学的思想和规划方法。

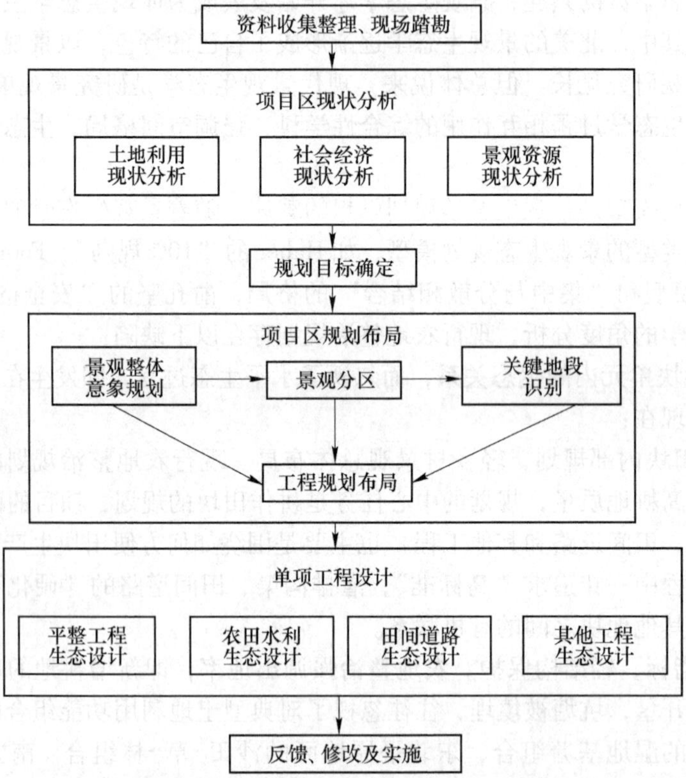

图 4.45 景观生态型农地整理规划模式

A 项目区现状分析

农地整治会因为整合资源，而威胁到具有地域特征的乡村景观格局和美学价值。景观生态型农地整治模式的项目区现状分析既包括常规的土地利用现状分析和社会经济现状分析，还应包括景观资源现状分析。景观资源现状分析为在农地整治中保护、保存和发扬项目区优秀的自然景观和人文景观提供指导。项目区景观现状分析可以包括以下内容：

（1）典型景观要素识别和分析评估。主要对典型地貌遗产、乡土植被群落、稀缺物种栖息地和独特水文关系等自然特征，以及有历史意义的建筑物、自然村落布局、风水林、典型土地利用功能组合模式等人文元素、结构进行识别和分析评估。

（2）乡村景色风貌分析。为避免农地整治对乡村景色的破坏，在项目区现状分析过程中，需重点关注对乡村空间景色具有支配作用的那些特殊场所，如独特的建筑物或构筑物、孤植的老树、有历史意义或文化价值的景观小品、别致的农田地块结构等，并通过动态和静态的“视线分析”确定视线联系、视线轴和视线节点等，用于指导项目区规划布局。

B 项目区规划布局

景观生态型农地整治的四大工程布局建立在项目区景观空间构建的基础上，即在进行土地平整工程、灌溉与排水工程、田间路桥工程和其他工程布局之前，应先进行项目区景观整体意象规划、景观区划和项目区关键地段识别等工作，作为农地整治工程布局的指导依据，使农地整治规划放眼于项目区景观整体性与和谐性。

（1）景观整体意象规划。所谓意象是指人们对客观事物的认知过程中，在信仰、思想和感受等多方面形成的一个具有个性化特征的意境模式，可分为原生意象和引致意象。对项目区景观进行整体意象规划，主要是为了在农地整治中保护和体现项目区的个性化和地方化。在景观整体意象规划中要紧紧围绕具有地方性和个体性的自然和人文景观，按照主题鲜明、整体协调，以及保护传统景观资源的基本原则进行规划。在缺乏地方性或以现代景观为主的区域，在景观整体意象规划中，可以从地方文化、风俗等的历史演变过程中，寻找能够代表区域地方性和个体性特点的景观意象，充分发挥人的景观创造性，重构具有美学价值的乡村景观格局。

（2）景观分区。景观分区是基于对景观生态系统的认识，依据景观功能的相似性和差异性对景观单元划分及归并的工作过程和结果。景观分区应建立在充分理解景观与自然环境的特性、生态过程及其与人类活动的关系基础之上，其目的是进一步认识景观内部结构、生态过程及人与自然关系的宏观分布特征，加强农地整治规划与设计的针对性和可操作性。

景观分区过程中，需对景观生态系统及其等级结构内在本质和过程关联进行客观透视，并选择具有直观性的一些指标和属性。鉴于景观分区的意义在于探析单元空间关联的本质，因此，需同时使用反映景观结构和功能的指标和特征。从目前农地整治区的普遍规模来看，地貌状况和地表覆被可以作为景观分区的主要指标。其中，地貌状况是景观生态系统空间结构的基础，是个体单元独立分异的主要标志；地表覆被状况则间接代表景观生态系统的内在整体功能。两者均具有直观特点，可以间接甚至直接体现景观生态系统的内在特征，具有综合指标意义。如平原地区和丘陵地区在景观结构和生态系统内在功能方面都存在明显差异。在此基础上，平原地区还可以依据水文状况的不同，如地表水丰缺、地下水埋深等进一步细分，丘陵地区则可依据地形部位，如岗、塝、冲等进一步细分。另外，依据人类活动对景观生态的不合理利用程度，以及项目区中存在的主导矛盾，还可以将项目区划分为保护区、整治区、恢复区和建设区。

（3）关键地段识别和控制。在农地整治规划中，需要识别和控制的关键地段包括两类：一是生态脆弱的关键部位，如各类生态交错带，包括水陆交错带、林农交错带、矿农交错带等，以及各类生态保护地，如湿地、物种栖息地等；二是文化遗产和乡村景色保护地段，如具有重大考古文献价值的乡村自然村落、典型田园风光等。有必要对关键地段的控制和管理提出专门的措施，如建立缓冲区，引入景观斑块、廊道以增加景观的异质性和生态的稳定性，建设适当的人工景观制约不利因子，从而改变生态流。

C 单项工程设计

农地整治实践中，单项工程设计多从工程的实用性出发，较少考虑其生态环境效应，从而造成一系列的生态环境问题。因此，一些经过实践检验，行之有效的单项工程生态设计措施有必要加以推广。

a 土地平整工程生态设计

土地平整工程对合理组织田间灌排、提高劳动生产率和机械作业效率等起着重要作用，但大规模的平田整地、修改河道和填埋低洼湿地，把陆地自然生态系统改造成农田生态系统，将使区域生态系统极其单纯和脆弱化。

平田整地过程中的机械化填埋易使土壤板结，并使表土熟化层破坏，降低土壤肥力。人均耕地面积较小、机械化程度不高的地区，为保持乡村自然景观风貌，在满足生产的要求下，应尽量不进行田块平整。对确实需要平整的田块，则需进行表土剥离，即收集耕作层15~25cm的土壤，加以覆盖保存，防止土壤养分流失。在回填过程中，尽量保持原有良性土壤剖面的有机组合和整体性。农田中的小片林地、园地等是一种最稳定的斑块，为多种物种如鸟类、植物和昆虫提供了重要的生存环境，在平整的过程中要加以保存。

坡改梯工程中，水平方向可根据坡度大小，在尽量满足农作物种植需要的条件下，适当留出一定宽度用作灌木林防护缓冲带，构成“绿色篱笆”，既能有效拦截水土流失，又能尽量减少对带间作物的不利影响，也有利于控制非点源污染的形成。

坑塘水面在土地生态系统中起到很重要的作用，它不仅有利于防洪、灌溉，而且在调节局部小气候、增加物种多样性、截留农田中氮磷及农药、降低非点源污染等方面，起到关键的作用。因此，农地整治过程中切不可为了增加耕地面积，而肆意填埋坑塘，走入“围湖造田”的误区。设计中，对于零星分布于耕地内的小坑塘可整理成耕地，对于大的或集中分布的坑塘可在原有基础上加大、加深或将他们整理成一个大的坑塘，以保证规划前后坑塘的总蓄水量不减少，且尽量均匀分散在项目区内。

一般来说，单位面积河流长度越长，对污染物的吸纳能力和稀释能力将增大，而且有利于水生生物生长发育繁衍和生物扩散，提高生物多样性，保护生态环境。因此，土地平整过程中，要尽量避免对河道的截弯取直，只将一些小的河汊整理成耕地，而且河道的边缘也宜保留原来弯曲形状，尽量减小对农田、河流过渡带生态系统的破坏。

b 农田水利工程生态设计

农田水利工程是农田生态系统中的重要组成部分，主要解决农田灌溉、排水、降渍和防洪，以调节农田水分状况。其中，沟渠工程在农田水利工程中分布最广，也是最基础的工程。目前的农地整治实践中，为追求农田水利建设的“高标准”和“高规格”，沟渠混凝土衬砌的现象比较突出。

混凝土衬砌沟渠对农田的生态环境影响是非常巨大的，主要表现在：（1）大面积渠道的防渗衬砌，会改变地下水的补给条件，减少下游地区同归水的总量，可能会对地下水及下游地区水环境产生不利的影响；（2）改变了青蛙、蛇等农田小动物生存、繁殖与越冬的基础条件和农田施药时的避难条件；（3）降低了沟渠的农田非点源污染净化功能；（4）混凝土衬砌板的老化、破碎，会产生大量碎块，影响耕作和作物的生长。

因此，从农业生态环境角度出发，灌溉渠道除局部冲刷严重的地段和大型输水渠道外，一般不要采用混凝土衬砌的形式。若确实需要采取渠道混凝土衬砌，以提高灌溉水利用率，则一些生态设计方法值得借鉴，主要有：（1）占地许可的情况下，渠道边坡设计为缓坡，减少水位高低变化，降低渠道水推移带来的生态冲击；（2）渠道设计成凹凸多变的渠底，为底槽的生物永续生存提供多样化的栖息环境；（3）每隔一段距离做一段生态型渠道，如将边坡设计为镂空混凝土渠道，在镂空的混凝土内种植草皮护坡，利于小动物的迁移；（4）梯形渠道可以将其边坡设计成台阶状，U 形渠则可每隔 50m 铺设一块生态板，生态板也设计成阶梯状，以利于青蛙等小动物跳出；（5）在混凝土渠底部设计类似小涵洞的通道，田间小动物可以通过小涵洞通行。

排水沟道既能排除地面水，又可以起到降低地下水位的作用。排水沟与渠道一样是农田的"生物廊道"，其自然的沟底与内壁多孔的土壤具有很好的吸附和过滤作用，沟内生长的水生植物及沟边的杂草对田间流失的大量氮、磷具有较好的吸收作用，是非常好的农田"人工湿地"，它具有独特的动植物生态环境。正常情况下，排水沟道应维持一定深度的水量。因此，沟道的混凝土衬砌无疑会对农田生态系统和生物过程连续性造成毁灭性的破坏，不宜再推广运用。

c 田间道路工程生态设计

田间道路是农业生产和农村生活重要的交通运输功能载体，同时作为人为干扰因素，对区域景观格局和生物过程有着深远影响。在较小尺度上，道路的影响主要体现在对环境的理化影响上，由此导致对物种组成和迁移的影响等；在景观尺度上，道路可能导致景观破碎化现象，并对物种分布产生影响。而且这一影响通常是长远的。

作为景观生态斑块之间的廊道，为了使不同斑块内的动物更好的流通，田间道路路面应以素土或泥结碎石、砾石路面为主。若用地许可，在农田与道路之间可保留陆域生态区，发展陆域生态植栽，既起到隔离道路、农田污染的作用，也为野生动植物栖息创造了有利环境。此外，为减轻道路对小动物迁徙的阻碍，可采取在道路隔段距离修一个生态孔，以连接道路两侧田块，使得小的动物、昆虫等可以利用生态孔通行。

4.7.3 农田景观规划的原则

农田景观格局规划应能体现出三个层次的功能：农田景观资源提供农产品生产、保护和维持生态环境平衡以及作为一种特殊的旅游观光资源。农田景观重建规划设计对象和内容不同于一般景观，其规划设计原则不同于园林景观和城市景观规划设计，主要有整体优化原则、边缘异质性原则、生产功能原则、互惠而安原则、结构稳定性原则、综合性原则等。

（1）整体性原则。农田景观是自然与历史文化的综合体，由相互作用的生态系统组成的，它是一个整体。规划与设计应把景观作为一个整体单位来管理，达到整体最优、系统稳定，而不必限定于局部的优化。农田景观规划是一项综合性的研究工作，需要应用多学科的知识，来综合分析景观格局与各干扰要素，合理组织景观结构，协调社会、经济、生态效益。

（2）边缘异质性原则。农田边缘是两个斑块之间相互连接点，物质、能量交换界面。边缘异质性程度不仅影响农田生物多样性，而且直接关系到农田边缘效应。

（3）生产功能原则。我国人口众多，人均资源匮乏，生态农业在强调人与自然协调基础上，还应注重农田生态系统的高效、持续、稳定，达到社会、经济、生态三大效益的统一，产出持续高效增长。农田景观规划设计的目的也是合理配置斑块与廊道，降低能源消耗与非生产廊道的数量，提高土地经济生态效益。

（4）互惠而安原则。在长期自然选择协同进化中，农田生态系统产生有多种生物共生现象，通过景观规划设计，合理安排多种共生互利关系，能够增强物质循环、能量流动，提高生态效益、经济效益。另外，根据不同生物的生态位，合理配置生物，可有效利用各空间尺度的养分，提高农田生态系统产品输出量。

（5）结构稳定性原则。农田生态系统要提供优质高产的农产品，必须建立稳定生态系统结构，保障系统功能正常运行。因此，景观规划设计中要根据物质与能量流动平衡规律，合理确定作物规模、轮作方式，布置斑块内部结构，培肥地力，减少病虫害，提高农田生态系统结构的稳定性。

4.7.4 农田景观规划的步骤

我国农田景观规划是以稳定农田生态系统结构，提高农产品产出效率为目的，兼顾美学功能、旅游休闲目的，其规划设计步骤一般如下：

（1）确定农田景观规划范围。

（2）农田勘测与资料的收集。通过对规划设计对象的实地勘测，掌握生物种类、习性与分布，土壤、地貌等自然状况，收集规划设计区的自然条件（气候、水文等）、社会经济条件，了解农田景观干扰因素作用规律，为农田景观合理配置奠定基础。

（3）农田景观现状图的编制。根据勘测资料，结合土地利用现状图、地形图等，编制与规划设计尺度相适应的农田景观现状图。区域总体规划以农田景观生态类型为核心，区片规划以农田斑块与廊道的布局为主，细部设计则突出表现农田斑块与廊道的结构、功能。

（4）农田景观适宜性分析。以农田景观生态类型或斑块为评价单元，根据区域农田景观资源条件、环境条件、农田景观特征与资源利用要求，选择主导生态因子（如地貌、土壤、水文等），分析农田景观评价单元内在的资源质量以及与相邻单元的关系（相斥性或相容性），确定农田景观评价单元对某一用途的适宜性和限制性，划分农田景观单元的适宜性等级，同时进行不同农田景观利用类型的经济效益、生态效益和风险分析。

（5）农田景观规划与设计。根据农田景观现状和景观适宜性分析结果，遵循农田景观规划设计的原则，合理组织农田景观结构，确定各农田景观要素的功能和形态。

（6）制定农田景观利用规则。按照农田景观的功能，制定相应的农田景观利用规则，保证农田生态系统结构的稳定性，提高农田生物多样性，发挥农田生态系统的整体效应。

（7）农田景观规划实施和调整。根据规划设计的农田景观空间结构，确定规划设计实施方案。利用3S技术等，模拟农田景观，建立农田景观利用监测体系，反馈农田景观利用信息，适时调整景观规划设计，实现农田持续利用。

4.7.5 农田景观规划方法

4.7.5.1 斑块规划设计

农田斑块是农作物种植聚集地，它的大小、形状、类型、边缘和数量对农田景观的结构的稳定性十分重要。规划设计主要内容有斑块位置、斑块规模、斑块数目、斑块形状、斑块朝向、斑块基质等。

（1）斑块大小。斑块大小直接影响农田生产率大小，制约着农田能量和物质循环，决定斑块甚至整个景观的功能。通常，大型斑块比小型斑块内有更多的物种，能提高种群的存活率，更有能力维持和保护物种基因的多样性。而小型斑块不利于斑块内部物种的生存和物种多样性的保护；小型斑块占地小，可分布在农田景观中，提高景观多样性，起到临时栖息地的作用。对于农田生态系统而言，过于分散的斑块导致农田生产效率降低，也不利于物种多样性的生存。农田斑块的长度主要考虑机械作业效率、灌溉效率、地形坡度等，一般平原区为500~800m；田块宽度取决于机械作业宽度的倍数、末级沟渠间距、农田防护林间距等，一般平原区为200~400m，山区根据坡度确定梯田的田面宽度；平原区田块的规模为10~32hm^2，斑块周长面积比控制在以60~300m/hm^2为宜。

（2）斑块数目。从影响通过农田景观“流”的速率考虑，一定区域中农田斑块数目多，则田块规模小，导致斑块密度大，在很大程度上影响着斑块间物种、营养物质和能量的交流，不利于农田集约利用。零星斑块的变化是描述生物多样性最基本的指标。农田景观斑块数目取决于田块的规模，平原区斑块密度每百公顷3~10个，山区、丘陵地区数量将增加。

（3）斑块形状。斑块形状与许多生态过程有密切关系，弯曲的边界通过环境内物种活动加强了与相邻生态系统间的联系。为了给机械作业和田间管理创造良好条件，田块的形状力求规整，结合现有廊道划分，不能机械划分。农田斑块形状以长方形、正方形为佳，其次是直角梯形、平行四边形，最劣为不规则三角形和任意多边形。尽量使斑块形状指数接近1。

（4）斑块位置。对保护生物多样性而言，相邻或相连的斑块内物种存活的可能性要比一个孤立斑块大得多，孤立斑块内物种不易扩散和迁移，进而影响到种群的大小，加快了灭绝的速度。而相邻或相连的斑块之间物种交换频繁，增强了整个生物群体的抗干扰能力。农田斑块的位置基本由农田景观适应性决定，以连续的斑块为宜，利于农作物种植和生产效率。

（5）斑块朝向。田块朝向应利于作物采光、机械化作业、水土保持、降低地下水位、防风和运输。

（6）斑块基质。斑块基质条件主要包括土壤、土地平整度、耕作方式等。土壤是农作物进行物质、能量交换的场所，土壤条件主要是质地与肥力，对质地差的需进行土壤改良设计、施肥设计。土地平整程度直接影响耕作集约化、灌溉、排水、作物通风和光合作用，一般以平坦为宜；耕作方式主要为轮作方式，以提高地力为目的，安排作物轮作方式。

4.7.5.2 廊道规划设计

农业景观中，廊道主要是河流、防护林、树篱、农村道路、机耕路、沟渠等，廊道的数量、构成、宽度、质量及连续性决定了斑块之间物质与能量流的运送效率、农田生物多样性、野生动物迁徙效率和用地效率。在当前的农田景观中，永久性田块边缘带起着重要生态功能，如作为野生动物栖息地，昆虫越冬场所，减轻水土流失等。廊道分为自然廊道、人工廊道。自然廊道在规划设计中，基本不予干扰，遵循自然选择规律。

（1）廊道的数目。农田廊道数目由生产的便利性、规模、利用方向决定，一般为3~4条斑块的边缘通道，并随着景观尺度缩小、斑块的分割而增加数目。

（2）廊道的构成。农田廊道除河流、高级别公路、铁路等廊道以外，还有沟渠、低级别公路、生产路、防护林等。

（3）廊道的宽度。农田廊道的宽度由廊道功能与性质决定，影响范围越广，廊道宽度越宽。一般道路宽度4.5~26.0m，与道路等级呈正相关；主要田间道路面宽度4~6m，辅助田间道路面宽度2m左右；沟渠宽度0.5~20.0m，与沟渠的功能、流量呈正相关；防护林带采用乔木行距为2~4m，株距1~2m，林带宽度取决于树木行数，一般为2~20m。

（4）廊道的形状。农田景观廊道形状多以直线型为主，便于生产和产品输出。在地形坡度起伏大、景观基质差异大、斑块形状不规则、斑块分布凌乱、难以整理的区域，为了充分利用各斑块的资源，廊道的形状需要采用多种形式，满足物质与能量流通需要。

（5）廊道朝向。自然廊道的朝向由地形、地球重力和人为干扰决定；人工廊道朝向受物质与能量流动方向、廊道功能影响。道路以产品输出方向为主；主林带与主风向垂直为宜。各廊道尽量少占耕地，综合配置。

（6）廊道的基质。影响农田廊道基质的因素主要有经济条件、廊道功能和生态要求。道路基质为水泥、柏油、沙石、土石等，田间道基本为沙石、土石结构，在满足道路基本功能要求下，道路基质尽量以沙石、土石为主，利于野生动物穿行；沟渠基质有水泥、砌石、土石、PVC管、铸铁管等，输水采用节水基质，排水采用土石基质，地质边坡需加固处理的采用水泥等，在满足降低地下水位与泄洪功能基础上，沟底按凸凹方式建设，适当保存少量水分，利于水生动植物生存；防护林基质为灌木、乔木和草，具体根据林带宽度、功能确定，尽量选用与农作物共生或互惠树种、草种。

（7）田缘线。农田、道路两侧的边缘地带，简称“田缘线”。田缘线是游人最直接的观赏部分，对农田景观质量有显著影响。在观光价值较大的农田景观规划设计中，应加强其空间的多样性，使游人既可感受到闭锁的近景，又有透视的远景。全部用多层的垂直郁闭景观布满道路或田缘，会使游人在视线上感受到闭塞、单调，易引起心理上的疲劳。因此，在道路的两侧及农田的边缘，一般应保持一定的水平郁闭度，为游人提供良好的庇荫条件，形成浓郁的乡村气氛。但注意垂直郁闭度应小一些，其中二层或三层可透视的林分结构占2/3左右，多层郁闭的结构在1/3以下，使游人的视线可通过林冠线下的空隙透视深远的景观，避免封闭游人的视线。观赏价值较高的花灌木、自然式的草本花丛及地被植物层的高度一般应在视线以下，使林下的空间深度在风景艺术上具有独特的价值。

4.7.5.3 综合配置

按照整体性原则，农田景观工程需要与土地整治田间设施、乡村景观工程综合配置。田间设施综合配置是指田、林、路、沟、渠的综合配置。田、沟、渠、路、林等项目的配置必须与农田景观规划综合考虑，并成为有机整体时，才能发挥出各自的功效。

（1）在旱作区，拖拉机路一般两侧植树，开排水沟，形成一路两林四沟或一路两林两沟，沟能起到排水、护林的作用。主要田间路和辅助田间路为减少林带对作物遮阳，道路东西走向时，林带栽在道南，南北走向时，林带栽在道西，但在坡地上，道路应布置在林带上方，以保持路面干燥。

（2）在灌溉区，一般拖拉机路与林带设在灌渠与排水沟之间，这样渠沟位于所服务田块的一侧，可以减少渠、沟与道路之间的交叉工程物，同时林带对路沟渠均起到良好的防护作用。有一路两林两渠两沟的形式，也有一路两林一渠一沟的形式。

农田景观是乡村景观的重要构成要素，其配置要考虑工程乡村景观规划的要求。乡村景观分如下3种类型：

（1）聚落景观。乡村景观是完全有别于城市景观。对于乡村景观而言，建筑体量相对较小，建筑形式多以当地的建筑形式为主，且建筑材料多以当地的石材、木材为主，房屋稀疏；另外，对于乡村的建筑大多会设置房前屋后的庭院，这也就在根本上有别于城市建筑。同时，这也造就了乡村建筑密度低的主要原因。

（2）文化景观。文化景观，于村庄而言，是村庄表面现象的复合体，它反映了该村庄在该地区的地理特征，以及在村庄整个发展历程中所形成的特有的地域文化。

（3）植物景观。乡村景观是一个由自然生态环境，农耕文明形态、人文生态环境共同作用下的生态共合体，它包括农田里的庄稼、果园里的林木、溪流边的杂草等，乡村植物景观就是一个地方地域特色的标签。

在进行村庄整治规划布局时要吸纳当地村落布局方式，建筑的设计要体现当地的风格，同时还要尊重村庄中现有的坑塘、山坡以及植被状况，因地制宜的设计一些人工景观，尽量保持原汁原味的乡村景观形态。

（1）点型空间。在院落内种植生产性的果树，突出四季特色。栽培蔬菜景观如藤蔓类蔬菜丝瓜、黄瓜等，在院落内合理的布置设施景观如水井，传统农具如石碾、石磨、筒车、辘轳、耕具等。

（2）线型空间。通过道路两旁的防护篱、植物、高矮、树姿、色彩的变化从而达到不同的视觉效果。在主要道路两侧过渡地带种植蔬菜或者果树，春天开花，秋天结果，使村落的道路景观更加具有田园风光，选择不用长期打理、能自由生长的乡土树种，草花类选择多年生草本，切记不要选择一二年生的时令花。

（3）面型空间。协调果树、蔬菜、高粱、稻田、麦田、油菜等不同农作物的色彩变化和尺度搭配。以农田的整齐韵律、果树的春华秋实、苗圃的郁郁葱葱、花卉的绚丽多姿构建景观的氛围。

复习思考题

4-1　简述典型田块规划的程序。

4-2　规划中耕作田块的外形确定应注意哪些问题？

4-3　如何运用土地平整工程规划原则？

4-4　丘陵山区支道选线应注意哪些问题？

4-5 农桥规划时，桥位选择有哪些要求？

4-6 谷坊、淤地坝的坝址如何选择？

4-7 简述如何在土地整治规划中应用农田景观规划的原则。

4-8 图 4.46 所示为某缓丘地区土地整治项目未完成的规划图局部，图 4.46 中由维修田间道 3M-1、维修混凝土路 3M-2、维修田间道 3M-3，及粟坡溪所围成的田块需布置沟、渠、路。据现场调查，已知条件如下：（1）维修田间道 3M-1、维修田间道 3M-3 间距约为 600m。（2）塘 1 有稳定来水，其灌排合一沟（维修农渠 1）已在图 4.46 中，塘 2、塘 3 不宜作为灌溉水源但需保证排水，塘 4 可填。（3）田块内原有的田埂及沟渠可以重新布局，不存在权属纠纷。

请在已知条件约束下，完善该处规划图，要求完成如下工作：

（1）布置道路工程，将由维修田间道 1、维修田间道 3，及粟坡溪所围成的田块分割成四个耕作田块。

（2）以塘 1 为灌溉水源，粟坡溪为容泄区，布置沟渠，保证每个田块能灌能排。

（3）布置涵、闸。

（4）选择一个耕作田块进行典型田块中的田埂划分。

（5）完善注记（包括田间道、生产路、斗渠、农渠、农沟、涵、闸）。

（6）描述你的规划方案并简要说明理由。

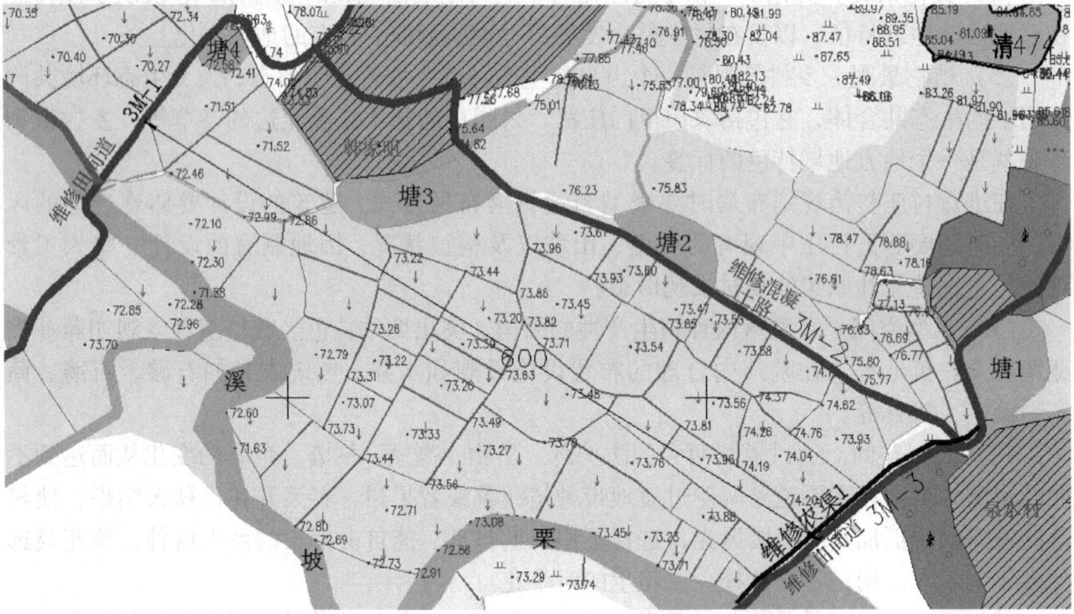

图 4.46 某缓丘地区土地整治项目未完成的规划图局部

4-9 图 4.47 所示为某平原地区土地整理项目现状图局部，据现场调查，图 4.47 中由支渠 1、支渠 2（支渠水位低于田面 1.5m），及高速公路、现状田埂围成 300m×400m 田块需布置沟、渠、路等土地整理工程，田块内部沟渠路可废弃，要求完成如下工作：

（1）布置道路工程，将田块分割成两个 200m×300m 的典型田块。

（2）提水灌溉，水源来自如图所示泵站，布置沟渠，保证每个田块能灌能排。

（3）布置涵、闸。

（4）完成一个典型田块内部规划。

（5）完善注记（包括水流方向、田间道、生产路、斗渠、农渠、斗沟、农沟、涵、闸等）。

（6）描述你的规划方案并简要说明理由。

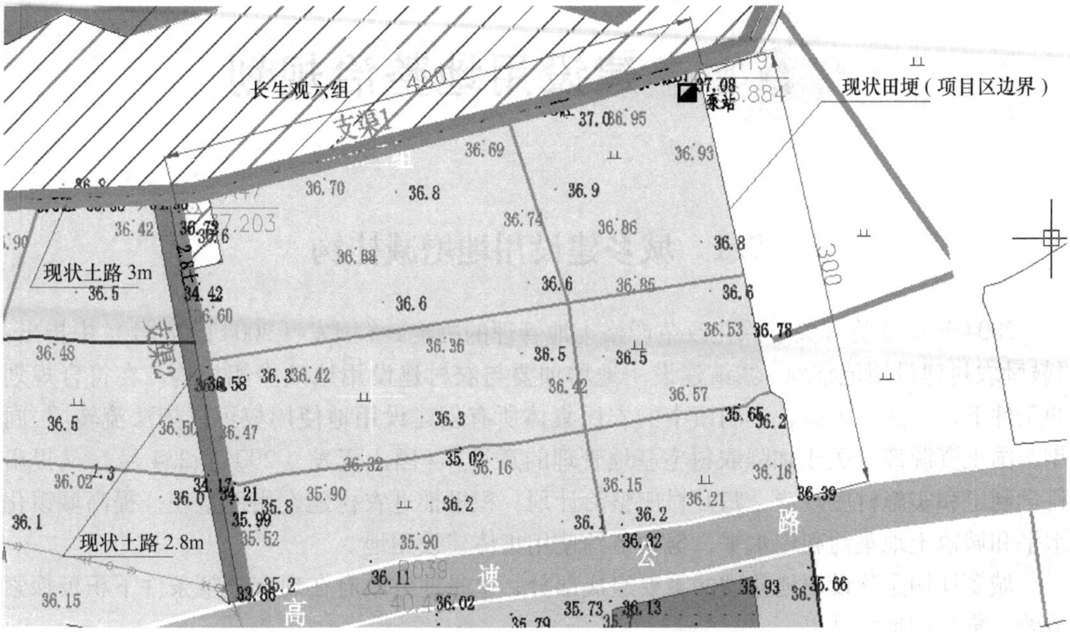

图 4.47　某平原地区土地整理项目现状图局部

5 建设用地整治规划

5.1 城乡建设用地增减挂钩

2004年国务院《关于深化改革严格土地管理的决定》（国发〔2004〕28号）中指出："鼓励农村建设用地整理. 城镇建设用地增加要与农村建设用地减少相挂钩。在符合规划的条件下，村庄、集镇、建制镇中的农民集体所有创建设用地使用权可以依法流转。"同年，国土资源部《关于加强农村宅基地管理的意见》（国土资发〔2004〕234号）又提出科学制定和实施村庄改造、归并村庄整治计划，积极推进农村建设用地整理，提高城镇化水平和城镇土地集约利用水平，努力节约使用集体建设用地。

城乡挂钩是建设用地整理的重要组成部分，也是地方政府在现有政策条件下积极探索节约、集约用地的结果。

5.1.1 城乡建设用地增减挂钩的内涵

城镇建设用地增加与农村建设用地减少相挂钩，是指依据土地利用总体规划，将若干拟复垦为耕地的农村建设用地地块（即拆旧地块）和拟用于城镇建设的地块（即建新地块）共同组成建新拆旧项目区（以下简称项目区），通过建新拆旧和土地复垦，实现项目区内建设用地总面积虽不增加，但耕地面积不减少、质量不降低，用地布局更合理的土地整治。

挂钩必须贯彻落实严格保护耕地特别是基本农田、促进建设用地节约、集约利用的总要求。建新地块的总面积不得大于拆旧地块的总面积。建新地块中用于安置拆旧地块农村居民的土地面积应低于原占用面积，建新地块中其他建设用地的集约利用水平应高于现有存量建设用地。拆旧地块复垦耕地的数量、质量应不低于建新占用的耕地，并与基本农田建设和保护相结合。

挂钩试点的规模控制和管理，通过下达一定数量的城镇建设用地增加与农村建设用地减少相挂钩的周转指标（以下简称挂钩周转指标）来进行。挂钩周转指标专项用于项目区内建新地块的面积规模控制，并在规定时间内用拆旧地块复垦出来的耕地面积归还，归还的耕地面积数不得少于下达的挂钩周转指标。

5.1.2 城乡建设用地增减挂钩的原则

城乡建设用地增减挂钩的原则如下：

（1）"谁整理、谁受益"的原则。农村建设用地整理是一项复杂的系统工程，完全依靠政府来整理是不可行的。需要运用经济手段，切实按照市场规律的要求，把农村建设用地整理的成果交还给整理的主体，这也是我国社会主义市场经济中按劳分配的最基本要求。

（2）整理的质量与建设用地指标挂钩的原则。在农村建设用地整理的过程中，除了要注重整理的数量以外．还需特别注重整理形成的耕地的质量。过去，我们在实施耕地总量动态平衡的过程中，就因为只注重耕地的数量而没有过多强调复垦后耕地的质量，造成了“占好地、补劣地”现象时有发生，给耕地的总体质量带来一些负面影响。因此，现阶段农村建设用地整理的过程中，应进一步加强对整理出的耕地质量进行评价，做好与建设用地指标挂钩的测算工作。

（3）尊重农民意愿、保障农民权益的原则。在农村建设用地整理的实施过程中，应按照相关的法律法规以及土地利用总体规划的要求，取得相关集体土地所有权人的同意，充分尊重农民意愿，不强制拆迁，切实维护农民个人、集体经济组织和其他有关个人、单位的合法权益。对于因拆迁对农民或集体经济组织造成损失的，要给予补偿，并且保证农民生活水平不降低。

（4）统筹规划、优化配置的原则。“挂钩政策”的实施涉及面广量大，情况较复杂，因此必须要在地方政府的统一领导下，由国土、发展改革、城镇规划、建设、财政、农业、民政、环保、水利、劳动等部门协同开展工作，在科学论证的基础上，进行规范操作；另一方面，在实施过程中，要注意调整土地利用结构，对于以前不合理的结构安排要进行调整，优化土地资源配置。

（5）促进土地可持续发展的原则。可持续发展要求我们从经济、社会、生态环境、文化等方面综合考虑土地的利用问题。具体到“挂钩政策”上，就是要在农村建设用地整理的过程中十分注重土地质量的改良，注重农村生态环境和农业生产设施的改善，按照保护生态环境、提高环境容纳能力的原则，实施各项土地整治的生物和工程技术措施。同时，要注重发扬人文精神，要注意有选择地保留民族、民俗等文化遗产和建筑，要充分考虑农民的建议，做到以人为本，农村居民点整理与文化建设相统一。

5.1.3 城乡建设用地增减挂钩土地整治规划

5.1.3.1 规划依据

规划依据主要包括：《中华人民共和国土地管理法》、《中华人民共和国土地管理法实施条例》、《省（市）级土地管理条例》、《国务院关于深化改革严格土地管理的决定》（国发〔2004〕28 号）、国土资源部《关于加强农村宅基地管理的意见》（国土资发〔2004〕234 号）、国土资源部《关于规范城乡建设用地增减挂钩工作的意见》（国土资发〔2005〕207 号）、国土资源部《关于进一步规范城乡建设用地增减挂钩试点工作的通知》（国土资发〔2007〕169 号）、国土资源部《土地开发整理项目规划设训规范》、省（市）国土资源厅有关农村建设用地整理与新增建设用地挂钩试点工作的政策、《土地开发整理项目资金管理暂行办法》、《国家投资土地开发整理项目管理暂行办法》。

5.1.3.2 规划内容

规划应以严格保护耕地、推进土地集约节约利用、促进城乡统筹发展、改善城乡人居环境为目标，在认真调查分析农村建设用地现状的基础上，统筹安排挂钩工作，确定项目区的位置、规模、开发时序、筹资渠道等，适应建设社会主义新农村的需要。具体内容是：（1）分析农村建设用地整理的潜力与可行性；（2）确定挂钩项目区的位置、范围和规模；(3) 明确挂钩周转指标的使用方案；(4) 制定项目工程布局方案；(5) 计算城乡建设用地增减挂钩的投资，评价预期效益；(6) 制定权属调整方案；(7) 制定规划实施的保障措施。

5.1.3.3 项目选择的原则与方法

项目选择应遵循下列原则：(1) 符合国家有关法律、法规和文件要求；(2) 以土地整治潜力评价结果为基础，注重生态环境影响；(3) 集中连片，且具有一定规模；(4) 土地整治基础设施条件较好；(5) 具有良好的社会经济效益，预期投资效益明显；(6) 项目区所在地政府和公众积极性较高，且有可靠的资金来源。

项目选定的方法：(1) 根据土地整治潜力分析、规划目标，初步提出项目类型、范围与规模；(2) 实地考察，邀请当地干部、群众座谈，分析项目实施的可行性，重点对项目所在地区基础设施条件、区域生态环境、投资需求与筹资能力、投资综合效益等进行分析研究；(3) 与农业、林业、水利、环保、城建等有关部门协商，进行综合平衡；(4) 确定项目的界线、量算面积。

5.1.3.4 折旧区和建新区总体布局

实施规划项目区由拆旧区和建新区组成。(1) 拆旧区可涉及多个乡镇，通过调查测算拆旧总面积，其中涉及农村居民点总面积、工矿废弃地面积，预计可新增农用地及新增耕地、新增建设用地面积。(2) 建新区包括安置区和留用区。安置区根据实际情况，采用城镇化模式和中心村模式相结合的方式，即靠近城镇且有条件的地区被拆迁农户有步骤、有计划地向城镇集聚；远离镇区的偏远区域，拆迁农民逐步搬迁到中心村。留用区由县人民政府在项目区内综合考虑、统筹安排、统一实施。

建新区包括安置地块和留用区。根据实地调查和被拆迁农户的意愿，对规划范围内被拆迁农户采取住房安置和货币安置的补偿方法。所有被拆迁农户均严格按照县（市）法律法规的要求进行。

留用区安排在城镇建设用地预留区内。主要用于县（市）经济发展和事关全局建设的项目，着重推进新农村建设、自民举措、开发区发展等重大问题。留用区的划定符合土地利用总体规划，以及周转指标的计划。

拆旧区整理以项目区自然条件和社会经济发展情况为背景，按照土地适宜性评价结果和土壤改良措施、水利实施完善、林网配套等农业基础工程的要求，形成合理的土地利用结构和布局。

整理措施主要包括土地平整、农田水利、田间道路及农田防护林等四项工程。土地平整主要以拆迁农房及地上附着物和工矿用地的挖高、填低为主. 包括碎石瓦砾的清除、土方外运和土壤层的培植等，结合土壤改良措施，对农村建设用地进行整理；农田水利主要为沟渠设计，以利用现状渠道为主；田间道路主要是进出田间的作业道路，以现状道路为主，并新增部分道路的设计；农田防护林选择在项目区田间道两侧布置，以种植为主。

由于居民生产生活对土壤层的破坏，必须进行相应的土壤改良措施才能成为高产优质农田，以确保新增耕地质量不降低；对废弃工矿用地的复垦，要注意土壤层的培植，厚度要达到 20cm 以上，达到耕作的要求，可以先期种植果木，等条件成熟后改种粮食作物。

5.1.3.5 费用构成与资金来源

A 费用内容

首批实施的城乡建设用地增减挂钩项目均采取自然村合并型整理模式，所需费用分为拆迁补偿费、新村建设费、旧村农村建设用地复垦费等，具体内容如下：（1）新村建设费。新村建设费中应包括新村基础设施建设费和新房建设费两部分，其中基础设施建设费由政府承担，房屋建设费由农户自行承担；（2）农村建设用地复垦费。农村建设用地复垦费包括工程施工费、设备购置费、其他费用和不可预见费；（3）拆迁补偿费。实行农户自拆自建的方式开展居民点拆建工作，参照政府关于征地补偿和被征地农民基本生活保障文件规定，以楼房、平房、辅房、草房等不同标准补偿给农户。

B 资金来源

农村建设用地整理资金先由政府财政下拨专项资金（包括银行贷款），然后通过整理后的土地增值、挂钩建设用地指标的出让纯收益、相关收益来平衡预算。使用挂钩周转指标的建设项目用地，按规定标准收取土地出让金，运用市场运作机制，采取政府集资和市场投资相结合，通过财政支出确保农村建设用地整理的有效推进。

（1）政府启动资金。城乡建设用地增减挂钩项目资金前期投入来源为政府财政下级专项资金（包括银行贷款），项目区实施完成后，由建新留用区土地出让收益来归还政府前期投入的资金。如成立城乡建设用地增减挂钩专门账户，并从农村信用合作银行贷款用于挂钩项目的先期启动资金，主要用于拆旧区的启动和被拆迁农户的安置房建设。

（2）农户贷款，政府贴息。为解决挂钩项目资金短期内不足、拆迁农户贷款难的问题，地方人民政府可与各大银行协商，被拆迁农户均可到银行贷款，政府对拆迁农户进行担保，并对贷款进行贴息。

（3）运用市场机制，积极拓宽投资渠道。一方面可以先通过部分土地使用权的抵押贷款解决，然后通过土地收益来平衡；还可以把新农村建设的专项资金投入使用，促进城乡建设用地增减挂钩和新农村建设的顺利进行。另一方面广泛吸收社会资金，鼓励企事业单位、地方政府通过多渠道融资参与到项目的建设中来，保证项目的实施。

（4）建新留用区土地出让收益。通过政府启动资金、政府集资和社会融资保证了挂钩项目前期投入资本，后期的资金归还则需要通过建新留用区的土地出让金来进行平衡。用于城镇建设的建新留用区，可按不同比例确定用于工业用地或商业住宅小区的开发，可获得土地出让收益。在归还政府前期投入资金，基本满足项目全部投资的情况下，剩余的部分资金可用于城镇建设。

（5）土地整治专项资金。

5.2 村庄整治规划

在城乡一体化发展的新时期，对乡村分散的和规模较小的居民点进行整治是时代发展的必要趋势，同时乡村人口和居民点的适度集中有助于乡村社会经济的发展和缩小城乡差距，从而使城乡一体化发展成为可能，并最终实现城乡协调发展的目标。

村庄整治规划是村庄规划的重要组成部分，是村庄规划广泛应用的重要类型之一。

2013 年 12 月 17 日建设部颁布了《村庄整治规划编制办法》（建村〔2013〕188 号），标志着村庄整治规划纳入了法制化编制轨道，《村庄整治规划编制办法》第六条明确规定："编制村庄整治规划应以改善村庄人居环境为主要目的，以保障村民基本生活条件、治理村庄环境、提升村庄风貌为主要任务。"

一般而言，村庄整治规划往往以自然村为单元进行编制。但是"提升村庄风貌"往往又是个区域性的问题，仅在单个自然村的层面编制村庄整治规划有较大的局限性，编制项目区村庄整治规划成为一个土地整治规划中比较独特的规划实践和议题。

5.2.1 村庄人居环境

随着农村社会经济的发展，在"新农村建设"和"三集中"等系列政策的引导下，我国村庄人居环境主要呈现以下 3 种宏观特征：

（1）城镇和村庄建设用地规模同时增长。近年来，城市市区、城镇镇区和乡镇集镇区的快速增长的同时，村庄建设规模也在不断增长。根据 2013 年 12 月 30 日发布的《第二次全国土地调查主要数据成果的公报》，截至 2009 年 12 月 31 日，这 13 年间建设用地从 2918 万公顷增加到 3500 万公顷，城镇用地增加较快，村庄用地不降反增。

（2）农村常住人口与村庄建设规模呈负相关。"建新不拆旧""购新不弃旧""一户多宅""空心村"现象比较普遍。城镇常住人口不断增加、农村常住人口不断减少，但是农房建设的数量却呈现上升趋势。

（3）村庄空间布局散乱和扩张无序。乡村居民点在区域范围内的空间布局分布散乱，空间集聚的程度不高。乡村居民点无序扩张、内部民房布局混乱、土地利用浪费现象严重。

根据对村民进行调查研究结合有关文献，可以发现村庄人居环境呈现上述 3 种宏观特征的主要原因包括以下 4 点：

（1）现存农村危房数量多、结构简陋、建筑寿命短、无法承担基本住宅功能。现存农村危房多为 20 世纪 60 年代建造，大多主要以就地取材为主，采用传统的构造方法。结构形式多为砖木结构和土坯结构，经过数十年风雨后变得破旧不堪。当前建设部开展的农村危房现状调查从一个侧面反映了农村房屋的现状。从 2008 年起开展农村危房改造工程试点开始，农村危房改造工程的数量由每年 1 万户左右增长到每年 200 万~400 万户，其中 2012 年为 400 万户，2013 年为 266 万户。现存农村危房数量多、结构简陋、建筑寿命短、无法承担基本住宅功能是农房建设增长的一个主要原因。

（2）户籍人口自然增长是农房建设增长的基本动力。在农村人口不断涌向城市的同时，农村内人口的自然增长导致农村仍有住房建设需求。我国乡村人口由 2004 年的 94253.66 万人增加到 2012 年的 97065.63 万人，乡村户数由 24971.42 万户增加到 26802.32 万户，乡村人口呈现稳定缓和增长的态势。由于农房建设与农村户籍制度挂钩，即使不是居住在农村的外出务工人口，因为户籍仍在农村，依然享有建设农房的权利。

（3）社会保障的缺失导致农民工将回乡建房作为一种最基本的生存保障。我国在特定历史条件下形成的城乡二元化社会保障制度，尤其是进城务工人员社会保障缺失导致农民工面临较大风险，对自身生计十分担忧，即使定居在城区、镇区和集镇区后，仍然采用在乡村建房的方式作为一种最基本的生存保障。

（4）基础设施建设为农房建设增长提供条件。“村村通”是国家一个系统的民生工程，其内容包括公路、电力、生活和饮用水、电话网、有线电视网、互联网，其中以道路村村通对农房建设增长的影响最大。根据现场调研的资料，城镇体系规划对村村通的建设行为无强制约束力，许多城镇体系规划中确定的合并、撤销或搬迁的村庄在通村道路建成后，交通条件得到了极大改善，村民建房的积极性迅速提高。

乡村居民点规模过小和分布过于分散不利于乡村的进一步发展，也不利于城乡一体化的顺利实现，在城乡一体化发展的新时期，需要通过村庄布局规划和分区整治引导区域人口合理迁移，使区域人口分布适度集中而有机分散。

5.2.2　村庄整治规划在规划体系中的地位

村庄规划在《中华人民共和国城乡规划法》中有明确的法定地位。2013 年 12 月 17 日建设部颁布了《村庄整治规划编制办法》（建村〔2013〕188 号）明确规定：“村庄整治规划是村庄规划广泛应用的重要类型之一。”

根据《中华人民共和国城乡规划法》和《村庄和集镇规划建设管理条例》，村庄规划包含村庄总体规划和村庄建设规划两个部分，其中村庄建设规划从时间上划分为村庄远期建设规划和村庄近期建设规划，区域村庄整治规划具有直接指导对规划实施的作用，是村庄建设规划近期的行动规划，两者之间的关系如图 5.1 所示。

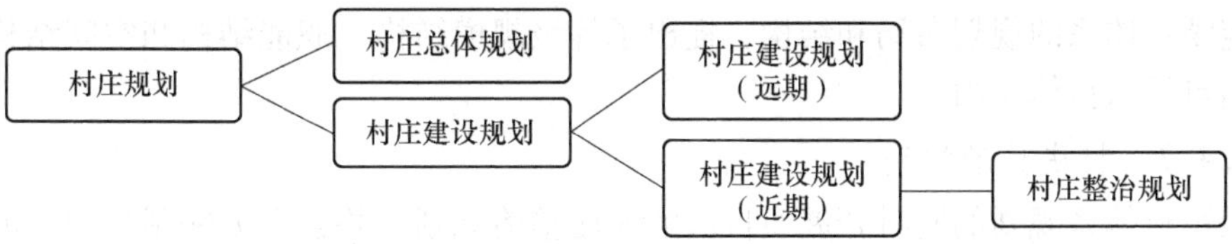

图 5.1　村庄整治规划与村庄规划的关系

考虑到村庄整治规划需要涉及区域层面的工作，具有镇村体系规划的属性，因此在规划编制体系中又可以纳入城镇体系的范畴。根据工作经验，涉及编制方法、编制主体和审批主体等问题，需要镇村体系规划的技术手段和相关法律法规的支持。

乡镇总体规划层面的镇村体系规划，往往体现了上一级政府自上而下的规划诉求，但是由于乡镇政府重点一般集中在镇区和集镇区的范围，对村庄人居环境建设的实际投入比较少，村庄规划实施主体主要是村集体组织和村民，事权和财权的不平衡造成总体规划中的镇村体系规划往往不具备可实施性。尤其是在人口规模、合村并点等方面与村庄实际情况差别很大。

与总体规划的镇村体系规划相比，区域村庄整治规划由于必须完成村庄整治规划的编制工作，因此必须深入到自然村进行实际的调研，充分听取村民的意见，并经村民会议或者村民代表会议讨论同意，因此能够更加准确地反映村庄的实际能力和需求，可以直接指导规划实施。尤其是在“农村土地确权”的背景下，规划的编制切实关系到每个村庄和每个村民的实际利益。因此以土地整治项目为契机，开展编制区域村庄整治规划十分迫切和必要。

5.2.3　区域村庄整治规划的特点

区域村庄整治规划既不同于镇村体系规划，也不同于以自然村为单元的村庄整治规划，区域村庄整体规划具有一定的独特性。根据实际工作经验，具有以下几个特征：

（1）系统性。与以自然村为单元的编制不同，区域村庄整治规划的系统性较强，不仅仅考虑每个自然村单元的村庄整治，还需要考虑各自然村之间的关系，以及自然村与乡镇之间的关系。在规划编制体系内还必须与总体规划的镇村体系规划相协调，并要在微观层面与土地管理部门编制的土地利用总体规划相衔接。

（2）区域性。区域村庄整治规划在区域性的表现，主要是规划任务的侧重点不同，一般而言村庄整体规划的主要任务是保障村民基本生活条件、治理村庄环境、提升村庄风貌。而区域村庄整治规划规划任务的主要侧重点在于以个体村庄风貌的整治，实现区域风貌的整体提升，例如玉山县旅游通廊沿线村庄整治规划就是以提升旅游通廊沿线的整体风貌为主要目的。

区域村庄整治规划的编制由于缺乏相应的法律法规依据，参照《城镇体系规划编制审批方法》由有关地区的共同上一级人民政府城市规划行政主管部门负责编制，有关地区的共同上一级人民政府负责审批。

5.2.4 村庄整治规划的主要内容

5.2.4.1 镇村体系规划

在规划范围内编制镇村体系规划，从现状存在的问题和总体规划确定的镇村体系为依据，确定镇村体系的规划布局和结构，提出了等级规模结构、职能结构和空间结构，并将每个整治点纳入该体系内。

5.2.4.2 村庄整治规划

开展镇村体系规划的同时开展项目区的村庄整治规划，并且根据编制过程中的实际情况反复调整镇村体系规划的内容，经过 2~3 次的反馈和调整，实现了镇村体系规划与总体规划的协调，以及镇村体系规划与村庄整治规划的统一。

村庄整治规划要按依次推进、分步实施的整治要求，因地制宜确定规划内容和深度，首先保障村庄安全和村民基本生活条件，在此基础上改善村庄公共环境和配套设施，有条件的可按照建设美丽宜居村庄的要求提升人居环境质量。具体内容包括：

（1）村庄安全防灾整治。分析村庄内存在的地质灾害隐患，提出排除隐患的目标、阶段和工程措施，明确防护要求，划定防护范围；提出预防各类灾害的措施和建设要求，划定洪水淹没范围、山体滑坡等灾害影响区域；明确村庄内避灾疏散通道和场地的设置位置、范围，并提出建设要求；划定消防通道，明确消防水源位置、容量；建立灾害应急反应机制。

（2）农房改造。提出现有农房、庭院整治方案和功能完善措施；提出危旧房抗震加固方案；提出村民自建房屋的风格、色彩、高度控制等设计指引。

（3）生活给水设施整治。合理确定给水方式、供水规模，提出水源保护要求，划定水源保护范围；确定输配水管道敷设方式、走向、管径等。

（4）道路交通安全设施整治。提出现有道路设施的整治改造措施；确定村内道路的选线、断面形式、路面宽度和材质、坡度、边坡护坡形式；确定道路及地块的竖向标高；提出停车方案及整治措施；确定道路照明方式、杆线架设位置；确定交通标志、标线等交通安全设施位置；确定公交站点的位置。

（5）环境卫生整治。确定生活垃圾收集处理方式；引导分类利用，鼓励农村生活垃圾分类收集、资源利用，实现就地减量；对露天粪坑、杂物乱堆、破败空心房、废弃住宅、闲置宅基地及闲置用地提出整治要求和利用措施；确定秸秆等杂物、农机具堆放区域；提出畜禽养殖的废渣、污水治理方案；提出村内闲散荒废地以及现有坑塘水体的整治利用措施，明确牲口房等农用附属设施用房建设要求。

（6）排水污水处理设施。确定雨污排放和污水治理方式，提出雨水导排系统清理、疏通、完善的措施；提出污水收集和处理设施的整治、建设方案，提出小型分散式污水处理设施的建设位置、规模及建议；确定各类排水管线、沟渠的走向，确定管径、沟渠横断面尺寸等工程建设要求；雨污合流的村庄应确定截流井位置、污水截流管（渠）走向及其尺寸。年均降雨量少于600mm区可考虑雨污合流系统。

（7）厕所整治。按照粪便无害化处理要求提出户厕及公共厕所整治方案和配建标准；确定卫生厕所的类型、建造和卫生管理要求。

（8）电杆线路整治。提出现状电力电信杆线整治方案；提出新增电力电信杆线的走向及线路布设方式。

（9）村庄公共服务设施完善。合理确定村委会、幼儿园、小学、卫生站、敬老院、文体活动场所和宗教殡葬等设施的类型、位置、规模、布局形式；确定小卖部、集贸市场等公共服务设施的位置、规模。

（10）村庄节能改造。确定村庄炊事、供暖、照明、生活热水等方面的清洁能源种类；提出可再生能源利用措施；提出房屋节能措施和改造方案；缺水地区村庄应明确节水措施。

（11）村庄风貌整治。挖掘传统民居地方特色，提出村庄环境绿化美化措施；确定沟渠水塘、壕沟寨墙、堤坝桥涵、石阶铺地、码头驳岸等的整治方案；确定本地绿化植物种类；划定绿地范围；提出村口、公共活动空间、主要街巷等重要节点的景观整治方案。防止照搬大广场、大草坪等城市建设方式。

（12）历史文化遗产和乡土特色保护。提出村庄历史文化、乡土特色和景观风貌保护方案；确定保护对象，划定保护区；确定村庄非物质文化遗产的保护方案。

5.2.4.3 空间管制规划

空间管制规划作为公共政策，为开展下一层次的规划提供支撑，主要包括：

（1）村庄整治线。划定村庄整治线主要目的是确定哪些村庄纳入整治范围，规划确定如下的标准：公路界限100m水域控制线（可参照《城市水系规划规范》（GB 50513—2009）确定）100m外的界线作为村庄整治线；将村庄整治线线内或线上的村庄纳入整治范围；虽然在界限以外，但视线可及的第一界面的村庄也纳入整治范围。

（2）建筑基地控制线。划定建筑基地控制线的主要目的是保证建筑物的退让控制，其中旅游公路按照公路规划等级确定性质依据《中华人民共和国公路管理条例》（2008年修订）划定建筑基地控制线，界限范围内不得新建和改扩建房屋。

5.2.4.4 农房建设引导

考虑到建筑单体作为风貌的主要物质载体，是提升村庄风貌重要环节，因此以“建设安全、经济、实用、美观的农房，引导农民改善居住条件、美化乡村风貌”为原则，以“合法合规、农民满意、结构安全、造假经济、功能合理、特色鲜明、样式美观、建筑节能”为目标，以面宽 8m、10m、12m，楼层 2 层、3 层为设计标准提供了农房设计的引导（见图 5.2）。从而形成了从宏观到微观完整的规划管理文件。

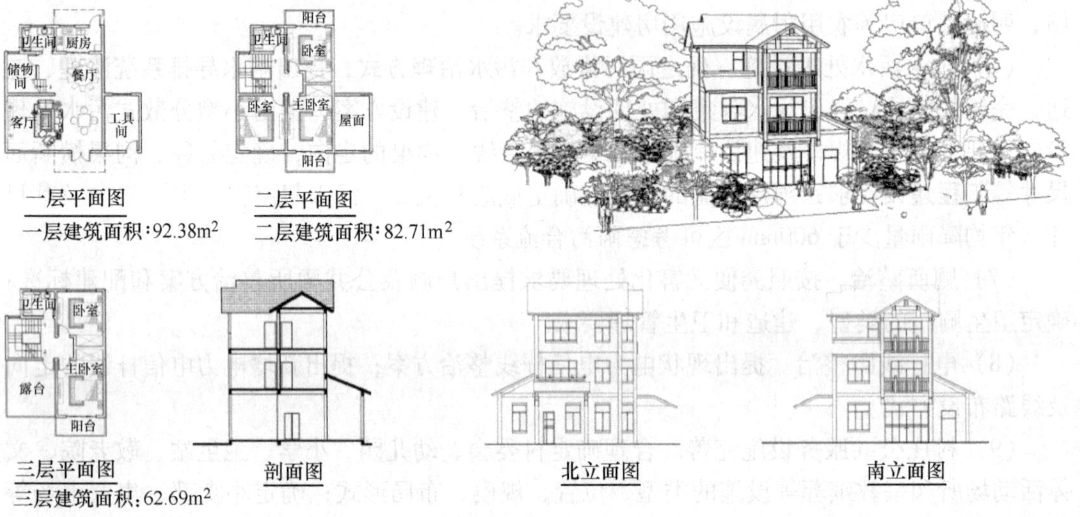

图 5.2　农房建设引导案例

5.2.5　村庄整治规划的主要技术手段

村庄分布过于分散或村庄规模过小都不利于基础设施和公共服务设施的建设与共享，并且造成土地资源的浪费，因此对乡村的居民点进行整合，实现乡村人口集中居住是缩小城乡差距与共享基础设施和公共服务设施的必然要求，同时也是区域协调发展的客观要求。在城乡一体化发展的过程中，对乡村的居民点进行整理，引导乡村规模较小的和分散的居民点向中心村（社区）集中已成为时代发展的要求。根据新时期乡村人口迁移的特征，按照区域人口空间分布适度集中与有机分散的原则，通过村庄发展综合评价与专家审核，在城乡一体化规划实施和建设的指导下对村庄的规模体系及其空间分布进行调整，通过村庄布局规划对乡村的村镇体系起到引导和控制的作用，以实现优化乡村空间结构和土地利用的集约式发展，建立一个与区域城乡协调发展相匹配的乡村聚落体系。在组织村庄布局规划时，对乡村的产业结构、公用服务设施、基础设施和生态环境保护等进行总体安排，确定乡村聚落体系的规模等级、职能结构、空间组合及其相互关系，在此基础上制定村庄迁、撤、并、留的具体方案和实施步骤。当然，不同地区乡村的聚落体系具有差异性，在规划布局时应根据不同地区的特殊情况进行具体分析，因地制宜地进行规划与组织。城乡一体化发展的新时期村庄规划的技术线路如图 5.3 所示。

5.2.5.1　确定村庄发展类型

综合项目区各类村庄的具体情况，可将村庄整治点划分为几种类型：城中村改造型、小城镇吸纳型、强村重点发展型、保留适度发展型、相邻村庄合并型、村域集中安置型和

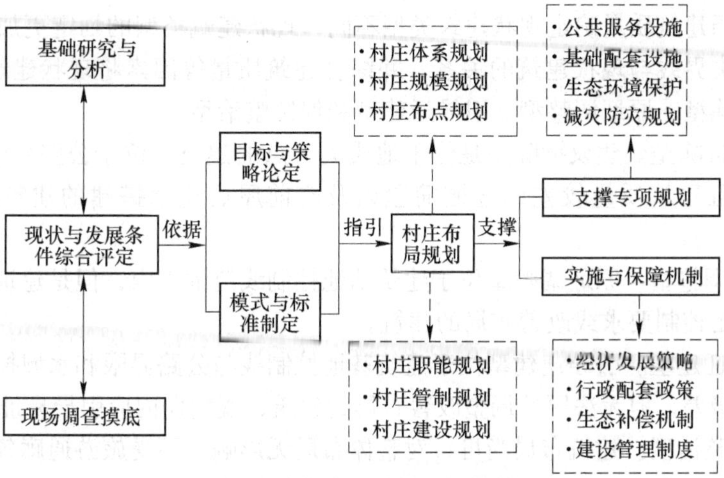

图 5.3 村庄规划的技术线路

整村迁建型。各种类型村庄的发展规模作用机制不同，其中，城中村改造型和小城镇吸纳型以总体规划为导向；强村重点发展型、保留适度发展型、相邻村庄合并型和整村迁建型以原生发展为导向；村域集中安置型以用地资源为导向。强村重点发展型、保留适度发展型、相邻村庄合并型这三种类型采用不同的人口增长数量，以此为基础确定村庄用地规模。(1) 城中村改造型。位于县城城市建设用地内的自然村，在近期内应进行以“改善居住环境、提升城市面貌”为目标的集中整治，远期逐步纳入城市建设用地征地范围。(2) 小城镇吸纳型。位于镇区和集镇区建设用地内，规划期内并入镇区和集镇区的自然村。这类村庄应按照相应的总体规划，满足镇区和集镇区市政和公用设施建设要求的前提下，逐步进行以布局调整为内容的集中整治，提升城镇整体环境水平。(3) 强村重点发展型。一般为各行政村村委会驻地和特大型自然村，通过与周边自然村的整合形成较大规模的村域中心，进一步集聚村域自然村人口，有比较完备的公共服务设施，能够服务较大区域。(4) 保留适度发展型。即一般自然村，有基本完备的公共服务设施，能够为本村提供一定的公共服务。(5) 相邻村庄合并型。空间上相邻或靠近的自然村，且各村规模均较小且差别不大，规划期内应合并为一个村庄并集中建设。(6) 村域集中安置型。村域范围内散落其他的居民点，由于受到经济社会发展条件的限制，散落的居民点尚不具备小城镇吸纳或被强村整合的条件，因此选择临近公路等区位条件相对较好，而且有较好的用地资源的自然村，规划期内设置集中安置居民点，以用地资源为导向，作为村域的集中安置区。(7) 整村迁建型。整治点规模很小，村民有明确的迁建意愿和选址，规划期内应引导整村迁建。

5.2.5.2 划定规划区和集中建设区

虽然很多村庄在县城或乡镇总体规划的规划区范围内，但是考虑到实施主体对规划的认识不足，在村庄整治规划层面划定村庄规划区是十分必要的。

根据“三集中”的原则，划定集中建设区，确定集中建设农房、公共服务设施、基础设施、道路等集中建设的范围。集中建设区外原则上不得新建和改扩建房屋。

5.2.5.3 现状建筑类型

与传统按照建筑质量确定现状建筑类型不同，现状建筑类型的划定更加关注建筑布局合理性以及各类界线与现状建筑的关系，并综合建筑质量等因素将现状建筑分为四大类，分别是建议拆除型、原址调整型、引导迁建型和保留整治型。

（1）建议拆除型。建议拆除型是位于地质灾害点的建筑、位于公路界限以内的建筑，影响整体布局且建筑质量较差的危棚简屋以及宅前屋后违章搭建的建筑，近期应及时拆除。

（2）原址调整型。原址调整型位于建筑基地控制线范围以内，但是建筑布局不佳，可以原址调整满足控制要求或改善布局的建筑。

（3）引导迁建型。引导迁建型位于建筑基地控制线与公路界限和水域控制线之间的建筑，建筑布局极差，但无法原址调整改善布局的建筑，规划期内应引导易址迁建。

（4）保留整治型。建筑布局尚可，对整体布局无影响，不受旅游通廊各类控制要求的建筑，应保留按照本次规划提出的农房设计引导进行整治。

5.2.5.4 新建建筑类型

将集中建设区中新建房屋分为集中建设型新建建筑和节地型新建建筑两种类型：(1) 集中型新建建筑。是指那些在集中建设区范围内，原村落居民点周围较为开阔新选址的备用发展用地上新建的房屋，它们往往受现状建筑的影响较小，且呈一定规模布局。(2) 节地型新建建筑。是指那些位于原始居民点房屋中间边角地上插建的建筑，它们往往受现状建筑质量和布局的影响较大。

5.2.5.5 与土地利用规划的衔接

一般而言，以来农村地区仍然以土地管理为主线，村庄层面既没有相应层面的规划管理机构，大多数地区也未开展村庄规划。现执行的规划多为土地管理部门编制的土地利用规划。在城镇化开展较好的乡镇，土地利用总体规划基本按照城镇化的基本要求进行调整，大多数乡镇土地利用总体规划确定的基本农田仍然是不可逾越的红线。

因此在开展土地利用总规划的衔接工作根据实际情况主要体现在两个方面，一方面根据基本农田调整集中建设区的范围；另一方面，增加土地利用规划图纸，将集中建设区外用地规划为农田或水域，与土地管理部门开展“耕地占补平衡”和“建设用地的增减挂钩”工作充分衔接。

5.2.6 村庄整治规划原则

村庄整治规划原则如下：

（1）尊重居民迁居意愿的原则。村庄整治规划的编制，应尊重村民意愿，发挥村民主体作用，在规划调研、编制等各个环节充分征询村民意见，通过简明易懂的方式公示规划成果，引导村民积极参与规划编制全过程，避免大包大揽。

开展村庄整治规划以微观层面调查为基础，从现场调研阶段到成果阶段，需要经多次与当地村民代表、村领导沟通反馈的过程，充分保障了村民的知情权，提升了村民在规划编制参与度，充分反映了村民的实际需求和规划实施的能力。

尊重市场规律，将村民的知情权和监督权变成规划决策的依据，使得规划决策民主化，维护了社会的公正。尤其是经过规划方案公示的程序，由于关系到村民的切身利益，村民参与和监督的自发意识十分强烈，使得村庄规划的监督机制得到补充，提高了规划的可操作性和科学性。

(2) 规划与管理相结合的原则。一般而言，村庄整治规划“以保障村民基本生活条件、治理村庄环境、提升村庄风貌为主要任务”。事实上，在实际工作经验中，实施主体更加关心的新建农房和主要道路布局，整治的意义被限定为居住和出行两大功能，对于村庄给水、排水、燃气等基础设施的治理方面缺乏积极性。可以认为在欠发达地区建设管理仍然是当前村庄规划的主要任务。

(3) 技术上可行性的原则。村庄数量多，布局分散，技术层面很难对村庄进行实际的调研和进行具体的空间规划设计。这也是城镇体系规划和镇村体系规划在实际工作中往往仅具有指导作用、实施性较差的原因之一。可在技术层面完成对每个自然村进行调研和开展规划设计工作，开展以乡镇为单元调研工作，将调研工作和规划设计深入到自然村层面，实现镇村体系规划与村庄规划技术体系的统一，推进“多规合一”。

(4) 防范法律风险。划定集中建设区是村庄整治规划引导分散居民点向新型社区集中的重要技术手段。但是在实际管理工作中，却会遇到一定的法律风险。主要体现在如何处理“因没有能力在集中建设区建设，现状房屋为危房而提出原址新建和改扩建”的问题。

随着社会文明的发展，公民住房权属于基本人权的范畴已经被广泛地接受，我国宪法第三十三条明确规定了“国家尊重和保障人权”。另外，我国《中华人民共和国宪法》第三十八条规定了“中华人民共和国公民的人格尊严不受侵犯”。由于住房权承载和体现着人的尊严的意蕴，广义上讲公民住房权也被认为是人格尊严条款的保障内容。

除此之外，由于行政诉讼遵循举证倒置原则，行政机关必须对自己的具体行政行为的合法性承担举证责任；事实上，行政机关很难对原告的实际经济能力、财产情况和家庭状况进行准确取证，因而也无法判断原址新建属于刚性需求还是投机行为。因此完全禁止集中建设区在原址新建和改扩建的行为，规划管理面临着侵犯基本人权甚至违宪的法律风险。

防范法律风险，一方面要依赖于国家不动产登记工作的进行，行政管理机关可以获取个人财产的准确信息，进一步禁止投机性建设的行为。另一方面，实施管理中应当赋予政府主管部门一定的自由裁量权，通过多元化的解决方式，制定相应的补偿措施和政策，来协调和解决规划实施过程中产生的冲突和矛盾。

5.2.7 村庄整治规划编制成果要求

村庄整治规划成果应满足易懂、易用的基本要求，具有前瞻性、可实施性，能切实指导村庄建设整治，具体形式和内容可结合地方村庄整治工作实际需要进行补充、调整。原则上应达到“一图二表一书”的要求：

(1) 整治规划图（地形图比例尺为 1∶500～1∶1000）。整治规划图需要明确村庄内各类用地规划范围：标明地质灾害隐患区域范围、防护范围、防护要求，河流水体防洪范围，村内避灾疏散道路走向、避灾疏散场地的范围；标明给水水源位置、应急备用水源位置、保护范围，给水设施规模、用地范围，给水管线走向、管径、主要控制标高，提供给水工程设施建设工程示意图；标明各类道路红线或路面位置、横断面形式、交叉点坐标及标高，路灯及其架设方式，停车场地的位置和范围；标明环卫设施（垃圾收集点、转运场、公共厕所等）、集中畜禽饲养场、沼气池等的位置、规模、用地范围，提供环卫设施建设工程示意图；标明污水处理设施规模、用地范围，排水管（渠）走向、尺寸和主要控制标高，截流井位置、标高；标明水面、坑塘及排水沟渠位置、宽度、主要控制标高，提供排水设施建设工程示意图；标明电力、电信线路的走向，电力电信设施的用地范围；标明公共活动场所的范围，公共服务设施的类型、用地范围；标明主要街巷、村口、水体及公共活动空间等重要节点的整治范围，提供重要节点整治示意图、绿化配置示意图、地面铺装方式示意图、水体生态护坡、硬质驳岸等的整治示意图；标明重点保护的民房、祠堂、历史建筑物与构筑物、古树名木等的位置和四至，划定保护区的范围，提供保护要求示意图；标明整治项目的名称、位置，标明村域各生产性服务设施、公用工程设施的位置、类型、规模和整治措施。

（2）“二表”。主要指标表包括村庄用地规模、人口规模、户数、各类用地指标；整治项目表包括整治项目的名称、内容、规模、建设要求、经费概算、总投资量以及实施进度计划等。

（3）规划说明书。内容包括：村庄现状及问题分析，附现状图，地形图比例尺为1∶500~1∶1000；整治项目内容和整治措施说明；工程量及投资估算；规划实施保障措施以及有关政策建议等。

复习思考题

5-1 城乡建设用地增减挂钩土地整治项目选择有哪些原则？

5-2 村庄整治规划包含哪些具体内容？

6 土地整治典型工程设计

土地整治工程设计是指依据项目规划成果，根据工程和法律法规的要求，对工程所需的技术、经济、资源、环境等条件进行综合分析、论证，确定各项工程的形式、控制性尺寸、各部分结构和细部构造及所用材料和施工方法，提出施工进度计划，进行经济技术分析，提供相关服务的活动。

6.1 土地平整工程设计

6.1.1 水平梯田断面设计

6.1.1.1 水平梯田断面设计一般要求

梯田的断面关系到修筑时的用工量、埂坎的稳定、机械化耕作和灌溉的方便。不少地方过去修筑的窄条梯田，田面宽度只有3~5m，不能适应机械耕作要求。有的地方则片面求大求宽，致使修筑梯田时用工过多，而且修成后埂坎高，稳定性差。

梯田断面设计的基本任务，是确定在不同条件下梯田的最优断面。所谓“最优”断面，就是同时达到下述三点要求：

（1）适应机耕和灌溉要求。

（2）保证安全与稳定。

（3）最大限度地省工。最优断面的关键是确定适当的田面宽度和埂坎坡度，由于各地的具体条件不同，最优的田面宽度和埂坎坡度也不相同，但是考虑“最优”的原则和原理，它们是相同的。

6.1.1.2 主要设计参数

水平梯田断面（见图6.1）要素关系式如下：

（1）田面宽：

$$B = H(\cot\alpha - \cot\beta)$$

（2）田面毛宽：

$$Bm = H\cot\alpha$$

（3）田面占地宽：

$$Bn = H\cot\beta$$

（4）净耕地田面宽：

$$b = B - D$$

（5）田坎高：

$$H = L\sin\alpha$$

（6）田面斜宽：

$$L = \frac{H}{\sin\alpha}$$

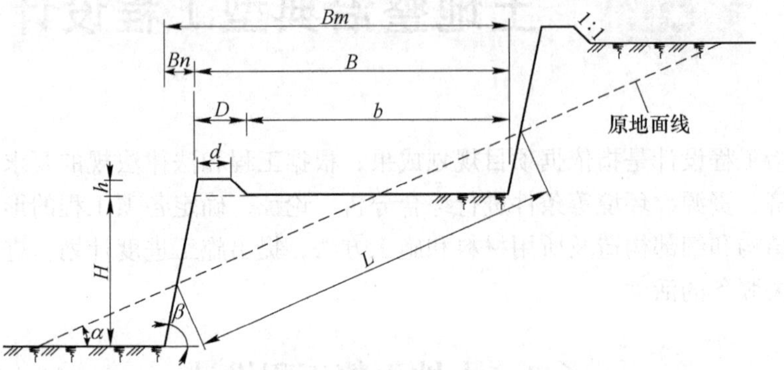

图 6.1　水平梯田断面图

α—地面坡角；h—地埂高；β—田块坡角；Bn—田坎占地宽；H—田坎高度；b—耕作田面宽；B—田块宽；Bm—田面毛宽；D—地埂底宽；L—田面斜宽；d—地埂顶宽

不同类型梯田规格见表 6.1。

表 6.1　人工梯田规格表

地面坡角 α/(°)	田坎坡角 β/(°)	田坎高 H/m	田面宽 B/m	田面斜宽 L/m	田坎占地 /%	土方量 α/m³ · hm⁻²
5	76	1.0	11.2	11.5	2.2	1250
	75	1.5	16.7	17.2	2.4	1375
	74	2.0	22.3	23.0	2.5	2500
	73	2.5	27.8	28.7	2.7	3125
10	75	1.5	8.1	8.6	4.8	1875
	74	2.0	10.8	11.5	5.1	2500
	73	2.5	13.4	14.4	5.5	3125
	72	3.0	16.1	17.3	5.6	3750
15	74	2.0	6.8	7.7	7.8	2500
	73	2.5	8.6	9.7	8.3	3125
	72	3.0	10.2	11.6	8.6	3750
20	73	2.5	6.1	7.3	11.3	3125
	72	3.0	7.3	8.8	11.6	3750
	71	3.5	8.4	10.2	12.4	4375

从水平梯田断面要素关系式可以看出，埂坎高度是根据田面宽度、埂坎坡角和地面坡角 3 个数值计算得到。田面毛宽、埂坎占地、田面斜宽都可根据这 3 个数值计算得到。对于一个具体地块来说，地面坡角（或坡度）是个常数，因此，田面宽度和埂坎坡度是断面要素中起决定作用的因素。在梯田断面计算中，主要研究这两个因素。

6.1.1.3 梯田田面宽度的设计

梯田最优断面的关键是最优田面宽度，因此就必须是保证适应机耕和灌溉的条件下，田面宽度为最小。根据不同地形和坡度条件，在不同地区分别采用不同的田面宽度。

A 缓坡地区

在缓坡地区，梯田田面宽度，农耕地一般坡角在5°以下，拖拉机翻地时，都把25~30m宽的田面作为一个耕作小区。如果田面宽50~60m时，则分为两个小区进行耕作；如果田面宽80~100m时，则分为3~4个小区进行耕作；以免掉头转弯时空行程太大，同时30m左右的田面宽度，灌溉时作为畦长也比较合适。无论从机耕或灌溉的要求来看，田面宽度一般以30m左右为宜。

B 陡坡地区

坡角10°~25°的陡坡地区，目前很少实现机耕，根据实践经验，一般采用小型农机进行耕作，在陡坡地（20°~25°）修梯田时，其田面宽度不应小于8m。

C 特殊情况下的田面宽度

丘陵陡坡区梁峁顶部，地面坡度较缓，田面宽度增大到20~30m时，虽然梯田平整施工运距大一些，但施工方便，推土效率也大大提高，在这种特殊情况下，可适当加宽设计。

灌溉渠道高程已确定，若采取的田面宽度相应的田面平整高程大于渠底高程时，水就灌不上地，这时应降低田面高程，可以加宽田面宽度，使切土土方增大，田面高程就可降低。

有的缓坡地区，为了加快梯田建设，采取较窄的田面宽度（如15m左右），机械耕作时，相邻上下两台套起来，机械在梯田两头地边的道路上掉头转弯。

田面宽度设计，既要有原则性，又要有灵活性。原则性就是必须在适应机耕和灌溉的同时，最大限度地省工。灵活性就是在保证这一原则的前提下，根据具体条件，确定适当的宽度，不能只根据某一具体宽度，一成不变。

6.1.1.4 埂坎外坡的设计

梯田埂坎外坡的基本要求是，在一定的土质和坎高条件下，要保证埂坎的安全稳定，并尽可能地少占农地，少用工。

在一定的土质和坎高条件下，埂坎外坡越缓则安全稳定性越好，但是它的占地和每亩修筑用工量也就越大。反之，如埂坎外坡较陡，则占地和每亩修筑用工量也较小，但是安全稳定性就较差。既要安全稳定，又要少占地、少用工，就是“最优断面”设计对埂坎外坡的要求。要做到这一点，必须进行埂坎稳定坡度的土力学分析。

当已知土壤性质和状态（即当土壤的颗粒组成、密实程度、含水量情况等），通过土力学试验即可确定其内聚力和内摩擦角以及湿容积密度（行业中常使用容重）。这样，可以直接计算出不同坎高下的稳定埂坎外坡（采用一定安全系数值）。

现将黄土地区不同埂坎高度条件下，采用埂坎外坡列于表6.2，供设计时参考。表6.2中，埂坎外侧坡度的运用可采用下列情况：黏性土壤可采用上限数值，即外侧坡可以陡一些；砂性土壤应采用下限数值。

表 6.2 黄土地区不同埂坎高度条件下采用的埂坎外坡

埂坎高度 H/m	埂坎外侧坡角 α/(°)
<2	75~80
2~4	70~75
4~6	65~70
6~8	60 ~65

6.1.2 地块平整设计

地块平整设计常在土地平整规划中完成布局，设计任务是在确定平整区域、划分平整单元后，计算每个平整单元的平均高程，结合规划图确定设计高程，并计算土方工程量与运距，统计表土保护工作量等，因此，地块平整设计需要与土方工程量计算结合进行。

6.1.3 田坎设计

6.1.3.1 格田田埂

格田内部采用田埂进行田块分隔。田埂宜采用土埂，埂高以 40cm 为宜，埂顶宽 30~40cm 为宜，兼做生产路的田埂其路面宽度不宜小于 40cm。田埂用生土填筑，土中不能夹有石砾、树根、杂草等杂物，修筑时应分层夯实。

6.1.3.2 梯田田坎

梯田田坎应坚持安全、占地少、用工省、就地取材的原则，根据地形、地面坡度、土层厚度等确定，可采用土坎、条石、块石等。梯田田坎高度和田坎外侧坡应与地形坡度、降雨量、降雨强度和土质条件相适应，田坎高度还应与田面宽度、筑坎材料相适应，同时必须满足稳定要求。（1）在土质黏性较好的区域，宜采用土坎。田坎上顶宽 0.5~0.8m，田坎高度部分地区有标准控制在 2m 以内。田坎背坡坡度不宜大于 1∶0.5，土质黏合性较差的应适当增加放坡。修筑土坎，应清除新旧土接触层的杂草，分层夯实。土坎应横向整平，不起波浪。（2）在土质稳定较差、易造成水土流失的地区，宜采用石坎。干砌石坎高度一般应不高于 1.5m，特殊情况下不超过 2.5m，田坎稳定性要求应按土力学方法进行计算。石坎基础必须置于坚硬的基岩或土质上，需先清理基槽；石材之间应互相嵌实咬紧，石缝错开，分层砌筑，从而保证石坎稳定，不垮塌。

6.1.4 耕作层地力保持工程

6.1.4.1 表土保护

设计剥离表土层厚度时，应实地考察现实表土层厚度，根据实际表土层厚度确定表土层剥离厚度，一般应小于 25cm，土层较厚的区域经论证可以扩大到 40cm。在不能识别现场表土层厚度的情况下，可以 15~20cm 作为表土层剥离设计厚度。

剥离的表土层的堆放地点应考虑堆放和回填的便利与运输成本，在降水量大的地区还应修筑简易围栏，防止水土流失和冲刷给下游带来危害。剥离的表土堆置高度不宜大于 5m，单个堆放体的体积不应大于 5000m^3，应根据工程进度设计放置地点的面积，堆放点的占地面积计算方法按下式计算：

$$S_{堆} = H \times S_{剥}/H_{堆高}$$

式中，$S_{堆}$为设计表土堆放地点的面积，m^2；H为表土剥离厚度，m；$S_{剥}$为表土剥离面积，m^2；$H_{堆高}$为表土堆放高度，m。

设计堆置地点时，应根据土地平整或坡改梯工程进度，采取下一阶段剥离的表土层直接回填到上一阶段已经完成的地块上的方式，尽可能减少表土层堆置占地和运输成本。

剥离的表土层宜全部回填，并使用载荷较低的小型机械或耙犁铺摊均匀。在坡改梯后的耕地上回填土壤，应根据水土保持要求增加梯田田埂设计。

6.1.4.2 客土回填

客土回填工程设计要综合考虑土源条件：（1）客土土源要“舍远求近”，尽量接近项目区，减少运输距离，节约运输费用，客土土源距离项目区一般不要超过3km。（2）客土土壤质地应较好，耕作田块的表土应没有污染、避免大的砂砾，能够保墒保水保肥。（3）客土土源宜结合大型土建工程的挖方工程，或者河流、水道、水库、塘坝的清淤、放淤等结合起来；若项目区需要挖方，外运土石方时，也应考虑到当地的生产和生活，就近运输，降低外运成本。（4）客土回填后的耕地土层厚度应不低于40cm，耕作层厚度应在30cm以上。在取得客土土源可能性的基础上，尽可能一次完成。一般客土土源应为质地中等的壤土，并与堆沤腐熟的秸秆等有机肥混合。（5）需客土作为耕作层的田块，回填前田块基层须达到设计回填耕作层底面高程，使用载荷较低的小型机械或耙犁铺摊均匀和适当压实，平整度需达到田面平整标准要求。（6）保障取土区的安全，土源地避开铁路、公路路基，大江大河及水库堰塘的堤岸。

6.1.4.3 土地翻耕与土壤培肥

土地翻耕宜结合进行增施有机肥进行，加速土壤熟化；翻耕工程量以翻耕面积计。

土壤培肥措施主要包括秸秆还田、绿肥翻压还田和增施有机肥等。每年作物秸秆还田量不小于300千克/亩，农家肥按1500~2000千克/亩标准施用，商品有机肥按200~300千克/亩标准施用。土壤培肥应连续实施3年以上。

山粪池一般为矩形，池长2~5m，池宽1.5~2.5m，池深1.2~2.5m。山粪池宜在坚硬地基上布置，可采用浆砌块石、条石、砖等砌筑，壁体可抹面；池底应做混凝土垫底，其厚度在8~12cm。布局在蒸发量大的地区或者在道路旁边的山粪池，可采用预制板、石板盖板的形式将池顶封闭，仅留0.5m左右宽的口子。

6.1.5 土方调配

在田块设计高程、填挖方位置、面积、挖填土方量算出后，对挖土的利用、堆放和填土取得三者之间的关系进行综合协调的处理。土方调配考虑到土方运输量或土方运输成本最低和施工方便，从而达到缩短工期和提高经济效益的目的。进行土方平衡调配，必须综合考虑平整工程的现场情况、有关技术资料、进度要求和土方施工方法以及分期分批施工的土方堆放和调运等问题，经过全面分析后着手进行土方平衡调配工作。主要内容包括划分调配分区、计算土方调配区之间的平均运距、单位土方的运价、确定土方的最优调配方案、绘制土方调配图。

土方调配遵循下列原则：（1）挖方与填方平衡，减少重复倒运；（2）选择恰当的调配方向、运输路线，做到施工顺序合理，土方运输无对流和乱流现象，同时便于机械化施工；（3）总土方运输量或运输费用最小；（4）取土或弃土尽量不占农田或少占农田；（5）分区调配应与全场调配相协调，避免只顾局部平衡，任意挖填而破坏全局平衡；（6）调配应与地下构筑物的施工相结合，有地下设施需要填土，应留土回填。

土方调配方法如下：

（1）划分调配区。在平面图上先划出挖填区的分界线，并在挖方区和填方区适当划出若干调配区，确定调配区的大小和位置。

（2）计算各调配区的土方量。

（3）计算各挖、填方调配区之间的平均运距。挖、填方调配区之间的平均运距就是各挖方区土方重心的距离。取场地或方格网中的纵横两边为坐标轴，以一个角作为坐标原点，按下式求出各调配区土方重心位置：

$$X_0 = \frac{\sum (X_i V_i)}{\sum V_i},\quad Y_0 = \frac{\sum (Y_i V_i)}{\sum V_i}$$

式中，X_0、Y_0为挖方调配区或填方调配区重心坐标；X_i、Y_i为 i 块方格重心坐标；V_i为 i 块方格的土方量。

填、挖区之间的平均运距 L_0为：

$$L_0 = \sqrt{(x_{0T} - x_{0W})^2 + (y_{0T} - y_{0W})^2}$$

式中，X_{0T}、Y_{0T}分别为填方区的重心坐标；X_{0W}、Y_{0W}分别为挖方区的重心坐标。

一般情况下，可用作图法近似地求出调配区的几何中心（即形心位置）以代替重心位置。重心求出后，标于图上，用比例尺量出每对调配区的平均运输距离（L_{11}，L_{12}，L_{13}）。当填、挖方调配区之间的距离较远，采用自行式铲运机或其他运土工具沿现场道路或规定路线运土时，其运距应按实际情况进行计算。

所有填挖方调配区之间的平均运距都需一一计算，并将计算后的结果列于土方平衡运距表内。

（4）绘出土方调配图。根据以上计算，标出土方调配方向、土方数量及运距。

6.1.6 平整土方量计算方法

6.1.6.1 断面法

断面法适用于以下三种情况：（1）高差变化比较大、地形起伏变化较大、自然地面复杂的地区；（2）垂直挖深度较大、截面又不规则的地区；（3）道路等带状地形。

断面法的工作原理是在地形图上或细部测量的平面图上，按一定的间距将场地划分为若干个相互平行的横截面，量出各横断面之间的距离，按照设计高程与地面线所组成的断面图，计算每条断面线所围成的面积，再由两端横断面的平均面积乘以两端横断面之间的距离求出土方量。

该土方量计算方法的运用条件是两端横断面面积都为填方或挖方，且面积不应相差很大。若两端横断面面积一端为挖方，另一端为填方，计算的结果就会失真。此外，应用断面法时还应注意所取两横断面尽可能平行，若两断面不平行，计算的结果就会产生较大的误差，因此在划分断面时应有考虑。

断面法土方量计算步骤：（1）划分横截面。根据地形图、竖向布置图或现场勘测，将要计算的场地划分为若干个横截面，划分原则为垂直等高线或垂直主要建筑物边长，各断面间的间距可以不等，一般取 20~50m，在相对平坦地区可取大值，但最大不超过 100m。（2）绘制横截面。按比例绘制每个横截面的自然地面和设计地面的轮廓线。自然地面轮廓线与设计地面轮廓线之间的面积，即为挖方或填方的截面。（3）计算横截面面积。利用计算机辅助设计软件绘制横断面图后，利用软件计算面积的功能求出横截面的面积。（4）计算土方工程量。由两端横断面面积的平均面积乘以两端横断面之间的距离。

6.1.6.2 方格网法

方格网法通常适用于平坦、高差不太大及地形比较平缓的地区。其特点是在田块平面形状比较方正的情况下，计算精度较高。

方格网法的基本原理是将平整范围内的地块，根据地形复杂程度、地形图比例尺以及精度要求划分成边长为 10~100m 的方格，在水平面上形成方格网，分别测出各方格网四个顶点的高程，根据地面高程和设计高程计算各个格网挖填深度及土方量，最后汇总格网挖填土方量。其中，地形图比例尺、施工高度、地形坡度、方格网边长及场地平整总面积都与土方量计算相对误差有直接的联系。当方格网边长越短，场地平整总面积及施工高度越大，地形坡度越缓，地形图比例尺越大时，土方计算精度越高，反之越低。

方格网法土方量计算步骤：

（1）方格网零点及零线的确定。零线即方格网内挖方区与填方区的交线，在该线上，施工高度为零。在一个方格网内有填方和挖方时，要先算出方格网的零点位置，并标于方格网上，将零点连接起来就是零线，零线是该方格内填方区和挖方区的分界线。

（2）根据已有的地形图，划分方格网，其方位尽量与测量纵横坐标网对应。方格的大小，根据自然地面或设计地面的复杂程度而定。由于地形图的比例一般也取决于地形的复杂程度，方格大小一般采用 20m×20m 或 40m×40m，地形图比例为 1∶500 时建议用 20m×20m 方格网；比例为 1∶1000 时可采用 40m×40m 方格网；面积较大而地形简单、坡度平缓时，可采用 100m×100m 方格网；地形特别复杂的个别地段，也可采取局部加密方格网的措施，如可采用 10×10m 方格网。

（3）测量各方格角点的自然地面高程，或者根据地形图上的等高线插值求出方格顶点高程。

（4）按田块规划设计标明各方格角点的设计地面标高。

（5）计算自然地面高程与设计地面标高的差值，得出各方格角点的施工高度，也就是该角点的挖（或填）方向高度。

（6）计算方格角点的挖、填土方量情况，按方格网计算公式表中所列的公式计算。求出各方格的挖（填）方土方量，把挖（填）方土方量分别加起来，汇总为平整单元土方工程量。

6.1.6.3 散点法

散点法又称为算术平均法，适用于虽有起伏但变化比较均匀、不太复杂的地形。

散点法基础数据是平整单元面积和桩点高程数据。在田面（或格田）的四角四边，田块（或格田）的最高点、最低点、次高点、次低点等具有高程代表性的位置打桩，均匀布置测点，测出其高程值 H_1，H_2，…，H_n。实际测量中，根据各田块（或格田）面积、地形变化情况分别选取不少于10个测量高程点。各测点高程大于平均高程 H_a 的是挖方，小于平均高程 H_a 的是填方，算出各点高程与 H_a 的差作为施工时应掌握的挖填深度。散点法计算步骤见表6.3。

表6.3 散点法计算平整单元土方工程量的步骤

序号	步骤名称	计算公式	备注
1	计算平均高程	$H_a = \frac{1}{n} \times (H_1 + H_2 + \cdots + H_n)$	H_n：测点高程； H_a：平均高程； M：高程大于 H_a 的测点数； L：高程小于 H_a 的测点数； H_t：大于 H_a 的测点高程； H_w：小于 H_a 的测点高程； h_t：平均填高； h_w：平均挖深； A_w：挖方面积； A_t：填方面积； A_a：平整单元总面积； V_w：挖方量； V_t：填方量
2	计算挖方区平均挖深	$h_w = \frac{\sum H_w}{m} - H_a$	
3	计算填方区平均填高	$h_t = H_a - \frac{\sum H_t}{L}$	
4	计算挖方面积	$A_w = \frac{A_a h_t}{h_w + h_t}$	
5	计算填方面积	$A_t = \frac{A_a h_w}{h_w + h_t}$	
6	计算挖方量	$V_w = A_w \times h_w$	
7	计算填方量	$V_t = A_t \times h_t$	
8	此时，田块（或格田）平均高程 H_a 即作为平整单元的设计高程。若挖、填方相差较大，需调整设计高程，或将步骤2~7中 H_a 视为未知数，令 $V_w = V_t$ 建立方程组，求解 H_a 得出挖填平衡时设计高程与挖填方量；散点法完成后，比较相邻平整单元设计高程，如高差过大，需调整平整单元设计方案，重复步骤1~8，重新计算调整后的平整单元土方量		

6.1.6.4 数字高程模型法

土地平整挖填土方量的计算方法有多种。以上介绍的是传统的方法，近年来随着计算机技术的发展，一些软件被广泛地应用到土方量计算中。常用的有 Mapgis 制图软件、TFT 土方计算绘图软件、南方测绘 CASS 软件、数字高程模型（DEM）等。采用相关软件计算土方量，精度高、速度快、效率高。但其运算原理与传统计算方法并无实质性差异，而且必须以精度较高的地形图作为基础图件。

数字高程模型适用于平原地区和丘陵地区土地平整土方量计算。数字高程模型是一种用三维坐标描述地表起伏状况的离散数字表达，是表示区域上的三维向量有限系列，建立 DEM 的方法有多种，可从现有地形图上采集高程点、等高线图层数据，通过内插生成 DEM。常用的建模软件有 Mapgis、Surfer、ArcGIS。对 DEM 数据精度要求包括三个方面，即网格单元间距、高程精度和接边精度。网格单元间距按表6.4执行。以规则网格形式建立 DEM，则任一地块可以分解为一系列柱状体，如图6.2所示。当网格单元很小时，这时小曲顶柱的顶面可近似看作平面。小曲顶柱体积之和即为整个曲面柱

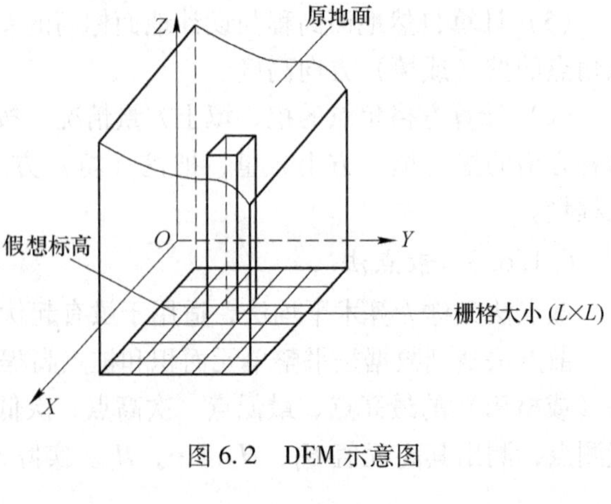

图6.2 DEM 示意图

体体积 V 的近似值。

表 6.4 数字高程模型网格间距

比例尺	网格单元间距/m
1∶5000	6.25/2.5
1∶2000	2.5
1∶1000	2.5
1∶500	2.5

一般情况下，耕地地面通常分为无坡田面（如水田）和有坡田面（除水田以外），由于田面坡度的存在，对土方的计算存在比较大的影响，以 DEM 计算土方量方法用于水田区的计算没有问题，但用于水田以外的区域，计算结果会存在相当的误差，因此，对于有坡田面的土方计算，须确定坡面方程，再进行挖填方量计算。

6.1.6.5 几何法

几何法适用于有规则几何形状的挖、填方计算，如坑塘填埋与坑塘清淤。

（1）坑塘填埋。利用废弃坑塘所在田块（或格田）土方进行坑塘填埋情况下的坑塘填方量计算方法在前面已经说明。其他废弃坑塘填方量的计算步骤为：从规划图中量出坑塘面积 S，实测得出填埋前的平均塘底高程 H_1，再综合考虑周围田块（或格田）的平均高程确定填埋后的高程 H_2（要求填埋后的高程与周围田块（或格田）的平均高程大致相等，满足灌溉排水的要求），进而计算得出平均填高 $\Delta H=H_2-H_1$，由公式 $V_{坑塘填}=S\times\Delta H=S\times(H_2-H_1)$ 计算填埋各坑塘的土方量。

（2）坑塘清淤。规划区部分淤积严重而又起着调蓄作用的坑塘进行清淤维修。为测算坑塘清淤土方，测量时每座坑塘选取 5 个代表性观测点测得淤深，以平均淤深乘以坑塘面积得每座坑塘的清淤土方量。

6.2 灌溉与排水工程设计

6.2.1 灌溉与排水工程设计基础

6.2.1.1 农田土壤水调控

在天然条件下，农田土壤水分往往和作物的要求不相适应，水分不足和水分过多现象经常出现，这就需要采取适当的灌排工程措施和农业措施调节土壤水分，为作物生长创造良好的环境。

土壤水分缺少，不能满足作物需要，使作物体内的水分平衡遭到破坏，轻者暂时萎蔫，重者干枯死亡。人们把这称为作物水分亏缺或水分胁迫。程度严重的也称为作物受旱或遭受旱灾。

灌溉是补充土壤水分的主要方法。根据灌水时间的不同可以把灌溉分为播前灌溉、生育期灌溉和储存水量的储水灌溉。还有为了其他目的而进行的灌溉，例如，借以施肥的培肥灌溉，借以调节温度的灌溉，借以冲洗土壤中有害盐分的冲洗灌溉等。

因河湖泛滥而形成的灾害称为“洪灾”；“涝灾”指降雨过多、积水难排酿成的灾害；

"渍害"是因降雨、灌溉水量太多，或因地下水补给水量太多，使土壤长期过湿，危害作物生长的灾害；在我国北方地区，当地水水位过高，蒸发强烈时，往往诱发土壤次生盐碱化。这四种灾害有时单独发生，有时同时出现。在很多地区，这几种灾害紧密相连，互相助长，而且有一定的规律。例如：江浙一带的平原地区，春季多雨，土壤质地黏重，地下水位较高、土壤过湿、作物受渍的现象经常发生；黄淮海平原由于雨量集中在6~9月，且多暴雨，上游山区的洪水直泻平原，平原地区地势平缓，防洪排涝条件较差，所以洪、涝、渍、碱四害并存。需要根据灾害发生的原因，采取相应措施。

6.2.1.2 作物灌溉制度

作物灌溉制度是指根据作物需水特性和当地气候、土壤、农业技术及灌水技术等条件，为作物高产及节约用水而制定的适时适量的灌溉方案。它的主要内容包括作物播前（或水稻插秧前）及全生育期内的各次灌水的灌水时间、灌水次数、灌水定额和灌溉定额。

农作物的灌溉制度是指作物播种前（或水稻栽秧前）及全生育期内的灌水次数，每次灌水的灌水日期、灌水定额以及灌溉定额。灌水定额是指一次灌水单位面积上的灌水量。农作物在整个生育期要进行多次灌水，全生育期各次灌水定额之和为灌溉定额。灌水定额及灌溉定额常以 m^3/hm^2 或 mm 表示，它是灌区规划及管理的重要依据。灌溉制度因作物种类、品种、灌区自然条件、农业技术措施和灌水技术不同而异，灌排工程规划设计中常用的确定作物灌溉制度的方法有三种：

（1）总结群众的丰产灌水经验。多年来进行灌水的实践经验是制定灌溉制度的重要依据。灌溉制度调查应根据设计要求的干旱年份，调查这些年份的不同生育期的作物田间耗水强度及灌水次数、灌水时间间距、灌水定额及灌溉定额。根据调查资料，可以分析确定这些年份的灌溉制度。

（2）根据灌溉试验资料制定灌溉制度。我国许多灌区设置了灌溉试验站，试验项目一般包括作物需水量、灌溉制度、灌水技术等。试验站积累的试验资料，是制定灌溉制度的主要依据。但在选用试验资料时，必须注意试验条件，不能一概照搬。

（3）根据水量平衡原理分析制定作物的灌溉制度：其原理是认为任一时段内土壤含水率的变化等于该时段内土壤补给水量与消耗水量的差值，补给水量包括降雨、灌溉、地下水补给，消耗水量包括蒸发、渗漏等。下面就水田和旱田分别进行论述。

水田可分别针对泡田期及插秧以后的生育期进行设计。泡田期的灌溉用水量（泡田定额）可用下式确定：

$$M_1 = 0.667(h_0 + S_1 + e_1t_1 - P_1)$$

式中，M_1为泡田期灌溉用水量，米^3/亩；h_0为插秧时田面所需的水层深度，mm；S_1为泡田期的渗漏量，mm；t_1为泡田期的日数，d；e_1为t_1时期内水田田面平均蒸发强度，mm/d，可用水面蒸发强度代替；P_1为t_1时期内的降雨量，mm。

在水稻生育期中任何一个时段内，农田水分的变化，决定于该时段内的来水和耗水之间的消长，它们之间的关系，可以用下列水量平衡方程表示：

$$h_1 + P + m - E - d = h_2$$

式中，h_1为时段初田面水层深度，mm；h_2为时段末田面水层深度，mm；P 为时段内降雨量，mm；d 为时段内排水量，mm；m 为时段内灌水量，mm；E 为时段内田间耗水量，mm。

如果时段初的农田水分处于适宜水层上限 h_{max}，经过一个时段的消耗，田面水层降到适宜水层的下限 h_{min}，这时如果没有降雨，则需进行灌溉，灌水定额即为：

$$m = h_{max} - h_{min}$$

旱田用水量平衡分析法制定旱作物的灌溉制度时，通常以作物主要根系吸水层作为灌水时的土壤计划湿润层，并要求该土层内的储水量能保持在作物所要求的范围内。对于旱作物，在整个生育期中任何一个时段 t，土壤计划湿润层内储水量的变化可以用下列水量平衡方程表示：

$$W_{末} - W_0 = W_{增} + P_0 + K + M - ET$$

式中，$W_{末}$、W_0分别为时段初和任一时间 t 时的土壤计划湿润层内的储水量，mm 或米^3/亩；$W_{增}$为由于计划湿润层增加而增加的水量，mm 或米^3/亩，若该时段内计划湿润层无变化则无此项；P_0为保存在土壤计划湿润层内的有效雨量，mm 或米^3/亩；K 为时段 t 内的地下水补给量，即 $K=kt$，k 为 t 时段内平均每昼夜地下水补给量，mm 或米^3/亩；M 为时段 t 内的灌溉水量，mm 或米^3/亩；ET 为时段 t 内的作物田间需水量，即 $ET=et$，e 为 t 时段内平均每昼夜的作物田间需水量，mm 或米^3/亩。

一般说来，灌区灌溉制度的确定都是三种方法的结合，即根据水量平衡原理、参考群众丰产灌水经验和田间试验资料，小型灌区也可以直接采用经验数值。

6.2.1.3　灌溉用水量

作物需水量（crop water requirement）系指作物在适宜的土壤水分和肥力水平下，经过正常生长发育，获得高产时的植株蒸腾、棵间蒸发以及构成植株体的水量之和。作物所需的水分是通过根系吸收土壤中的水分而得到的，对于不同的作物而言，其对农田水分状况的要求是不一样的。旱作物要求土壤具有适宜的含水率，对水稻而言则要求农田具有适宜的淹灌水层。由于构成植株体的水量与蒸腾及棵间蒸发相比，其量很小，一般小于它们之和的 1%，而这一微小部分可忽略不计，即在实际计算中认为作物需水量等于高产水平条件下的植株蒸腾量与棵间蒸发量之和。

作物需水量的单位一般以某时段或全生育期所消耗的水层深度（mm）或单位面积上的水量（米^3/亩）计。作物耗水量（crop consumptive use）与作物需水量的含义相近但略有区别，作物耗水量指作物在不同土壤水分条件下的植株蒸腾量、棵间蒸发量以及构成植株体的水量之和；而作物需水量应是在特定（适宜）条件下的作物耗水量。

灌溉用水量是指某一灌溉面积上需要水源供给的总灌溉水量，与灌溉面积、作物种植情况、土壤、水文地质和气象条件等因素有关，是决定灌溉工程规模的主要因素。对于任何一种作物的某一次灌水，须供水到田间的灌水量（称净灌溉用水量）可用下式求得：

$$W_{净} = mA$$

式中，m 为该作物某次灌水的灌水定额，米^3/亩；A 为该作物的灌溉面积，亩。

对于任何一种作物，在典型年内的灌溉面积、灌溉制度确定后，并可推算出各次灌水的净灌溉用水量。由于灌溉制度本身已确定了各次灌水的时期，因此在计算各种作物每次灌水的净灌溉用水量的同时，也就确定了某年内各种作物的灌溉用水量过程线。全灌区任何一个时段内的净灌溉用水量是该时段内各种作物净灌溉用水量之和，按此可求得典型年全灌区净灌溉用水量过程线。

灌溉水由水源经各级渠道输送到田间，有部分水量损失掉了（主要是渠道渗漏损失）。故要求水源供给的灌溉水量（称毛灌溉用水量）为净灌溉用水量与损失水量之和。通常用净灌溉用水量 $W_{净}$与毛灌溉用水量 $W_{毛}$之比值 $\eta_{水}$作为衡量灌溉水量损失情况的指标。

某年灌溉用水量可用综合灌水定额 $m_{综}$ 求得，任何时段内全灌区的综合灌水定额是该时段内各种作物灌水定额的面积加权平均值，即：

$$m_{综净} = \alpha_1 m_1 + \alpha_2 m_2 + \alpha_3 m_3 + \cdots$$

式中，$m_{综净}$为某时段内综合净灌水定额，米^3/亩；m_1、m_2、m_3分别为第 1 种、第 2 种、第 3 种作物在该时段内灌水定额，米^3/亩；α_1、α_2、α_3分别为各种作物灌溉面积占全灌区的灌溉面积的比值。

全灌区某时段内的净灌溉用水量 $W_{净}$，可用下式求得：

$$W_{净} = m_{综净} A$$

计入水量损失，则综合毛灌水定额为：

$$m_{综毛} = m_{综净} / \eta_{水}$$

全灌区任何时段毛灌溉用水量为：

$$W_{毛} = m_{综毛} A$$

6.2.1.4　灌水率

在灌区灌溉设计中最常用的参数就是灌水率，它是指灌区单位面积（例如以万亩计）上所需要灌溉的净流量，又称为灌水模数。灌水率根据灌区作物的灌溉制度确定，单位为米^3/(秒·万亩)。灌水率应分别根据灌区各种作物的每次灌水定额，逐一进行计算。例如，某灌区的面积为 A，分别为种植结构为甲、乙、丙三种作物，种植比例为 α_1、α_2、α_3，作物甲各次灌水定额分别为：W_1、W_2、W_3，$m_1 = W_1 + W_2 + W_3$，各次灌水在 T_1、T_2、T_3天完成，作物甲所要求的灌水率为：

$$q_{1净} = \frac{A\alpha_1 m_1}{8.64 T_1}$$

式中，T_1为灌水延续时间，以天计算，每天灌溉延续时间一般为 24h。对于抽水灌区，每天灌溉时间以 20~22h，系数 8.64 相应改为 7.2~7.92。

同理，可求出灌区其他各种作物各次灌水的灌水率。

为了确定设计灌水率、推算渠首引水流量或灌溉渠道设计流量，通常先对某一设计代表年计算出灌区各种作物每次灌水的灌水率，并将所得的灌水率绘在方格纸上，称为灌水率图。为了避免各时期灌水率大小过分悬殊，渠道输水断断续续，对初步计算的灌水图进行修正，尽可能消除灌水率高峰和短期停水现象。

修正灌水率图时，要以不影响作物需水要求为原则，尽量不要改变主要作物关键用水期的各次灌水时间。如果必须调整移动，以往前移动为主，前后移动不要超过 3 天。调整其他各次灌水时，要使修正后的灌水率图比较均匀、连续。此外，为了减少输水损失，并使渠道工作制度比较平稳，在调整时不应使灌水率数值相差悬殊，一般最小灌水率不应小于最大灌水率的 40%。在确定了某一设计代表年内灌区各作物的每次灌水率后，绘制灌水率图，进而推算渠首引水流量。

6.2.1.5　渠道的工作制度

渠道的工作制度就是渠道的输水工作方式，分为续灌和轮灌两种。

（1）续灌。在一次灌水延续时间内，自始至终连续输水的渠道称为续灌渠道。这种输水工作方式称为续灌。为了各用水单位受益均衡，避免因水量过分集中而造成灌水组织和生产安排的困难，一般灌溉面积较大的灌区，干、支渠多采用续灌。

（2）轮灌。轮灌指同一级渠道在一次灌水延续时间内轮流输水。实行轮灌的渠道称为轮灌渠道。实行轮灌时，缩短各条渠道的输水时间，加大了配水流量，同时工作的渠道长度较短，从而减少了输水损失水量，有利于农业耕作和灌水工作的配合，有利于提高灌水效率。但是，因为轮灌加大了渠道的设计流量，也增加了渠道建筑物的工程量。如果流量过分集中，会造成劳力紧张，在干旱季节还会影响各用水单位的均衡受益。所以，一般较大的灌区，只在斗渠以下实行轮灌。

实行轮灌时，渠道分组轮流输水，分组方式有以下3种：（1）集中轮灌。将上一级渠道的来水集中供给下级的某一条渠道使用，待这条渠道用水完毕后，再将水集中供给另一条渠道。采用集中轮灌，水流最集中，同时工作的渠道长度最短，渠道输水损失最小，但下级渠道的断面要大一些。当上级渠道来水量过小，分散供水会显著降低渠道水利用系数时，多采用这种配水方式。（2）分组轮灌。将邻近的几条渠道编为一组，上级渠道按组轮流供水。当上一级渠道来水流量较大时，一般多采用这种配水方式。（3）分组插花轮灌。将同级渠道按编号的奇数或偶数分别编组，上级渠道按组轮流供水。

轮灌渠道的划分要根据灌区的实际情况，因地制宜加以选择，一般要注意以下几点：各轮灌组的流量（或控制面积）应基本相等；每一轮灌组渠道的总输水能力要与上一级渠道供给的流量相适应；同一轮灌组的渠道要比较集中，以便管理，并减少渠道同时输水的长度和输水损失；要照顾农业生产条件和群众用水习惯，尽量把一个生产单位的渠道划在同一轮灌组内，便于组织劳力和组织灌水。

在运行管理中，有时水源不足，干支渠也实行轮灌，以减少输水损失，并保持渠道一定的工作水位。一般当渠首引水流量低于正常工作流量的40%~50%时，干渠、支渠实行轮灌。

6.2.1.6 灌排设计标准

进行灌溉工程水利计算以前，必须首先确定灌溉工程的设计标准。在实际工作中多采用灌溉设计保证率作为灌溉工程的设计标准。

灌溉设计保证率（insurance probability of irrigation water）是指灌区用水量在多年期间能够得到充分满足的概率。一般以正常供水的年数或供水不破坏的年数占总年数的百分数来表示。

$$P = \frac{m}{n + 1} \times 100\%$$

式中，P 为灌溉设计保证率；m 为灌溉设施能保证正常供水的年数；n 为灌溉设施供水的总年数。

灌溉设计保证率参考《灌溉与排水工程设计规范》（GB 50288—2018）所规定的数值。

6.2.1.7 排水设计标准

排涝标准是指遇上多少年一遇暴雨，多少日雨量，在多少天内排除，以保证作物生长，是设计排水系统的主要依据，包括暴雨重现区、暴雨历时和除涝时间，一般参照国家或地区标准。例如，按重现期为10年的设计暴雨进行排涝设计，则称设计排涝标准为10

年一遇。设计暴雨重现期常被近似地看作工程完成后的涝灾重现期。有时除涝标准也采取定量设计暴雨（如一日暴雨200mm不涝）和典型年暴雨（如1956年暴雨不涝）两种表达方式。提高设计排涝标准，能提高除涝能力和除涝效益，但是工程规模、投资和费用也将相应增加。合理设计除涝标准，常需通过经济分析和财务分析确定。中国现行设计排涝标准，一般为5~10年一遇，部分地区也有20年一遇的标准。

排涝标准还可用设计排涝模数和设计排涝水位等表示：

（1）设计排涝模数，即单位排水面积的设计排涝流量。设计排涝模数与集水面积的乘积等于设计排涝流量。设计排涝模数的大小与蓄涝滞涝能力、作物耐淹能力和集水面积有关，可通过经验公式计算。20世纪80年代，中国各地的设计排涝模数约在0.1~0.3m³/(s·km²)之间。多雨地区、经济发达地区和小汇水面积的设计排涝模数较大，反之较小。

（2）设计排涝水位是排涝沟道设计水位和容泄区设计水位的总称。前者一般应低于地面高程，在不影响排涝的前提下，局部地段允许高出地面；后者设计中常从安全出发，按同频率考虑，至于海洋型容泄区，设计中常按多年平均高潮水位考虑。

6.2.2 灌溉渠道设计

渠道设计要求包括以下内容：（1）流量足。过水能力需满足作物生长要求。（2）水位够。满足全部或绝大部分灌区自流灌溉对水位的要求。（3）流速适当。满足不冲不淤要求。（4）边坡稳定。不塌、不滑、不发生冻胀破坏。（5）渗漏损失小、渠系水利用系数高。（6）工程量小，总投资少。（7）施工容易，管理方便。

6.2.2.1 渠道的设计流量计算

渠道的设计流量计算包括以下几项：

（1）续灌条件下渠道设计流量按照下式计算：

$$Q = \frac{mA}{3600tT\eta}$$

式中，Q为设计流量，m^3/s；m为设计灌水定额，米³/亩；A为灌溉面积，亩；T为设计灌水周期，d；t为每天灌水时间，一般自流灌溉取24h，提水灌溉取20~22h；η为渠系利用系数。

（2）轮灌渠道的设计流量可按如下公式计算确定：

$$Q_n = \frac{Nq_s \overline{A}_n}{\eta_n}$$

式中：Q_n为轮灌渠道的设计流量，m^3/s；N为该渠道轮灌组数；$\overline{A}_n$为该渠道轮灌组平均灌溉面积，hm^2；η_n为该轮灌渠道至田间的灌溉水利用系数。

（3）加大流量。计算得到的设计流量是按渠道正常引水考虑的，考虑到气候变化及作物种植面积变化等因素，还应计算渠道加大流量，以作为渠道过水横断面校核的依据。加大流量按经验值计算，依据《水工设计手册》数据，一般当渠道流量小于1m³/s时，加大20%~30%；流量在1~10m³/s时，加大15%~20%；流量大于10m³/s时，加大10%~15%。

由于各条渠道实际控制的灌溉面积差异和灌溉方式的不同，据此计算得到的渠道设计流量和加大流量种类众多，不便于项目施工和后期管理。因此，土地整治项目规划设计时，常将流量计算结果进行统计分类。分类的步骤为：根据各条规划渠道计算设计流量的大小，利用频率分布图将各规划渠道进行分组；将各组最大的设计流量值确定为该组各条规划渠道的最终设计流量；将同一组内的各条渠道统一为同一规格渠道。

6.2.2.2 不冲不淤流速

为了使灌溉渠道不冲不淤，满足渠床稳定性要求，设计中多以临界不冲条件为依据，而以临界不淤流速作为校验。不冲流速与渠床土质、水流情况和渠道断面的水力要素有关，具体要通过试验研究或总结已成渠道的运用经验而定，设计时可以参考表6.5和表6.6中数值。渠道不淤流速主要取决于渠道含沙情况和断面水力要素，也应通过试验研究或总结实践经验而定。通常大型渠道的平均流速不小于0.5m/s，小型渠道的平均流速不小于0.3~0.4m/s。

表6.5 黏性土渠道允许不冲流速

类　型	允许不冲流速/$m\cdot s^{-1}$
轻壤土	0.60~0.80
中壤土	0.65~0.85
重壤土	0.70~0.95
黏土	0.75~1.00

注：表中所列不冲流速为水力半径$R=1.0$m时的情况。当$R\neq1.0$m时，表中的数值应乘以$R\alpha$。指数α值可按下列情况采用：(1) 疏松的砂壤土和黏土$\alpha=1/4\sim1/3$；(2) 中等密实和密实的壤土及黏土$\alpha=1/5\sim1/4$。

表6.6 非黏性土渠道允许不冲流速 (m/s)

土质	粒径/mm	不同水深下的允许不冲流速			
		0.4m	1.0m	2.0m	≥3m
淤泥	0.005~0.05	0.12~0.17	0.15~0.21	0.17~0.24	0.19~0.26
细沙	0.05~0.25	0.17~0.27	0.21~0.32	0.24~0.37	0.26~0.40
中沙	0.25~1	0.27~0.47	0.32~0.57	0.37~0.65	0.40~0.70
粗沙	1~2.5	0.47~0.53	0.57~0.65	0.65~0.75	0.70~0.80
细砾石	2.5~5	0.53~0.65	0.65~0.80	0.75~0.90	0.80~0.95
中砾石	5~10	0.65~0.80	0.80~0.95	0.90~1.10	0.95~1.20
大砾石	10~15	0.80~0.95	0.95~1.20	1.10~1.30	1.20~1.40
小卵石	15~25	0.95~1.20	1.20~1.40	1.30~1.60	1.40~1.80
中卵石	25~40	1.20~1.50	1.40~1.80	1.60~2.10	1.80~2.20
大卵石	40~75	1.50~2.00	1.80~2.40	2.10~2.80	2.20~3.00
小漂石	75~100	2.00~2.30	2.40~2.80	2.80~3.20	3.00~3.40
中漂石	100~150	2.30~2.80	2.80~3.40	3.20~3.90	3.40~4.20
大漂石	150~200	2.80~3.20	3.40~3.90	3.90~4.50	4.20~4.90
顽石	>200	>3.20	>3.90	>4.50	>4.90

注：表中所列允许不冲流速为水力半径$R=1.0$m时的情况。当$R\neq1.0$m时，表中所列数值应乘以$R\alpha$，指数α值可采用$\alpha=1/5\sim1/3$。

6.2.2.3 水力计算

水力计算主要是试算确定过水断面的水深 h 和底宽 b 的数值。试算步骤如下：

（1）假设 b、h 值。为施工方便，底宽 b 应取整数。因此，一般先假设一个整数 b 的值，再选择适当的宽深比 k，用公式 $h=b/k$，计算相应的水深值。

（2）计算渠道的过水断面的水力要素。根据假设的 b、h 值计算相应的过水断面面积 A、湿周 X、水力半径 R，见表 6.7。例如，梯形渠道计算公式如下：

$$A=(b+mh)h$$

$$X=b+2h\sqrt{1+m^2}$$

$$R=\frac{A}{X}$$

表 6.7 渠道过水断面水力要素计算表

断面形式	过水断面面积 A	湿周 X	水力半径 R
矩形	hb	$b+2h$	$\frac{bh}{b+2h}$
梯形	$(b+mh)h$	$b+2h\sqrt{1+m^2}$	$\frac{(b+mh)h}{b+2h\sqrt{1+m^2}}$
U 形	$\frac{\pi r^2}{2}+2\pi r$	$\pi r+2a$	$\frac{\frac{\pi r^2}{2}+2\pi r}{\pi r+2a}$

注：h 为设计水深，m；r 为 U 形槽内半径，m；a 为 U 形槽直段长，m；m 为边坡系数。

（3）计算渠道流量。渠道横断面水力计算式为：

$$Q=\omega v=\omega C\sqrt{Ri}=\omega\frac{1}{n}R^{\frac{1}{6}}\sqrt{Ri}=\omega\frac{1}{n}R^{\frac{1}{3}}i^{\frac{1}{2}}$$

式中，Q 为设计渠道的流量，m^3/s；ω 为过水断面积，m^2；v 为渠道平均流速，m^3/s；i 为渠道坡度，其值根据项目区的地形坡度结合土壤特点选定；R 为水力半径，m；C 为谢才系数；n 为糙率，见表 6.8。

表 6.8 渠道糙率 n 值

渠道特征			灌溉渠道的糙率 n
土质	流量大于 $25m^3/s$	平整顺直，养护良好	0.020
		平整顺直，养护一般	0.0225
		渠床多石，杂草丛生，养护较差	0.025
	流量 $1\sim25m^3/s$	平整顺直，养护良好	0.0225
		平整顺直，养护一般	0.025
		渠床多石，杂草丛生，养护较差	0.0275
	流量小于 $1m^3/s$	毛渠	0.025
		支渠以下的固定渠道，渠床弯曲，养护一般	0.030

续表 6.8

渠道特征		灌溉渠道的糙率 n
岩石	经过良好修整	0.025
	经过中等修整无凸出部分	0.030
	经过中等修整有凸出部分	0.033
	未经修整有凸出部分	0.035~0.045
多种材料	抹光的水泥抹面	0.012
	不抹光的水泥抹面	0.014
	光滑的混凝土护面	0.015
	料石砌护	0.015
	砌砖护面	0.015
	粗糙的混凝土护面	0.017
	浆砌块石护面	0.025
	干砌块石护面	0.0275~0.030
	卵石铺砌	0.0225

(4) 校核渠道流量。计算出来的渠道流量是与假设的 b、h 值相应的输水能力，一般不等于渠道的设计流量，通过试算，反复修改 b、h 值，直至渠道计算流量等于或接近渠道设计流量为止。要求误差不超过5%。在试算过程中，如果计算流量和设计流量相差不大，只需修改 h 值，再进行计算；如两者相差很大，就要修改 b、h 值，再进行计算。为了减少重复次数，常用图解法配合：在底宽不变的条件下，用三次以上的试算结果绘制 h-Q 关系曲线，在曲线图上查出渠道设计流量 Q_d 和相应的设计水深。

(5) 校核渠道流速。设计断面尺寸不仅满足设计流量的要求，还要满足稳定渠道的流速要求。计算经流量校核选择的渠道断面通过设计流量时所具有的流速，然后按不冲流速和不淤流速校核。

6.2.2.4 纵断面设计

灌溉渠道不仅要满足输送设计流量的要求，还要满足水位控制的要求。纵断面设计根据灌溉水位要求确定渠道的空间位置，即先确定不同桩号处的设计水位高程，再根据设计水位求渠底高程、堤顶高程等。

为了灌溉要求，各级渠道入口处都应具有足够的水位，这个水位是根据灌溉面积上控制点的高程加上各种水头损失，自下而上逐级推求的。

$$H_{进} = A_0 + \Delta h + \sum Li + \sum \phi$$

式中，$H_{进}$ 为渠道进水口处的设计水位，m；Δh 为控制点地面高程与附近末级固定渠道设计水位的高差，范围0.1~0.2m；L 为渠道的长度；i 为渠道的坡度；ϕ 为水流通过渠系建筑物时的水头损失，此处取0.1m。

根据上式求得农渠进水口处水位，可推求渠底高程、堤顶高程等。典型农渠的纵断面设计计算案例见表6.9。

表 6.9 农渠纵断面计算表案例 (m)

桩号	坡度	地面高程	设计水位	堤顶高程	渠底高程	开挖高程	挖深	填高
0+000	0.0029	1488.250	1488.580	1488.837	1488.350	1488.110	0.140	0.587
0+050		1488.160	1488.435	1488.692	1488.205	1487.965	0.195	0.532
0+100		1488.083	1488.290	1488.547	1488.060	1487.820	0.263	0.464
0+150		1488.041	1488.145	1488.402	1487.915	1487.675	0.366	0.361
0+200		1488.000	1488.000	1488.257	1487.770	1487.530	0.470	0.257
0+250		1487.800	1487.855	1488.112	1487.625	1487.385	0.415	0.312
0+300		1487.579	1487.710	1487.967	1487.480	1487.240	0.339	0.388
0+350		1487.368	1487.565	1487.822	1487.335	1487.095	0.273	0.454
0+400		1487.166	1487.420	1487.677	1487.190	1486.950	0.216	0.511
0+450		1486.933	1487.275	1487.532	1487.045	1486.805	0.128	0.599
0+500		1486.806	1487.130	1487.387	1486.900	1486.660	0.146	0.581
0+550		1486.666	1486.985	1487.242	1486.755	1486.515	0.151	0.576

6.2.3 排水沟设计

排水沟沟底坡度可取与沟道设计水位线相同的坡度，且尽可能与沟道沿线地面坡角相接近，以节省沟道的开挖工程量。当然，取用的沟底坡度还应满足沟道不冲、不淤的要求。对于连通内湖与排水闸的排水沟道，其沟底坡度还应考虑内湖与外河水位的情况；对于连通排水站的排水沟道，其沟底坡度应考虑水泵安装高程的要求。平原地区排水沟沟底坡度一般可在下列范围内选取：干沟为1/30000~1/10000，支沟为1/10000~1/5000，斗沟为1/5000~1/2000，农沟为1/2000~1/1000。

6.2.3.1 排水沟设计流量计算

A 排涝模数计算

排涝模数采用平均排除法进行计算，按一日暴雨一日排出的标准计算。平均排除法是以排水面积上的设计净雨在规定的排水时间内排出的平均排涝流量或平均排涝模数作为设计排涝流量或排涝模数的方法，即

$$Q = qF = \frac{RF}{86.4t}$$

对于水田：

$$R = P - h_{田蓄} - E$$

对于旱田：

$$R = aP$$

式中，Q 为设计排涝流量，m^3/s；q 为设计排涝模数，$m^3/(s \cdot km^2)$；F 为排水沟控制的排水面积，km^2；R 为设计径流深，mm；a 为径流系数；P 为设计暴雨量，mm；$h_{田蓄}$ 为水田滞蓄水深，mm，由水稻耐淹水深确定；E 为历时为 t 的水田田间蒸发量，mm；t 为规定的排涝天数，d。

若排水区既有旱地又有水田时，则首先分别计算水田和旱地的排涝模数，然后按旱地

和水田的面积比例加权平均，即得综合排涝模数，公式如下：

$$q=(q_dA_d+q_wA_w)/(A_d+A_w)$$

式中，q 为综合设计排涝模数，$m^3/(s\cdot km^2)$；q_d为旱地排涝模数，$m^3/(s\cdot km^2)$；q_w为旱地排涝模数，$m^3/(s\cdot km^2)$；A_d为旱地面积，km^2；A_w为水田面积，km^2。

【案例】 某设计中，10 年一遇一日暴雨标准为 190mm，水田滞蓄水深为 80mm，旱地降雨径流系数采用 0.6，t 为规定的排涝天数，设计为 1d，可测算出项目区综合排涝模数为 1.12$m^3/(s\cdot km^2)$。

B　流量计算

对于控制面积较小的排水沟道，在不超过作物允许耐淹历时的条件下，可以允许地面径流在短时间内漫出沟槽。因此，沟道设计排水流量可根据排水面积的净雨量、排水时间等因素，按下述公式加以确定，即：

$$Q=qF$$

式中，q 为排水模数，$m^3/(s\cdot km^2)$；F 为排水沟所控制的排水面积，km^2。

同样，为方便施工和今后的管理维护，项目区排水沟设计流量应统一规划为几种规格，对于采用相同断面形式、坡度、糙率的排水沟，设计流量差在 0.1~0.2m^3内宜采用相同的断面尺寸，具体方法参见渠道设计相应部分。

6.2.3.2　排水沟横断面设计

排水沟横断面设计采用明渠均匀流公式进行计算，为防止沟道冲刷和淤积，对设计计算后的排水沟进行流速校核，使排水沟过水断面平均流速介于不冲流速和不淤流速之间。这里，排水沟允许不淤流速取 0.30m/s，土沟不冲流速取 0.80m/s，采用混凝土板衬砌的排水沟，不冲流速可适当大点，具体方法参见渠道设计相应部分。

6.2.3.3　排水沟纵断面设计

若项目区地下水位不高，为减少排水沟占地，这里仅按排涝进行水位设计：

$$z_{排涝}=A_0-\Delta h-\sum Li-\sum\Delta z$$

式中，$z_{排涝}$为排水沟沟口的水位，m；A_0为离排水沟沟口最远处低洼地面高程，m；Δh 为离排水沟出口最远处低洼地面和排涝水位的高差，一般取 0.2~0.3m；L 为各级沟道长度，m；i 为各级沟道的沟底坡度；Δz 为各级沟道局部水头损失。

按上述公式将各级排水沟进行水位推算至容泄区。设计过程中注意到各级排水沟的水位协调。

6.2.4　泵站设计

泵站设计应符合《泵站设计规范》（GB/T 50265—2010）、《灌溉与排水工程设计标准》（GB 50288—2018）的相关规定。各地区标准中，土地整治项目泵站设计标准不一，常见的标准有：（1）主要建筑物的设计防洪标准（如 20 年一遇）；（2）泵站装机容量。如合计装机容量不宜大于 150kW，单台水泵不宜大于 75kW，移动泵站不宜大于 15kW；（3）流量不宜大于 200m^3/h 和少修建二次提水灌溉泵站。

6.2.4.1　水泵设计流量计算

水泵流量是单位时间内流出水泵出口断面的流体量。流体量用体积来表示的流量称为体积流量；流体量用质量来表示的流量称为质量流量。

水泵的设计流量根据设计灌水率、灌溉面积、渠道水利用系数等参数确定。计算方法可参见渠道的设计流量计算。

6.2.4.2 进出水管管径确定

水泵进出水管管径由下式进行计算：

$$d_{进} = \sqrt{\frac{4Q}{\pi v_{进}}}\ ,\ d_{出} = \sqrt{\frac{4Q}{\pi v_{出}}}$$

式中，Q 为水泵的设计流量，m^3/s；$v_{进}$为水泵进水管内流速，m/s，根据泵站设计规范初步选定为2.5m/s；$v_{出}$为水泵出水管内流速，m/s，根据泵站设计规范初步选定为2.5m/s。

根据计算得出进、出水管管径，再参考水泵的进、出口径，并经允许流速校核，最终确定各泵站的进水管、出水管管径。

6.2.4.3 水泵扬程计算

水泵扬程包括实际净扬程、沿途损失扬程和局部损失扬程。水泵扬程的计算方法如下：

$$H_{设} = h_{净} + h_{局} + h_{沿}$$

式中，$H_{设}$为水泵设计扬程，m；$h_{净}$为水泵净扬程，m，由实地测量或从现状图中确定；$h_{沿}$为管道沿程水头损失，m；$h_{局}$为局部水头损失，m。

$$h_{沿} = 10.3n^2\frac{L_1Q^2}{d_1^{5.33}} + 10.3n^2\frac{L_2Q^2}{d_2^{5.33}}$$

式中，n 为管道糙率，见表6.10；L_1、L_2分别为进、出水管道长度，由实地测量或规划图中量算；Q 为设计流量，m^3/s；d_1、d_2分别为进、出水管道直径，m。

$$h_{局} = \sum\xi_1\frac{v_1^2}{2g} + \sum\xi_2\frac{v_2^2}{2g}$$

式中，ξ 为局部水头损失系数；v_1、v_2分别为进、出水管道水流速度，m/s；g 为重力加速度，m/s^2，这里取9.81m/s^2。

表6.10 管材粗糙系数 *n* 值

管材名称	玻璃管、塑料管	新钢管、石棉水泥管	铝合金管、铁铸管、涂釉钢瓦管	旧钢管、旧铸铁管	普通混凝土管
n	0.008	0.012	0.013	0.014	0.015

6.2.4.4 水泵选型

水泵选型是根据泵站工程规划确定的扬程和流量，按照经济、适用、安全和方便的要求来选择确定水泵类型、型号及台数的过程。地区不同，农用水泵也有不同的选择，农用水泵大致上可分为四大类：轴流泵、混流泵、离心泵、潜水泵。

（1）轴流泵是水流沿轴向流入和轴向流出叶轮的叶片泵。轴流泵主要适用于低扬程、大流量的场合，如平原区灌溉、排涝。轴流泵一般为立式，叶轮浸没在水下面，也有卧式或斜式轴流泵。小型轴流泵的叶轮安装位置高出水面时，需要用真空泵排气引水启动。轴流泵的叶片分固定式和可调式两种结构。大型轴流泵的使用工况（主要指流量）在运行中常需要做较大的变动，调节叶片的安装角可使泵在不同工况下保持在高效率区运行。

（2）混流泵是水流沿轴向流入，然后沿倾斜于泵轴方向流出叶轮的叶片泵。混流泵的流量和扬程介于离心泵和轴流泵之间。体形小、质量轻、效率高、且高效区宽，结构简单、使用方便、维修容易。输送介质为清水或类似于清水，适用于农田排灌和工业上给排水。混流泵属于离心泵和轴流泵之间的一种泵，出水量大，但是扬程较低，适用于南方地表水源丰富的地区。常见的型号是 HW 型混流泵，可以用电机作动力，也可用柴油机作动力；用户也可根据要求发展多种形式的混流泵（如立式、机械密封、特殊材料等）；用户还可根据使用具体要求在一定范围内改变水泵的转速。

（3）离心泵是水流沿轴向流入，然后沿垂直于泵轴的径向从叶轮中流出的叶片泵。按水流进入叶轮的方式，离心泵分为单吸和双吸离心泵，按泵内叶轮的个数又分为单级和多级离心泵。离心泵利用叶轮旋转而使水发生离心运动来工作，适用于高扬程、低流量的场合，如丘陵山地地形项目中提水灌溉。可以选择的型号较多，流量和扬程可选的范围也大。常见的系列有：IS 型离心泵、ISW 卧式离心泵、B 型离心泵、BA 型离心泵、S/SH 型双吸离心泵、D/DG 型多级离心泵。

（4）潜水泵是水泵和电动机同轴联成一体并潜入水下工作的泵。潜水泵适用于从深水井抽水，主要用于农田灌溉及高原山区灌溉使用，主要用于华北等地表水缺乏的平原地区。常见的型号主要有 QJ 型井用潜水泵。

泵站设计时应当考虑取水高度、吸程与水源水位变幅的关系，选取适合的泵型。根据水泵设计流量、设计扬程和进出水口管径，通过查询水泵特性表，选择泵站水泵型号。泵站主机组包括水泵及动力机，水泵应满足泵站设计流量、设计扬程及不同时期供排水的要求；在加权平均扬程下，水泵应在高效区运行，并具有良好的抗气蚀性能；在最高与最低扬程下，水泵应能安全、稳定运行，不得产生气蚀和动力机过载。排水泵站的主泵，允许采用改变转速、车削叶轮和调整叶片安放角等调节运行工况的措施，在确保安全运行的前提下，其设计流量宜按最大单位流量计算。泵站设计流量、设计扬程应按照《泵站设计规范》（GB 50265—2010）的有关规定执行。平原、平坝区灌溉泵站宜采用轴流泵或混流泵；低山丘陵区灌溉泵站宜采用单级单吸离心泵、单级双吸离心泵或蜗壳式混流泵。

6.2.4.5 配套电机选择

水泵标牌上注明的扬程（总扬程）与使用时的出水扬程（实际扬程）是有差别的，这是由于水流通过输水管和管路附近时会有一定的阻力损失。所以，实际扬程一般要比总扬程低 10%~20%，出水量也相应减少。因此，实际使用时，只能按标牌所注扬程和流量的 80%~90%估算，水泵配套动力的选择，可按标牌上注明的功率选择，为了使水泵启动迅速和使用安全，动力机的功率也可略大于水泵所需功率，一般高出 10%左右为宜；如果已有动力，选购水泵时，则可按动力机的功率选购与之相配套的水泵。

6.2.4.6 配套变压器选择

泵站配套变压器的选择优先选用项目区已有变压器，对现有变压器已能够满足泵站配电需要的，不再为泵站配备专门的变压器。对需要另行配备变压器的泵站，先根据各泵站之间的位置关系，从技术经济的角度考虑尽量能实现集中配电。

变压器容量根据经验公式计算：

$$S = 1.25 \times (\sum N + S_M)$$

式中，S 为变压器计算容量，kW；$\sum N$ 为电动机总功率，kW；S_M 为照明等电器总负荷，kW。

6.2.4.7　真空泵配置及选择

对泵站是否需要配备真空泵，采用下式进行核算：

$$H_{实吸} = 10.09 - h_{吸损} - (NPSH)_r - K$$

式中，$H_{实吸}$ 为水泵实际吸水扬程，m；$h_{吸损}$ 为吸水管路损失扬程，m；$(NPSH)_r$ 为水泵气蚀余量，m，根据所选水泵给定；K 为安全值，m，这里取 0.3m。

6.2.4.8　泵站附属建筑物设计

A　泵房

泵房结构应根据主泵类型与规格、水源水位变幅和地基状况等因素，经技术经济比较选用分基型、干室型、湿室型、块基型、车型或船型。

分基型泵房宜安装卧式离心泵或混流泵机组，机组容量较小，用于小流量高扬程的灌溉泵站；干室型泵房用于泵房部分挡水的灌排泵站；泵房结构必须满足泵房内机电设备布置、安装、运行和检修的要求，并应符合通风、采光、防火、防噪声等要求。泵房位于江河、水库边，有洪水威胁时，泵房墙壁迎水面应按防洪墙结构设计。

分基型机房的特点是进水池修建在机房外边，进水池三边护砌，一边（临引水渠边）开敞。其护砌工程主要是保护机房基础的稳固，防止四周土坡的塌方。而靠近机房一侧的护砌工程，有的做成挡土墙式，有的做成护坡式，如图 6.3 所示。前者工程量较大，但引水条件较好。

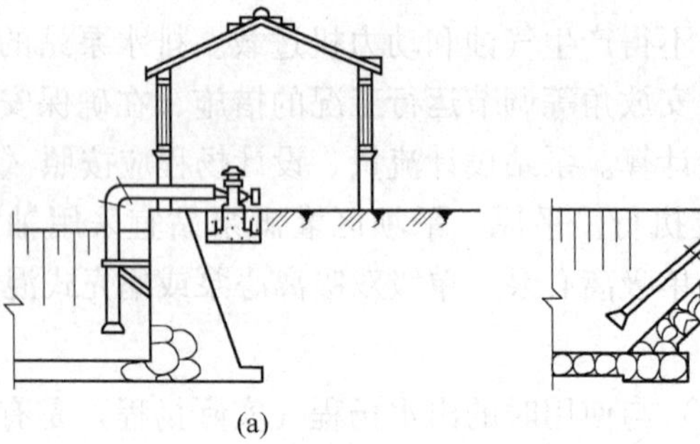

图 6.3　挡土墙式泵房（a）与护坡式泵房（b）

分基型机房只有在水源水位变化幅度小于所选水泵的有效吸上高度时才可选用。采用分基型机房时，水泵的安装高程总是高于水源水位的。分基型机房的优点是设备基础与机房基础分开，可以避免相互影响。它主要适用于安装卧式水泵。当水源水位变幅较大时，也可采用这种机房形式，条件是开挖引水渠将机房设在挖方中，在引水渠首采用闸门控制水位。

干室型。当水源水位变幅较大，超过水泵的有效吸上高度时，不宜采用分基型机房，可以采用干室型机房。它的结构特点是为了避免在洪水时外水渗透入机房，它的四周墙壁和底板用混凝土或钢筋混凝土建成一个不透水的整体，形成一个干燥的地下室，而机组则安装在地下室内，如图 6.4 所示。

干室型机房内可以安装卧式水泵机组，也可安装立式水泵机组。为了检修方便，在水泵的出水管或进水管上均需装闸阀，管路穿墙处要妥善处理。在机房高度较大的情况下，为了充分利用空间，往往修筑上层楼板，而将立式电动机或者配电设备安装在楼板上，有利电气设备的防潮。由于设有地下室，机房的通风和防潮问题在设计时需要注意。在自然通风不能满足散热要求时，应该采用机械通风。机房的墙壁和底板要满足防渗要求。室内要设置排水沟和集水井，以便将废水排到室外。

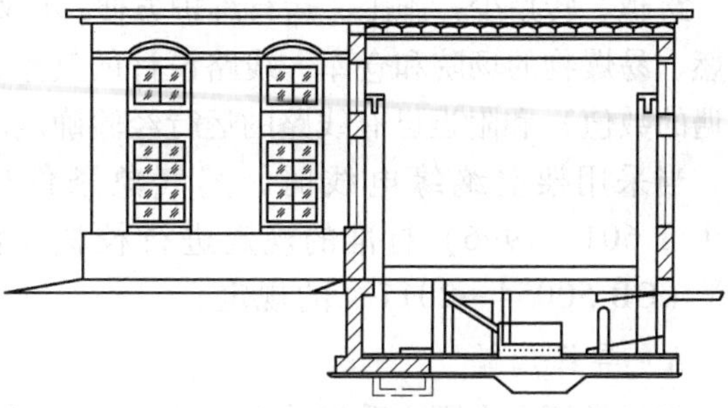

图 6.4 干室型机房

B 进水池与出水池

进水池（suction sump）或称前池，建于泵房前或泵房底部，为水泵进水管或进水流道提供良好进水流态的池型建筑物。出水池（outlet sump）是连接出水管（流）道和灌渠或容泄区、主要起消能稳流作用的池型衔接建筑物。

进水池主要有两种形式：一种是侧面进水，即引渠中水流方向和进水池中的水流方向成垂直或成一定的角度，采用这种侧面进水的前池，如果机房过分靠近引水渠并且缩窄过甚，往往会增加水头损失，降低水泵效率。引水渠的流速一般控制在 0.5~0.6m/s 为宜，最大不要超过 1m/s，并且在引渠与前池连接处加设流线型的导流墩，以便改善进水条件；另一种是正面进水的前池，即引水渠中的水流方向与进水池中的水流方向一致，采用这种形式的前池与引水渠衔接是一个渐变的梯形扩散段，为了使前池有一个良好的进水条件，应当考虑到当地的地形、地质及施工技术等要求来确定前池的形式和尺寸。

进、出水建筑物应符合下列规定：（1）进、出水建筑物应满足灌溉流量的要求，过流平顺；进、出水管路宜短而直，尽量减少弯头、附件，管径应合理。（2）泵站前池布置应满足水流顺畅、流速均匀、池内不得产生涡流的要求，宜采用正向进水方式。侧向进水的前池，宜设分水导流设施。（3）多级泵站前池顶高可根据上、下级泵站流量匹配的要求，在最高运行水位以上预留调节高度确定。（4）泵站进水池的布置形式应根据地基、流态、含沙量、泵型及机组台数等因素，经技术经济比较确定，可选用开敞式、半隔墩式、全隔墩式矩形池或圆形池。取水口和出水口应当有单独的设计，泵房设计应当有地形图（1：500 以上），抽水管线应当作纵剖面图，地面式抽水管线应当有镇墩、支墩、伸缩节等设计，地下管线应当有镇墩设计。（5）进水池的水下容积可按共用该进水池水泵的 30~50 倍设计流量确定。（6）出水管道的出口上缘应淹没在出水池最低运行水位以下 0.1~0.2m。出水管道出口处应设置断流设施。

6.2.5 输配电工程

6.2.5.1 架空低压电力线路

架空低压电力线路负荷应结合项目区及农村电力发展规划确定，一般可按 5 年考虑。线路路径选择应符合下列要求：应与农村发展规划相结合，方便机耕，少占农田；路径短，跨越、转角少，施工、运行维护方便；应避开易受山洪、雨水冲刷的地方，严禁跨越易燃、易爆物的场院和仓库。线路设计的气象条件：应根据当地的气象资料（采用10年一遇的数值）和附近已有线路的运行经验确定。

当采用架空绝缘电线时，其气象条件应按《架空绝缘配电线设计技术规格》（DL/T 601—1996）标准的规定进行校核。输配电的设计应符合《低压配电设计规范》（GB 50054—2011）的规定。

A 导线选择

农村低压电力网应采用符合《圆线同心绞架空导线》（GB/T 1179—2017）标准规定的导线。禁止使用单股线、破股（拆股）线和铁线。居民密集的村镇可采用符合《额定电压1kV及以下架空绝缘电缆》（GB 12527—2008）标准规定的架空绝缘电线。铝绞线、钢芯铝绞线的强度安全系数不应小于2.5；架空绝缘电线不应小于3.0。强度安全系数K可用下式表示：

$$K \geqslant \sigma/\sigma_{max}$$

式中，σ为导线的抗拉强度，N/mm^2；σ_{max}为导线的最大使用应力，N/mm^2。

选择导线截面时应符合下列要求：按允许电压损耗校核时，自配电变压器二次侧出口至线路末端（不包括接户线）的允许电压损耗不大于额定低压配电电压（220V/380V）的7%；导线的最大工作电流，不应大于导线的允许载流量；铝绞线、架空绝缘电线最小截面为$25mm^2$，也可采用不小于$16mm^2$的钢芯铝绞线。

B 绝缘子

架空导线应采用与线路额定电压相适应的绝缘子固定，其规程根据导线截面大小选定。绝缘子应采用符合《低压绝缘子瓷件技术条件》（GB/T 773—1993）、《低压电力线路绝缘子 第1部分：低压架空电力线路绝缘子》（GB/T 1386.1—1997）标准的电瓷产品。直线杆一般采用针式绝缘子或蝶式绝缘子，耐张杆采用蝶式或线轴绝缘子，也可采用悬式绝缘子。中性线、保护中性线应采用与相线相同的绝缘子。

C 横担及其铁附件

线路横担及其铁附件均应热镀锌或其他先进的防腐措施。镀锌铁横担具体规格应通过计算确定：（1）直线杆采用角钢时，应不小于50mm×50mm×5mm；（2）承力杆采用角钢时，2根都应不小于50mm×50mm×5mm。

单横担的组装位置，直线杆应装于受电侧；分支杆、转角杆及终端杆应装于拉线侧。横担组装应平整，端部上、下和左右斜扭不得大于20mm。

D 导线排列、档距及线间距离

导线一般采用水平排列，中性线或保护中性线不应高于相线，如线路附近有建筑物，中性线或保护中性线宜靠近建筑物侧。同一供电区导线的排列相序应统一。路灯线不应高于其他相线、中性线和保护中性线。

线路档距，一般采用下列数值：

（1）铝绞线、钢芯铝绞线：集镇和村庄为40~50m；田间为40~60m。

（2）架空绝缘电线：一般为30~40m，最大不应超过50m。

铝绞线或钢芯铝绞线水平线间距离：档距50m及以下应不小于0.4m；档距50~60m

应不小于0.45m；靠近电杆的两导线间距离，应不小于0.5m。

6.2.5.2 低压电力电缆

A 低压电力电缆选用要求

一般采用聚氯乙烯绝缘电缆或交联聚乙烯绝缘电缆。在有可能遭受损伤的场所，应采用有外护层的铠装电缆；在有可能发生位移的土壤中（沼泽地、流沙、回填土等）敷设电缆时，应采用钢丝铠装电缆。

电缆截面的选择，一般按电缆长期允许载流量和允许电压损耗确定，并考虑环境温度变化、土壤热阻率等影响，以满足最大工作电流作用下的缆芯温度不超过按电缆使用寿命确定的允许值。

农村三相四线制低压供电系统的电力电缆应选用四芯电缆。

B 敷设电缆时应符合的要求

架空绝缘电线：档距40m及以下导线水平间距应不小于0.3m；档距40~50m应不小于0.35m；靠近电杆的两导线间距应不小于0.4m。低压线路与高压线路同杆架设时，横担间的垂直距离：（1）直线杆，应不小于1.2m；（2）分支和转角杆，应不小于1.0m。

未经电力企业同意，不得同杆架设广播、电话、有线电视等其他线路。低压线路与弱电线路同杆架设时电力线路应敷设在弱电线路的上方，且架空电力线路的最低导线与弱电线路的最高导线之间的垂直距离，应不小于1.5m。同杆架设的低压多回线路，横担间的垂直距离：直线杆应不小于0.6m；分支杆、转角杆应不小于0.3m。

线路导线每相的过引线、引下线与邻相的过引线、引下线或导线之间的净空距离，应不小于150mm；导线与拉线、电杆间的最小间隙，应不小于50mm。

电杆宜采用符合《环形混凝土电杆》（GB 4623）标准规定的定型产品，杆长宜为8m，梢径为150mm。

6.2.5.3 配变电装置

配电变压器应选用节能型低损耗变压器，变压器的位置应符合下列要求：（1）靠近负荷中心；（2）避开易爆、易燃、污秽严重及地势低洼地带；（3）高压进线、低压出线方便；（4）便于施工、运行维护。

正常环境下配电变压器宜采用柱上安装或屋顶式安装，新建或改造的非临时用电配电变压器不宜采用露天落地安装方式。经济发达地区也可采用箱式变压器。柱上安装或屋顶安装的配电变压器，其底座距地应不小于2.5m。安装在室外的落地配电变压器，四周应设置安全围栏，围栏高度不低于1.8m，栏条间净距不大于0.1m，围栏距变压器的外廓净距应不小于0.8m，各侧悬挂“有电危险，严禁入内”的警告牌。变压器底座基础应高于当地最大洪水位，应不低于0.3m。安装在室内的配电变压器，室内应有良好的自然通风。可燃油油浸变压器室的耐火等级应为一级。

低压电力网的布局应与农村发展规划相结合，一般采用放射式供电，供电半径一般不大于500m。供电电压偏差应满足的要求：380V为±7%；220V为-10%~+7%。

6.2.6 渠系建筑物设计

6.2.6.1 水闸

水闸设计部分仅涉及渠道上用以控制水位、调配流量常用的开敞式水闸的水工设计内容。渠首及河道上的水闸、干支渠上的冲沙闸设计参见《水闸设计规范》（SL 256—2001）。闸门、启闭机设计应执行水利部现行有关标准的规定。水闸的水力计算包括闸孔总净宽计算和消能防冲设施计算和防渗计算，其设计参照《水闸设计规范》（SL 265—2001）的有关规定。水闸的结构计算包括闸墩、闸底板及上下游翼墙的结构计算及配筋计算和闸室稳定计算包括抗滑稳定验算和地基承载力验算，其设计参照《水闸设计规范》（SL 265—2001）的有关规定。

水闸设计内容应包含：（1）闸墩。闸墩位于闸身两侧，承受闸后土压力，并支承闸门、工作桥、交通桥的荷载。混凝土或砌体结构的闸墩系重力式挡土墙，当地基的允许承载力不小于 0.15~0.2MPa。（2）闸底板。闸底板的厚度，随水头压力大小而定，小型水闸水头变化不大的，可采用同一厚度，应不低于 0.3m。（3）翼墙和护坡。翼墙和护坡的高度与闸墩相同，翼墙上游长度一般取上游水深的 3 倍，下游长度取上游水深的 3.5 倍，其断面设计按挡土墙设计。（4）护底及消力池。上、下游护底长度和厚度与护坡相同，下游护底需低于渠底，形成消力池，池底设排水孔，孔下设反滤层，浆砌石护底的厚度可取 0.3~0.5m，混凝土护底厚度可取 0.2~0.4m，消力池深度一般为 0.3~0.5m，小型水闸工程长度取下游水深的 3~6 倍。（5）海漫。在闸下翼墙和消力池的下游，需建干砌石的海漫和护坡，以抵御闸下出流经消力池消能后的余能，小型水闸工程的海漫长度可采用 3~6 倍的上游水深，厚度不小于 0.3m。（6）齿墙。齿墙作用为防治过闸水流冲刷，高度一般为护底厚的 2~3 倍，宽度为 0.25~0.4m。

水闸设计应严格遵守《水闸设计规范》（SL 265—2001），一般可以按照以下步骤进行设计：（1）闸址选择。依据引水系统或排水系统的总体布置，结合道路、堤防规划，选择合理的位置，并保证水闸上下游较好的衔接。（2）水闸形式的选择。依据水闸的作用及级别，选择合理的形式，如平板钢闸门、平板铸铁闸门、翻板闸门、木闸门等，判断是否设置胸墙，是否需要同时设置工作闸门和检修闸门等。（3）确定水闸的底板高程、过流流量、地基承载能力、下游渠道（河道）抗冲刷能力等基本数据，为水闸的水力计算及结构计算做好准备。（4）水闸的水力计算。通过水闸的水力计算，确定闸孔的孔数及单孔闸门的尺寸。计算出水流的过闸流速，确定消力池内的水流流速，进而确定消力池长、池深等数据。（5）结合水闸上下游的衔接情况，进行水闸上游铺盖、下游海漫及防冲槽的设计，进行防渗计算。（6）进行水闸闸室的结构设计，主要包括闸墩、闸底板及上下游翼墙的结构计算及配筋计算。（7）对闸室进行抗滑验算及地基承载力验算，如果不满足规范的要求，则需要调整闸室尺寸重新设计。（8）进行工作桥、交通桥、启闭机梁、排架柱等的结构计算及配筋计算。

A 闸底板

闸底板是闸室的基础，承受闸室及上部结构的全部荷载，并较均匀地传给地基，还有防冲、防渗等作用。

土地整治工程中常用的闸底板有平底板和钻孔灌注桩底板。修建水闸可采用整体式平底板，沉陷缝设在闸墩中间；如果地基承载力很差，可考虑采用钻孔灌注桩底板。但其设计与施工相对复杂，因此中小型水闸采用的较少。

底板长度应根据防渗设计及基本构造要求确定。底板顺水方向的长度，取决于地基条件和上部结构布置并应满足抗滑稳定和地基允许承载力的要求。底板长度可根据经验拟定：对于沙砾石地基，可取（1.5~2.5）H（H为上下游最大水位差）；对于砂土和砂土壤地基，取（2.0~3.5）H；对于壤土地基，取（2.0~4.0）H；对于黏土地基，取（2.5~4.0）H。闸室结构沿垂直水流方向的分段长度，在岩基上宜不超过20m，在土基上宜不超过35m，若超过上述数值，需进行技术论证。

底板厚度必须满足强度和刚度的要求，大、中型水闸可取（1/8~1/6）L_0（L_0为闸孔净宽）一般为1.0~2.0m，最薄宜不小于0.6m，但小型水闸也有用到0.3m的。底板内布置钢筋较多，但最大含钢率应不超过0.3，底板混凝土应满足强度、抗渗、抗冲等要求，常用C15或C20。

B 闸墩

闸墩的结构形式应根据闸室结构抗滑稳定性和闸墩纵向刚度要求确定，一般采用实体式，常用混凝土、少筋混凝土或浆砌块石。闸墩的外形轮廓设计应满足过闸流量平顺、侧向收缩小、过流能力大的要求。上游墩头可采用半圆形，以减小水流的进口损失；下游墩头宜采用流线形，以利水流的扩散。

闸墩高程一般指闸室胸墙或挡水线上游闸墩和岸墙的顶部高程。应满足挡水和泄水两种运行情况的要求。挡水时，闸顶高程不低于水闸正常蓄水位加波浪计算高度与相应安全超高之和；泄水时，闸顶高程不低于设计洪水位与相应安全超高之和。此外，确定闸顶高程时，还应考虑闸室沉降、闸前河渠淤积、潮水位等影响。

闸墩长度取决于上部结构布置和闸门形式，一般与底板等长或稍短于底板。闸墩上、下游面为铅直面；如上部结构布置厚闸墩有富余，两端可做成10∶1~5∶1的竖坡。如上部结构布置不下，顶部可做成向外挑出的牛腿。通常弧形闸门的闸墩长度比平面闸门的闸墩长。

闸墩厚度应满足稳定和强度要求，根据闸孔孔径、受力条件、结构构造要求、闸门形式和施工方法等确定。一般混凝土闸门闸墩厚1.0~1.6m，少筋混凝土闸墩厚0.9~1.4m，常规钢筋混凝土闸墩厚0.7~1.2m，浆砌石闸墩厚0.8~1.5m，平板闸门的闸墩厚受门槽深度控制，一般不小于0.4m。

平板闸门的门槽尺寸取决于闸门尺寸和支撑形式。中小型水闸门槽一般为长0.15~0.25m，宽0.15~0.30m。为了满足闸门安装与检修的要求，方便启闭机的布置与运行，检修闸门槽与工作闸门槽之间的净距不宜小于1.5m。当设有两道检修闸门时，闸墩和底板必须满足检修期的结构强度要求。

C 闸门

闸门形式的选择，应根据运用要求、闸孔跨度、启闭机容量、工程造价等条件比较确定。闸门在闸室中的位置与闸室稳定、闸墩和地基应力，以及上部结构的布置有关。平面闸门一般设在靠近上游，有时为了充分利用水重，也可移向下游侧。

闸门顶应高出最高蓄水位。对胸墙式水闸，闸门高度根据构造要求稍高于孔口。胸墙常用钢筋混凝土结构做成板式或梁板式。当孔径不大于6.0m时可采用板式、墙板，也可以做成上薄下厚的楔形板，其顶部厚度一般不小于0.2m，当孔径大于6m时，宜采用梁板式，它由墙板、顶梁和底梁组成，其板厚一般不小于0.12m，顶梁高一般为胸墙跨度的1/15~1/12，梁宽常取0.4~0.8m，底梁由于与闸门顶接触，要求有较大的刚度，梁高为胸墙跨度的1/9~1/8，梁宽为0.6~0.8m，当胸墙高度大于5.0m，且跨度较大时，可设中梁及竖梁构成肋形结构。一般情况下，大中型水闸的胸墙可设在闸门前，因门顶无水重，可减小启门力；小型水闸的胸墙设在闸门的下游侧，除方便止水外，还可以利用门顶上的水重增加闸室的稳定。

D 启闭设备

启闭机可分为固定式和移动式两种，常用的固定式启闭机有卷扬式、螺杆式和油压式。卷扬式启闭机启闭能力较大，操作灵活，启闭速度快，但造价高。螺杆式启闭机简便、廉价，适用于小型工程、水压力较大、门重不足的情况等。油压式启闭机是利用油泵产生的液压传动，可用较小的动力获得很大的启闭力，但造价较高。在有防洪要求的水闸中，一般要求启闭机迅速可靠，能够多孔同步开启。

E 上部结构

水闸上部结构主要指水闸工作桥、交通桥、检修桥：(1) 工作桥是为了安装启闭机和方便工作人员操作而设的桥。若工作桥较高可在闸墩上部设排架支承。工作桥设置高程与闸门尺寸及形式有关。土地整治工程中常采用平面闸门，采用固定式卷扬启闭机或螺杆启闭机，闸门提升后不能影响泄放最大流量，并留有一定的富余度。根据工作需要和设计规范，工作桥设在闸门的正上方，用排架支承工作桥，桥上可设置启闭机房。(2) 交通桥的作用是连接两岸交通，供车辆和人通行。交通桥的形式可采用板梁式。交通桥的位置应根据闸室稳定及两岸连接等条件确定，布置在下游，仅供人畜通行用的交通桥，其宽度为2~3m；行驶汽车的交通桥，应按交通部门制定的规范进行设计，一般可取单车道宽为4.0m左右。(3) 检修桥的作用为放置检修闸门，观测上游水流情况，设置在闸墩上游端。采用预制T形梁和活动盖板形式。

F 闸室的分缝与止水

水闸沿轴线每隔一定距离必须设置沉陷缝，兼做温度缝，以免闸室因不均匀沉降及温度变化产生裂缝，缝距一般为15~30m，缝宽为0.02~0.05m。整体式底板闸室沉降缝，一般设在闸墩中间，一孔、二孔或三孔一联为独立单元，其优点是保证在不均匀沉降时闸孔不变形，闸门仍然正常工作。

凡是有防渗要求的缝，都应设置止水，包括铅直和水平两种，前者设在闸墩中间、边墩与翼墙间以及上游冀墙本身；后者设在铺盖、消力池与底板连接部位、混凝土铺盖、消力池体的温度沉降缝内。传统的止水材料主要有沥青浸渍木板、铜片止水、橡胶止水带，可以根据工程规模大小以及当地经验选择。

6.2.6.2 渡槽设计

A 渡槽结构

渡槽一般由进出口段、上部槽身、下部支承和基础组成：(1) 进出口段。渡槽进、出口段一般做成八字式或扭面式，进、出口渐变段的长度应按两端渠道水面宽度与槽身内水面宽度之差所形成的进口水流收缩角和出口水流扩散角角度控制。进口水流收缩角宜为11°~18°，出口水流扩散角宜为8°~11°。进、出口段有效防渗长度均应大于5倍的渠道最大水深。(2) 上部槽身。渡槽槽身横断面形式可选用矩形、U形或圆形。矩形渡槽侧墙一般为等厚板，常用厚度10~20cm。在槽顶宜设拉杆，其间距1~2m。U形渡槽一般须架设顶梁和横向拉杆，其间距1~3m，拉杆上可铺板兼作便桥。(3) 下部支承。渡槽下部支承可根据地形、地质、跨度、高度、当地材料和施工条件等，选用排架式、墩式或拱式。排架高度一般小于5m，宜采用单排架。重力式槽墩宜采用浆砌石或混凝土实体墩。

渡槽槽下净空应符合以下规定：(1) 跨越非等级乡村道路的渡槽，槽下最小净高对人行路应为2.2m、畜力车及拖拉机路应为2.7m、农用汽车路应为3.2m、汽车路应为3.5m。槽下净宽应不小于4.0m。(2) 跨越（河流）渠道的渡槽，槽下最小净高应不小于1.0m，拱式渡槽的拱脚高程宜略高于河流校核或最高洪水位。

渡槽使用的建筑材料：(1) 槽身、拱式渡槽主拱圈、墩帽所用的混凝土材料强度等级应不低于C25，排架和墩身应不低于C20。(2) 拱式渡槽所用石料的强度等级应不低于MU30。(3) 砌筑用砂浆的强度等级应不低于M10。

B 渡槽过水能力计算

当$L>15h_0$时，渡槽过水能力计算式为：

$$Q = 1/nAR^{\frac{2}{3}}i^{\frac{1}{2}}$$

式中，L为渡槽长度，m；h_0为渡槽上游渠道（进口渐变段前）正常水深，m；Q为渡槽设计流量，m^3/s；A为渡槽过水断面面积，m^2；R为水力半径，m；i为槽底坡度；n为槽身糙率。

当$L \leqslant 15h_0$时，渡槽过水能力计算式分为矩形断面和U形断面两种。

(1) 矩形断面：

$$Q = \sigma_n \varepsilon m B\sqrt{2g}\, H_0^{\frac{3}{2}}$$

$$H_0 = h_1 + \frac{\alpha v_1^2}{2g}$$

式中，σ_n为淹没系数，可根据h_s/H_0值由表6.11查得；h_s为下游渠道（出口渐变段后）水位超出槽底（未满）值，m；H_0为渡槽进口水头，m；h_1为上游渠道水位超出槽底（始端）值，m；α为流速分布系数，可取1.0~1.05；v_1为渡槽上游渠道断面平均流速，m/s；g为重力加速度，m/s^2；ε为侧向收缩系数，可取0.9~0.95；m为流量系数，可取0.36~0.385；B为槽底宽度，m。

表6.11 淹没系数

h_s/H_0	0.98	0.97	0.96	0.95	0.94	0.93	0.92	0.91	0.90	0.89
σ_n	0.500	0.590	0.660	0.735	0.775	0.825	0.850	0.875	0.900	0.925
h_s/H_0	0.88	0.87	0.86	0.85	0.84	0.83	0.82	0.81	≤0.80	
σ_n	0.945	0.960	0.970	0.980	0.985	0.990	0.995	0.997	1.000	

(2) U形断面：

$$Q = \varepsilon \varphi A\sqrt{2gZ_0}$$

$$Z_0 = Z_1 + \frac{2v_1^2}{2g}$$

式中，φ为流速系数，可取0.9~0.95；Z_0为渡槽进口水头损失，m；Z_1为渡槽进口段水头损失，m。

C 渡槽总水头损失计算

渡槽进口段水头损失计算式为：

$$Z_1 = H\xi_1 \frac{v^2 - v_1^2}{2g}$$

式中，ξ_1为进口段局部水头损失系数，可根据进口渐变段形式由表 6.12 查得；v 为槽内平均流速，m/s。

表 6.12 进口段局部水头损失系数

进口渐变段形式	扭曲面	八字斜墙	圆弧直墙	急变形式
ξ_1	0.10	0.20	0.20	0.40

槽身段水头损失计算式为：

$$Z_2 = iL$$

式中，Z_2为槽身段水头损失，m。

渡槽出口段水头损失（水位回升值）：

$$Z_3 = (1 + \xi_2)\frac{v^2 - v_1^2}{2g}$$

式中，Z_3为出口段水头损失，m；ξ_2为出口段局部水头损失系数，可根据出口渐变形式由表 6.13 查得。

表 6.13 出口段局部水头损失系数

进口渐变段形式	扭曲面	八字斜墙	圆弧直墙	急变形式
ξ_2	0.30	0.50	0.50	0.75

渡槽总水头损失计算式为：

$$Z = Z_1 + Z_2 - Z_3$$

式中，Z 为渡槽总水头损失，m，应不大于渠系分配的水头损失值。

6.2.6.3 倒虹吸设计

A 倒虹吸主体结构

倒虹吸一般由进口、管身、出口三部分组成，横断面宜优先采用圆形，流量大、低水头或有特殊要求时，也可以采用矩形或其他合适的断面。倒虹吸进口段包括进水口、渐变段，有时还设闸门、退水闸、沉砂池。出口段包括出水口、渐变段。进、出口宜布置在稳定坚实的原状地基上，并应满足水力条件良好、运行可靠以及稳定、防渗、防冲、防淤等要求。

倒虹吸在进出口段和管道纵断面布置中，应统一安排镇墩和细部结构。镇墩布置应符合 GB/T 20203 的有关规定。

B 倒虹吸水力计算

倒虹吸水力计算包括确定管道的根数（孔数）、过水断面尺寸、确定进出口段的布置形式、尺寸和各部位高程、计算水头损失、校核过水能力，倒虹吸管结构设计包括确定各部结构形式及尺寸、进行荷载计算及确定荷载组合、稳定计算、强度计算、细部结构设计等内容，水力设计及结构设计应符合《灌溉与排水渠系建筑物设计规范》（SL 482）的有关规定。

倒虹吸过水能力可按如下公式计算：

$$Q = mA\sqrt{2gZ}$$

$$m = \frac{1}{\sqrt{\sum\xi + \frac{\lambda L}{D}}}$$

$$\lambda = \frac{8g}{C^2}$$

式中，Q 为倒虹吸设计流量，m^3/s；m 为流量系数；A 为倒虹吸过水断面面积，m^2；g 为重力加速度，m/s^2；Z 为上、下游水位差，m；$\sum\xi$ 为局部水头损失系数的总和，包括拦污栅、闸门槽、进口、出口、转弯段、渐变段等损失系数；λ 为能量损失系数；L 为包括进出口斜坡段在内的倒虹吸总长度，m；D 为当量直径，当倒虹吸断面为圆形时，D 为断面直径，m；当断面为矩形时，D 为 $4R$，m；R 为水力半径，m；C 为谢才系数，$m^{1/2}/s$。

倒虹吸总水头损失可按以下公式计算：

$$h_w = \left(\sum\xi + \frac{\lambda L}{D}\right)\frac{v^2}{2g}$$

式中，h_w为倒虹吸从进口至出口的总水头损失，m；v 为倒虹吸断面平均流速，m/s。

6.2.6.4 跌水

A 单级跌水过水能力计算

跌口为矩形或台堰形时，计算式为

$$Q = mb_c\sqrt{2g}H_0^{\frac{3}{2}}$$

跌口为梯形时，计算式为：

$$Q = \varepsilon m_1(b_{CB} + 0.8m_{CB}H_0)\sqrt{2g}H_0^{\frac{3}{2}}$$

式中，Q 为单级跌水设计流量，m^3/s；m 为矩形或台堰形跌口流量系数；b_c为矩形或台堰形跌口宽度，m；g 为重力加速度，m/s^2；H_0为计及堰前流速水头的堰上水头，m；ε 为边界收缩系数，可取 1.0；m_1为梯形跌口流量系数，当上游渠道边坡系数 $m_0=0.25\sim1.0$，连接段长度 $L_1\geqslant3h_{max}$（上游渠道最大水深）时，按公式 $m_1=0.508-0.034(b_{CB}+0.8m_{CB}H_0)/h_1$计算；$b_{CB}$为梯形跌口底宽，m；$m_{CB}$为梯形跌口边坡系数。

B 单级跌水的消力池宽度计算

单一跌口为矩形或台堰形时，计算式为：

$$b_s = 0.1L_1 + b_c$$

单一跌口为梯形时，计算式为：

$$b_s = 0.1L_1 + b_{CB} + 0.8m_{CB}H_0$$

$$L_1 = 1.64\sqrt{H_0(P + 0.24H_0)}$$

式中，b_s 为消力池宽度，m；L_1 为水舌抛射长度，m；P 为水流跌差，m。

有多个跌口时，应计入跌口之间的隔墩厚度。单级跌水消力池宽度可按下列公式计算：多个跌口为矩形或台堰形时，

$$b_s = 0.1L_1 + nb_c + (n-1)b_g$$

多个跌口为梯形时，

$$b_s = 0.1L_1 + n(b_{CB} + 0.8m_{CB}H_0) + (n-1)b_g$$

式中，n 为跌口个数；b_g 为隔墩厚度，m。

C　单级跌水的消力池长度计算

单级跌水的消力池长度计算式如下：

$$L_s = L_1 + (3.2 \sim 4.3)h''_c$$

$$h''_c = 0.5h'_c\left(\sqrt{1 + \frac{8aq^2}{gh'^3_c}} - 1\right)$$

$$h'_c = q/\varphi\sqrt{2gZ_0}$$

单一跌口为矩形或台堰形时，计算式为：

$$q = \frac{Q}{bc}$$

单一跌口为梯形时，计算式为：

$$q = Q/(b_{CB} + 0.8m_{CB}H_0)$$

多个跌口为矩形或台堰形时，计算式为：

$$q = \frac{Q}{nbc}$$

多个跌口为梯形时，计算式为：

$$q = \frac{Q}{n(b_{CB} + 0.8m_{CB}H_0)}$$

式中，L_s 为消力池长度，m；L_1 为消力池斜坡段投影长度，m；h''_c 为水舌跃后共轭水深，m；h'_c 为水舌跌落处的收缩断面水深，m；q 为水舌跌落处的单宽流量，$m^3/(s \cdot m)$；φ 为流速系数，可取 0.90~0.95；Z_0 为计及流速水头的上、下游水位差。

D　单级跌水的消力池深度计算

$$d_s \geqslant (1.10 \sim 1.15)h''_c - h_s$$

式中，d_s 为消力池深度，m；h_s 为池后渠道水深，m。

6.2.7　小型水源工程设计

6.2.7.1　机井工程设计

A　管径设计

井径主要决定于井管直径与过滤器结构。计算式为：

最小井径 = 井管外径 + 2 倍的填砾厚度

理论上井管内径应该满足最大出水量的适宜过水能力，以减少上升水流的水头损失。安装水泵部分的井管内径应比井泵要求的井管直径大 5~10cm。当井深较大时，为节省管

材，可采取下小或上大的两种管内径，在水泵最大下入深度5m以下，取小径，满足通过最大流量要求；在以上部分采用大的管径满足安装要求。

井的深度主要根据开采含水层的埋藏深度、厚度和透水性来定。一般尽量将井底置于隔水层上，打完整井，以增加出水量。当含水层厚度大、水量丰富、出水量有保证时也可以打非完整井。非完整井是井筒没有穿透最下含水层的整个厚度，井底坐落在含水层上。井筒坐落在潜水层上的叫潜水非完整井，坐落在承压水层上的叫承压非完整井。一般对深层取水，或者含水层厚度较大的采用非完整井，华北地区的吊管井就是采用较为普遍的一种非完整井。

过滤器根据含水层岩性颗粒级配来定，在松散地层取水，多采用填砾过滤器。只有在卵砾石含水层中直接采用钻孔、桥式（即侧向条孔）、棉丝或包网过滤器。过滤器口径根据设计流量确定，过滤器长度可依据含水层厚度、过滤器口径及类型、设计出水量等因素确定。

机井应根据水文地质条件和地下水资源可利用情况进行设计，并经技术经济比较确定。机井设计出水量应选用理论公式计算，通过抽水试验确定。

B 单井控制灌溉面积计算

单井控制灌溉面积计算式为：

$$A_0 = \frac{QtT_2\eta(1-\eta_1)}{m}$$

式中，A_0为单井控制灌溉面积，hm^2；Q为单井出水量，m^3/h；t为灌溉期机井每天开机时间，h/d；T_2为每次轮灌期天数，d；η为灌溉水利用系数；η_1为干扰抽水的水量消减系数，经抽水试验确定，要求不大于0.2；m为综合平均灌水定额，m^3/hm^2。

C 井距与井数计算

a 井距计算

井距计算式为：

$$L = k\sqrt{A_0}$$

式中，L为井距，m；k为系数，按方格形布井时，$k=25.8$，按梅花形布井时，$k=27.8$。

b 井数计算

需水量不大于允许开采量时，计算式为：

$$n = \frac{A}{A_0}$$

需水量大于允许开采量时，计算式为：

$$n = \frac{102MA}{QtT_1}$$

式中，n为井数；A为机井灌区面积，hm^2；M为灌区地下水可开采模数，$m^3/(km^2 \cdot a)$；T_1为灌溉天数，d/a。

c 井用水泵与电动机选择

井用水泵与电动机选择应符合如下要求：（1）井用水泵应根据地下水位埋深和设计出水量选定。机井动水位小于10m时，可选用卧式离心泵；机井动水位大于10m时，可选用深井潜水电泵或长轴深井泵。（2）动力机类型应根据当地能源条件合理选定。选配动力机功率时，电动机功率备用系数可采用 1.1~1.3，柴油机可采用 1.2~1.4。(3) 电动机配套的机井，其装置效率宜不低于 45%；柴油机配套的机井，其装置效率宜不低于 40%。

6.2.7.2 塘坝的设计

塘坝设计应结合项目区的水文地质条件，同时也应考虑农业灌溉的需要、塘坝与其他配套建筑物的布置关系。在进行塘坝设计的过程中，应严格遵循以下步骤：(1) 调查项目区的降雨量、多年径流量及洪水频率等水文信息，初步判断塘坝工程的适用性及可行性。(2) 依据项目区现状图及实际地质踏勘情况，选择地形、地质条件好，水源情况优越，综合利用率高的坝址。(3) 计算塘坝的地表径流量、集水面积及塘坝来水量，拟定塘坝的防洪标准，确定塘坝的有效库容及兴利库容（可以参考小型水库的相关设计方法），计算塘坝的灌溉面积。(4) 设计塘埂的形式及断面，可以参考相关内容进行设计。(5) 进行泄水建筑物的设计，可以考虑采用宽顶堰自流泄水，布设控制闸门。(6) 尾水渠道及挡土墙设计，降低塘坝泄水的冲刷危害。

A 三个基础数据

基础数据是进行塘坝设计的依据，包括：(1) 地表径流。丘陵地区每公顷地表径流量的数值，其分析计算比较复杂，年径流量列表查算法是其中的一种计算方法。(2) 塘坝集水面积。可按来水范围内水田、旱地及其他非耕地的田亩数量统计而得，有地形图时，可从地形图量算得出。(3) 塘坝来水量。塘坝的来水量包括旱地和非耕地的地表径流量、水田排水量以及塘面降水量三部分。

新建的孤立塘坝选定塘址以后，首先应弄清塘址以上的集水面积；然后查算出塘的每平方千米多年平均年径流量；再按下式计算坑塘的多年平均年来水量：

$$W = FR$$

式中，F 为集水面积，hm^2；R 为每公顷多年平均年径流量，万米^3/公顷；W 为多年平均年来水量，m^3。

B 塘坝有效容量

塘坝有效容量 V 计算式为：

$$V = \frac{W}{n}$$

式中，V 为塘坝有效容量，万米^3；W 为塘坝多年平均年来水量，万米^3；n 为系数，根据实际情况确定，一般用 1.5~2.0。相当于库容调节系数的倒数。如果塘坝多年平均年来水量比计算的灌溉总用水量大很多时，则应用计算的灌溉总用水量来确定塘坝的有效容量。此时，塘坝有效容量可视具体情况按计算的灌溉总用水量的 40%~50%来确定。

C 塘坝实际蓄水量

当塘坝的容量确定以后，则应按塘的地形，计算不同蓄水位时的淹没面积及蓄水量。其计算方法是：在有地形图的地方，可按地形高程，由低到高逐一量出不同高程的淹没面积，进而计算出每年相邻高程之间的枯水量，并按设计蓄水量求出总的蓄水量；如无图可量时，也可以用简易方法测量若干断面进行计算，或通过实际丈量确定。

D 塘坝灌溉面积

$$A = \frac{S}{m}$$

式中，A 为塘坝灌溉面积，hm^2；S 为塘坝有效利用水量，m^3；m 为灌溉定额，m^3/hm^2。

E 塘埂形式与断面设计

塘埂形式与断面设计要根据塘埂高度、筑埂材料、塘址的地形和地基条件，以及当时的水文、气象、施工、劳动力等因素，因地制宜，进行综合分析，初选几种形式，拟定断面尺寸，进一步比较工程量、投资，最后选择技术上安全可靠，经济上合理可行，便于施工的塘埂形式与断面。

塘埂一般为土埂，通常设计成梯形断面，塘埂顶高程应高于塘内正常最高蓄水位1.0~1.5m；土质塘埂形式与断面设计必须满足以下要求：不会发生漫顶溢流；塘埂的迎、背水坡要稳定，不会发生滑坡、坍塌；埂基和埂身不会发生严重渗漏、管涌和流土；就地取材，因材设计；构造简单，适应塘址的地形、地基条件、方便人工或机械施工，工期短、质量好，省工、省料、省钱。

土质塘埂形式与断面主要有以下几种：

（1）均匀土质塘埂。如图6.5所示，适用范围为塘址附近有足够的好土，最好是用黏粒含量10%~30%的壤土，这种土最适宜建筑该种塘埂。这是一种最常用的塘埂形式，结构简单，便于人工和机械施工，标准质量容易控制，对基础要求也低。

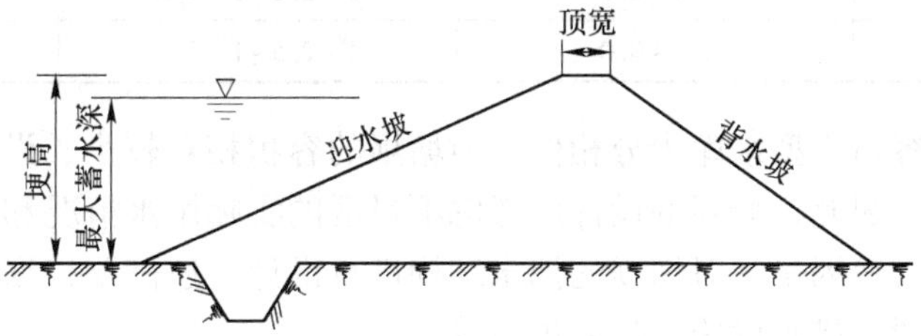

图6.5 均匀土质塘埂断面示意图

（2）黏土心墙塘埂。如图6.6所示，适用范围为塘址附近若没有足够的好土，可考虑做这种塘埂，即在塘埂的中央用好土，最好是用黏粒含量为20%~40%的壤土筑一道心墙防渗，心墙顶部厚度大于0.8m；底部厚度大于下游水深的1/10~1/6，并不小于2.0m。靠心墙两侧用较细密的土料，离心墙远的土料可粗一点，并且用较容易透水的土料做背水坡。这种形式的塘埂多用于高度比较大的塘埂。

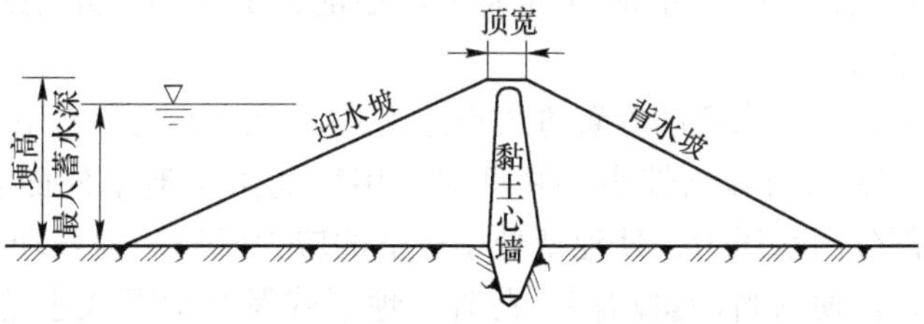

图6.6 黏土心墙塘埂断面示意图

（3）黏土斜墙塘埂。如图6.7所示，适用范围为同黏土心墙塘埂，做法是在塘埂的迎水坡用微透水性的黏土或弱透水性的壤土做一道防渗斜墙，斜墙厚度顶部不小于0.5m；底部不小于上游水深的1/8~1/6，并不小于2m。上铺保护层，斜墙下用透水性小的较细密的土，离斜墙越远土料粒可越大，并用较透水的土料做背水坡。这种形式的塘埂多用于老塘加高墙厚，做防渗处理。

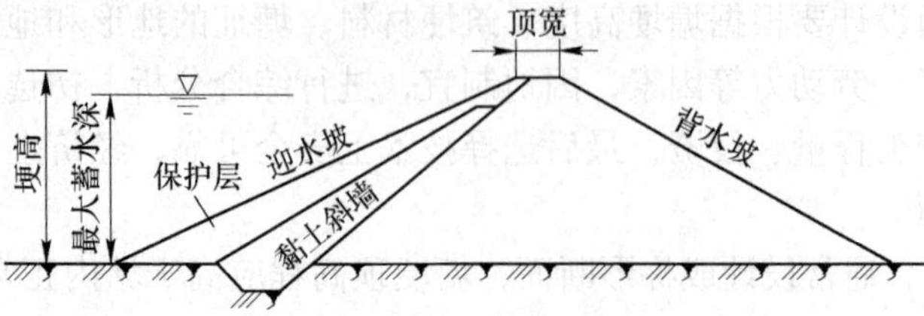

图 6.7 黏土斜墙塘埂断面示意图

土质塘埂断面是随塘埂高度变化而变化的，并受填土土质及密实度影响。均匀土质塘埂的一般标准见表 6.14。

表 6.14 均匀土质塘埂一般标准

塘埂高/m	塘埂顶宽/m	迎水坡坡度	背水坡坡度
3 以下	1.5	1∶1.5~1∶2.0	1~1.5
3~5	2.0~2.5	1∶2.0~1∶2.5	1∶1.5~1∶2.0
6~10	2.5~3.0	1∶2.5~1∶3.0	1∶2.0~1∶2.5

塘坝设计的内容与小型水库十分相似，但塘坝的容积相对较小、设计标准比较低，很难承受高标准洪水。因此，塘坝的设计应考虑项目区的实际用水情况和来水情况以及塘坝下游的承载洪水能力等因素。对塘坝的挡水结构进行设计，还需要根据塘坝所在地区的水文情况，合理设置泄水排水设施，如溢洪道等。

6.2.7.3 蓄水池

A 蓄水池的形式

蓄水池可分为开敞式和封闭式两大类；按形状特点又可分为圆形和矩形两种；因建筑材料不同可分为砖池、浆砌石池、混凝土池等。矩形池施工方便，占地紧凑，多用于小型水池，矩形水池有单格和多格等结构形式。圆形池受力合理，并适合于施加预应力，一般 $200\sim3000m^2$ 的中型池宜采用钢筋混凝土圆形池，$3000m^2$ 以上的大型池宜采用预应力混凝土圆形池。若蓄水较浅，大中型水池也可采用矩形池，由于矩形水池结构简单，计算方便，因此得到广泛应用。

根据地形和土质条件，水池的安置方式有地上式、半地下式和地下式三种。地下式和半地下式受大气温度变化的影响较小，并且在使用期间由于池壁外面有填上，存在上压力，能抵消池壁的部分内水压力，使池壁处于较低的应力状态。但若埋入过深，会使顶盖和底板的荷载增大，反使材料用量增多。此外，地下式及半地下式水池的抗震性能较好，一般在 8 度地震区可不进行抗震验算。

水池底板有整体式和分离式两种。整体式是底板与池壁整体连接，常用于底板位于地下水位以下或地基较弱的情况，底板需要承受上部荷载，厚度一般由计算确定；分离式是池壁下及支承顶盖的立柱下分别设置与底板脱离开的条形基础或单独基础，适用于池底板位于地下水位以上，且基土坚实的情况，底板的厚度可以按构造要求决定。

B 蓄水池结构设计要求

蓄水池结构设计应考虑以下要求：

（1）荷载组合。不考虑地震荷载，只考虑蓄水池自重、水压力和上压力。对开敞式蓄水池，荷载组合为池内满水，池外无土；对封闭式水池，荷载组合为池内无水，池外有土。计算时，浆砌石砌体及混凝土的容重取为 $2.4t/m^3$。地下式水池，池壁外面回填土要求夯实。

（2）应按地质条件推求容许地基承载力，如地基的实际承载力达不到设计要求或地基会产生不均匀沉陷，则必须先采取有效的地基处理措施才可修建蓄水池。蓄水池底板的基础要求有足够的承载力、平整密实，否则须采用碎石（或粗砂）铺平并夯实。

（3）蓄水池应尽量采用标准设计，或按五级建筑物根据有关规范进行设计。水池池底及池壁可采用浆砌石、素混凝土或钢筋混凝土。最冷月平均温度高于5℃的地区也可采用砖砌，但应采用水泥砂浆抹面。池底采用浆砌石时，应做浆砌筑，水池砂浆标号不低于M10；厚度不小于25cm；采用混凝土时，标号不宜低于C15，厚度不小于10cm。土基应进行翻夯处理，翻夯深度不小于40cm。池墙尺寸应按标准设计或按规范要求计算确定。

（4）蓄水池的基础处理。湿陷性黄土地区，如有轻微渗漏，将会危及工程安全。因而在湿陷性黄土上修建的蓄水池应优先考虑采用整体式钢筋混凝土或素混凝土蓄水池。地基土为弱湿陷性黄土时，池底应进行翻夯处理，翻夯深度不小于40cm。如基土为中、强湿陷性黄土时，应加大翻夯深度，采取浸水预沉等措施处理。

（5）蓄水池内宜设置爬梯，池底应设排污管，封闭式水池应设清淤检修孔，开敞式水池应设护栏，护栏应有足够强度，高度不低于1.2m。

C 蓄水池容量的计算

蓄水池水量由水源和所要灌溉的面积来决定，对于利用地面径流的蓄水池，这种蓄水池的来水主要靠积蓄地面径流。集水面积确定后，就可算出来水量，然后根据灌溉面积及当地的抗旱标准，算出灌溉用水量。若用水比来水小，则用水量为蓄水池的蓄水量；若用水大而来水小，则来水量即为蓄水量。从渠内引水或提水，有长流水的蓄水池，这种蓄水池是利用灌区空隙，把渠内的水或泉水、溪水引入池内蓄起来，或者提水蓄入池内。计算蓄水量时，应分别算出来水及用水，取其中的小值作为蓄水池的蓄水量。

$$W_{来} = 86400\alpha Qt$$

$$W_{用} = AE$$

式中，α 为损失系数，一般采用0.8；Q 为平均流量，m^3/s；t 为两次灌水之间（如冬春灌，春夏灌，夏冬灌）向蓄水池引水或提水的时间（按日计）；A 为灌溉面积，hm^2；E 为每亩地最大一次蓄水量，m^3，旱作物计入损失可取 $50\sim60m^3$，水稻应按饱田期用水加上水量损失，可取 $E=135\sim145m^3$。

蓄水量加上超高的容积即为蓄水池总容量，由总容量及池的形状就可定出池的尺寸。

D 矩形水池荷载与配筋计算

矩形水池荷载与配筋计算如下：

（1）池顶荷载。作用于池顶板上的竖向荷载包括顶板自重、防水层重、覆土重、雪荷载和活荷载等。雪荷载与活荷载不同时考虑。

（2）池壁荷载。当水池为地下式或半地下式时，池壁外侧将受到主动土压力的作用。当有地下水作用时，还需考虑地下水的静水压力作用。当池内有水时，需考虑池内静水压力。

（3）池底荷载。池底荷载是使底板产生弯矩和剪力的那部分地基反力或地下水浮力。水池的地基反力可按直线分布计算。因此，直接作用于底板上的池内水重和底板自重将与它所引起的部分地基反力直接抵消，而不使底板产生弯曲内力，只有由池壁和池顶支柱作用在底板上的力所引起的地基反力才会使底板产生弯曲应力。

（4）荷载组合。水池设计时，一般应按下列设计状况的荷载组合分别计算截面内力：池内满水，池外无土，竣工试水时；池内无水，池外有土，完建及使用放空或检修时；池内满水，池外有土，正常使用时。任一荷载组合中，结构自重总是存在的，此外活荷载和池外地下水压力也是存在的，应结合实际情况具体确定。对于地面式水池，只需考虑第一种荷载组合，当无隔温措施时，则还应考虑池内满水及温差作用的组合。对于底板，无论水池是否采用隔温措施，都可不计温度作用。

内力计算参照水工建筑物设计标准进行，无论是何种形式的矩形水池，内力计算的结果即为各种荷载在水池各个部位所产生的内力（弯矩 M、轴力 N、剪力 V、扭矩 T），因此应对水池底板、侧墙分别进行荷载组合，通过弯剪扭配筋计算及轴拉（压）配筋计算，合理确定截面上的钢筋用量。同时，应按照水工钢筋混凝土构件的配筋要求，配置构造钢筋，在水池的角隅部位配置附加钢筋。

蓄水池以地下式应用最为广泛，其次是半地下式，因此在设计中应充分考虑荷载存在的形式以及各种荷载的组合情况，在计算中应多计算几种荷载组合（即工况）。蓄水池配筋计算中，应注意配筋计算与荷载工况相对应，尽量采用对称配筋；水池设计中应考虑清淤、维修等工作的方便，布置必要的爬梯或附属设施。

6.2.8 低压管道输水设计

管道输水工程一般指低压管道输水工程，适用于机井井灌区或小流量的引库（塘）自流灌溉的旱作区域。高压管道输水工程设计参照喷微灌工程的管道设计部分和相关规范执行。

管道输水系统设计应符合下列规定：（1）管道输水灌溉系统除在地形平坦且引水流量和系统容量足够大时采用续灌方式外，其他情况宜采用轮灌制度；各轮灌组的总流量尽量接近。（2）各个轮灌组灌水时间总和不能大于灌水周期。（3）管道系统、各级管道及给水栓的流量，应在管道布置及管径已定的条件下，通过水力计算确定。（4）给水栓的最小设计流量，应满足至少灌一个田块入田流量的要求。（5）系统进口设计流量应根据全系统同时工作的各配水口所需设计流量之和确定，设计压力应经技术经济比较确定。如局部地区水压不足，提高全系统工作压力又不经济时，可另行增压；部分地区水压过高时，应设减压装置。

6.2.8.1 设计流量计算

（1）管道灌溉系统设计流量，可按如下公式计算：

$$Q_0 = \frac{\alpha m A}{\eta T t}$$

式中，Q_0为灌溉系统设计流量，m^3/h；α为作物种植比例；m为作物灌水定额，m^3/hm^2；A为灌溉系统设计灌溉面积，hm^2；η为灌溉水利用系数；T为灌溉系统一次灌水延续天数，d；t为灌溉系统日工作小时数，h。

当Q_0大于水泵流量时，应取Q_0等于水泵流量，并相应减小灌溉面积或种植比例。

（2）树状管网各级管道的设计流量，应按如下公式计算：

$$Q = \frac{n}{N}Q_0$$

式中，Q为管道设计流量，m^3/h；Q_0为灌溉系统设计流量，m^3/h；n为管道控制范围内的给水栓（或出水口）总数；N为全系统设计同时开启的给水栓（或出水口）个数。

（3）环状网各级管道设计流量，应根据具体情况确定；单井单环网管道设计流量，可按如下公式计算：

$$Q = \frac{1}{2}Q_0$$

式中，Q为管道设计流量，m^3/h；Q_0为灌溉系统设计流量，m^3/h。

6.2.8.2 灌溉系统设计扬程计算

（1）管道系统最大和最小工作水头，应分别按如下公式计算：

$$H_{max} = Z_2 - Z_0 + \Delta Z_2 + \sum h_{f2} + \sum h_{j2}$$
$$H_{min} = Z_1 - Z_0 + \Delta Z_1 + \sum h_{f1} + \sum h_{j1}$$

式中，H_{max}为管道系统最大工作水头，m；H_{min}为管道系统最小工作水头，m；Z_0为管道系统进口高程，m；Z_1为参考点1地面高程（在平原井区，距水源最近的出水口），m；Z_2为参考点2地面高程（在平原井区，距水源最远的出水口），m；ΔZ_1、ΔZ_2分别为参考点处出水口中心线与地面的高差（出水口中心线高程应为所控制的田间最高地面高程加0.15m），m；$\sum h_{f1}$、$\sum h_{j1}$分别为管道系统进口至参考点1的管路沿程水头损失与局部水头损失，m；$\sum h_{f2}$、$\sum h_{j2}$分别为管道系统进口至参考点2的管路沿程水头损失与局部水头损失，m。

（2）管道系统设计工作水头，应按如下公式计算：

$$H_0 = \frac{H_{max} + H_{min}}{2}$$

式中，H_0为管道系统设计工作水头，m；H_{max}为管道系统最大工作水头，m；H_{min}为管道系统最小工作水头，m。

（3）灌溉系统设计扬程，应按如下公式计算：

$$H_p = H_0 + Z_0 - Z_d + \sum h_{f0} + \sum h_{j0}$$

式中，H_p为灌溉系统设计扬程，m；Z_0为管道系统进口高程，m；Z_d为机井动水位，m；h_{f0}为水泵吸水管道进口至管道系统进口之间的管道沿程水头损失，m；h_{j0}为水泵吸水管道进口至管道系统进口之间的管道局部水头损失，m。

（4）沿程损失和局部损失。管道沿程水头损失和局部水头损失，可按如下公式计算：

$$h_f = f\frac{LQ^m}{d^b}$$

$$h_j = \xi\frac{v^2}{2g}$$

式中，h_f为管道沿程水头损失，m；f为摩阻系数；L为管道长度，m；Q为流量，m^3/h；m为流量指数；d为管道内径，mm；b为管径指数，各种器材的f、m及b值，可从表6.15查取；h_j为管道局部水头损失，m；ξ为管道局部阻力系数；v为管内流速，m/s；g为重力加速度，一般取9.81m/s^2。

表6.15 各种管材的f、m、b值

管材		f	m	b
钢筋混凝土管	$n=0.013$	1.312×10^6	2.00	5.33
	$n=0.014$	1.516×10^6	2.00	5.33
	$n=0.015$	1.749×10^6	2.00	5.33
旧钢管、旧铸铁管		6.25×10^5	1.90	5.10
硬塑料管		0.948×10^5	1.77	4.77
铝合金管		0.948×10^5	1.74	4.74
石棉水泥管		1.455×10^5	1.85	4.89
当地材料管		7.762×10^9	2	5.33

注 1. 地埋薄壁塑料管的f值，宜用表列硬塑料管f值的1.05倍；

2. n为糙率，水泥沙土管$n=0.0143$。

管道的纵、横断面应通过水力计算确定，并应验算输水管道产生水锤的可能性及水锤压力值。管道转角应不小于90°。

输水管道的强度可按下列各种荷载组合情况进行计算：(1) 填土和运输工具对放空管道的压力；(2) 管道中水的工作压力、土压力和运输工具压力；(3) 管道中产生水锤时的水压力和土压力。

给水栓（或出水口）的型式和规格尺寸，必须与相应的灌溉方法和移动管道连接方式一致；给水栓（或出水口）的局部水头损失，应按试验或厂家提供的资料确定；无资料时可按0.3~0.5m选用。

管道系统各管段的直径，应通过技术经济计算确定；在初估管径时，可按表6.16选择管内流速。

表6.16 管道流速表

管材	混凝土管	石棉水泥管	水泥沙土管	硬塑料管	移动软管
流速/$m\cdot s^{-1}$	0.5~1.0	0.7~1.3	0.4~0.8	1.0~1.5	0.5~1.2

6.2.8.3 管材和连接件的选择

所选管材的公称压力应不小于灌溉管道系统分区或分段的设计工作压力。固定管道宜优先选用硬塑料管、钢丝网水泥管或钢筋混凝土管，选用钢管、铸铁管时，应进行防腐蚀处理。所选管材外形、规格、尺寸、公差配合和技术性能指标必须符合国家现行标准的规定，管材使用年限应符合国家现行标准《水利建设项目经济评价规范》的规定。

连接件的公称压力应大于或等于管材的公称压力；其规格尺寸及偏差应满足连接密封要求。千亩以上连片的灌溉管道系统，宜采用优化方法进行设计。

6.2.9 喷灌工程设计

6.2.9.1 喷灌设计

喷灌设计中应计算基本参数（包括灌溉设计保证率、作物蒸发蒸腾量、灌溉水利用系数)、质量参数（包括允许喷灌强度、喷灌均匀系数、单喷头灌溉强度、多喷头组合间距、多喷头组合灌溉强度、喷头雾化指标)、设计参数（包括设计灌水定额、设计灌水周期、拟定灌溉制度)、工作参数（包括单个工作位置的灌水时间、一天工作位置数、同时工作喷头数、支管数)，计算方法应按照《喷灌工程技术规范》(GB/T 50085—2007）执行。各参数依据计算结果并结合当地实际确定。

喷灌系统水力计算应包括系统设计流量、设计水头计算，管材与管径的确定，管道沿程水头损失、局部水头损失计算、水泵扬程计算以及水锤压力验算。水力计算方法应按《喷灌工程技术规范》(GB/T 50085—2007）的有关规定执行。

喷灌工程应符合《喷灌工程技术规范》(GB/T 50085—2007）的规定，应按要求配备好水泵、管道、喷头，必须建设喷灌渠道或地下管渠、配水井、工作井、前池或进水池的拦污栅和滤网、给水栓、节制闸或分水闸、阀门井、排气装置、泄水装置等工程措施。

6.2.9.2 微灌

微灌按照灌水方法的不同，一般分为滴灌、微喷灌、涌泉灌、渗灌等几种形式，应根据项目区自然、社会、经济条件、作物种类等，通过技术经济比较确定。

微灌系统的水质除必须符合《农田灌溉水质标准》(GB 5084—2005）的规定外，还应满足：(1）进入微灌管网的水应经过净化处理；(2）微灌水质中悬浮固体物不应大于100mg/L；(3）微灌水质的硬度不应大于300mg/L；(4）微灌水的不溶固体不应大于2000mg/L；(5）微灌水质的pH值一般应在5.5~8.0范围内；(6）微灌水的铁含量不应大于1.5mg/L；(7）微灌水的锰含量不应大于1.5mg/L；(8）微灌水的硫化氢含量不应大于1.0mg/L。

微灌设计中应计算灌溉水利用系数、设计土壤湿润比、设计耗水强度、灌水期流量和水头偏差率、灌水均匀系数、最大净灌水定额、设计灌水定额、设计灌水周期、一次灌水延续时间等技术参数，计算方法应按照《喷灌工程技术规范》(GB/T 50485—2007）执行。各参数依据计算结果并结合当地实际确定。

微灌管道水力计算应包括各级管道的流量和沿程水头损失计算、确定各级管道的管径、各毛管入口工作压力和各灌溉小区入口工作压力计算以及首部水泵所需扬程。水力计算方法执行《喷灌工程技术规范》(GB/T 50485—2007）规定。

6.3 田间路桥工程设计

农村道路一般由行车路基、路面、路肩、路沟及道路辅助设施组成。行车路面是指铺筑在道路路基上供车辆行驶的结构层，具有承受车辆质量、抵抗车辆磨损和保持道路表面平整的功能。路肩是道路两边没有铺筑路面的部分，用作路面的侧向支承和行车停歇的地带。路沟为道路两边的排水沟。

6.3.1 路基设计

路基（subgrade）是按照路线位置和一定技术要求修筑的带状构造物，是路面的基础，承受由路面传递下来的行车荷载。路基是在原地面上挖或填成的一定规格的横断面，通常把堆填的路基称路堤（embankment），把挖成的路基称路堑（cutting）。

路基宽度为行车道与路肩宽度之和。土地整治项目区路面宽度各省规范中的规定略有差异。田间道的路面宽为3~6m，路基宽为4~7m；生产路的路面宽一般为1~3m，陡丘地区可能有0.5~1m的人行道，因此生产路路基宽为0.5~4m。路基的高度应使路肩边缘高出路面两侧地面积水高度，同时要考虑地下水、毛细管水和冰冻作用，不致影响路基的强度和稳定性。路基设计标高一般为路基边缘高度。路基的边坡取决于土石方经过填挖后能达到自然稳定状态的坡度，路堤的边坡坡度一般采用1∶1.5，受水浸淹的路堤的边坡应放缓为1∶2。路基横向坡度，一般按比路面横向坡度大1%或2%的值设置，最大不超过5%。为使路基有足够的强度和稳定性，必须进行压实使其呈密实状态，压实度随路面等级及路基填挖类别而异。

路基的强度、抗变形能力和稳定性因填筑路基所用土的物理力学性质与当地自然环境影响程度不同而改变，也与填土高度和施工技术有关，所以要慎重选择路基填土用料：（1）沙土。沙土无塑性，具有良好的透水性，遇水后毛细上升高度很小（0.2~0.3m），具有较大的摩擦系数。用沙土筑路基，强度高、抗变形能力和水稳定性好，但由于其黏性小易散，对于流水冲刷和风蚀抵抗能力很弱，有条件时应适当掺加一些黏性大的土，或将表面加固提高路基稳定性。（2）沙性土。沙性土既含有一定数量的粗颗粒，使之具有一定的强度和水稳性，又含有一定数量的细颗粒，使之具有一定的黏结性，不至过分松散。沙性土是修筑路基的良好填料。（3）粉性土。粉性土含有较多的粉土颗粒，干时稍有黏性，遇水很快被湿透，易成稀泥，毛细作用强烈，在季节性冰冻区，水分积聚现象严重，春融期间极易翻浆和冻胀。粉性土是最差的筑路材料。（4）黏性土。黏性土的黏聚力大，透水性差，干燥时坚硬，浸湿后不易干燥，强度急剧下降，具有较大的可塑性、黏结性和膨胀性，毛细现象也很显著，干湿循环所引起的体积变化很大。黏性土不是理想的路基材料，当给予充分压实处理并结合良好排水设施，可作为路基材料。（5）碎石质土。其颗粒较粗，含细粒成分不多时，具有足够的强度、抗变形能力和水稳性，是修筑路基的良好材料。使用时要注意填方的密实度，以防止由于空隙过大而造成路基积水、不均匀沉陷或表面松散。（6）砾石、不易风化的石块。透水性很强，水稳定性好，强度高，施工季节不受影响，是最好的路基填筑材料。

路基排水设计应防、排、疏结合，并与路面排水、路基防护、地基处理以及特殊路基地区（段）的其他处治措施相互协调，形成完善的排水系统。进行地下排水设计前，应进行野外工程地质和水文地质调查、勘探和测试，查明水文地质条件，获取有关水文地质参数。路基地下排水设施包括暗沟（管）、渗沟、渗井、仰斜式排水孔、检查疏通井等。地下排水设施的类型、位置及尺寸应根据工程地质和水文地质条件确定，并与地表排水设施相协调。路基地表排水设施设计中，对于降雨的重现期采用10年。各类地表排水设施的断面尺寸应满足设计排水流量的要求，沟顶应高出沟内设计水面0.2m以上。路基地表排水设施包括边沟、截水沟、排水沟、跌水与急流槽、蒸发池、油水分离池、排水泵站等，应结合地形和天然水系进行布设，并做好进出口的位置选择和处理，防止出现堵塞、溢流、渗漏、淤积、冲刷和冻结等现象。地表排水沟管排放的水流不得直接排入饮用水水源、养殖池。边沟在穿越居民点时可根据情况采用暗沟，避免因生活垃圾堵塞边沟，导致排水不畅。

6.3.2 路面设计

铺筑在路基顶面上的路面结构是用各种材料分层铺筑而成，按所处层位和作用的不同，路面结构层主要由面层、基层、垫层等组成。

（1）面层。面层是直接承受自然条件影响和行车作用的层次。通常以面层的材料定路面名称和划分路面等级。面层可根据需要分成二层或三层，修筑面层的材料主要有水泥混凝土、沥青与矿料组成的混合料、砂砾或碎石掺土（不掺土）的混合料、块石及混凝土预制块等。土地整治项目中道路设计标准不宜过高，因此较少采用沥青路面。

（2）基层。位于面层之下，承受来自面层传来的承重，以减小面层的厚度，并加强路面的整体性，防止路面滑动、位移和裂缝。修筑基层的主要材料有：碎石、天然砂砾、石灰和水泥或沥青处置的土、用石灰和水泥或沥青处置的碎石、各种工业废渣及其与土、沙、石所组成的混合料以及水泥混凝土等。

（3）垫层。设置在基层与土基之间的层次，起着排水及防冻胀的作用，同时可以加强土基层的承重能力。修筑垫层的材料常用的有两种类型，一种是由松散颗粒材料组成，如沙、砾石、炉渣、片石、锥形块石等修成的透水性垫层；一种是由整体性材料组成，如石灰土、炉渣石灰土类修筑的稳定性垫层。

项目区的田间道一般采用中级路面和低级路面，常见的铺筑路面方式有粒料加固土路面、级配路面、泥结碎石路面，要根据就地取材的原则选用。

（1）粒料加固土路面：用当地的砾石、沙、风化碎石、炉渣、碎砖瓦等粒料与当地的黏性土壤掺和以后铺成的路面。用作改善土路的砾石其最大尺寸不宜超过 4cm，沙的颗粒越粗越好。风化碎石太软的不能使用。炉渣以块状为最佳，炉渣中的炉灰应刷除；碎砖瓦的尺寸不宜太小；泥料加固土路面小雨一般能通车，但当大雨后路面变软应禁止通车。

（2）级配路面。用颗粒大小不一的砾石、沙材料逐级填充空隙，并借用黏土的黏结作用，经过压实得到的一定密度的路面。其密度大，透水性小，不宜松散。应选用粗沙或中沙，如用细沙必须同时采用黏性较大的土，以保证混合料具有规定的塑性指数。

（3）泥结碎石路面。泥结碎石路面（clay-bound macadam pavement）是以碎石为骨料，经初步碾压后灌泥浆，依靠碎石的嵌锁和黏土的黏结作用形成的路面。石料颗粒应多为棱角块体，并不得含有其他杂质，其最大粒径不宜超过 35mm。黏土不得含有腐殖质或其他杂物，其用量不宜超过 20%（黏土干重与石料干重之比），以灌满为止，土与水的比例一般按 1∶1~1∶0.8 为宜。为了防止雨天泥泞及晴天尘土飞扬，并抵抗行车切向力的作用，当要求较高时，一般应加铺磨耗层。磨耗层可采用砾（碎）石混合料，厚度以 2~3cm 为宜；或采用沙土混合料，厚度以 1~1.5cm 为宜。

6.3.3 路肩、边坡与边沟

路肩是位于道路路面外缘至路基边缘，具有一定宽度的带状结构部分（包括硬路肩和土路肩）。为保持行车道的功能和临时停车使用，并作为路面的横向支承。

对于土地整治项目的道路系统，在满足路肩功能最低需要的前提下，尽量采取较窄的路肩：(1) 对于田间道和生产路，一般采用土路肩，宽度控制在0.5~1.0m；降雨量较大的地区或易冲毁路段，可采用砌石路肩，单边宽度一般在0.3~0.5m。(2) 路肩铺面结构应具有一定的承载能力，其结构导线组合和材料选用应与行车道路面相协调，并保证进入路面结构中的水的排除。(3) 路肩厚度通常采用与行车道等厚。

边坡是为保证路基稳定，在路基两侧做成的具有一定坡度的坡面。边坡的高度与宽度之比是边坡坡度。

边沟指为汇集和排除路面、路肩及边坡的流水，在路基两侧设置的纵向水沟。边坡是路基的一个重要组成部分，它的陡缓程度直接影响到路基的稳定和路基土石方的数量。对于土地整治项目所涉及的田间道和生产路，可以参照一般土质的稳定性确定边坡即可。边沟的作用是排除由边坡及路面汇集的地表水，确保路基与边坡的稳定。边沟的形式主要有梯形和三角形两类。一般渗透性良好的土壤可以用梯形或三角形边沟；渗透性不良的土壤宜采用梯形边沟；排水量小的边沟可采用三角形边沟，反之采用梯形或矩形边沟；机械化施工时一般采用三角形边沟。边沟的边坡内侧一般规定为1∶1~1∶1.5，边沟的底宽与深度一般应不低于0.4m，纵坡一般不小于0.5%。

6.3.4 道路辅助设施

道路辅助设施包括错车道、倒车位、平面交叉口、下田坡道、其他设施等。

(1) 错车道（错车平台，passing bay）是在单车道道路上，可通视的一定距离内，供车辆交错避让用的一段加宽车道（平台）。田间道应设置错车道，错车道间距可结合地形、交通量大小、视间距等条件确定，一般宜为350~500m。设置错车道路段的路面总宽度应不小于6.5m，有效长度应不小于10m。错车道材质原则上应与道路路面材质相同，为降低造价，也可采用其他路面材层。

(2) 倒车位。断头路末端宜设置倒车位。田间道倒车位长度应不低于6m。倒车位材质原则上应与道路路面材质相同，为降低造价，也可采用其他路面材层。

(3) 平面交叉口。1) 田间道与其他各级公路交叉时，一般采用平面交叉，田间道应设置一段水平路段并加铺与交叉公路相同的路面。平面交叉路线应为直线，并尽量正交，当必须斜交时，交叉角应大于45°。2) 平面交叉范围内的纵坡应尽可能平缓，纵坡宜小于3%，困难地段宜不大于5%。3) 道路交叉口最小宽度不小于原道路路面宽度2倍，最小转弯半径为10m，相交道路设计高程不一致时应设置连接段，连接段坡角不大于15°。4) 平面交叉口材质原则上应与道路路面材质相同，为降低造价，也可采用其他面层。

(4) 下田坡道。1) 当田间道或生产大路与田面之间的高差大于0.5m时，应设置下田坡道；当田间道跨越深度和宽度大于0.5m的沟渠，应设置下田涵洞。2) 下田坡道可采用板式或涵管结构，宽度宜为2.0~3.0m，纵坡不应大于30%。3) 宜以土质为主，永久性坡口宜采用混凝土面层，坡面应作防滑处理。

(5) 其他设施。田间道在陡坡、急弯、危险路段应设置必要的安全设施、指示牌和警告标志等。挡土墙应综合考虑工程地质、水文地质、冲刷深度、荷载作用情况、环境条件、施工条件、工程造价等因素，可参照《公路路基设计规范》(JTG D30—2015) 规定选用。

6.3.5 道路纵断面设计

道路纵坡（longitudinal gradient）是路线纵断面上同一坡段两点间的高差与其水平距离的比值，以百分率表示。道路纵断面图（vertical profile map）是沿路线中线所做的竖向断面图，反映道路中线原地面的起伏情况以及路线设计的纵坡情况。

纵断面设计要结合布线的意图进行综合分析、比较，确定合理的纵坡及坡长。主要技术指标有最大纵坡、最小纵坡、最小坡长及最大坡长等。干支道的纵坡在平原地区一般应小于6%，在丘陵山区应小于8%；田间道和生产路最大纵坡8%，个别大坡地段以不超过11%为宜，但海拔2000m以上或长期有冰雪的地方，其纵坡应限制在6%以内，以保证汽车的安全行驶。最小纵坡以满足雨雪排除要求为准，一般取0.3%~0.4%，多雨地区宜取0.4%~0.5%。

在翻山越岭连续上坡的路段，汽车、拖拉机在较长距离坡道上行驶时，发动机容易过热，引起故障。在连续下行时，车子越走越快，也不安全，特别在雨天或有冰雪的情况下，更有滑溜的危险；畜力车也会受到很大的影响，为农业生产和交通带来很大不便。因此，对较大纵坡的坡道不能修的太长，要加以限制，见表6.17。当农村道路上行驶汽车时，如纵坡增加到10%或11%时，其坡长不宜超过100m或50m。对以行驶畜力车为主的道路，其坡长限制还要短些，可按表6.17中的值进行相应的折减。为了改善行车状况，对较陡坡道长度加以限制，当连续纵坡大于5%时，应再设置缓和坡段。在长坡道之间设一段平的或较缓的坡段，使车辆、牲畜可以缓劲，然后再继续上坡或下坡，这样的平缓路段叫作缓和坡段。缓和坡段如果太短就起不到缓和作用。如果农村道路主要是行驶畜力车的，那么缓和坡段的长度可以减为50m。坡道太长固然不好，应当加以限制，但是太短了也不利，因为纵坡太零碎，行车换挡次数就会增多，汽车行驶速度快了，还是会颠簸，所以要求纵坡长度最短不小于缓和坡段的长度。为合理运用最大纵坡、坡长和缓和坡段的规定，以保证车辆安全、顺适地行驶。越岭路线的平均纵坡一般以接近5.5%为宜，并注意任何相连3km路段平均纵坡不宜大于7%。

表6.17 纵坡长度限制

纵坡/%	坡长限制/m
5~6	800
>6~7	400
>7~8	300
>8~9	150

纵断面图上主要反映两条线，一条是地面线，是根据道路中线上各桩的高程而点绘成的一条不规则折线，反映了原地面的起伏变化情况；另一条是路面线，它是经过技术研究后确定出来的一条具有规则形状的几何线形，反映了道路路线的起伏变化情况。

6.3.6 农桥设计

桥梁是道路跨越河道、沟渠的交叉建筑物，按交通要求可分为公路桥、简易公路桥及便桥。按结构型式，桥梁可分为梁式桥和拱式桥；建筑材料可用木材、砖、石、混凝土和钢筋混凝土等。木桥多用于林区或用作临时性桥梁，砖砌桥梁宜用于无冻害地区，石料丰富的地区应优先考虑利用石料建桥。

农桥主要供农业生产交通用的汽车、拖拉机、三轮车及畜力车使用，农桥结构设计安全等级应不低于三级。农桥宜设置安全限载标志，机耕桥设计采用的荷载应不超过15kN/m^2（公路-Ⅱ级乘以0.8折减系数），人行设计采用的荷载应不超过3.5kN/m^2，桥面宜设置栏杆，不设高出桥面的人行道。农桥水力计算应包括过流能力计算、桥梁孔径计算。结构计算包括荷载计算、配筋计算等内容。水力计算、结构计算可按《公路桥涵设计通用规范》（JTG D60—2015）的有关规定执行。

农桥的行车设计速度应统一按20km/h。其洪水标准应不低于所跨或所在渠道、河沟的洪水标准。

农桥一般由上下游翼墙、上部桥跨和下部结构组成。上部桥跨为承重结构和桥面两部分，下部结构为墩、台，用以支撑上部结构。

农桥使用的建筑材料应符合下列规定：（1）装配式钢筋混凝土简支梁桥的桥面铺设的结构形式应与道路路面相协调，桥面应采用混凝土或沥青混凝土铺设，混凝土强度等级应不低于C30；浆砌石拱桥（拱圈跨径应不大于5m，最小拱矢度应不大于1/5）的桥面材料宜采用钢筋混凝土，混凝土强度等级应不低于C30。桥面两侧应安装浆砌石或预制混凝土护栏。（2）装配式钢筋混凝土简支梁桥桥身宜采用HRB235、HPB335级钢筋，其中主筋宜采用HRB335钢筋，其他宜采用HPB235钢筋，混凝土强度等级应不低于C30；浆砌石拱桥桥身采用浆砌石，石料强度等级应不低于MU30，砌筑水泥砂浆应不低于M7.5，勾缝水泥砂浆不应低于M10。（3）上下游翼墙所用石料强度等级应不低于MU30，砌筑水泥砂浆等级应不低于M7.5，勾缝水泥砂浆等级应不低于M10。（4）桥基浆砌石石料强度等级应不低于MU30，砌筑用水泥砂浆强度等级应不低于M7.5，勾缝砂浆强度等级应不低于M10，桩基础与承台混凝土强度等级应不低于C20，垫层混凝土强度等级不应低于C15。桩身宜采用HRB335级钢筋，混凝土强度等级应不低于C25。

桥台应为轻型桥台，在梁端与桥台之间应设伸缩缝。墩台宜采用浆砌石或混凝土砌筑，墩身顶宽应不小于0.6m，埋置式桥台和岸墩前面应均匀填土夯实。

桥梁的墩帽和台帽厚度应不小于30cm，纵向墩帽宽度宜不小于100cm，纵向台帽宽度宜为80~100cm。支座边缘到墩台顶部边缘的距离应视墩台构造式及上部构造的施工方法而定，顺桥向为15cm，横桥向圆弧形端头为15cm，矩形端头为20cm。

上下游翼墙宜采用浆砌石挡土墙或浆砌石护坡，砌筑成一字墙或八字墙。浆砌石挡土墙顶宽应不小于0.4m，浆砌石护坡厚度应不小于0.2m。

浆砌石桥基应落在完整的基岩或强度符合要求的其他坚硬地基上，并应在基础底部铺设不小于20cm的混凝土垫层。在只能落在软土地基上时，应采用扩大混凝土、浆砌石基础或桩基础承台。浆砌石基础下应设置砂砾石垫层。

桥洞口应铺砌加固。应在洞口外采用铺筑砌石块或混凝土预制块，抵抗高速水流。洞口铺砌长度、厚度应根据孔径、流速、流量等因素合理确定。应采用深埋的截水墙保护加固层，截水墙宜采用垂裙形式，结构尺寸按挡土墙确定，并用水泥砂浆砌筑。其埋置深度和厚度应根据流速确定。

6.3.7 涵洞设计

6.3.7.1 涵洞类型

按涵洞的洞身横截面形状可分为：

（1）圆形涵洞。圆形涵洞的洞身包括圆形的混凝土管、钢筋混凝土管、铸铁管或皱纹铁管等；目前新建的圆形涵洞一般均采用钢筋混凝土圆管。

（2）拱形涵洞。拱形涵洞的洞顶结构部分具有拱形截面。拱形涵洞因所用材料不同分为石拱涵、混凝土拱涵、钢筋混凝土拱涵。钢筋混凝土拱涵现在极少使用。

（3）矩形涵洞。矩形涵洞的洞身截面具有矩形的过水断面。其构造特点是洞身或系钢筋混凝土的封闭式刚架结构，或系内侧竖直的边墙上支以水平的盖板。目前所称矩形涵洞一般指前者，后者称为盖板箱涵。

6.3.7.2 涵洞的组成部分

为适应过水、受力以及与路堤的衔接等方面的要求，涵洞由洞口和洞身两个主要部分，以及附属工程部分组成（见图6.8）。

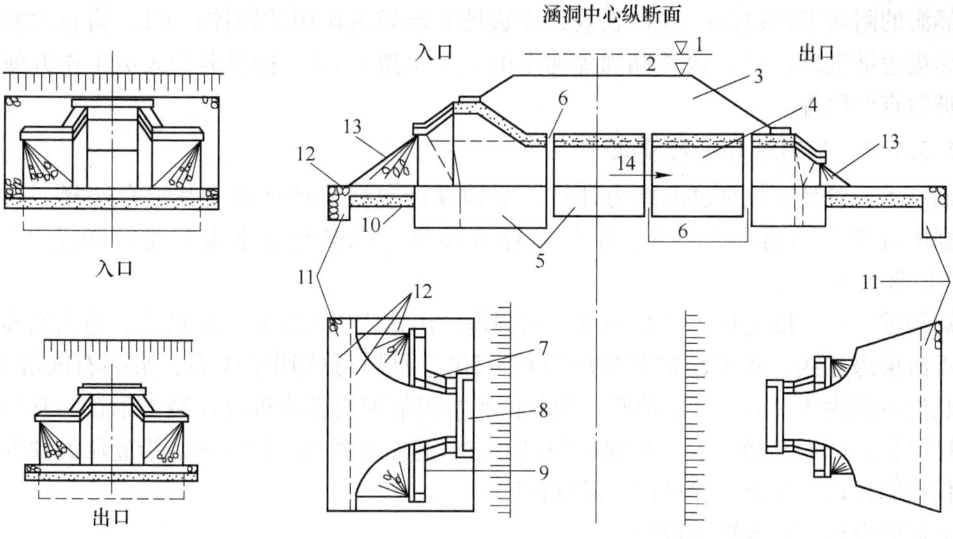

图6.8 涵洞的组成示意图

1—路面；2—路基；3—路堤；4—洞身；5—基础；6—沉降缝；7—翼墙；8—端墙；9—雉墙；10—碎石垫层；11—垂裙；12—河床铺砌；13—锥体护坡；14—流向

A 洞口

洞口位于洞身两端，起连接洞身和路堤边坡并诱导水流顺利地进出涵洞等作用。位于上游端的称入口，下游端的称出口。

常见的洞口形式有以下两种：（1）端墙式洞口。由一道垂直于涵洞轴线的竖直端墙以及盖于其上的帽石和设于其下的基础组成。端墙外有收敛路堤边坡的附属工程（锥体）。其构造简单，但泄洪能力小。（2）八字式洞口。除端墙外，并在端墙外的洞口两侧设有张开成八字形的翼墙。为缩短翼墙长度和便于设置锥体，在适当位置将翼墙折成与线路平行的雉墙，雉墙外为锥体。端墙、翼墙、雉墙之上均盖以帽石，整个洞口下设基础。

B 洞身

洞身是涵洞的主要部分，它承担排水或交通任务，并承受路堤填土自重及由路堤填土传来的列车活载压力。

由于压力对洞身中部作用大，而对洞身端部的作用较小，因此位于非岩石地基上的涵洞，一般将洞身分段修建，其间设置沉降缝，以避免因受力不均匀导致洞身的不规则断裂。沉降缝用有弹性且不透水的材料填塞。

C 基础

基础是洞口和洞身的一部分，主要有整体式和分离式两种，孔径较小的涵洞一般采用整体式基础，若孔径较大且地质情况良好，则可采用分离式基础，以节约圬工。对于分离式基础，一般在分离的边墙与基础之间用片石砌成较薄的流水板。流水板与边墙基础之间留有纵向缝隙，板下设砂垫层。

对于圆涵及其他封闭式截面的涵洞，若基底为石质或砂质土壤，且质地均匀，下沉量不大，也可采用无基涵洞（不设圬工结构），但涵洞出入口处仍应设置基础。

D 附属工程

涵洞的附属工程包括：（1）收敛路堤边坡并起导流作用的锥体；（2）防止冲刷的河床及路堤边坡铺砌；（3）改移和加固河渠的人工水道；（4）提供养护人员工作方便的路堤边坡检查台阶等。

6.3.7.3 涵洞设计一般要求

涵洞水力设计应包括过流能力计算；结构设计包括荷载计算及其组合选择、稳定计算、强度计算。涵洞水力计算、结构计算可参照《灌溉与排水渠系建筑物设计规范》SL482 的有关规定。

涵洞进、出口段包括：（1）翼墙。涵洞进、出口应以八字式、锥坡式、扭曲面翼墙与上、下游渠道连接，其平面扩散角应为 6°~30°，材质可选用干砌石、浆砌石或混凝土，铺砌长度一般为 3~5m。（2）护底。涵洞护底常用浆砌块石或现浇混凝土砌筑，其长度宜与翼墙等长。（3）胸墙。胸墙砌筑在洞口上方，起截水作用，防止水流沿涵洞洞顶外侧渗漏，保护洞顶以上填土，并可缩短洞身长度。

涵洞洞身段应符合以下规定：

（1）渠道上的输水涵洞一般按无压流设计。

（2）渠涵的洞身段纵坡应不小于该段渠道的纵坡，渠下涵的洞身底面高程应等于或接近所在沟渠的底面高程，其纵坡应等于或稍大于所在沟渠纵坡，但不宜大于 5%，通过渠下涵的水流速度应小于洞身材料和出口土壤的允许不冲流速。

（3）涵洞洞身结构可采用圆形、箱形、盖板形及拱形等形式。涵顶覆土厚度较小、洞跨较大的无压涵洞宜采用箱涵，洞跨较小时宜采用盖板涵；涵顶覆土厚度较大时宜采用拱涵或圆涵。

涵洞洞身结构设计要求：

（1）涵洞可根据水头、建筑材料及施工条件等，选用混凝土或钢筋混凝土管涵，也可以采用钢筋混凝土矩形涵、箱涵或混凝土、砌石拱涵。圆形管涵直径宜取 0.2~1.2m；矩形涵跨径宜小于 5m、箱涵跨径宜小于 2m；拱涵拱矢度宜取 1/2~1/8。

（2）涵洞基础形式应依据涵洞形式、孔径及地基土质条件确定，拱涵及盖板涵宜采用分离式或整体式基础。孔径较大且地基条件较好的，宜采用分离式基础，孔径较小或地基承载力较低的宜采用整体式基础。

（3）管涵应设混凝土或砌石管座，其包角可取 90°~135°；管涵可直接置于弧形土基或碎石、三合土垫层之上。矩形涵、箱涵或拱涵，地基土压缩性较小时，可采用分层夯实的素土涵洞。

（4）同一座涵洞宜采用同一断面形式。过流能力相近时应优先选用孔径较大的单孔矩形涵洞，当流量较大或涵洞高度受限时则可设置多孔涵洞，多孔涵洞应采取两孔一联或三孔一联布置，联与联之间宜设置沉降缝分开，缝中应设置止水。

（5）在土渠下穿过的涵洞，洞顶距渠底的高度应不小于 0.6m，渠底应做防渗衬砌。

（6）涵洞顶有交通要求时，顶部填土厚度应不小于 1.0m，对于有衬砌的渠道，填土厚度应不小于 0.5m。

6.3.8 漫水桥及过水路面设计

6.3.8.1 漫水桥

一般的公路桥是不允许洪水从桥面上漫过的，所以桥面必须高出设计洪水位以上。但是也有一种桥，它允许洪水从桥面上漫过去，这种桥就叫作漫水桥。漫水桥也有高有低，平常把允许河流的常年洪水和比常年洪水更大的洪水从桥面漫流过去的叫低水位漫水桥，它的桥面标高低于两岸河滩的高度和常年洪水位的高度。当洪水漫过桥面水深超过 30cm 时，就要暂时中断交通。漫水桥适宜修建在河床比较宽、两岸地形比较平坦、常年流水较小、没有船只通航、不流放木排、洪水时漂流物很少的较大河流。

由于漫水桥可以在桥面上排泄洪水，还可以在漫水桥两端的漫水路上排泄洪水，因此漫水桥本身的长度可以大大缩短，桥的高度也可以降低，这样工程造价就比修一般的桥低，通常可以节省一半左右。

漫水桥本身的桥型以选择阻水面积小、上下部构造连接坚固的桥形为主。选用钢筋混凝土桥板的漫水桥形式较多，这类桥的桥上一般不设栏杆或设活动栏杆，而改设漫水时指示行车方向的标桩，高度不超过 60cm，同时在两岸桥头也要设立较高点醒目的标桩，以引导漫水时行车方向。

修建漫水桥应注意以下几点：要因地制宜，并非任何地方、任何类型的河流都适合修建漫水桥；要注意选择桥位，选择恰当的漫水标高，设有一定数量的桥孔，供排沙、宣泄部分洪水，不然的话，漫水桥就容易发生上游淤积淹地。施工中要十分注意基础埋置深度和铺砌质量，并保证上部构造和墩台间连接坚固，以免遭受水毁。

A 桥位布置与设计

漫水桥的桥位选择应根据近、远期交通流向和流量的需要，结合水文、航运、地形、地质等条件，以及对邻近构筑物和公用设施的影响大小来确定。桥梁纵轴线，宜与河流成正交，并且与高洪水位时流向的夹角最好是 75°~90°，如条件所限，也可考虑斜交或弯桥。桥位宜选在河槽较窄、地质良好和地基承载力较大的河段，不宜位于河岸有滑坡坍塌之处；墩、台基础不宜设置在断层、溶洞严重发育之处。桥位两岸的地形要平坦，便于接线。桥位不应当选在不稳定的沙洲、沙滩、急弯和支流的上游，桥位上空不得设有架空高压电线。当桥位旁侧有架空高压电线跨河时，桥边与架空电线之间的水平距离不得小于塔（杆）架高度。

漫水桥的设计洪水频率应根据容许阻断交通的时间长短和对上下游的农田、城镇、村庄的影响以及泥沙淤塞桥孔、上游河床的淤高等因素确定。

漫水桥的纵断面布置有两种形式，可根据河床的具体情况分别采用：（1）桥低路高。修建漫水桥时，一般多采用这种形式，其优点为由于桥低，可以缩短桥长；两端的漫水路的起止点位置较高，可以缩短漫水路的长度；由于两端的漫水路比漫水桥高，因此可以使漫流过漫水路的水流归到河槽内。（2）桥路同高。在桥位处河段的河槽较宽、河滩较窄、河滩的平均标高与河槽底平均标高相差较大，两岸地形又比较平坦时，可以采用这种形式。优点是两端接线平顺，行车平稳。缺点是桥孔较长，洪水漫桥以后会向两侧扩散，增加了对漫水路两端的冲刷。

B　设计荷载及净空

设计荷载按城市道路分类中的支路设计，采用汽车—20 级，挂车—100。设计人群荷载：人群荷载按 5kPa 的竖向集中力作用在一块构件上，分别计算，取其不利者。

为了充分发挥桥孔的泄水排沙的作用，应当尽量把桥孔布置在河床的主河槽上；如果河床上不仅有一个主河槽，另外还有较大的岔流时，就要把桥孔分开布置在主河和较大的岔流上。

桥下净空应根据计算水位或最高流冰水位加安全高确定，当在河流有形成流冰阻塞的危险或有漂浮物通过时，桥下净空应按当地具体情况确定。对于有淤积的河床应适当增加桥下净空的高度。

C　桥面的平面及纵、横断面设计

桥梁在平面上宜做成直桥，特殊情况时可做成弯桥。漫水桥的桥面一般按三、四级的公路设计，横向宽度通常比较小，只允许单向车辆顺序行驶。桥梁纵断面设计时，应考虑到长期荷载作用下的构件挠曲和墩、台沉降的影响。

由于漫水桥具有一定的阻水性，桥面设计不宜过高，否则上游沙石沉积抬高河床将成为“拦河坝”。有些漫水桥无桥台，桥下采用涵管过水，此类桥要求涵管尽量顺水流方向埋设，且应验算涵管是否满足设计过水流量。

漫水桥修多高多长才合适，可以参考下面两个经验公式。

确定漫水桥桥高的经验公式：

$$H = K_1 H_c$$

式中，H 为漫水桥桥面高度，m，桥上有纵坡时为桥面平均高度；H_c 为滩槽平均高差，m，即河滩平均标高与河槽平均标高的差值；K_1 为综合影响系数，山区丘陵地带的河流，K_1 值取 0.7~1.0，平原地带的河流 K_1 值取 1.0~1.2。

漫水桥桥孔长度的经验公式：

$$L = K_2 \frac{H}{H_c} B$$

式中，L 为漫水桥桥孔总长（包括桥墩宽度在内），m；B 为桥位处的河槽宽度，m；K_2 为长度压缩系数，山区丘陵地带的河流，K_2取0.3~0.5；平原地带的河流，K_2取0.25~0.45。

运用以上经验公式计算得出的漫水桥桥面的高度和桥孔的长度后，还必须与当地的群众讨论研究，征求他们的意见，必要时进行调整修改，才能最后确定下来。

D 漫水桥引道、引桥

漫水桥应为无坡平桥，为了排泄河滩上的洪水，必须在漫水桥两端修建一定长度的允许洪水漫过路面的漫水路。过水路面及衔接漫水桥两端的漫水路面纵坡均不大于5%，漫水路的起坡点应在漫水桥两端5~10cm以外。这样漫水桥和漫水路共同构成一个跨过整个河床的漫水工程。

漫水桥的引道及引桥的布设，应注意对两侧交通的影响，特别要保证消防、救护、抢险等车辆进出。引道为填土路堤时，须考虑由于填土引起的地基沉降对附近建筑物及原有地下管道的影响，尤其是对给、排水管道的影响。在纵坡较大的引道上，不宜设置平交道口。引桥也应注意其地基沉降对邻近建筑物的影响，并须考虑工程施工对附近永久性建筑物的影响。

漫水路起止点与两岸的土路堤相衔接，一般有以下几种：（1）如果河的两岸筑有堤坝时，两端漫水路的起止点宜设在两岸堤坝附近，起止点的标高不应低于堤坝顶面的标高；（2）在没有明显河岸线的宽阔漫流河床，漫水路的起止点应伸入到洪水漫流不到的高滩内；（3）在漫水桥位两岸上下游，如果有稳定的耕地时，漫水路起止点可设在耕地范围内。

采用桥路不同高度的漫水工程时，漫水桥两端漫水路要设纵坡，纵坡度最好不大于5%；漫水路与两岸土路基连接处不宜作为变坡点，至少要在10~20m以外才可变坡；漫水路的起坡点要在漫水桥以外5~10m处，以防止行车在变坡点跳动时冲击桥台；如果漫水路的纵坡较大时，变坡段要用竖曲线连接。

在漫水路的起止点以内尽量不设弯道，如不可避免时，弯道半径不要太小，并注意弯道内不要设计逆水流方向的反向超高。漫水路也要设置漫水时引导行车方向的标桩。

漫水路一般只用浆砌块石砌筑，灰缝很多，整体性较差，在行车和洪水的冲击下，容易遭到破坏，在修建时要特别注意保证质量。漫水路各部结构有：土路基、铺砌面、边坡铺砌、上下游铺砌及隔水墙和标桩，如图6.9所示。

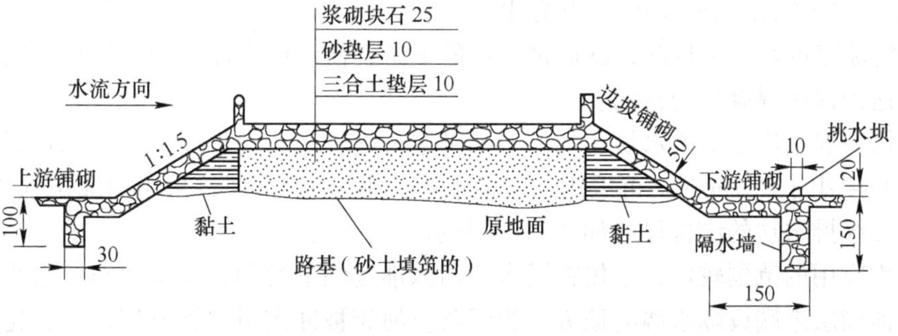

图6.9 漫水路各部结构示意图（单位：cm）

漫水路的铺砌面可以用M5水泥砂浆砌块（片）石修筑。要用坐浆法铺砌，并要插浆、勾缝，保证灰缝饱满。铺砌厚度一般为25~30cm，铺砌面要力求平整。

路基的填土要就地取材。如用砂砾石质土填筑路基，两侧边坡部位要用黏土以防止水流渗入；在路基顶部铺筑一层厚10cm的三合土（石灰：黏土：砂=1：3：6），再铺厚10cm的砂垫层，然后铺砌面层。如用黏性土填筑路基，而河床不是砂类土时，要先铺一层厚20~30cm的砂土或砂砾垫层，再分层填筑黏土夯实，在上面铺10cm砂垫层，然后铺砌面层。

漫水路上下游都要设置隔水墙，上游隔水墙要深入河床1.0m，下游隔水墙要深入河床1.0~1.5m。在桥台后5~10m处的漫水路隔水墙，要深入到锥坡基础的底面，以后逐渐变化到漫水路上下游隔水墙的深度。

E 细部构造及附属设施

桥面铺装，可采用水泥混凝土或沥青混凝土等材料。水泥混凝土强度等级宜不低于C30。桥面是否另设防水层，视桥梁结构的形式而定；若桥面低于引道，则采取措施，不让引道上的水流到桥面上。桥面排水的细部布置，应保证桥梁结构的任何部分不受排水系统及其泄漏水流的侵蚀。桥面伸缩缝，应能适应桥端自由伸缩和受荷载后的角度变化，使车辆平稳通过。伸缩缝应采用经久、耐用、防滑、易于维修和更换的材料和构造形式。在多跨简支梁间，可采用连续桥面，以减少伸缩缝。

F 河床的铺砌

在较大的河流里，当洪水通过河床的铺砌时，水流的冲刷力量是相当大的，而漫水桥的基础一般都比较浅，为了防止基础被洪水冲刷而遭到破坏，要对漫水桥上下游一定范围内的河床加以铺砌，并在下游铺砌层的末端设置挑水坎。铺砌层顶面标高应当在河床表面下0.2~0.3m的深度（铺砌层没有必要埋置过深）。挑水坎的顶面要与河床持平或略低些。铺砌层上下游端部要设置隔水墙，但当河床容易被冲刷时，要适当加深上游隔水墙的深度。铺设了三级挑水坎后，下游铺砌到桥台八字墙或锥坡末端就可以了。

河床铺砌是漫水桥的关键工程，所以必须特别注意工程质量。铺砌层的厚度一般是0.25~0.3m，用M5以上水泥砂浆砌筑，灰缝要饱满，表面要平整。

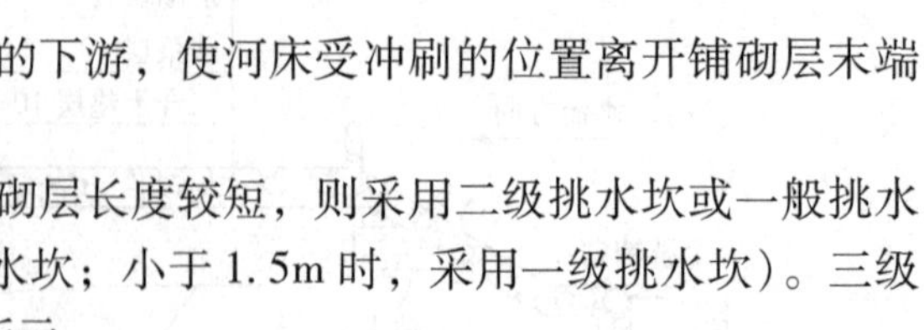

图6.10 挑水坎构造图

设置挑水坎是为了避免流水直接冲淘铺砌层末端的河床，而导致铺砌层本身的破坏。挑水坎的作用从图6.10可以看出，它把从上游流来的水向上挑起，跃向铺砌层的下游，使河床受冲刷的位置离开铺砌层末端远一些，达到保护铺砌层的目的。

挑水坎一般采用三级挑水坎，如下游铺砌层长度较短，则采用二级挑水坎或一般挑水坎（一般长度小于2.5m时，可采用二级挑水坎；小于1.5m时，采用一级挑水坎）。三级挑水坎和二级挑水坎的结构尺寸如图6.11所示。

挑水坎应用的范围较广，不仅在漫水桥河床铺砌的下游用，在漫水路、过水路面和涵洞出水口铺砌层末端设隔水墙的地方，为了防止河床被冲淘引起铺砌层破坏，也可以根据铺砌层长短分别采用一级、二级或三级挑水坎。

G 辅助设施

漫水桥设计应满足荷载与交通的要求，着重考虑过水要求，尽量减少阻水，不设或少

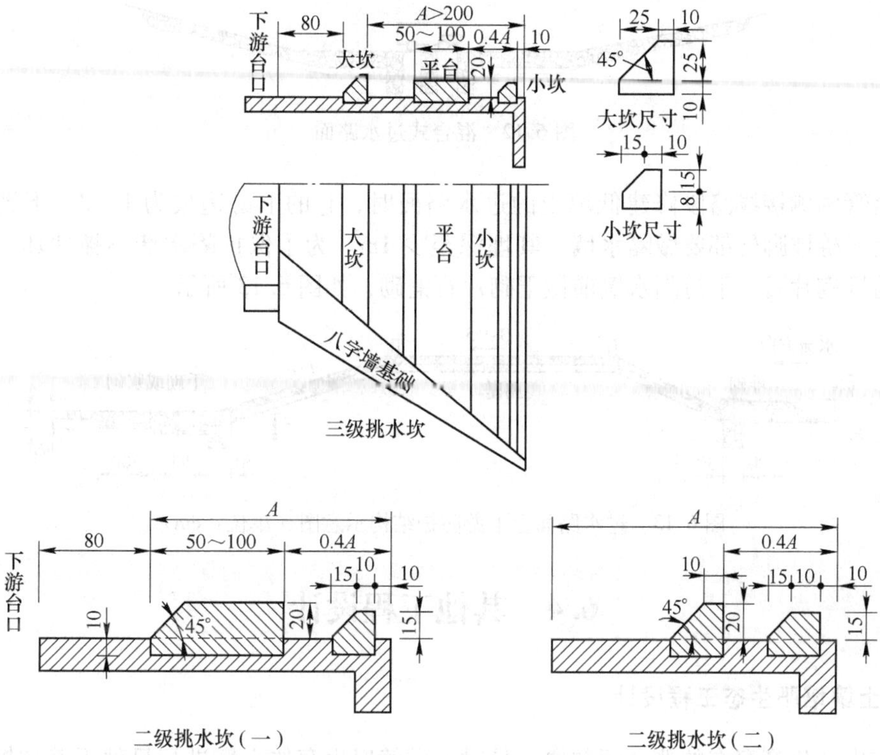

图 6.11 三级挑水坎和二级挑水坎的结构尺寸（单位：cm）

设栏杆；考虑到行车及行人安全，可以在桥两侧设高度 0.5m 左右的防护桩，同时也要在桥头设漫水桥标志，间距 1～1.5m、高度 0.5m 左右的防护桩，桩上须标明水深为 0.3m 的水位警戒线。在桥头应设车辆允许吨位上限标志，以防车辆超重，压塌桥面、桥基。

6.3.8.2 过水路面

当线路跨越漫流的山涧、溪水，或河床浅阔、平坦，平常没有水流或水流很小、洪水停留时间不长的河流，允许在短时间中断交通，就可修建过水路面代替桥涵。过水路面实际就是对行车部分的河床进行一些铺砌，以保证水流从它上面流过时不会损坏，浅水时（漫流水深在 30cm 以下）照样行车，不会陷车、阻车。过水路面结构简单，修建容易，造价便宜，但要保证施工质量。

过水路面的纵断面形式：较小河流时基本是一个随河床起伏的曲线。过水路面不要高出河床太多，以免造成上游壅水、下游形成大水跃加大冲刷，每隔 4～8m 埋设高出路面 0.6m 的标桩（标柱），柱上要标明水深为 0.3m 的水位线，以示警戒。

过水路面一般用 M5 砂浆砌块（片）石，铺砌厚度为 25cm，下面垫 10cm 左右的砂砾石或碎石。过水路面的上下游也需铺砌防护层，其宽度视水流速度而定，一般上游 2m 左右，下游 3m 左右，铺砌的末端应作隔水墙，铺砌层的厚度和材料与过水路面本身相同，在必要时下游需设挑水坎，其构造如漫水桥部分。

对于常年有少量流水的河流，还可以在过水路面中设置涵洞（盖板涵、圆管涵都行），即混合式过水路面（见图 6.12）。

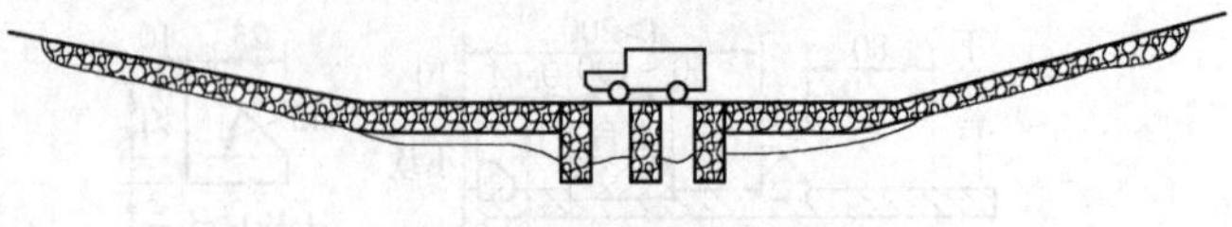

图 6.12 混合式过水路面

在涵管两侧接线路段修建低填土的过水路面时，它的上游边坡为 1∶2，下游边坡为 1∶3，上下游坡脚处都要做隔水墙，其埋深至少 1m。为了保护隔水墙不被冲坏，在上游隔水墙前堆砌片石，下游隔水墙前做干砌片石铺砌，如图 6.13 所示。

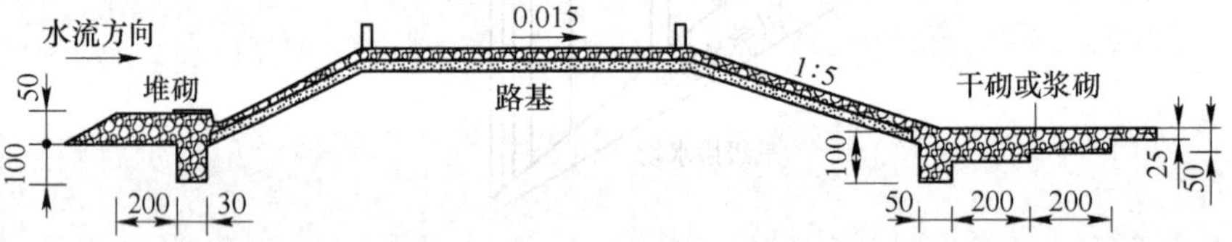

图 6.13 过水路面上下游防护结构示意图（单位：cm）

6.4 其他工程设计

6.4.1 土壤培肥生态工程设计

当前农业生产存在的严重问题之一是对人类赖以生存的土壤进行只种不养的掠夺式的利用，导致地力下降，土壤退化。广大农户对培肥土壤缺乏主动性，在肥料上的“积、制、养、种”的传统方法已被放弃。代之以氮肥简单地取代有机肥料的严峻趋势，很可能造成土壤瘠薄化、沙化、酸化、盐渍化等方面的危机。国内外大量研究和生产实践表明，以有机肥为主，化肥为辅，两种肥料科学搭配，才能使土壤年年更新，稳产高产，农业生产的经济、社会、生态效益才能充分发挥。因此，土地整治工程设计时必须注意培肥土壤，重视有机肥料的积、制、种、养和投入。

土壤培肥生态工程的实质就是恢复和提高土壤肥力，提高土壤的有机质含量和缓冲性能，重点放在有机肥源的还田上。本小节重点讨论秸秆还田技术、绿肥还田技术与配方施肥技术，结合实例阐明生态系统原理在土壤培肥中的应用。

6.4.1.1 秸秆还田技术

一般的秸秆还田技术有人工铡碎法和机械粉碎法两种。人工法是将秸秆铡碎后与水土混合，堆沤发酵、腐熟，均匀地施于土壤中。机械法是在田间直接粉碎还田，在人工摘穗或机械摘穗的同时，用配套的粉碎机切碎秸秆，撒铺于地表，然后再用旋耕耙耙两遍，再次切碎茎秆，随之入土，此法工效高，质量好，适于大面积推广。

随着生态工程原理在农业生产上的深入应用，传统的秸秆还田技术也不断得到改进，由秸秆直接还田（一级转化）逐步转变为“过腹”还田（二级转化）和综合利用后还田（多级转化），使秸秆的物质和能量得到了充分合理的利用，生产、经济和生态效益明显提高。

A 秸秆直接还田（一级转化）

秸秆就地翻压和制作秸秆堆肥。制成堆肥还田的具体做法是，把铡碎了的秸秆与适当数量的粪、尿、土混拌经过有氧高温堆制，或直接圈制成土杂肥。

秸秆直接还田是把原来的废料转化为植物能够利用的原料，尽管对秸秆的生产能力是最低限度的发挥，但在一定程度上可缓和土壤缺肥的矛盾，较好地利用资源，而且减少了燃烧秸秆给环境带来的污染。

B 秸秆过腹还田（二级转化）

过腹还田是将秸秆作为饲料，经过动物利用后，排出的粪便用于还田。过腹还田，不仅提高了秸秆的利用率，而且避免了秸秆直接还田的某些弊端，尤其是调整了施入农田有机质的C/N比率，有利于有机物质在土壤中的转化和作物对土壤中有效态N的吸收。而秸秆过腹还田后，C/N比率显著缩小，和作物根茬、残落物相配合，C/N比率正好处于微生物正常繁殖要求的适当比率，既有利于有机质的转化与贮存，又能及时提供作物所需各种养分。

秸秆过腹还田的方法大体上有三种：直接饲喂，将秸秆氨化后饲喂，经过微生物发酵处理后饲喂。

氨化处理简称秸秆氨化，将切碎的秸秆填入干燥的窖或地上垛内压实。100kg秸秆加入12kg 25%的氨水（或相同氨含量的碳铵、尿素），温度不低于20℃，并密闭的条件下处理5~7d，打开通风12~24h，待氨味消失后，即可饲喂。氨化处理后的秸秆柔软、较适口且秸秆中吸附了一定的氨，有利于动物生长。但氨化秸秆对氨的利用率一般只有30%，其余均散逸在环境中造成污染，加上化肥价格的上涨，此种方法已逐渐被微生物处理方法所代替。

微生物处理秸秆的方法较多，有秸秆发酵、微贮、糖化等，这些方法都是在一定的温、湿（含水量）条件下，接种一定的菌种，使秸秆进行厌氧（或好氧）发酵后饲喂牲畜。微生物处理秸秆，提高了秸秆的营养价值，有利于养分的转化，适口性好，价格低，且不污染环境。

C 秸秆综合利用后还田（多级转化）

综合利用的途径随着生态工程研究的发展而越来越多，比如：秸秆先用来培养食用菌，菌渣作畜禽饲料（即菌糠饲料）、养蚯蚓，蚯蚓喂鸡，畜禽粪便养蝇蛆喂鸡，粪渣用来制取沼气，沼渣用来培养灵芝，最后的废料再去用做肥料施于农田。

6.4.1.2 绿肥还田技术

绿肥是各种能够收集到的用于还田提高土壤肥力的青草、嫩树枝、树叶等，可分野生绿肥和栽培绿肥两大类。将绿肥作物纳入农田栽培制度中是我国古代农业的优良传统，也是石油农业走入困境后，人们首先想到并给予最大关注的解决途径之一。绿肥不仅可以提高土壤肥力，而且对改善土壤的理化、生物性状，调节土壤生态系统结构和功能，提高其缓冲能力，充分发挥其能量贮备库的作用有着重要意义。绿肥还田的具体做法很多，但大体有两种形式：一是沤制还田，将绿肥和粪肥混合后沤制腐熟，作为基肥翻压到土壤中，此种方法一般用于野生绿肥；二是直接还田，即将绿肥收割后撒铺于地表，翻压在土壤中作基肥，此种方法适于栽培绿肥作物。

A 绿肥种类

绿肥种类选择要考虑作物和绿肥之间的竞争问题，旱地一般用豆科作物，水田一般用红萍。

（1）红萍。与鱼腥藻共生，广泛分布于热带、亚热带，是水稻田氮元素来源之一，可当作水稻的生物肥料。红萍与水稻间作时，红萍还可抑制田间杂草，调节水温，收到冬暖夏凉的效果。

（2）豆科绿肥。种植豆科绿肥可看做是农作制度的一个组成部分，它可以覆盖土壤，减少土壤侵蚀，抑制杂草，增加土壤有机质和植物营养养分，是土壤培肥工程的重要措施之一。田菁、太阳麻、紫云英等是受欢迎的豆科绿肥。

由于还存在种子问题、翻压问题，以及近些年来，化肥大量使用、集约耕作制度的发展都导致绿肥面积逐渐减少，因此，利用田边地角，荒芜的零星土地，可以栽培绿肥树或灌木林带状种植，对土壤起覆盖作用并给作物提供养分，防止土壤侵蚀，抑制杂草。绿肥树的功用不仅限于肥效的作用，而在于它能改善生态条件，提供持续的土壤生产力。

B 技术措施

绿肥还田的技术有各种形式，有的覆盖，有的翻入土中，有的混合堆沤。这里介绍效果比较好的绿肥配合秸秆还田的几种方法：

（1）麦秸还田后复种绿肥。麦收后同时抛撒麦秸于地表，通过耙地灭茬与0~10cm土层混拌，随后复种速生绿肥（如蓝豌豆等）至晚秋翻压绿肥。

（2）小麦或玉米间种豆科绿肥（如草木樨等），小麦采用高茬收割（以不影响绿肥生长为标准）；玉米采用人工摘棒后，单机粉碎秸秆抛撒，秋季同时翻埋秸秆和绿肥。

（3）谷类秸秆还田后清种绿肥，秸秆粉碎耙茬还田后或浅翻深松还田，次年种植绿肥（以豆科为主），秋季再翻埋绿肥。南方双季稻收割后稻草还田复种豆科绿肥，次年早春翻耕绿肥。各地可根据土壤气候条件和生产经验，选择适宜的作物、绿肥的配合方式和合理的还田耕作方法，便能获得较好的效果。

6.4.1.3 配方施肥技术

配方施肥是在生态学原理的指导下，遵循生态系统物质循环和能量转化的规律，以维护土壤生态系统养分收支平衡、生产力持续稳定发展为目的，采用一套科学的施肥方法体系。具体来说，就是根据作物需肥规律、土壤供肥性能与肥料效应，在以有机肥为基础的条件下，提出氮、磷、钾和微肥的适宜用量和比例，以及相应的施肥技术。由此可知，配方施肥的内容包含着“配方”和“施肥”两个程序。“配方”的核心是肥料的计量，在农作物播种之前，通过各种手段确定达到一定目标产量的肥料用量。不仅要回答“获得多少粮、棉、油，该施多少氮、磷、钾等”问题，而且要考虑土壤肥力稳定持续发展，实现用地养地相结合。“施肥”的任务是肥料配方在生产中的执行，保证目标产量的实现。根据配方确定肥料用量、品种和土壤、作物、肥料的特性，合理安排基肥、种肥和追肥比例，以及施用追肥的次数、时期和用量等。配方施肥可按基础分析和定量目标两种类型进行。

6.4.2 水土保持工程设计

6.4.2.1 截水沟设计

对于雨量较多、坡面径流较大的山丘地区，应合理地在坡耕地布设截水沟。截水沟类型有环沟、边沟等。沟布置应符合下列要求：（1）蓄水型截水沟基本上沿等高线布设，排水型截水沟应与等高线取 1%~2%的坡度。(2) 当截水沟不水平时，应在沟中每 5~10m 修一高 20~30cm 的小土挡，防止冲刷。(3) 截水沟水力设计应符合下列要求：防御暴雨标准，按 10 年一遇 24h 最大降雨量；为使水流流速达到不冲不淤流速，截水沟底应保持一定坡度，当设计流量为 0.03~0.10m^3/s 时，可取 1/1000~1/300，当设计流量为 0.1~0.3m^3/s 时，可取 1/1500~1/800；坡面径流量与土壤侵蚀量，应根据水土保持试验站的小区域径流观测资料或查阅当地水文手册，在上述设计频率暴雨下，不同坡度、不同土质、不同植被选用相应的暴雨径流量与土壤侵蚀量。

蓄水型截水沟容量可按下式计算：

$$V = V_{\mu} + V_{s}$$

$$V_{\mu} = M_{\mu}F$$

$$V_{s} = 3M_{s}F$$

式中，V 为截水沟容量，m^3；V_{μ}为一次暴雨径流量，m^3；V_s为 1~3 年土壤侵蚀量，m^3，V_s 的计量单位，应根据各地土壤容重，由 t 折算成 m^3；M_{μ}为一次暴雨径流模数，m^3/km^2；M_s为年均土壤侵蚀模数，t/km^2。

截水沟断面面积按下式计算：

$$A = \frac{V}{L}$$

式中，A 为截水沟断面面积，m^2；L 为截水沟长度，m。

截水沟一般采用半挖半填作成梯形断面，常用数据如下：沟底宽 0.3~0.5m，沟深 0.4~0.6m，内坡度 1∶1，外坡度 1∶1.5。

多蓄少排型截水沟，暴雨产生坡面径流大部蓄于沟中，只排出不能容蓄的小部分，按蓄水型截水沟断面尺寸，沟底坡度应取 1/100。少蓄多排型截水沟，暴雨产生坡面径流大部排入蓄水池的，其断面尺寸参照排水沟的断面设计，沟底坡度应取 1/50。

断面设计要求：(1) 截水沟长度以能防止坡面径流进入田块区为准。(2) 截水沟断面分矩形或梯形。上宽为 20~40cm，下宽为 15~25cm，高为 25~40cm。大多采用半挖半填的梯形断面，断面大小根据降雨和汇流面积设定。根据设计频率暴雨坡面汇流洪峰流量，按明渠均匀流公式计算，同时满足不冲不淤流速要求。(3) 截水沟沟底坡度主要取决于沟沿线地形和土质条件，一般要求坡度与沟沿线的地面坡度相近。同一条沟坡度（跌水除外）宜采用一个值。

6.4.2.2 生态护坡

A 种草护坡

坡度小于 1∶1.5 的土层较薄的沙质或土质坡面，可采取种草护坡，有效防止面蚀和细沟状侵蚀。种草护坡宜选用生长快、根系发达、固土作用大的低矮匍匐型草种。一般土质坡面宜采用直接播种法，密实的土质坡面宜采用坑植法。种草后 1~2 年内，进行必要的封禁和抚育措施。

B 砌石草皮护坡

坡度小于 1∶1.0，高度小于 4m，坡面有渗水的沙质或土质坡面，可采取砌石草皮护坡。砌石草皮护坡有两种形式，可根据具体条件分别采用。坡面下部 1/2~2/3 段采用干砌石护坡，上部种植草皮护坡；坡面从上到下每隔 1~2m 沿等高线修一条宽 30~50cm 砌石条带，条带间的坡面种植草皮。砌石部位一般在坡面下部的涌水处或松散地层显露处，在涌水较大处应设反滤层。

C 格状框条护坡

在路旁或人口聚居地，坡度小于 1∶1.0 的沙质或土质坡面，可采取格状框条护坡。护坡采用浆砌石的，网格尺寸一般 2.0m 见方，或将每格上部做成圆拱形，上下两层网格呈“品”字形排列，浆砌石部分宽 0.5m 左右。

护坡采用混凝土或钢筋混凝土构件一般采用预制件，规格为宽 20~40cm，长 1~2m，修成格式建筑物。为防止格式建筑物沿坡面下滑，框格交叉点应用锚杆固定或在加深埋横向框条固定。

在网格内种植草皮或撒草籽，宜选用生长快的低矮钢伏型草种。种草后 1~2 年内，进行必要的封禁和抚育措施。

6.4.2.3 生态田坎

生态田坎有如下几种形式：（1）生物土坎。格田及缓坡梯田整治区可因地制宜修筑生物土坎。土埂高度不大于 1.2m，外坡坡率 0.09~0.36，内坡坡率 0~0.09，土坎外坡栽植适当的草本植物。（2）生物石坎。陡坡梯田整治区可因地制宜修筑生物石坎。石坎高度不大于 2m，石坎基础采用块石或条石干砌，块石或条石上用土分层夯实，并栽植适当的草本植物。（3）棱格生物坎。缓坡梯田整治区可因地制宜修筑生物土坎。土坎高度不大于 2m，外坡坡率 0.09~0.36，内坡坡率 0~0.09，土坎外坡采用混凝土现浇棱格护坡。棱格规格根据田坎高度确定，棱格埋深宜不小于 0.4m，棱格内撒播草种或栽植适当的草本植物。

6.4.2.4 淤地坝

淤地坝除了拦泥淤地外，还有防洪的要求。所以，淤地坝的库容由两部分组成：一部分为拦泥库容，另一部分为滞洪库容。而相应于该两部分库容的坝高，即为拦泥坝高和滞洪坝高，如图 6.14 所示。

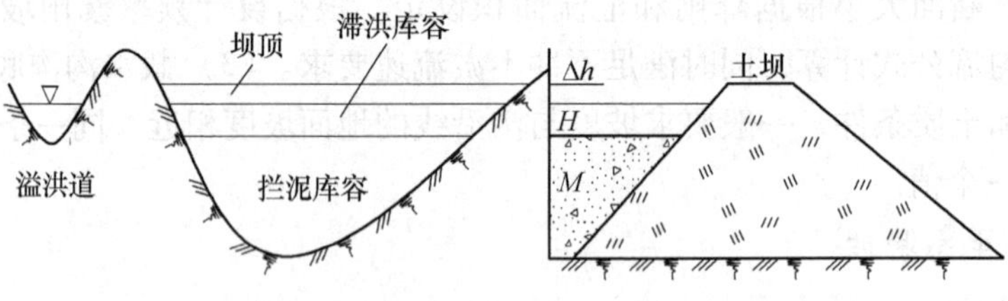

图 6.14 淤地坝坝高与库容关系示意图

为了保证淤地坝工程和坝地生产的安全，还需增加一部分坝高，称为安全超高。因此，淤地坝的总坝高等于拦泥坝高、滞洪坝高及安全超高之和。

影响淤地坝高的因素很多，主要有以下三点：（1）淤地面积。淤地坝的淤地面积是随着坝高的增高而增大的，但增长速度逐渐趋缓，甚至近于停止，设计拦泥坝高时需要进行技术、经济方案比较，应以较少的筑坝投资获得较大的淤地面积。（2）淤满期限。它是确定拦泥坝高的重要参数，其值应在安全防洪的前提下，用尽早受益的原则来确定。（3）工程量和施工方法。淤地坝一般在当年汛期后动工，次年汛期前达到防汛坝高。所以应根据设计洪水、施工方法和劳力等情况，估算可能完成的工程量，分析完成设计坝高的可能性。

设计时，首先分析该坝的坝高与淤地面积、库容关系曲线，初步选定经济合理的拦泥坝高，再从其关系曲线中查得相应坝高的拦泥库容。其次由初拟坝高加上滞洪坝高和安全超高的初估值，作为全坝高来估算其坝体的工程量。根据施工方法、工期和社会经济情况等，判断实现初选淤泥坝高的可能性。

【淤地坝设计案例】 已知条件：(1) 淤地坝控制的流域面积为 1.05km²，从工程建成后运用安全方面及淤地坝上游淹没损失两方面综合考虑，淤地坝设计为两大方案。(2) 根据国家《水土保持综合治理技术规范》(GB/T 16453.3—2008)，本工程库容在 10 万~50 万米³之间，故确定该工程等级为中型淤地坝，采用 20 年一遇的洪水标准设计，50 年一遇的洪水标准校核，设计淤积年限取 10 年。(3) 其他已知条件见设计步骤。

设计步骤：

(1) 洪峰流量计算。洪峰流量按小汇水面积相关法计算：

$$Q_N = C_N F n$$

式中，Q_N为重现期为 N 的洪峰流量，m^3/s；C_N、n 为重现期为 N 的地理参数，查某地区《水文手册》，$n=0.68$，$C_{20}=52.90$，$C_{50}=71.40$；F 为流域面积，km^2，$F=1.05km^2$。

计算得：$Q_{20}=54.70m^3/s$；$Q_{50}=73.80m^3/s$。

(2) 洪水总量计算。洪水总量采用《水土保持淤地坝工程技术规范》推荐推理公式计算：

$$W_p = 0.1\alpha H_{24p} F$$

式中，W_p为频率为 p 的一次洪水总量，万米³；α 为洪量径流系数，查某地区《水文手册》知，$p=20$ 时，$\alpha=0.43$，$p=50$ 时，$\alpha=0.46$；F 为流域面积，km^2，$F=1.05km^2$；H_{24p}为频率为 p 的流域中心 24h 暴雨量，$H_{24p}=K_p H_{24}$，其中 H_{24}为年最大 24h 暴雨均值，查《水文手册》知 $H_{24}=66mm$，K_p为皮尔逊Ⅲ型曲线模比系数，查《水文手册》得，$C_v=0.71$，以 $C_s/C_v=3.5$ 的关系查得，$K_{20}=2.43$，$K_{50}=3.16$。

计算得：$W_{20}=7.24$ 万米³；$W_{50}=10.07$ 万米³。

(3) 年输沙量计算。

$$W_s = SF/\gamma$$

式中，W_s 为多年平均输沙量，万米³/年；S 为多年平均侵蚀模数，取 $S=2.00$ 万吨/(千米²·年)；γ 为淤积泥沙容重，取 $\gamma=1.40t/m^3$。计算得：$W_s=1.50$ 万米³/年。

(4) 拦泥库容计算。

$$V_{拦} = nW_s$$

式中，n 为淤积年限，$n=10$ 年；$V_{拦}$ 为拦泥库容，万米³。

计算得：$V_{拦}=15.00$ 万米³。

(5) 溢洪道设计及滞洪库容确定。因该坝所在沟道小，无调蓄能力，所以 $Q_{泄}$采用校核洪峰流量：

$$Q_{泄} = Q_{50} = 73.80m^3/s$$

根据地形、地质情况，溢洪道采用开敞式明渠形式，矩形断面，其进口高程与设计淤泥面齐平，溢洪道总长 80m，坡度 1/50，过水断面按明渠均匀流公式计算：

$$Q_{泄} = \omega C \sqrt{Ri}$$

式中，$Q_{泄}$为溢洪道最大下泄流量，m^3/s，$Q_{泄} = Q_{50} = 73.80m^3/s$；$\omega$ 为过水断面面积，m^2；C 为谢才系数，$C=\frac{1}{n}R^{1/6}$；R 为水力半径，m，$R=\frac{\omega}{x}$；x 为湿周，m，即过水断面内水流与渠床接触线的长度；n 为渠床糙率，石渠选用 0.025；i 为渠床纵坡度，采用 1/50。

当溢洪道宽度为 4.50m，渠道纵坡度为 1/50，水深为 2.57m 时，过水流量为 $73.86m^3/s$，$Q_{泄} = Q_{50} = 73.80m^3/s$，因为 73.86>73.80，所以满足泄流要求。故溢洪道宽度确定为 4.50m，深 3.10m（安全超高取 0.53m），由于溢洪道处地质为硬石质层，因此溢洪道不做衬砌。

当 $H_{滞}=2.57m$ 时，查坝高–库容曲线得 $V_{滞}=6.28$ 万米^3；总库容 $V_{总}=V_{拦}+V_{滞}=21.28$ 万米^3。

（6）土坝设计。坝高 $H_{总}=H_{拦}+H_{滞}+H_{安}$，由坝高–库容曲线查得：$H_{拦}=16.24m$（对应高程 941.24m）；$H_{滞}=2.57m$（对应高程 943.81m），根据国标，安全超高取 $H_{安}=1.19m$，故：

$$H_{总} = 16.24 + 2.57 + 1.19 = 20.00m（对应高程 945.00m）$$

坝体断面确定。根据国标确定坝体断面尺寸：坝顶宽确定为 4.00m，上游坝坡坡度确定为 1∶2，下游坝坡在高程 935.00m 处设一马道，马道宽为 1.50m，马道以上坝坡坡度确定为 1∶1.50，马道以下坝坡坡度确定为 1∶1.75；坝顶实测长为 70.0m。土坝为均质土坝，筑坝土料为砂壤土，取土场在右岸，采用碾压施工，控制干容重不小于 $1.55t/m^3$。坝体填筑前应做好坝基清理，清除杂草及松散土等杂质。根据地质地形情况，对岸坡的陡峭地段要进行削坡处理，以保证坝体与沟床、岸坡的良好结合。

复习思考题

6-1　简述散点法计算土方工程量的步骤。
6-2　什么是作物灌溉制度？
6-3　简述灌溉渠道设计步骤。
6-4　渡槽槽下净空设计有哪些要求？
6-5　漫水桥位布置与设计应注意哪些问题？
6-6　淤地坝坝高如何确定？

7 土地整治项目预算编制

7.1 基本建设项目概预算基础

7.1.1 基本建设概念

我国从1950年起正式使用“基本建设”这个词，其含义是以扩大生产能力（或增加工程效益）为目的的综合经济活动，是建造、购置和安装固定资产的活动以及与之相联系的工作。

基本建设主要由以下几个方面组成：(1) 建筑工程。建筑工程指永久性和临时性的建筑物、构筑物的土建工程，采暖、通风、给排水、照明工程，动力、电信管线的敷设工程，道路、桥梁的建设工程，农田水利工程，以及基础的建造、场地平整、清理和绿化工程等。(2) 安装工程。安装工程是指生产、动力、电信、起重、运输、医疗、实验等设备的装配工程和安装工程，以及附属于被安装设备的管线敷设、保温、防腐、调试、运转试车等工作。(3) 设备、工器具及生产用具的购置。车间、实验室、医院、学校、宾馆、车站等生产、工作、学习所应配备的各种设备、工具、器具、家具及实验设备的购置。(4) 其他基本建设工作。如土地征用、建设用场地原有建构筑物拆迁、赔偿，建设单位设计、施工、投资管理工作、生产职工培训、生产准备等工作。

基本建设的特点有：(1) 基本建设是一种消耗大、周期长的经济活动，在建设期只投入而不产出。整个建设过程必须有计划按步骤有序进行。亦即按基本建设程序运行，任何形式的中断、跨越、违序都意味着浪费和损失。(2) 基本建设是一项涉及多学科的经济技术活动，具有很强的综合性。(3) 建设单位（业主）要介入整个建设过程。从项目建议、立项及方案确定、工程发包、工程质量进度、投资控制、设计管理、竣工验收、直到投产达标，建设单位都要承担直接责任。(4) 建设项目空间的不变性。(5) 组织建设的复杂性。工程多数是在露天作业，受季节、地址、气候影响，对建设条件、建设资源也要适时适量调配组织，因而使得组织规划建设工作非常复杂。

7.1.2 建设工程造价改革发展历程

建设工程造价，是指进行某项工程建设所花费（预期花费或实际花费）的全部费用。近60年来建设工程造价经历了六个时期：(1) 国民经济恢复时期（1949~1952年）；(2) 第一个五年计划兴盛时期（1953~1957年）；(3) 1958年到“文化大革命”开始时期（1966年）；(4)“文化大革命”时期（1966~1976年）；(5) 党的十一届三中全会至1991年（1978~1991年）；(6) 工程造价不断深化改革时期（1992年至今）。

在这一过程中，建设工程造价发生了四大转变：(1) 从政府定价到市场定价；(2)

从量价合一到量价分离；(3) 从政府保护到公平竞争；(4) 从行政管理到依法监督。

由“控制量，指导价，竞争费”，到完善“政府宏观调控、企业自主报价、市场形成价格、社会全面监督”的造价管理模式的磨合过程，使工程建设市场价格机制基本形成。推进清单计价模式，是工程造价改革由计划经济模式向市场经济模式转变的重要标志，是推行工程总承包与工程合同管理模式的关键要素和必需条件。

7.1.3　建设项目分解与价格的形成

建设项目分解包括建设项目、单项工程、单位工程、分部工程和分项工程，如图 7.1 所示。建设项目分解案例如图 7.2 所示。

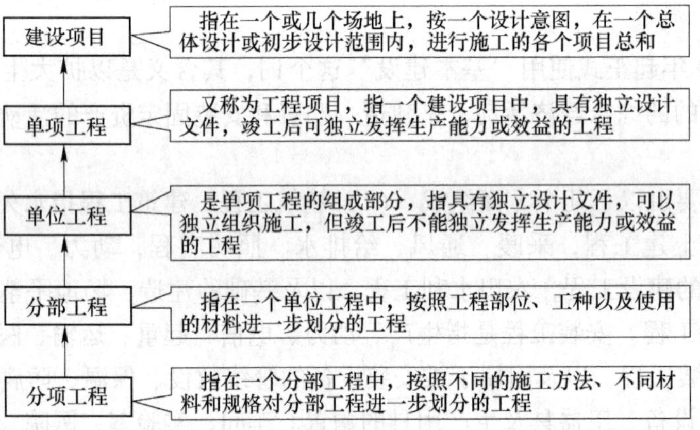

图 7.1　建设项目分解

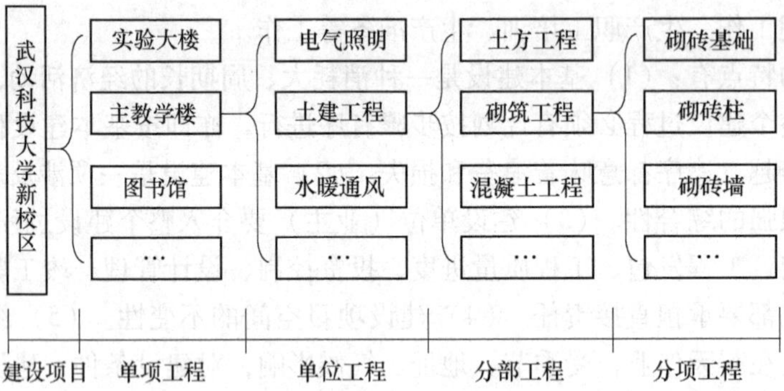

图 7.2　建设项目分解案例

(1) 建设项目。建设项目指在一个场地或几个场地上，按照一个设计意图，在一个总体设计或初步设计范围内，进行施工的各个项目的总和。如一个工厂、一条铁路、一所学校等，一个建设项目的工程造价可由编制工程估算、设计总概算来确定。

(2) 单项工程。单项工程指能独立设计、独立施工，建成后能独立发挥生产能力或工程效益的工程项目，由多个类似或性质相近或类同的单位工程（如生产车间或办公楼等）组成，是建设项目的组成部分。若建设项目只包含一个单项工程，此单项工程也可称作建设项目。

（3）单位工程。单位工程可独立设计、独立施工，但不能独立形成生产能力。单位工程是单项工程的子系统。常称的建筑工程，可以是一般土建、工业管道、电器照明、卫生、庭院等单位工程。设备安装工程可以是机械设备安装、给水排水安装、通风设备安装、电器设备安装和电梯安装等单位工程。工程造价一般用施工图预算、工程量清单计价或设计概算编制确定。

（4）分部工程。分部工程是单位工程的组成部分，是按照建筑物或构筑物的结构部位或主要工种工程划分的工程分项。如土（石）方工程、基础工程、砌筑工程、主体工程、钢筋混凝土工程、楼地面工程、屋面工程等。分部分项工程费用是单位工程造价的组成部分，也是按分部工程发包时确定发承包合同价格的依据。分项工程费用，是分部工程组价的基本成分。

（5）分项工程。按照传统预算定额方法划分，分项工程是分部工程的细分，是按照选用的施工方法、材料、结构构件规格等因素划分的预算定额分项中最基本的单元。如定额划分的砖石分部工程中，可细分为砖基础、内墙、外墙、柱、空斗墙等分项工程。其施工消耗是凝固到产品中的资源消耗，其费用则是工程直接费用的构成部分。

7.2 预 算 定 额

7.2.1 工程定额的概念及分类

7.2.1.1 定额的基本含义

定额是一种规定的数额，是指完成符合质量要求的某分项或分部分项工程单位工程量时，所需消耗人工、材料、机械台班的标准或额度，包括人工、材料、机械台班消耗数量或金额。用金额表示的数额则称其为定额单价或基价。定额是在正常的施工条件下，为完成单位合格产品所需要消耗的（人力、物力、资金等）数量标准（最高）。定额具有科学性、指导性与权威性的特征。

7.2.1.2 定额水平的概念

定额水平指规定消耗在单位产品上的劳动、机械和材料数量的多少，是按照一定施工程序和工艺条件下规定的施工生产中活劳动和物化劳动的消耗水平。定额的水平直接反映劳动生产率水平，反映劳动和物质消耗水平。劳动生产率越高，定额水平也越高，而劳动和物质消耗数量越低。

预算定额（消耗量定额）的定额水平属行业的社会平均水平；施工定额（企业定额）是施工企业内部管理的定额，其定额水平是个别的企业内部劳动水平，对整个行业而言，属平均先进水平。平均先进水平是在正常的施工条件下，大多数施工队组和大多数生产者经过努力能够达到和超过的水平，低于先进水平，而略高于平均水平。

7.2.1.3 定额的种类

A 按使用范围划分

按使用范围划分，定额分为以下几种：

（1）全国统一定额。全国统一定额反映一定时期社会生产力水平的一般状况。

(2) 行业统一定额。行业统一定额反映各行业部门专业工程技术特点以及施工生产和管理水平。

(3) 地区统一定额。地区统一定额考虑地区性特点对全国统一定额水平做适当调整补充。

(4) 补充定额。随着设计施工技术发展，补充现行定额缺项所编制，有地区补充定额和一次性补充定额两种。

B 按构成因素划分

按构成因素划分，定额分为以下几种：

(1) 建筑工程定额。按具体适用对象分土建工程、建筑装饰工程、市政工程、房屋修缮工程、古建园林工程、人防工程、公路工程、水利工程定额等。

(2) 设备安装工程定额。设备安装工程定额主要是机械设备安装和电气设备安装工程定额。

(3) 费用定额。计取建安工程直接费用、现场经费、间接费、利润和税金的依据和标准。

(4) 工器具定额。工器具定额为新建或扩建项目投产运转首次配置的工、器具数量标准。

(5) 工程建设其他费用定额。独立于建筑安装工程、设备和工器具购置之外的其他费用开支的标准。

C 按不同用途分类

按不同用途分类（见图 7.3），定额分为以下几种：

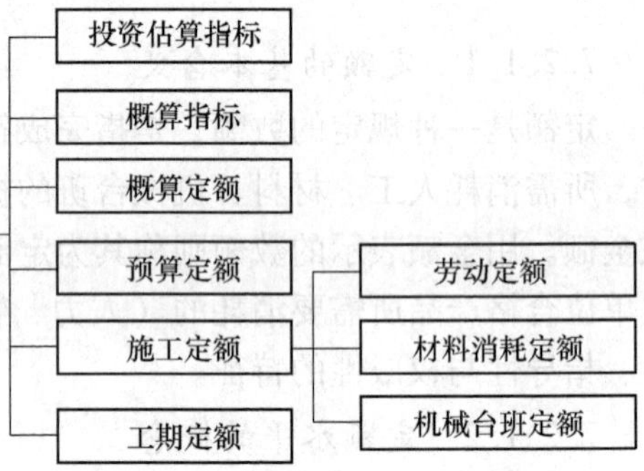

图 7.3 按用途划分的定额类型

(1) 投资估算指标。投资估算指标是以一个建设项目为对象，确定设备、器具购置费用，建筑安装工程费用，工程建设其他费用，流动资金需用量的依据。

(2) 概算指标。概算指标是以整个建筑物或构筑物为对象，以“m^2”“座”等为计量单位，确定人工、材料、机械台班及费用的标准。

(3) 概算定额。概算定额是确定一定计量单位的扩大分项工程的人工、材料、机械台班消耗量的数量标准。

(4) 预算定额。预算定额是规定消耗在单位建筑产品上人工、材料、机械台班社会必要劳动消耗量的数量标准。预算定额是施工图设计阶段及招投标阶段，控制工程造价，编制标底和报价的依据。

(5) 施工定额。施工定额是规定消耗在单位建筑产品上人工、材料、机械台班企业劳动消耗量的数量标准。施工定额是投标报价和企业内部管理的依据，分为以下 3 种：

1) 劳动定额，也称人工定额，规定了在正常施工条件下，某等级某工种工人，在单位时间内完成产品的数量或完成单位合格产品所需的劳动时间。

2) 材料消耗定额是指在正常施工条件下，节约和合理使用材料条件下，生产单位合格产品所必需消耗的一定规格品种的材料数量。材料消耗定额是下达施工任务单和限额领料单的依据。

3）机械台班使用定额规定了在正常施工条件下，利用某种施工机械，生产单位合格产品所必需消耗的机械工作时间。

工期定额是指在一定的生产技术和自然条件下，完成某个单位（或群体）工程平均需用的标准天数，包括建设工期定额和施工工期定额两个层次。(1) 建设工期是指建设项目或独立的单项工程从开工建设起到全部建成投产或交付使用时止所经历的时间。因不可抗拒的自然灾害或重大设计变更造成的停工，经签证后，可顺延工期。(2) 施工工期是指正式开工至完成设计要求的全部施工内容并达到国家验收标准的天数，施工工期是建设工期中的一部分。

7.2.2 预算定额构成要素

7.2.2.1 总说明

预算定额总说明一般包含以下内容：(1) 预算定额的适用范围、指导思想及目的作用。(2) 预算定额的编制原则、主要依据及上级下达的有关定额修编文件。(3) 使用本定额必须遵守的规则及适用范围。(4) 定额所采用的材料规格、材质标准，允许换算的原则。(5) 定额在编制过程中已经包括及未包括的内容。(6) 各分部工程定额的共性问题的有关统一规定及使用方法。

7.2.2.2 工程量计算规则

工程量是核算工程造价的基础，是分析工程技术经济指标的重要数据，是编制计划和统计工作的指标依据。必须根据国家或部门有关规定，对工程量的计算做出统一的规定。土地整治项目工程量计算规则参见《土地整治项目工程量计算规则》(TD/T 1039—2013)。

7.2.2.3 分部分项工程说明

分部工程说明包括：(1) 分部工程所包括的定额项目内容。(2) 分部工程各定额项目工程量的计算方法。(3) 分部工程定额内综合的内容及允许换算和不得换算的界限及其他规定。(4) 使用本分部工程允许增减系数范围的界定。

分项工程说明包括：(1) 在定额项目表表头上方说明分项工程工作内容。(2) 本分项工程包括的主要工序及操作方法。

7.2.2.4 定额项目表

预算定额项目表一般由项目名称、工料机消耗量、定额基价、说明和附注组成，案例见表 7.1 和表 7.2。

(1) 预算定额的项目名称与定额编号。定额的项目名称也称子目名称，定额子目是构成工程实体或有助于构成工程实体的最小部分，一般按工程部位或工种、材料划分。预算定额的每个子目对应一个定额编号。

(2) 工料机（或称人材机）消耗量是预算定额的主要内容，这些消耗量是完成单位建设产品的规定数量。其中，人工表现形式包括工日数量、工日单价；材料栏内一系列主要材料和周转使用材料名称及消耗数量，次要材料一般都以其他材料形式以金额“元”或占主要材料的比例表示；机械栏内有两种列法：一种是列主要机械名称规格和数量，另一种是列次要机械，以其他机械费形式以金额“元”或占主要机械的比例表示。

(3) 定额基价也称工程单价，是定额子目中工料机消耗量的货币表现，计算式为：

$$定额基价 = 工日数 \times 工日单价 + \sum(材料用量 \times 材料单价) + \sum(机械台班量 \times 台班单价)$$

(4) 在定额表上应说明使用范围或调整、换算的内容和方法。

表 7.1 土地整治预算定额 10017 子目

定额编号：10017		人工挖沟槽（一、二类土）		单位：$100m^3$	
适用范围：上口宽 3m 以内的土沟。工作内容：挖土、修边底、抛土于沟边两侧 0.5m 外					
序号	项目名称	单位	数量	单价	小计
1	直接工程费	元			746.83
2	人工费				746.83
3	甲类工	工日	0.90	51.04	45.94
4	乙类工	工日	17.20	38.84	668.05
5	其他费用	%	4.60		32.84
6	材料费				0.00
7	机械费				0.00

表 7.2 某省建筑工程预算定额 5—408 子目定额基价表

定额编号		5—408		
项目		单位	单价	现浇 C20 混凝土圈梁
基价		元		199.05
其中：人工费		元		58.60
材料费		元		137.50
机械费		元		2.95
人工	综合用工	工日	20.00	2.93
材料	C20 混凝土	m^3	134.50	1.015
	水	m^3	0.90	1.087
机械	混凝土搅拌机	台班	55.24	0.039
	插入式震动器	台班	10.37	0.077

7.2.3 预算定额的作用

预算定额的作用如下：

(1) 预算定额是编制施工图预算、确定和控制工程造价的基础。施工图预算是施工图设计文件之一，是控制和确定建筑安装工程造价的必要手段。编制施工图预算，除设计文件决定的建设工程的功能、规模、尺寸和文字说明是计算分部分项工程量和结构构件数量的依据外，预算定额是确定一定计量单位工程人工、材料、机械消耗量的依据，也是计算分项工程单价的基础。

(2) 预算定额是对设计方案进行技术经济比较、技术经济分析的依据。设计方案在设计工作中居于中心地位。设计方案的选择要满足功能、符合设计规范，既要技术先进又要经济合理。根据预算定额对方案进行技术经济分析和比较，是选择经济合理设计方案的重要方法。对设计方案进行比较，主要是通过定额对不同方案所需人工、材料和机械台班消耗量等进行比较。这种比较可以判明不同方案对工程造价的影响。对于新结构、新材料的应用和推广，也需要借助于预算定额进行技术分项和比较，从技术与经济的结合上考虑普遍采用的可能性和效益。

（3）预算定额是施工企业进行经济活动分析的参考依据。实行经济核算的根本目的，是用经济的方法促使企业在保证质量和工期的条件下，用较少的劳动消耗取得预定的经济效果。中国的预算定额仍决定着企业的收入，企业必须以预算定额作为评价企业工作的重要标准。企业可根据预算定额，对施工中的劳动、材料、机械的消耗情况进行具体的分析，以便找出低工效、高消耗的薄弱环节及其原因。为实现经济效益的增长由粗放型向集约型转变，提供对比数据，促进企业提供在市场上的竞争的能力。

（4）预算定额是编制标底、投标报价的基础。在深化改革中，在市场经济体制下预算定额作为编制标底的依据和施工企业报价的基础的作用仍将存在，这是由于它本身的科学性和权威性决定的。

（5）预算定额是编制概算定额和估算指标的基础。概算定额和估算指标是在预算定额基础上经综合扩大编制的，也需要利用预算定额作为编制依据，这样做不但可以节省编制工作中的人力、物力和时间，收到事半功倍的效果，还可以使概算定额和概算指标在水平上与预算定额一致，以避免造成执行中的不一致。

7.2.4 预算定额的编制

预算定额是编制施工图预算时，确定工程造价和工程人工（工日）、机械（台班）、材料需要量的标准。预算定额一般是一种计价的定额，在工程建设定额中占有很重要的地位。从编制程序看它是概算定额编制的编制基础。预算定额是由国家主管机关或其授权单位组织编制并审批颁发执行的。

预算定额是编制施工图预算、确定和控制建筑安装工程造价的基础，是对设计方案进行技术经济比较、技术经济分析的依据，是施工企业进行经济活动分析的参考依据，是编制标底、投标报价的基础，也是编制概算定额和估算指标的基础。

7.2.4.1 预算定额种类

A 按专业性质划分

按专业性质划分，预算定额有建筑工程定额和安装工程定额两大类。

（1）建筑工程预算定额按适用对象又分为土建工程预算定额、水利建筑工程预算定额、市政工程预算定额、铁路工程预算定额、公路工程预算定额、土地开发整理项目预算定额、通信建设工程费用定额、房屋修缮工程预算定额、矿山井巷预算定额等。

（2）安装工程预算定额按适用对象又分为电气设备安装工程预算定额、机械设备安装工程预算定额、通信设备安装工程预算定额、化学工业设备安装工程预算定额、工业管道安装工程预算定额、工艺金属结构安装工程预算定额、热力设备安装工程预算定额等。

B 按管理权限和执行范围划分

按管理权限和执行范围划分，预算定额可分为全国统一定额、行业统一定额和地区统一定额等。全国统一定额由国务院建设行政主管部门组织指定发布；行业统一定额有国务院行业主管部门指定发布；地区统一定额由省、自治区、直辖市建设行政主管部门制定发布。

C 按物资要素划分

按物资要素划分，预算定额可分为劳动定额、材料消耗定额和机械定额，但它们互相依存形成一个整体，作为预算定额的组成部分，各自不具有独立性。

7.2.4.2 预算定额的编制原则

预算定额的编制要遵循的原则如下：

（1）社会平均水平原则。预算定额理应遵循价值规律的要求，按生产该产品的社会平均必要劳动时间来确定其价值。也就是说，在正常的施工条件下，以平均的劳动强度、平均的技术熟练程度，在平均的技术装备条件下，完成单位合格产品所需的劳动消耗量就是预算定额的消耗水平。

（2）简明适用的原则。预算定额要在适用的基础上才力求简明。由于预算定额与施工定额有着不同的作用，所以对简明适用的要求也是不同的，预算定额是在施工定额的基础上进行扩大和综合的。它要求有更加简明的特点，以适应简化预算编制工作和简化建设产品价格的计算程序的要求。当然，定额的简易性也应服务于适用性的要求。

（3）坚持统一性和因地制宜的原则。统一性是指由国家归口管理部门统一负责国家统一定额的制定或修订。通过统一使工程造价具有统一的计价依据，也使考核设计和施工的经济效果具备同一尺度。所谓因地制宜，即在统一基础上的差别性，如各部门和地区间差异。各部门和省市（自治区）、直辖市主管部门可以在自己管辖的范围内，依据部门（地区）的实际情况，制定部门和地区性定额、补充性制度和管理办法，以适应中国幅员辽阔、地区间发展不平衡和差异大的实际情况。

（4）专家编审责任制原则。编制定额应以专家为主，这是实践经验的总结，编制要有一支经验丰富、技术与管理知识全面、有一定政策水平的、稳定的专家队伍。通过他们的辛勤工作才能积累经验，保证编制定额的准确性。同时要在专家编制的基础上，注意走群众路线，因为广大建筑安装工人是施工生产的实践者，也是定额的执行者，最了解生产实际和定额的执行情况及存在问题，有利于以后在定额管理中对其进行必要的修订和调整。

（5）贯彻国家政策、法规的原则。

7.2.4.3 预算定额的编制依据

预算定额的编制依据包括：（1）现行的施工定额；（2）现行的设计规范、施工及验收规范、质量评定标准和安全操作规程；（3）通用的标准图集和定型设计图纸集；（4）新技术、新结构、新材料和先进施工经验资料，用以调整定额水平和增加新的定额；（5）有关科学实验、技术测定、统计资料和经验数据；（6）国家和各地区过去颁发的预算定额；（7）补充预算定额和补充单位估价表；（8）现行的工资标准和材料预算价格。

7.2.4.4 预算定额的编制方法

预算定额的编制方法步骤如下：

（1）准备工作。准备工作包括：1）划分分部分项工程项目，准备阶段需要确定定额项目的名称、工作内容及施工方法；2）确定子目计量单位；3）合理确定定额水平。

预算定额在确定定额项目时要求：1）便于确定单位估价表；2）便于编制施工图预算；3）便于进行计划、统计和成本核算工作，并且编制预算定额必须选用正常合理的施工方法，用以确定各专业的工程和施工机械，使编制的预算定额简明实用。

确定计量单位应考虑如下要求：1）人工以“工日”为单位，取两位小数。2）主要材料及半成品：木材以“m^3”为单位，取三位小数；钢板、型钢以“t”为单位，取三位小数；管材以“m”为单位，通风管用薄钢板以“m^2”为单位，导线、电缆以“m”为单位，水泥以“kg”为单位，砂浆、混凝土以“m^3”为单位等，均取两位小数。3）单价以“元”为单位，取两位小数。4）其他材料费以“元”表示，取两位小数。5）施工机械以“台班”为单位，取两位小数。

（2）确定预算定额中人工、材料、施工机械台班消耗量。

1）确定人工消耗量。计算式为：

人工消耗量 =（基本用工 + 超运距用工 + 辅助用工）×（1 + 人工幅度差百分率）

材料超运距用工：指预算定额取定的材料、半成品等运距，超过劳动定额规定的运距应增加的工日。其用工量以超运距和劳动定额计算。

辅助用工：指劳动定额中未包括的各种辅助工序用工，如材料的零星加工用工、筛砂子、淋石灰膏等增加的用工量。

人工幅度差：指预算定额对在劳动定额的用工范围内没有包括，而在一般正常情况下又不可避免的一些零星用工，一般按基本用工、超运距用工、辅助用工之和的10%～15%范围内取定。

2）确定材料消耗量。

3）确定施工机械台班消耗量。在按照施工定额计算机械台班的消耗时，应考虑在合理的施工组织设计条件下机械的停歇时间因素，另外增加一定的机械幅度差。

（3）编制预算定额初稿。根据划分好的项目和取得的定额资料，采用事先确定的表格，计算和编排预算定额，编制成预算定额手册。

（4）预算定额水平的测算与调整包括单项定额水平测算和定额总水平测算。测算目的是核对定额水平对工程造价的影响。方法是选择具有代表性的单位工程，按新编和现行定额的人工、材料、施工机械消耗量，用相同的工资标准、材料预算价格、施工机械台班单价分别编制两份工程预算，按工程直接费进行对比分析，计算定额水平提高或降低率，并分析其原因。对不合理的消耗量或费率水平进行相应调整。

（5）预算定额报批。

7.3　土地整治项目预算费用构成与计费方法

2005年4月财政部、国土资源部联合印发了《土地开发整理预算定额标准》（试行稿），该标准在加强土地开发整理项目预算管理，规范土地开发整理项目预算的编制和审查，确保土地整治项目资金的合理、有效使用等方面发挥了重要作用。但在该标准试行过程中，随着社会经济的快速发展、生产力水平的提高，新材料、新技术、新设备、新工艺在土地整治项目中得到广泛应用，提高了施工工效水平，提升了资金使用成效。该标准已不能正确反映当前土地整治工作的实际情况，表现在人工预算单价与市场价格差距较大、机械使用费偏低、定额子目缺项、计算标准欠合理等方面。

2011 年 12 月，财政部、国土资源部印发《土地开发整理项目预算定额标准》（2012），该标准结合土地整治工作的实际情况，对费用构成和费用计取进行了调整，为项目的组织协调、工程质量管理、耕地质量等级评定等提供了经费保障，土地整治项目的实施将更加顺利和规范。对预算表现形式进行了调整，满足工程量清单报价的需要，使预算编制与工程招投标紧密衔接，有利于工程招投标工作的规范化和竣工决算的顺利进行。

土地整治项目费用构成与计费方法依据《土地开发整理项目预算定额标准》（2012），由工程施工费、设备购置费、其他费用、不可预见费构成（见图 7.4）。

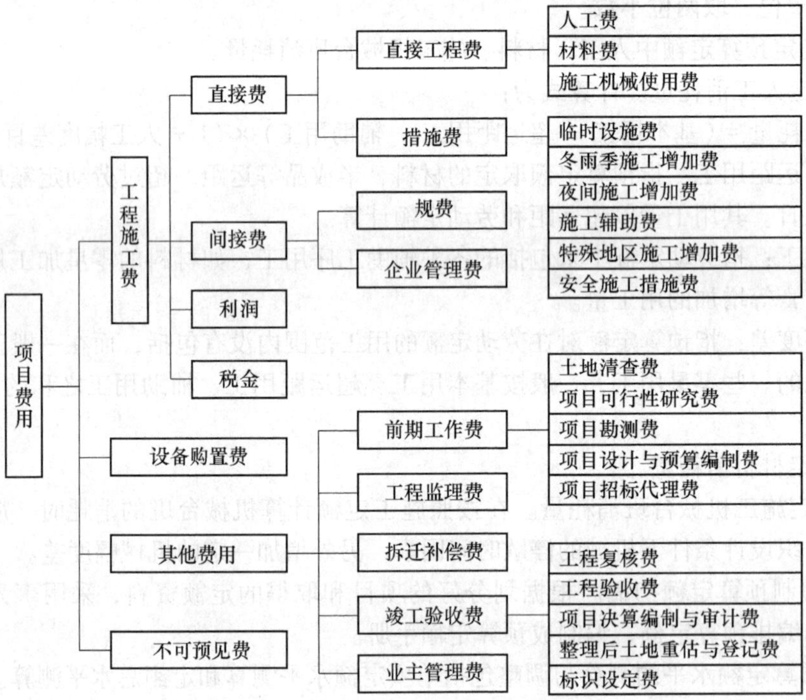

图 7.4 土地整治项目预算费用构成

7.3.1 工程施工费

工程施工费以每个分项工程（子目）为单位进行编制。

7.3.1.1 基础单价表编制

基础单价表包括人工单价表、材料预算价格表、施工机械台班费单价表。

（1）人工单价。人工单价计算式为：

$$人工工日预算单价(元/工日) = 基本工资 + 辅助工资 + 工资附加费$$

式中，基本工资为岗位工资和年功工资以及年应工作天数内非作业天数的工资之和；辅助工资为除基本工资以外，以其他形式支付给职工的工资性收入，包括根据国家有关规定的属于工资性质的各种津贴；工资附加费为按照国家规定提取的职工福利基金、工会经费、养老保险费、医疗保险费、工伤保险费、职工失业保险基金和住房公积金。

（2）材料预算价格。材料预算价格是指材料从购买地运到工地分仓库（或堆放场地）

的出库价格。材料预算价格一般包括材料原价、包装费、运杂费、运输保险费、采购及保管费五项。

1）材料原价指材料指定交货地点的价格。

2）包装费为便于材料运输和保护材料而进行包装所需的费用。

3）运杂费指材料由交货地点运至工地分仓库（或相当工地分仓库的堆放场地）所发生的各种运载车辆的运费、调车费、装卸费和其他杂费等费用。

4）运输保险费指材料在运输途中发生的保险费。

5）采购及保管费指材料在采购、供应和保管过程中所发生的各项费用。

依据《土地开发整理项目预算定额标准》（2012）中“土地开发整理项目编制规定”，对钢筋、水泥、汽油、柴油等11种主材进行了限价（见表7.3），即材料价格超过限价部分只计取材料价差和税金，不计取其他费用。土地整治项目的主材与传统概念中的主材（砂石料、钢筋、水泥、木材等）显著不同。除了砂、碎（块、砾、毛条）石、水泥、钢筋等建筑、水利行业普遍规定的主材，其余主材明显具有土地整治行业的特点。例如，以抽取地下水为水源实行低压管道灌溉的土地整治项目，主要材料集中在PVC管道、井壁管、滤水管等；严寒地区实行渠灌的项目，塑料薄膜成为主材；以土地平整为主的项目，柴油、汽油成为主材；以水土保持工程为重点的复垦项目，树苗等成为主材。

表7.3　11种主材限价

序　号	材料名称	限价/元
1	块石、片石/m^3	40
2	砂子、石子/m^3	60
3	条石、料石/m^3	70
4	水泥/t	300
5	标砖/千块	240
6	钢筋/t	3500
7	柴油/t	4500
8	汽油/t	5000
9	锯材/m^3	1200
10	生石灰/t	180
11	树苗/株	5

土地整治工程中的装置性材料进行了明确，规定电缆、管材、管件、闸阀、法兰、出水栓等多种材料为装置性材料，并对计费方法做出了明确要求，即只计取材料费和税金，材料费直接计入工程施工费单价计算表中的“未计价材料费”，不计取其他费用。

（3）施工机械台班费单价。施工机械台班费是指一台施工机械正常工作一班（8h）所支出和分摊的各项费用之和。台班费是计算单位估价表中机械使用费的基础价格，由一、二类费用组成。

一类费用分为折旧费、修理费、替换设备费和安装拆卸费，以金额形式表示。折旧费指机械在经济寿命期内（即规定使用年限内）回收原值的台班折旧摊销费用；修理费指施工机械使用过程中，为了使机械保持正常功能而进行修理所需的摊销费用和机械正常运转及日常保养所需的润滑油料、擦拭用品的费用，以及保管机械所需的费用；替换设备费指施工机械正常运转时所耗用的替换设备及随机使用的工具附具等摊销费用；安装拆卸费指施工机械进出工地的安装、拆卸、试运转和场内转移及辅助设施的摊销费用。

二类费用指施工机械正常运转时机上人工及动力、燃料消耗费。在定额中以台班实物消耗量指标表示，一般不允许调整其数量指标。机上人工费指施工机械使用时机上操作人员人工费用；动力燃料费指施工机械正常运转时所耗用的风、水、电、油和煤等费用。

7.3.1.2 直接工程费

直接工程费由人工费、材料费、施工机械使用费构成。

（1）人工费指直接从事工程施工的生产工人开支的各项费用，计算式为：

定额人工费 = 定额劳动量(工日) × 人工预算单价(元／工日)

人工费 = 工程量 × 定额人工费

（2）施工机械使用费包括消耗在工程项目上的机械磨损、维修和动力燃料费用等，包括折旧费、修理及替换设备费、安装拆卸费、机上人工费和动力燃料费等。施工机械使用费按分项工程进行确定。计算式为：

施工机械使用费 = 工程量 × 定额机械使用费

定额机械使用费 = 定额机械使用量(台班) × 施工机械台班费(元／台班)

7.3.1.3 措施费

措施费指为完成工程项目施工，发生于该工程施工前和施工过程中非工程实体项目的费用。主要包括：临时设施费、施工辅助费、冬雨季施工增加费、夜间施工增加费、特殊地区施工增加费、安全文明环保施工措施费。

（1）临时设施费计费方法见表 7.4。

表 7.4 临时设施费费基与费率

序 号	工程类别	计算基础	临时设施费费率/%
1	土方工程	直接工程费	2
2	石方工程	直接工程费	2
3	砌体工程	直接工程费	2
4	混凝土工程	直接工程费	3
5	农用井工程	直接工程费	3
6	其他工程	直接工程费	2
7	安装工程	直接工程费	3

（2）施工辅助费用由以下各项费用构成：

1）已完工程及设备保护费：竣工验收前，对已完工程及设备进行保护所需费用。

2）施工排水及降水费。为确保工程在正常条件下施工，采取各种排水、降水措施所发生的各种费用。

3）检验试验费：对建筑材料、构件和建筑安装物进行一般鉴定、检查所发生的费用。包括自设试验室进行试验所耗用的材料和化学药品费用等，以及技术革新和研究试验费。不包括新结构、新材料的试验费和建设单位要求对具有出厂合格证明的材料进行检验，对构件进行破坏性试验及其他特殊要求检验试验的费用。

4）工程定位复测费：对单项工程的坐标、标高、走线等按照建设单位提供的施工图纸进行复测所发生的费用。

5）工程点交：因工程交工所发生的费用。施工辅助按直接工程费的百分率计算，其中安装工程为1%，建筑工程为0.7%。

（3）安全文明环保施工措施费。包括根据国家现行的施工安全、施工现场环境与卫生标准和有关规定，购置和更新施工安全防护用具及设施，改善安全生产条件和作业环境所需要的费用。安全文明环保施工措施费按直接工程费的百分率计算，其中安装工程为0.3%，建筑工程为0.2%。

（4）冬雨季施工增加费。按直接工程费的百分率计算，费率0.7%~1.5%。

（5）夜间施工增加费。按直接工程费的百分率计算，其中安装工程为0.5%，建筑工程为0.2%。

（6）特殊地区施工增加费。按地方标准确定，地方标准没有规定的不得计取。

7.3.1.4　直接费

直接费为直接工程费与措施费之和，即：

$$直接费 = 直接工程费 + 措施费$$

7.3.1.5　间接费

间接费由规费、企业管理费组成。规费指政府和有关权力部门规定必须缴纳的费用。企业管理费指施工企业组织施工生产和经营活动所需费用，包括管理人员基本工资、辅助工资、工资附加费和劳动保护费、差旅交通费、办公费、固定资产使用费、劳动保险费、工会经费、职工教育经费、财产保险费、财务费、税金等。间接费费基与费率见表7.5。

表7.5　间接费费基与费率

序　号	工程类别	计算基础	间接费费率/%
1	土方工程	直接费	5
2	石方工程	直接费	6
3	砌体工程	直接费	5
4	混凝土工程	直接费	6
5	农用井工程	直接费	8
6	其他工程	直接费	5
7	安装工程	人工费	65

7.3.1.6　利润

利润是指施工企业完成所承包工程获得的盈利，按直接费和间接费之和的3%计算。

7.3.1.7　税金

税金包括国家税法规定的应计入工程造价的营业税、城乡维护建设税和教育费附加等。计算式为：

$$税金 = （直接费 + 间接费 + 利润）\times 综合税率$$

式中，税金综合税率见表 7.6。

表 7.6　税金综合税率

地　区	农村	县镇	市区
综合税率/%	3.22	3.35	3.41

7.3.2　设备购置费

设备购置费（即设备费），包括设备原价、运杂费、运输保险费和采购及保管费。

（1）设备原价包括出厂价、拆装设备运至工地后的组装费用。

（2）运输保险费即为设备在运输过程中的保险费用。其费率可按工程所在省（区、市）的规定计算；省（区、市）无规定的，可按中国人民保险公司的有关规定计算。

（3）采购及保管费指项目实施单位和施工企业在负责设备的采购、保管过程中发生的各项费用。采购及保管费按设备原价、运杂费之和的 0.7%计算。

（4）运杂费即为设备由厂家运至工地安装现场所发生的一切运杂费用。按占设备原价的百分率计算。

7.3.3　其他费用

其他费用包括前期工作费、工程监理费、拆迁补偿费、竣工验收费、业主管理费五项。按分档定额计费和差额定率累进法两种方法计算。

（1）分档定额计算法，计算式为：

$$A = B + (C - B) \times (a - b) \div (c - b)$$

式中，A 为所求费用值；B 为小于 A 而接近 A 的计费基数；C 为大于 A 而最接近 A 的计费基数；a 为 A 项计费基数对应值；b 为 B 项计费基数对应值；c 为 C 项计费基数对应值。

（2）差额定率累进法，计算式为：

$$A = B + (a - b) \times c$$

式中，A 为所求费用值；B 为小于 A 而接近 A 的计费基数；a 为 A 项计费基数对应值；b 为 B 项计费基数对应值；c 为 A 项对应费率。

7.3.3.1　前期工作费

A　土地清查费

土地清查费是指项目承担单位组织有关单位或人员对土地整治项目区进行权属调查、地籍测绘、耕地质量等级评定所发生的费用。费用计算按不超过工程施工费的 0.3%～0.5%计算，计算式为：

$$土地清查费 = 工程施工费 \times 费率$$

B　项目可行性研究费

项目承担单位委托有资质的单位对土地整治项目进行可行性研究时，按规定应支付的费用。可行性研究费以工程施工费与设备购置费之和作为计费基数，采用分档定额计费方式计算，各区间按内插法确定（见表 7.7）。（1）计费基础为工程施工费与设备购置费之和。（2）计算方法为分档定额计费法。

表 7.7 可行性研究费计费标准 （万元）

序 号	计费基数	项目可行性研究费
1	≤500	5
2	1000	6.5
3	3000	13
4	5000	18
5	8000	26
6	10000	31
7	20000	44
8	40000	69
9	60000	90
10	80000	106
11	100000	121

【例 7.1】 某项目工程施工费为 1500 万元，设备购置费为 100 万元，根据计算标准项目可行性研究费为：

项目可行性研究费 = 6.5+(13−6.5)×(1600−1000)÷(3000−1000) = 8.45(万元)

C 土地勘测费

土地勘测费为土地整治对土地的进行地形测量、工程勘察所发生的费用。费用计算按不超过工程施工费的 1.5%计算（丘陵山地项目可乘 1.1 系数），计算式为：

土地勘测费 = 工程施工费 × 费率

D 项目设计与预算编制费

项目设计与预算编制费是项目承担单位委托具有资质的单位对土地整治项目进行规划设计与预算编制时，按规定应支付的费用。以工程施工费与设备购置费之和作为计费基数，采用分档定额计费方式计算（项目地貌类型为丘陵/山区的可乘 1.1 的调整系数），各区间按内插法确定（见表 7.8）。

表 7.8 项目设计与预算编制费计费标准 （万元）

序 号	计费基数	设计及预算编制费
1	≤500	14
2	1000	27
3	3000	51
4	5000	76
5	8000	115
6	10000	141
7	20000	262
8	40000	487
9	60000	701
10	80000	906
11	100000	1107

E 项目招标费

项目招标费是项目承担单位委托具有资质的单位对土地整治项目进行招标时，按规定应支付的费用。以工程施工费与设备购置费之和作为计费基数，采用差额定率累进法计算(见表7.9)。

表7.9 项目招标费计费标准

序 号	计费基数/万元	费率/%
1	≤1000	0.5
2	1000~3000	0.3
3	3000~5000	0.2
4	5000~10000	0.1
5	10000~100000	0.05
6	≥100000	0.01

【例7.2】 某项目工程施工费为1800万元，设备购置费为100万元，根据计算标准，项目招标代理费为：

项目招标代理费=5+(1800+100−1000)×0.003=7.7(万元)

7.3.3.2 工程监理费

工程监理费是项目承担单位委托具有工程监理资质的单位，按国家有关规定进行全过程的监督与管理所发生的费用。以工程施工费与设备购置费之和作为计费基数，采用分档定额计费方式计算，各区间按内插法确定（见表7.10)。

表7.10 工程监理费计费标准 （万元）

序 号	计费基数	工程监理费
1	≤500	12
2	1000	22
3	3000	56
4	5000	87
5	8000	130
6	10000	157
7	20000	283
8	40000	510
9	60000	714
10	80000	904
11	100000	1085

【例7.3】 某项目某项目工程施工费为110000万元，设备购置费为1000万元，根据计算标准工程监理费为：

工程监理费=(110000+1000)×0.01085=1204(万元)

7.3.3.3 拆迁补偿费

拆迁补偿费是项目实施过程需拆迁的零星房屋、林木及青苗等所发生的适当一次性补偿费用，据当地实际情况确定。

7.3.3.4 竣工验收费

土地整治项目工程完工后，因项目竣工验收、决算、成果的管理等发生的各项支出。主要包括工程复核费、工程验收费、项目决算编制与审计费、整理后土地重估与登记费和标识设定费。

A 工程复核费

工程复核费是指项目承担单位完成土地整治项目实施任务并向项目批准部门提出验收申请后，由项目批准部门指定的土地整治专业机构（第三方）对工程任务的完成情况，如净增耕地面积、工程数量、质量等，进行复核并编制相应报告所发生的费用。

工程复核费以工程施工费与设备购置费之和作为计费基数，采用差额定率累进法计算（见表7.11）。

表7.11 工程复核费费率标准

序 号	计费基数/万元	费率/%
1	≤500	0.70
2	500~1000	0.65
3	1000~3000	0.60
4	3000~5000	0.55
5	5000~10000	0.50
6	10000~50000	0.45
7	50000~100000	0.40
8	≥100000	0.35

B 工程验收费

工程验收费是以工程施工费与设备购置费之和作为计费基数，采用差额定率累进法计算（见表7.12）。

表7.12 工程验收费费率标准

序 号	计费基数/万元	费率/%
1	≤500	1.4
2	500~1000	1.3
3	1000~3000	1.2
4	3000~5000	1.1
5	5000~10000	1.0
6	10000~50000	0.9
7	50000~100000	0.8
8	≥100000	0.7

C 项目决算编制与审计费

项目决算编制与审计费是以工程施工费与设备购置费之和作为计费基数，采用差额定率累进法计算（见表 7.13）。

表 7.13 项目决算编制与审计费费率标准

序 号	计费基数/万元	费率/%
1	≤500	1.0
2	500~1000	0.9
3	1000~3000	0.8
4	3000~5000	0.7
5	5000~10000	0.6
6	10000~50000	0.5
7	50000~100000	0.4
8	≥100000	0.3

D 整理后土地重估与登记费

整理后土地重估与登记费是以工程施工费与设备购置费之和作为计费基数，采用差额定率累进法计算（见表 7.14）。

表 7.14 整理后土地重估与登记费费率标准

序 号	计费基数/万元	费率/%
1	≤500	0.65
2	500~1000	0.60
3	1000~3000	0.55
4	3000~5000	0.50
5	5000~10000	0.45
6	10000~50000	0.40
7	50000~100000	0.35
8	≥100000	0.30

E 标识设定费

标识设定费是指设立土地整治项目标志牌及标识农田水利设施等所发生的费用。以工程施工费与设备购置费之和作为计费基数，采用差额定率累进法计算（见表 7.15）。

表 7.15 标识设定费费率标准

序 号	计费基数/万元	费率/%
1	≤500	0.11
2	500~1000	0.10
3	1000~3000	0.09
4	3000~5000	0.08
5	5000~10000	0.07
6	10000~50000	0.06
7	50000~100000	0.05
8	≥100000	0.04

7.3.3.5 业主管理费

业主管理费是项目承担单位为项目的组织、管理所发生的各项管理性支出。主要包括：项目承担单位为项目的立项、筹建、建设等工作所发生的费用，包括工作人员的工资、工资性补贴、施工现场津贴、社会保障费用、住房公积金、职工福利费、工会经费、劳动保护费；办公费、会议费、差旅交通费、工具用具使用费、固定资产使用费、零星购置费；乡镇协调费、宣传费、培训费、咨询费、业务招待费、技术资料费、印花税和其他管理性开支等。

以工程施工费、设备购置费、前期工作费、工程监理费、拆迁补偿费和竣工验收费之和作为计费基数，采用差额定率累进法计算（见表7.16）。

表7.16 业主管理费费率标准

序 号	计费基数/万元	费率/%
1	≤500	2.8
2	500~1000	2.6
3	1000~3000	2.4
4	3000~5000	2.2
5	5000~10000	1.9
6	10000~50000	1.6
7	50000~100000	1.2
8	≥100000	0.8

7.3.4 不可预见费

在施工过程中因自然灾害、设计变更及不可预见因素的变化而增加的费用。不可预见费按不超过工程施工费、设备费和其他费用之和的3%计算，计算式为：

不可预见费 =（工程施工费 + 设备费 + 其他费用）× 费率

7.4 土地整治项目预算文件内容

预算文件由封面、目录、预算编制说明、预算表及附件组成。预算文件的封面和扉页应按规定格式制作，扉页应有项目名称、项目承担单位、编制、复核人员姓名并加盖印章，编制日期等内容目录应按预算表的表号顺序编排。

7.4.1 预算编制说明

7.4.1.1 项目概况

项目建设地点、地貌类型、项目的性质、类型、项目范围、建设规模（指开发、整理、复垦规模）、预计净增耕地面积、预计净增面积占总面积的比例、项目工程布置形式、工程内容及主要工程量、主要材料用量、施工工期、施工平均高峰人数。

7.4.1.2 工程投资主要指标

土地整治项目工程投资指标包括工程总投资、静态总投资、申请中央投资金额、其他资金来源情况、按年度说明项目实施内容及分年度投资计划等。

7.4.1.3 编制原则和依据

编制的原则和依据如下：

（1）预算编制原则。

（2）人工预算单价、主要材料、施工用电、风、水、砂、石料、客土、苗木、草等预算价格的计算依据。

（3）主要设备价格的编制依据。

（4）土地整治项目工程采用定额、指标、费用计算标准及依据。

（5）拆迁补偿费的编制说明。拆迁补偿费包括拆迁规模的确定，计算过程和补偿标准的参考依据及结合实际确定补偿标准的简要说明。

（6）主要工程量计算书。应简要说明列入预算表的分部工程主要工程量计算方法、过程和确定依据。

（7）项目规划设计图纸和说明以及相应文号。

（8）项目技术经济指标分析。重点投入与产出经济效益分析，主要包括实物工作量与可研投资估算工程量增减原因分析，施工方案与技术需要可行性分析，单项工程技术手段不同的施工方案设计对工程成本影响分析等。其中投入指标重点分析项目总投资和总成本；对产出指标重点分析产量指标（整理面积、新增耕地面积）和工程质量指标和经济效益指标等的分析。

（9）预算编制中其他需要说明的问题。

7.4.2 预算表格

7.4.2.1 预算表

预算表包括：（1）总预算表及分年度预算表；（2）预算总表；（3）工程施工费预算表；（4）设备购置费预算表；（5）其他费用预算表；（6）不可预见费预算表；（7）土地整治项目季度分月用款计划表。

7.4.2.2 预算附表

预算附表包括：（1）人工预算单价计算表；（2）主要材料预算价格计算表；（3）机械台班费计算表；（4）单价估价表；（5）补充定额计算表；（6）补充机械台班费计算表；（7）主要材料用量汇总表；（8）材料信息价复印件。

7.4.3 预算文件附件

预算文件附件包括项目申请书、可行性研究报告摘要书等。

（1）项目申请书。项目申请书是项目预算文件的重要补充文件，其内容包括项目名称、项目类型、项目性质、项目承担单位、项目基本情况、项目申请的理由、项目总预算和项目预期成果等。

（2）项目可行性研究摘要书。项目可行性研究摘要书主要内容包括项目名称、项目承担单位、项目负责人、可行性研究报告编制单位、项目建设批准单位、项目背景、项目目标任务、项目的主要工程内容及费用构成、项目投资规模及资金筹措、财务分析、经济及社会效益分析、结论及建议等。

7.5 土地整治项目预算编制中常见的问题

土地整治项目预算编制涉及众多行业，预算编制和审查人员除了应掌握土地整治相关政策、技术、编制要求外，还应熟悉水利、电力、安装、土建、装饰、公路、林业等多个行业的预算要求，这要求项目设计人员和预算人员在项目规划设计与预算编制过程中向当地各部门多了解、咨询。只有这样，才能不断提高土地整治项目预算编制成果质量。

7.5.1 工程量计算

工程量计算应依据《土地整治项目工程量计算规则》（TD/T 1039—2013）进行，预算编制人员不能仅按单体图中工程量照抄，不然很容易出现工程量错漏现象，常见的问题有：

（1）土地平整工程中土地翻耕工程量的确定。若台账上虽然是未利用地，经现场踏勘，实际上农民已进行耕作，不需要翻耕，则不宜计取土地翻耕的工程量；若经现场踏勘，发现项目区内的未利用地确实需要进行翻耕才能整理成耕地，才能列项。正确的工程量应为需要翻耕的未利用地整理出的净增耕地数量，不能将项目区内的所有未利用地均视为土地翻耕的量，未利用地内规划的道路、沟渠等占地是不需要翻耕的。

（2）相关工程量计算规则的熟练运用。熟悉工程量计算的规则对准确计算工程量至关重要。如土方工程，计算建筑物挖、填土方时，在单体设计图中没有标明开挖线的情况下，一般按建筑物外形轮廓计算，对混凝土有外立模要求时，还必须计入工作面宽度并加适当放坡。钢筋量的计算，需熟悉钢筋配筋图中各种标识、标注的含义，如 $\phi 8@300$，表示Ⅰ级钢筋，直径为 8mm，钢筋的间距为 300mm。钢筋量计算中还有一些约定俗成的规则，如钢筋保护层主要起防止钢筋生锈的作用，在单体图上未标明保护层厚度的情况下，钢筋保护层厚度按 2.5cm 计。

（3）工程量计算是否准确的经验判断。如建筑物土方投资一般为 10%~30%。一般来说，钢筋混凝土工程中钢筋和混凝土的消耗量间有一定的对应关系，一般结构配筋为 10~40kg/m^3，水闸底板、闸墩配筋为 60~70kg/m^3，架空渡槽槽身配筋为 100~150kg/m^3，U 型渡槽要更高，公路桥板配筋为 80~120kg/m^3，建筑物承受基础的配筋为 30~40kg/m^3，桩基础配筋为 60~80kg/m^3。这些数据可以帮助我们发现错误的工程量，通过这种方法未能检查出的错误，也不至于与实际相差太远，对总投资影响也不会很大。

土地整治项目涉及土建、水利、电力、公路、林业等多种工程类型，要求预算人员对所涉及工程的工程量计算方法、计算规则都要熟悉。

7.5.2 子目选择与列项

土地整治项目预算编制阶段对应的是规划设计阶段，设计报告中施工组织描述较为简略，有些工作内容在单体图或报告中就体现不出来，给预算编制列项带来一定困难，对预算定额中定额子目的内涵理解不透，也可能漏项或重复列项等现象，例如：

（1）灌溉与排水工程中，地下输水管道铺设的土方回填列项容易出错。《中国工程建设标准化协会标准埋地硬聚氯乙烯给水管道工程技术规程》规定“管顶以上 0.3m 内，必须人工回填，并按要求夯实”；另外，管理铺设在耕地范围内，作为耕地，地面以下 30~50cm 为耕作层不需要夯实，松填即可。因此管道铺设工程中的土方回填要列“人工夯实”和“松填”两个子项。编制预算时，往往只列了其中一个子项，两个定额子目的综合单价相差很大，“人工夯实”的定额单价接近 9 元/米^3，而“松填”的定额单价不足 2 元/米^3，若列项不准确，会导致项目预算相差很大。

(2) 设备、主材常缺少安装子项。如机井工程，一般仅列了潜水泵的安装，有时甚至还漏计了输水管、电缆等材料的费用。变配电设备中，常漏列“变压器系统调试”子项，当然，若设备单价中已包含安装费用，不需另列安装子项。

要避免这些现象的出现，要求预算人员对项目的施工工序、施工内容、定额子目规定内容有完整而细致的了解。项目预算编制人员要与设计、施工人员经常沟通，向相关专业行业预算人员多咨询、学习。

7.5.3 定额套用

每一套预算定额有总说明，各章又有说明，有些子目还有子目说明，通常标明为“注”，预算编制人员应仔细阅读这些内容。例如：总说明中有“定额只用一个数字表示的，仅适用于该数字本身，当需要选用的定额介于两子目之间时，可用插入法计算”；《土地开发整理项目预算定额标准》(2012) 中的第一章土方工程中“挖掘机、装载机挖装自卸汽车运输各节定额适用于三类土，一、二类土按定额人工和机械乘 0.88 系数，四类土按定额人工和机械乘 1.15 系数”；该定额中第五章管道安装工程中“金属管道安装总工程量不足 50m 时，管径不大于 300mm 的，其人工、机械台班耗用量乘系数 1.67”等。只有熟悉、理解和遵循这些说明，才能准确使用相关定额子目。

预算定额有些子目中以质量来划分各子目，但质量内涵可能不同，比如：

(1) 启闭机安装子目 0.5t、1t、2t、…、5t 是指设备的自重，不是起重量，设计成果中标明的启闭机的规格“0.5t、1t、2t、…、5t”是指起重量，预算或稍不注意，容易出错。

(2) 电动葫芦、单轨小车安装等子目中，“≤1t、≤2t、…、≤10t”是指起重量，不是设备的自身质量。

预算定额中每一子目都有其特定的使用范围和工作内容，这要求预算人员对预算定额子目的内涵有更深的了解，才能正确地选取定额子目，避免高套、低套，甚至错套定额子目。

7.5.4 计量单位

预算编制过程中，要注意造价信息中材料的计量单位是否与预算定额中的计量单位相一致，只有一致，才能套用造价信息中的预算单价。比如：

(1) 块石、碎石、卵石、砂、石屑等材料，常用单位有“t”和“m^3”，工程造价信息中常用“t”来表示，而定额中为“m^3”。若不进行单位换算，会导致预算总投资偏低。

(2) 造价信息中汽油、柴油价格通常以“L”为单位，定额中单位为“kg”，汽油密度为 0.74kg/m^3，柴油密度为 0.84kg/m^3，若不进行单位换算，会导致预算总投资偏低。

(3) 混凝土管（井管、涵管）、金属管（铸铁管、钢管）等造价信息中可能用“m”

表示，也可能用“m^3”或“t”表示，定额中有的子目用“m”，有的用“m^3”或“t”，若不进行单位换算，会导致预算投资与实际的巨大偏离。

此外，预算人员要注意单体图中分部工程的计量单位与预算的计量单位是否一致，例如：电气设备安装工程预算定额中的计量单位，有些用“台”，有些用“组”（每三项为一组）；管道安装工程预算定额中的计量单位，有些工程子目用“10m”，有些子目“100m”等，这些都应注意分清，以免由于计量单位错误影响工程量的准确性。

7.5.5 设备选型

设计成果（规划设计或单体图）中一般列出了各种规格（容量）的设备对应的数量，如“100kV 变压器 12 台”，但可能对具体类型、生产厂家等未做详细说明。变压器常用的有干式变压器和油浸式变压器：干式变压器价格昂贵，一般用于宾馆酒店、高层建筑、商业建筑、商业中心、体育馆、医院、机场等场所；油浸式变压器价格相对比较低廉，农村配电变压器选用油浸式变压器就可能满足要求。土地整治项目中的变压器选择油浸变压器就行。油浸式变压器又可以分为 S7、S9、S10、S11 等系列，从价格方面来说，相同容量的变压器，数值越高的系列价格也越高，如 S11 系列价格高于 S10 系列。目前新建和改造的农村电网，主要采用 S9 型低损耗变压器，原来高损耗配电变压器已全部淘汰，S7 型系列配电变压器也已逐步被更换，S9、S10、S11 系列的产品的使用状况也因各地经济发展状况的不同而有所差异。

复习思考题

7-1 建设项目如何分解？

7-2 简述预算定额的作用。

7-3 预算定额项目表一般包含哪些内容？

7-4 土地整治项目预算编制中，哪些费用计算需采用差额定率累进法？

7-5 结合土地整治项目预算编制实践，谈谈如何编制预算。

7-6 以《土地开发整理项目预算定额标准》（2012）为例，简述预算定额构成要素。

8 土地整治规划实施管理

8.1 土地权属调整

8.1.1 权属调整的概念与意义

土地整治中权属调整是指在土地整治过程中涉及的土地所有权、土地使用权和土地他项权利调整、确认以及变更登记。其中土地所有权调整包括农村集体土地之间、国有土地与农村集体土地之间的权属调整；土地使用权调整包括农村集体土地使用权、国有土地使用权的调整；土地他项权利调整包括土地整治中因所有权或使用权调整而产生的他项权利的调整。

土地整治作为提高农业竞争能力、增加农民收入、促进农业和农村发展的一项重要措施，其中的土地权属管理在我国土地整治工作中具有特殊的意义，是土地整治的难点之一。土地整治前后田块的规整合并、道路沟渠等基础设施的更新、村庄和工业建设用地的搬迁集中、耕地面积与质量变化、权属界限的变更等，均涉及到各权属主体的利益协调问题，土地产权调整合理与否，将直接影响到社会稳定和公众参与土地整治的积极性，是土地整治工作成败的关键。某种意义上讲，土地整治的过程也就是农村土地产权调整的过程。因此，土地整治不仅要完成各项工程措施，还应在尊重自然规律、尊重农民意愿和原有产权的基础上，进行地籍调查、现状确认、权属变更、土地登记等地政工作，调整和理顺土地产权，保证整治前土地产权登记的客观公正，整治后土地产权的明晰，保持产权足够的流动性。

8.1.2 权属调整的原则

土地整治中要切实加强土地权属管理工作，严格按照有关要求和规定程序办事，涉及土地权属调整的，要在充分尊重农民意愿和原有产权的基础上，根据土地利用规划、乡村和农田建设的需要，依法、合理调整土地权属，及时办理变更土地登记，保证农户相对集中使用土地，降低生产经营成本，促进农民增收。各级国土资源部门要充分认识权属管理工作的重要性，切实把工作做细、做实、做好，避免发生新的土地权属争议，维护农村社会稳定。具体而言，需遵循以下原则：

（1）依法调整原则。土地权属调整应依据土地管理法律法规，按照法律程序，通过申报、地籍调查、权属审核、注册登记和颁发土地证书等程序予以明确土地产权主体，依据土地调查和土地登记资料，认真做好整理前权属状况的确认；核实、调整和确定土地所有权或使用权；涉及土地权属变化或用途变更的，要依法办理土地变更登记手续，防止引发土地纠纷。

（2）公开、公平、自愿原则。权属调整中要注意保护农民利益，稳定土地承包经营权，对整理后确实需要对承包地进行适当调整的，要充分尊重原土地承包经营者的意愿。土地整治土地权属调整方案的确定要充分征求农民的意见，整治后的经营规模和方式由集体经济组织自己决定。政府进行宏观调控引导。

（3）权属稳定性原则。土地整治前后的土地行政界线尽量保持一致，以保持乡、镇、村行政区域的相对稳定，避免大范围的行政界线调整，减少土地纠纷，维护农村社会经济的稳定。

（4）土地置换原则。按照法定的程序和市场经济规律，充分运作等价交换、等质量替代的原则，通过协商，进行土地调整置换，使相同权属的土地适当集中，形成规模，实现土地资源的优化配置。

8.1.3 权属调整工作内容与特点

权属管理工作包括：

（1）成立权属管理协调小组。此项工作应在可行性研究阶段进行，可行性研究阶段确定项目区内权属调整范围，编制、公告和报批《土地整治项目权属调整方案》，异议处理等。土地整治权属管理涉及项目区成百上千的农民群众和大量的利益主体，协调任务非常大，单单依靠国土资源管理部门一家来做，难以顺利开展工作，还必须依靠乡（镇）、村委会负责人及村民代表等参与，共同努力、共同协商加以解决。因此，土地整治权属管理协调小组，一般由土地整治所涉及行政区域的上一级行政区域负责人担任组长，负责协调各方关系，保证土地整治的顺利实施。

（2）土地权属调整范围调查。土地权属调查是指对土地权属单位的土地权属来源、权属性质及权利所及的界线、位置、数量和用途等基本情况的实地调查与核实。确定土地权属调整范围应遵照土地所有权尽量不变和土地使用位置面积可适当调整原则确定土地权属调整范围。除飞地、插花地外，土地整治范围内土地所有权原则上尽量不调整；对确实需要调整的土地使用权、承包经营权，位置应尽量与开发整理前保持一致或大致相当，尽量减少土地权属调整的范围，避免因权属调整范围过大、涉及土地权利人过多，导致土地权属管理工作难以落实。

（3）编制土地整治权属调整方案。县级国土资源管理部门应组织有关乡（镇）、村委会及村民代表就开发整理权属调整进行协商，认真编制土地整治权属调整方案，主要包括土地所有权、使用权调整方案。土地整治权属调整方案编制内容包括土地整治项目区土地权属状况，权属调整范围。

（4）公告及异议处理。土地整治权属管理工作应遵循国家的有关法律法规；应实行公告制度，广泛征求各有关权利人的意见。土地整治权属调整方案必须公告，广泛征求意见，处理好有关异议，真正体现公众参与。

（5）签订相关协议。土地权属包括开发整理人与土地权利人签订协议；涉及所有权者，土地所有权主体之间应签订调整协议书；涉及使用权或承包经营权者，由所有权主体与土地使用权或承包经营权主体签订调整协议书。土地权属调整经公告并征求意见后，应报县（市）人民政府批准。

随着农村土地整治工作全面、深入地开展，土地整治类型逐渐多样化，土地整治项目的规模越来越大，随之而来的是土地整治中土地权属调整也越来越复杂，具有以下两个显著特点：

（1）具有产权主体及投资主体的多元性特点。农村土地整治中，有农村集体土地之间、国有土地与农村集体土地之间的所有权调整，有农民承包地之间经营权调整，有开发整理后新增耕地使用权调整，有土地整治过程中因所有权或使用权调整而产生的他项权利的调整，有时还涉及四荒地使用权的调整，因此土地产权的主体非常多。从开发整理的投资主体看，也呈现出多元化趋势，有农民自发投入、公助民办、公司参与、集体筹资，也有国家直接投资。土地产权主体和开发整理投资主体的利益都要予以充分照顾，其主要体现是土地财产权的充分保护和土地权属的合理调整。

（2）权属调整程序具有复杂性特点。随着全国范围内土地整治工作的开展，迫切要求对权属调整的程序、权限、权属审核、权属调整方式、土地产权的重新分配和界定、地上物的处理等一系列问题进行认定和规范。土地整治项目启动到竣工结束，要准确界定好参与土地整治各产权主体和投资主体的权益，需要履行一系列有关土地权属确认和土地权属调整的程序，需要经过大量的实地勘测定界，需要多次将土地权属调整方案进行公告，需要多次召集村民大会，需要相关土地权利主体之间签订大量协议。因此，做好土地整治权属管理程序比较复杂，工作量大。

8.1.4 权属调整方案的编制

依据相关部门的有关规定要求，土地权属调整应有利于维护农民权益。土地权属调整，不应影响农民土地承包经营权，要保证农民承包土地面积不减少、质量不降低，有利于农业生产经营，维护农村集体和农民的切身利益。政府投资的土地整治项目，其新增加的集体所有未确定土地使用权的耕地，应优先安排本集体农民使用，确定土地承包经营权。

编制土地权属调整方案，必须尊重土地权利人意愿。《关于做好土地整治权属管理工作的意见》（国土资发〔2003〕287 号）关于未利用地开发权属调整的规定："开发未确定使用权的国有土地，土地使用权可确定给从事开发的投资者。开发集体未利用地，经三分之二以上村民代表或村民会议三分之二以上成员的同意，土地承包经营权可确定给开发者。国有农场土地按照有关规定处理。"另外，就权属调整方案的内容做了如下规定："土地整治项目可行性研究阶段，要认真制定土地所有权、使用权权属调整方案，主要内容包括：项目区内土地权属状况，权属调整的范围，开发整理人与土地权利人签订的协议。在分配土地权益时，应保证项目区范围内原有土地权利人权益不减少。"据此，权属调整方案的编制应做好以下工作：首先，应该加强农村土地产权确认与登记发证工作。通过依法实地调查，确定农村集体土地与国有土地的权属界线、数量及分布等；确定各集体土地如乡（镇）间、村集体间和村民小组之间的土地权属界线、数量及分布等；确定各农村集体组织内部耕地、园地、林地等各类用地的面积、位置、质量、地类界线等；确定各集体内部农户承包经营土地的数量、质量、位置、界线等。对确认的权属结果依法进行登记，核发证书，形成文字、图、表、簿、册等相结合的完整系统的地籍资料，为土地权属的合理调整提供法律依据。其次，应尽快建立农村土地使用权的合理流转机制。加快培育农村土地使用权的流转市场；加强政府对农地使用权流转市场的合理引导与规范管理；允许农户在土地流转过程中获得相应合理的流转收益；建立和完善社会保障制度，加强户籍制度改革步伐，加快城市化速度，推进农业人口的非农化；在土地家庭联产承包责任制基础上，按照“自愿、有偿、合法”的原则进行土地的反租倒包、土地使用权出租、股份制经营等改革，促进土地的适度规模经营。

8.1.4.1 土地权属和利用现状报告

土地利用现状调查完成后，应编制《土地权属和利用现状报告》。土地权属和利用现状报告应以宗地为单位，说明每宗地的土地权属性质和来源情况、土地权利主体情况、土地权利客体情况以及与这三方面直接相关的其他内容。

土地权属性质是指附在某宗土地上的权利是一种什么性质的权利。我国实行土地的社会主义公有制，按照有关法律法规，我国的土地权属性质分为：国有土地所有权、集体土地所有权、国有土地使用权、集体土地使用权以及土地他项权利等。土地权属来源情况是指土地所有者或使用者最初取得土地的方式，它对于确定土地权属性质，判断某宗地是国有还是集体所有，土地使用权人对该宗地的土地使用权是国有土地使用权还是集体土地使用权等。

土地权利主体是指土地权利人，包括集体土地所有权人、国有土地所有权人、集体土地所有权人和土地他项权利人。其中集体土地所有权人包括村农民集体所有、乡（镇）农民集体所有和村内农民集体所有三种情况；国有土地使用权人可以是任何自然人、法人和其他组织；集体土地使用权人一般应是本集体内部的成员或单位，但特殊情况除外，如集体“四荒地”土地使用权人可以是本集体以外的个人或单位等；土地他项权利人可以是自然人、法人和其他组织。

土地权利客体是指土地权利、义务所共同指向的对象。主要包括土地座落、界址、面积、用途、使用条件、等级、价格等，具体含义如下：(1) 土地座落。土地座落是指宗地所在地的名称。(2) 权属界址。权属界址是指某一个人或产权单位的土地（一宗地）的位置和范围，即某一权利人所有或使用的土地权属界线。其中土地权属界线，反映在实地上，表现为界址点及其界标物；反映在地籍图上，表现为界址点符号及其编号和界址点连线；反映在调查簿册上，是各界址点的坐标或相对位置说明。(3) 土地面积。土地面积也称宗地面积，是指一宗地权属界址线范围内的土地面积。土地面积由土地权属界址确定。土地权属界址一经确定，土地面积也就随之确定。一般来讲，如果某一宗地的权属来源证明文件上的界址范围与实地一致，而面积不一致，一般以界址范围为准，对土地面积数据进行更正。(4) 土地用途（地类）。土地用途一般是指土地权利人依照规定对其权利范围内土地的利用方式或功能。(5) 土地等级和价格。土地的等级反映某一宗地的质量优劣程度，决定土地价值。土地的价值是土地权利在经济上的反映。土地等级和价格按照农用地分等定级和估价的有关规定进行确定。

8.1.4.2 权属调整范围

权属调整范围应包括：(1) 权属调整前后涉及的乡镇村位置、面积、土地利用现状等情况；(2) 土地所有权调整前后涉及的乡镇村面积、土地利用现状等情况；(3) 土地使用权调整前后涉及的乡镇村土地权利人面积、土地利用现状等情况。

8.1.5 权属调整协议

土地权属调整方案经批准以后，土地整治人应按规定与相关土地权利人签订权属调整协议，作为可行性研究报告中权属调整方案的一部分。

8.1.6 权属调整方案公告

公告是让项目区群众了解项目情况，参与项目决策的重要途径。土地整治权属管理工作应遵循国家的有关法律法规，实行公告制度，广泛征求各有关权利人的意见。

土地整治权属调整方案必须公告，广泛征求意见，处理好有关异议，真正体现公众参与。首先，要抓好宣传发动，采用广播、闭路电视和召开镇、村、小组动员会等方式，使群众由被动接受土地整治，变为积极支持、主动参与土地整治。其次，广泛征求所涉及土地权利人的意见，应采取公告或召开会议等形式及时公布权属调整方案编制的有关情况。权属调整方案的公告应当在有关乡（镇）、村进行，规定公告期。再次，做好异议处理工作。对土地整治权属调整方案有异议的土地所有权人、使用权人，应在公告期内书面提出，经协商不能解决的，争议由当地人民政府调处。集体经济组织内的农民对土地承包经营权调整有异议的，应在公告期内向村集体经济组织或乡人民政府提出，争议由村集体经济组织或乡人民政府调处。

土地整治项目权属调整方案公告应包含如下内容：

（1）项目批准情况，包括批准单位、批准时间、项目类型、项目性质、建设工期等。

（2）项目建设规模情况，包括建设总规模（其中开发、整理和复垦的面积）、新增耕地面积（率）。

（3）项目投资情况，包括总投资、资金来源等。

（4）项目区范围、四至情况及项目建设涉及乡镇村名称。涉及权属调整的范围及面积，包括乡镇村及村小组名称、位置、面积、土地利用状况等。

（5）土地所有权调整。一般涉及土地所有权调整的主要是飞地、插花地等，应公告权属主体名称及其土地的面积、位置、用途等。

（6）涉及土地使用权调整的。一般应公告包括土地权利人姓名及其土地的面积、位置、用途等。

（7）异议处理联系人及联系电话。如对土地权属调整内容存在异议的，可向土地整治项目权属管理协调小组反映。

8.2 土地整治工程施工管理

8.2.1 土地整治项目工程施工管理制度

8.2.1.1 项目法人责任制

地方主管部门是项目实施单位，在上级主管部门的领导和指导下具体运作项目。项目实施实行项目法人责任制，项目法人单位对项目策划、建设、实施全过程负责，并承担投资风险；负责人应牵头组建施工技术指导小组、工作小组；负责组织项目工程的实施；参与项目工程阶段验收及最终验收。

8.2.1.2 项目工程招标制

为防止暗箱操作，保证工程质量，由项目实施单位组织招投标工作，进行公开招标，根据《中华人民共和国招标投标法》分标段向社会公开招标、投标，公开、公正、合理地选择施工单位，招标、投标的内容也包括主要设备和材料的采购。投标方按照工程质量和施工要求，拟定工期、报价和质量标准等方案，最终根据以下程序择优选定中标单位：招标公告—报名—初步资格审查—施工图纸会审—施工单位投标—公开标书评议—确定中标施工单位。

8.2.1.3 项目工程监理制

项目承担单位通过招投标方式选择具备相应资质的监理单位，对该项目进行监理。监理单位可以根据《水利工程建设监理规定》、《水利工程建设监理单位资质管理办法》和《水利工程建设监理人员资格管理办法》、《建设工程合同》以及《建设工程监理合同》，代表建设方对工程实行监管，按照合同控制工程建设的投资、工期和质量，协调有关各方的工作关系，使工程建设顺利进行。制定出具体工作细则，明确委托监理程序，监理单位资质要求等，对所有工程的建设内容、施工进度、工程质量进行监理。

8.2.1.4 项目合同管理制

按照《中华人民共和国合同法》等有关规定，制定有关工作制度，项目实施单位与施工单位签订施工合同，明确相互各方的权责。合同由专人管理，设项目合同管理专用章，签发工程承建合同和设备购置合同必须由项目法人签字盖章；合同纠纷调处按《中华人民共和国合同法》规定程序进行。

8.2.1.5 项目公告制

将整个项目区的范围、面积、工程类型与数量、施工单位、监理单位以及项目实施的各项管理制度等进行公告，以接受社会监督。

8.2.1.6 项目资金管理

严格按照《国家投资土地开发整理项目资金管理暂行办法》的要求执行，加强资金监管。全面推进报账制，在资金管理上，严格执行“三专管理，直达项目”制度，即专户储存、专人管理、专账核算，直达项目终端，同时认真执行领导审核和专家评审制和项目资金公示制。

8.2.2 土地整治工程施工组织设计

施工组织设计是指导土地整治工程施工全局，统筹施工全过程，在施工管理中起核心作用的重要技术经济文件。施工组织设计是土地整治工程设计文件的重要组成部分，是编制工程投资估算、概预算和招标、投标文件的主要依据之一，是工程建设和施工管理的指导性文件。做好施工组织设计，不但为建设管理单位提供决策依据，又可为承包商提供有效指导，同时是监理的重要参考资料。

土地整治工程施工组织设计涉及专业很广，不是单纯的技术文件或单纯的经济文件，而是技术与经济相结合的、目的在于提高工程施工经济效益的一份组织科学施工的技术经济文件。从事这项工作的设计人员应掌握土地整治工程设计和现代管理科学的理论，熟悉国家有关规程规范，通过自身不断参加工程实践和总结经验，认真学习其他工程的先进技术和经验，经多方案优化设计，提出技术先进可行、经济合理的实施方案。

施工组织设计可分为施工组织总设计、单项工程施工组织设计及施工措施三大部分。

设计内容有主要工程施工、施工交通运输、施工工厂设施、施工总布置、施工总进度等。按基本建设程序可分为可行性研究、初步设计、技术设计三个阶段。在工程实施阶段包括招标文件、投标书及合同实施三个阶段的施工组织设计。本小节就土地整治项目施工组织设计的一般要求及方法进行叙述，供编制施工组织设计时参考。

8.2.2.1 施工组织设计文件编制原则

施工组织设计文件编制应遵循下列原则：

（1）遵循设计程序，使施工组织设计符合基本建设程序的要求。施工总进度的安排应在保证工程质量和安全的前提下，使之符合高速度施工的要求。

（2）因地制宜，就地取材；节约建筑材料，特别是木材；降低工程成本；节约施工用地，尽量少占耕地。

（3）制定技术措施和组织措施时，应符合保证工程质量和生产安全的要求。

（4）坚持不断提高施工机械化水平的方向，用现代技术装备施工技术队伍，选用效率高、效果好的施工机构；充分利用现有的机械设备，节约劳动力，减轻劳动强度。

（5）积极采用有效的技术革新和技术革命成果；但对于未做出技术鉴定的新技术，不得在设计中随意采用。

（6）做好人力、物力的综合平衡，力争均衡施工。

（7）做好冬季、夏季和雨季施工的准备，力争全年施工。

8.2.2.2 施工条件分析

施工条件分析需要考察自然条件、交通条件、电力供应条件、物资供应条件、施工用水、钢筋加工、木材加工仓库和堆料场工地布置等可能影响施工质量、施工进度的因素。

（1）自然条件。考察项目区有无大的地质灾害以及可能对项目施工的制约因素；项目区土壤对工程施工的限制条件；项目区可能的特殊灾害气候极少发生。项目施工时应尽量避开雨季，土地平整工程内容避开雨季和农忙季节。

（2）交通条件。交通条件需考察项目区交通状况是否满足项目施工的基本要求，工程建筑材料送达施工地点的便利程度。

（3）电力供应条件。项目区电网基本情况分析，各村组变压器容量与负荷，电质、电量是否充足，能否满足项目施工的电力需要。

（4）物资供应条件。项目工程建设所需砂、石、水泥等各类主要建筑材料和燃料、建筑材料的供应状况。

（5）施工用水。项目区施工用水水量是否能够满足项目施工用水的需要。

（6）仓库和堆料场。项目施工所需钢筋、木材集中加工地点状况。为保证水泥质量，水泥仓库应在地面铺油毡或彩条布隔潮，四周做好排水沟。砂、石料露天堆放，根据需要直接放置在搅拌机附近，堆料周围设置排水沟，防止雨水冲刷。

（7）工地布置。工地安排工棚、食堂、办公室、工具室、仓库及值班室，值班人员负责工地开水供应，医药保健药品管理。

8.2.2.3 施工程序

根据项目区现有耕作制度及气候条件安排施工，对于交通条件不便的地方，在施工顺序上，尽可能将田间道路工程放在前面；对于怕涝的地方，在施工顺序安排时，尽可能将斗沟、农沟及附属建筑物放在前面；对于水源条件差的地方，在安排施工顺序时，尽可能将灌溉水源工程及斗渠、农渠及附属建筑物放在前面；对于那些因施工条件限制的工程项目，尽可能避免在影响工程施工质量的环境中施工，如混凝土及浆砌石等，对施工条件有相对要求的地方，对农业生产有影响的少数工程项目可根据实际情况，适当靠后。

A 土地平整工程

土地平整是项目区一项基础性的工作，由于项目区的田块大小及地貌高差的不同，具体平整则应由现场施工人员参照土地平整工程图按土地平整的原则及施工条件（人工施工、机械施工）确定。不平整田块坑塘填埋时，坑塘耕作层以下要用履带拖拉机压实，以防止水土沉陷，以利于耕作。田块平整的推距在80m以下使用推土机推土，推距在100~300m使用铲运机运土。机械平整时，工区的面积大小以挖填分界线在田块内能封闭为标准。

土地平整的施工工序如图8.1所示。

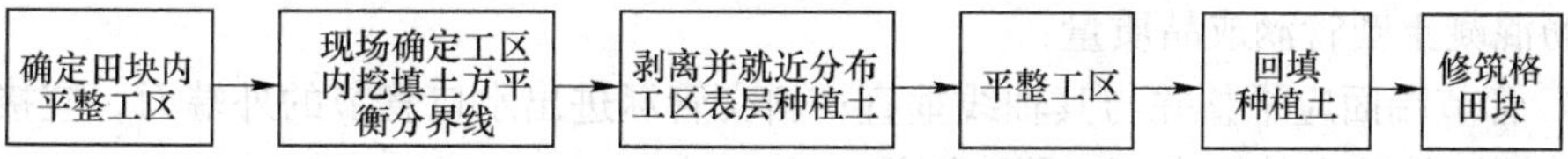

图8.1 土地平整的施工工序

坑塘填埋的施工工序如图8.2所示。

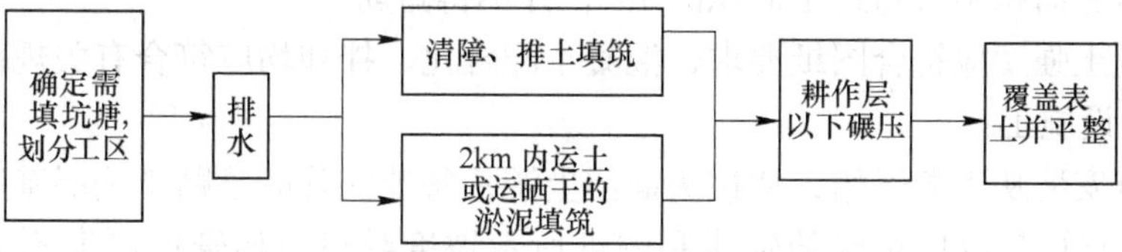

图8.2 坑塘填埋的施工工序

B 沟渠工程

沟渠施工工序如图8.3所示。

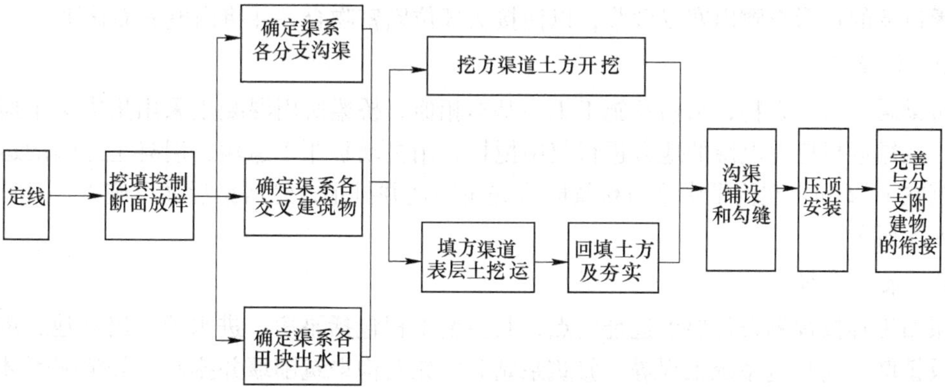

图8.3 沟渠施工工序

C 涵工程

沟渠涵工程施工工序如图8.4所示。

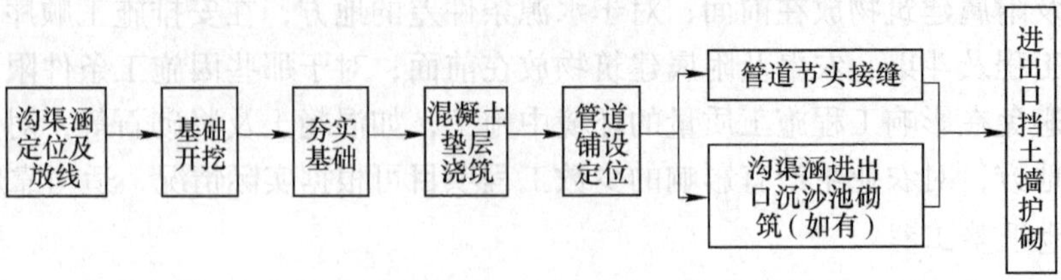

图 8.4　涵施工工序

基础开挖应符合图纸要求。当在原有沟渠修筑时挖临时过水通道保护好灌溉水流。基槽开挖后，应紧接着进行垫层铺设、涵管敷设及基槽回填等作业。如果出现不可避免的耽误，无论是何原因，在施工过程中应采取必要措施，保护基槽的外露面不致破坏。管涵垫层基座应结合土质及路基填土高度设置预留拱度。

钢筋混凝土圆管涵成品质量：

（1）管节端面应平整并与其轴线垂直；斜交管涵进出水口管节的外端面，应接斜交角度进行处理。管壁内外侧表面应平直圆滑。

（2）每处蜂窝面积不得大于 30mm×30mm。

（3）蜂窝深度不得超过 10mm。

（4）蜂窝总面积不得超过全面积的 1%，并不得露筋。

（5）混凝土强度应符合图纸要求，混凝土配合比、拌和均应符合有关规范要求。

圆管涵敷设施工：

（1）管节安装从下游开始，使接头面向上游；每节涵管应紧贴于垫层基座上，使涵管受力均匀；所有管节应按正确的轴线和图纸所示坡度敷设。如管壁厚度不同，应使内壁齐平。

（2）敷设过程中，应保持管内清洁无脏物、无多余的砂浆及其他杂物。

（3）在软基上修筑涵管时，应对地基进行处理。

（4）管节优先采用承插式接缝，在承口端应先坐以干硬性水泥砂浆，在管口套接以后再在承口端的环形空隙内塞以砂浆，以使接头部位紧密吻合，并将内壁表面抹平。

D　桥梁工程

桥梁属交叉建筑物，结构及施工工序基本相似，桥梁所用混凝土采用集中集中搅拌的方式，在靠近村庄有电源的地方进行集中搅拌，用机动翻斗车运输，混凝土运输的运距最好控制在 1~2km。在沟渠中修筑桥梁时应先筑围堰并排水，经清淤后才可施工。具体工序如图 8.5 所示。

E　泵站工程

泵站工程按规划设计要求选址定点，其主要工程包括泵房、进水池、出水池、进出水管道及镇墩、输配电系统工程等。修筑泵站时应先对沟渠筑围堰并排水，经清淤后才可施工。其施工工序如图 8.6 所示。

施工前，根据规划设计指定的泵房位置，测量、打桩以控制泵房标高；按照规划设计要求定出泵房轴线；依规划设计要求进行放线开挖，开挖时由测量及施工人员依设计控制基底标高。进水池施工应先做施工围堰，排水后做底板和侧墙，施工过程中注意排除积

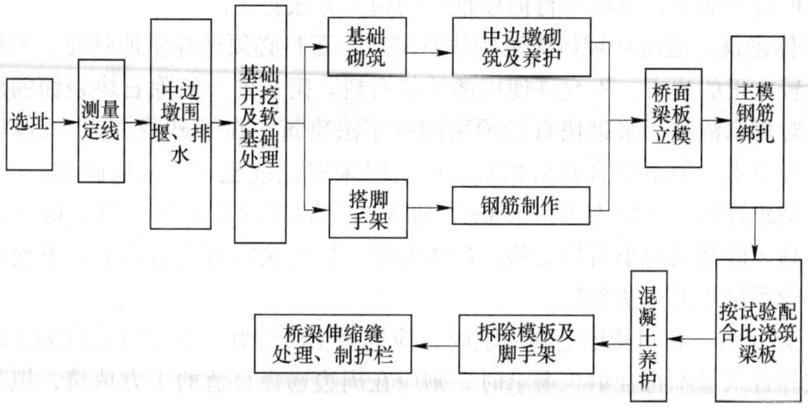

图 8.5 桥梁工程施工工序

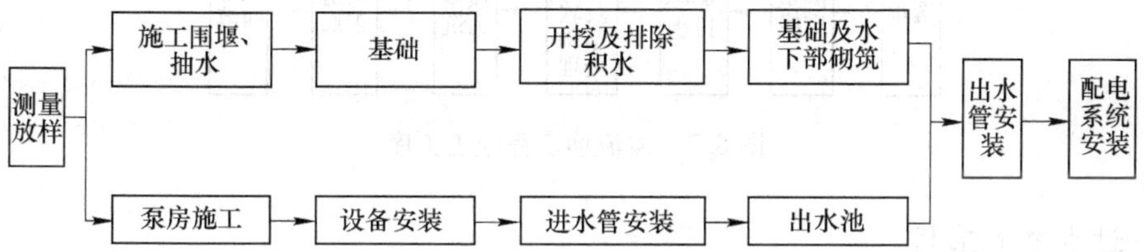

图 8.6 泵站工程施工工序

水。基槽开挖完成后，及时进行基础处理，施工时严格按照施工配合比拌制混凝土，砖砌体按照规范及设计进行施工。

电气设备及安装工程施工。机电设备部分要根据设计图纸要求布置在相应位置上，各路管线和设备、预埋件必须配合土建施工，及时穿插作业。对于设备地脚螺栓等较大埋件，应在浇筑混凝土底板时预留孔洞，然后准确安装埋件并浇筑二期混凝土。

变压器的安装。变压器安装前，应按设计图纸砌好变压器台（杆），变压器到达现场后，应检查其包装是否良好，规格及型号是否符合要求，以及技术文件是否齐全等。然后按图纸要求安装变压器及配件，在变压器负荷试验过程中，要及时观察变压器温升和噪声，并时刻注意散热风扇的工作情况，发现问题及时解决。

架空线路及电力电缆的敷设。短距离输电线路架设由高压线架线至变压器，按架设线路规范进行操作，由变压器引出低压。电力电缆的敷设要根据具体位置和图纸要求，或穿管敷设于地坪内，或用支架或吊架敷设于墙壁和室内吊索上。照明设备的安装，要根据设备的型号、位置，按有关规定进行安装，并经过检查合格后才能使用。

检查调试和联合试运转。机电设备安装完成后，应对图纸和电气接线图对各部分进行仔细检查，然后通电进行总体测试，并做好记录，使其满足设计和相应规范要求。对于在试运行中发现的问题，应和业主、设计和监理部门进行研究分析，找出原因，制定相应解决方法。

F 溢流坝工程

溢流坝施工工序如图 8.7 所示，并需要注意以下几个方面：

（1）土方开挖。土方开挖采取挖掘机挖土并装车，自卸汽车外运，土方弃于指定弃土场。开挖采取自上而下，分段平行循序推进的施工方法施工。

（2）坝体砌筑。溢流坝坝体为浆砌块石砌筑，石料必须选择质地坚硬、不易风化、没有裂缝且比较方正的岩石，不允许使用薄片状石料。砌筑前，清除石块表面的泥、水锈等杂质，必要时用水清洗。浆砌块石必须采用铺浆法砌筑，在铺砂浆之前，石料洒水湿润，使其表面充分吸水，但不得有残留积水。砌筑时采取挂线施工，分层卧砌，上、下错缝，内外搭砌。砌筑缝宽度一般为15~30mm，较大的空隙用碎石填塞，但不得在底座上或石块的下面用高于砂浆层的小石块支垫。砌体的第一层石块须将大面向下，不允许采用外面侧立石块，中间填心的方法砌筑。

（3）土方回填。利用开挖土料回填时，应选择土质较好、含水量适宜的土壤，当开挖土料的土质和含水量不符合填筑要求时，则应在周边选择合适的土方填筑，填筑土方的松铺厚度每层高25~30cm，使其压实度符合要求。

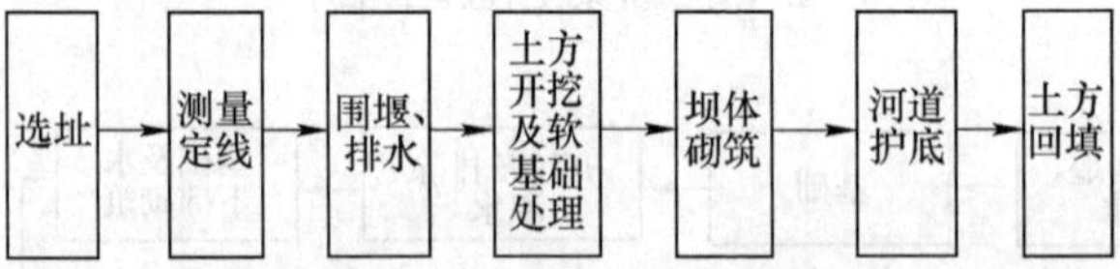

图8.7 溢流坝工程施工工序

G 过水路面工程

过水路面施工工序如图8.8所示。

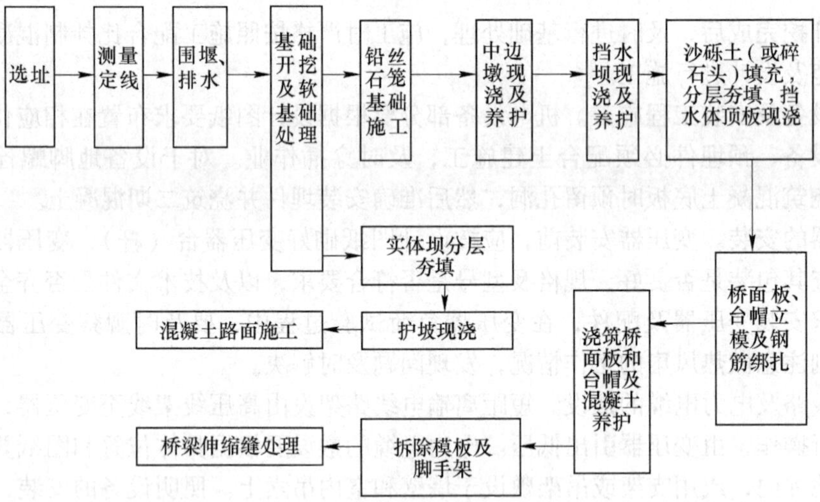

图8.8 过水路面工程施工工序

H 道路工程

新建道路施工工序如图8.9所示，其工序步骤如下：

（1）土方开挖施工。由于开挖深度较浅，拟安排反铲挖掘机、自卸汽车配合挖装运土，在接近基底20cm范围内，由人工辅助开挖修坡、修底。

（2）垫层施工。垫层的材料应根据设计要求进行选料，铺设厚度应满足设计要求，需要碾压的应按要求进行碾压。

(3) 泥结碎石路面施工。

1) 准备工作。准备工作包括放样、布置料堆、整理路槽和拌制泥浆。泥浆按水土体积比 0.8∶1~1∶1 进行拌制，过稀或不均匀都将直接影响到基层的强度和稳定性。

2) 摊铺碎石料。将事先准备好的石料按松铺厚度一次铺足。松铺系数为 1.2~1.3 按设计要求的宽度及厚度进行摊铺。

3) 初步碾压。初碾的目的是将碎石颗粒间碾压紧，但仍保留有一定数量的空隙，以便泥浆能灌进去。因此以选用振动压路机进行碾压为宜。碾压遍数不超过 2~4 遍（后轮压完路面全宽，即为 1 遍），碾压至碎石无松动情况为准。

4) 灌浆。在初压稳定的碎石层上，灌浆预先调制好的泥浆。泥浆要浇得均匀，数量要足够灌满碎石间的孔隙。泥浆的表面应与碎石齐平，但碎石的棱角仍应露出泥浆之上，必要时，可用竹帚将泥浆扫匀。灌浆时务使泥浆灌到碎石层的底部，灌浆后 1~2h，当泥浆下注，孔隙中空气逸出后，在未干的碎石层表面上撒嵌缝料（约 1~1.5m），以填塞碎石层表面的空隙，嵌缝料要撒的均匀。

5) 碾压。灌浆后，待表面已干而内部泥浆还处于半湿状态时，再用三轮压路机或振动压路机继续碾压，并随时注意将嵌缝料扫匀，直碾压到无明显轮迹及在碾轮下材料完全稳定为止。在碾压过程中，每碾压 1~2 遍后，即撒铺薄层石屑并扫匀，再进行碾压，以使碎石缝隙内的泥浆泛到表面与所撒石屑黏结成整体。

6) 质量要求。泥浆必须浇灌均匀，表面应平整、坚实，不得有松散、弹簧等现象。用压路机碾压后，不得有明显轮迹。面层与其他构筑物接顺，不得有积水现象。施工完的路面外观尺寸允许偏差应符合有关规范要求。

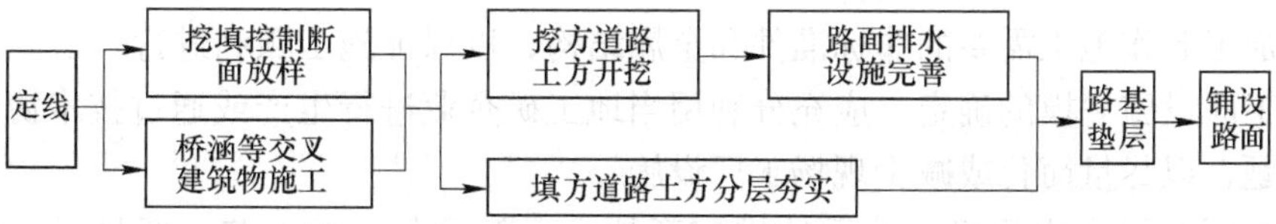

图 8.9 道路工程施工工序

I 维修道路

维修道路施工工序如图 8.10 所示。

图 8.10 维修道路施工工序

8.2.2.4 施工交通运输

A 对外交通

工程建设如果没有可靠的对外交通运输设施，则物资供应将无法保证，工程进度将受到运输能力的限制，此外，还将影响施工总体布置。对外交通运输计划不周，也会打乱施工步骤，贻误工期，增加投资。因此，正确地制定对外交通运输规划，合理地进行运输线路布置是施工设计的主要内容之一。

选择对外交通运输方案，应深入调查工程所在地区现有交通运输状况、今后发展计划。根据工程施工特性，分析货运量及运输强度，结合河流上下游梯级开发和当地建筑材料的来源等综合考虑，进行技术经济比较。一般常用的对外交通运输方式有公路和水运。

B 场内交通

场内交通方式取决于多种因素，主要有对外交通方式、运输量、施工特点、施工场地地形条件和施工场地的布置。汽车运输在场内交通中应用比较广泛，其特点是灵活性大，适应各种运输条件。

结合施工总平面布置，详细分析货流方向，货运特性、运输量、运输强度以及运输设备的特点，拟定技术标准。进行场内主要交通线路的规划及平面布置，纵、横剖面设计，计算线路土石方工程量。

设计采用的技术标准应符合国家现行规范，并结合土地整治工程的特点。线路设计应考虑永久和临时、前期和后期相结合，妥善解决交通联系，保证全年畅通。工人上下班的主要通道，宜专门设置，避免与主要交通干线相互干扰，若有困难应适当加宽路肩，以保安全，交通支线与人行道也应统一规划布置。

根据土地整治工程施工特点，选择路基、路面和桥涵等建筑物的设计标准，应以满足工地经常使用的车辆为依据，选取有关规范中相应的等级为设计标准。对于少数特殊车辆的运输通道，一般应将其列为验算荷载，有时候为了减少初期投资，也可采用临时加固措施解决。

8.2.2.5 施工工厂

为施工服务的施工工厂设施通称为施工工厂，主要包括：混凝土拌和系统（含预冷、预热系统）、钢筋加工厂、木工加工厂、压气、供水、供电、工地试验室、机械修理厂等。施工工厂设施的任务是制备施工所需的建筑材料，供应水、电和压缩空气，维修和保养施工设备，加工制作施工需要的非标准件和金属结构，以保证施工顺利进行。

施工工厂设施规模的确定，应充分利用当地工矿企业进行生产或通过技术协作解决施工保障问题，以尽量简化或减少现场工厂设施。

施工工厂的设计应积极、慎重地推广新技术、新设备、新工艺、新材料；提高机械化、自动化水平，应逐步推广装配式结构，力求设计系列化、定型化。

需设在现场的施工工厂设施布置，要考虑以下原则：厂址宜靠近服务对象和用户中心，交通运输和水电供应方便处，力求避免物资逆向运输；协作关系密切的施工工厂布置相对集中；生产区和生活区相对分开；满足防火、安全、卫生和环保要求。

8.2.2.6 施工总体布置

施工总体布置是根据工程特点和施工条件，研究和解决主要工程施工期间所需的各种施工设施在平面和立面上的问题，即正确解决施工地区的空间组织问题，以期在施工总进度规定的期限内完成整个工程的建设任务。

施工总体布置应完成的主要工作是选定施工场地、拟定分区规划原则、研究加工场地划分、施工辅助企业和临时设施的分区布置、场内运输组织、场地防洪排水等问题，拟定各种一可能的布置方案，通过比选推荐合理方案，并提出各项施工设施的建筑面积、占地面积、工程量及相应的机械设备、建筑材料数量等技术经济指标。

施工总体布置的主要内容：（1）配合选择对外交通方案，选择场内交通方式以联系方式，布置线路，确定渡口、桥梁位置，组织场内运输。（2）选择合适的施工场地，确定场内区域划分原则，布置各施工辅助企业及其他生产辅助设施，布置仓库站场、施工管理及生活设施。(3) 选择给水、供电、压气、供热等系统的位置，布置干线、干管。(4) 确定施工场地排水、防洪标准，规划布置排水、防洪沟槽系统。(5) 规划弃渣、堆料场地，做好场地土石方平衡以及开挖土石方调配。(6) 研究环境保护措施。

施工总体布置设计，应在因地制宜、因时制宜和利于生产、方便生活、快捷安全、经济可靠、易于管理的原则指导下进行，并注意以下各点：(1) 施工场地选择应综合考虑地形、地质条件，场内外交通布置，给水、供电、防洪排水等要求，尽量选择地形平坦宽阔、地质条件好的场地。(2) 场地划分和布置应符合国家有关安全、防火、卫生、环境保护等规定。(3) 合理利用地形，合理使用场地，布置尽量紧凑，减少占地面积和减少准备工程量。(4) 各种施工设施的布置，应能满足主要工程施工工艺，避免干扰，避免和减少场料的重复、往返运输，并为均衡施工创造条件。(5) 分期布置应适应各施工期的特点，注意各施工期之间工艺布置的衔接和施工的连续性，避免迁建、改建和重建。(6) 选定的厂内外运输方式尽量一致，满足运输要求，营运方便、可靠、经济。(7) 选用合适的防洪、排水标准，其系统布置应能保证施工场地和施工设施的安全。

随着我国基本建设体制改革的进展和国民经济的发展，应重视土地整治施工的生产、生活基地的建设，并充分发挥基地和工程所在地区地方生产企业、加工和修配力量的作用，减少施工临建项目，减少临建投资和缩短准备工期。

8.2.2.7 编制施工进度计划

编制施工进度计划时，应与施工组织设计的其他各组成部分，如各分部工程施工方法、施工平面总体布置等的设计密切联系，统筹考虑。为确保工程按计划实施，首先要根据施工总进度计划的安排，选择有效的分部工程施工方法，并组织相应的技术供应，合理布置施工场地；同时，施工总进度计划的安排也受到这些因素的限制。其次，施工总进度计划的安排也要与相应的施工场地布置相协调；另外，施工总进度计划中规定的施工强度，应与选定的施工方法和机械设备的工作能力相适应；安排施工总进度计划时，还必须考虑技术供应的可能性与现实性，使施工总进度计划建立在可靠的物质基础上。

编制施工进度计划的工作步骤：(1) 收集资料。在编制施工总进度之前和在工作中，要收集和不断完善编制施工总进度所需要的基本资料。(2) 编制控制性施工进度。控制性施工进度同导流、施工方法设计等专业都有密切的联系，在编制过程中。应根据工程建设总工期的要求，确定施工分期和施工程序。控制性施工进度的编制是一个反复调整的过程。完成控制性施工进度的编制后，施工总进度中的主要施工技术问题，应当基本解决。(3) 施工方案比较。对于同一个工程设计方案可能编制几种不同的施工方案，以土地平整为主要工程设计方案可有几种不同的土方运输方案。因而可编制出多个相应的施工进度方案，需要对施工进度方案进度比较和优选。(4) 编制施工总进度表。编制施工总进度表时，以控制性施工进度表为基础，列入非控制性的工程项目，进一步修改完善控制性施工进度表，提出准备工程施工进度表。施工总进度表是编制施工总进度的最终成果。(5) 编写施工总进度报告。施工总进度报告，应列出主要的基本资料，阐明总进度编制的依据，各方案主要工程的施工特性、施工程序、主要施工方法，有拦河坝工程项目的还应阐明导流方案和相应的施工程序、方案比较意见，最后阐明选定方案的施工进度安排及主要技术经济指标。

8.2.3 土地整治工程施工质量管理

8.2.3.1 沟渠工程施工质量管理

A U形槽灌溉渠

U形槽灌溉渠结构为预制混凝土U形槽，槽底铺设砂夹石垫层，槽顶为C15或C20混凝土压顶。其材料控制要求：(1) U形槽成品需有出厂合格证及质量证明材料。(2) U形槽现场预制应有混凝土标号及拌和配合比并按标准取样试压，在预制过程中应符合规范有关规定。(3) U形槽内外侧表面应平直圆滑，不得出现蜂窝、麻面现象。(4) U形槽端面应平整并与其轴线垂直。(5) 槽体强度和尺寸应满足设计要求，一般U形槽厚度允许偏差3mm，正值不限。(6) 槽体外观应避免出现破损、裂缝、蜂窝及麻面等现象。(7) 砂浆需有配合比，其强度应满足施工规范要求。

U形渠开挖断面较小，拟分段在按设计高程放样后采用人工开挖，一次性开挖到底，并及时验槽进入下一工序施工。每个施工作业段以50m左右为宜。

由于灌溉渠U形槽安装高程局部比两侧田地高，需补填土方才能进行灌渠型槽安装。土方回填时拟采用人工运土木夯夯实，填土施工先按设计填土断面制作一可装卸的钢模，在填土现场按设计高程安放钢模板后，再由人工把土料填到模板内，然后用人工木夯夯实，符合设计要求压实度后即可拆除模板，进入下一层土回填。

基槽验收及断面补填土后，按设计断面用回填5cm砂垫层，回填时应摊铺均匀，并用小板夯拍打密实即可。

槽底砂垫层铺筑完成后，即着手进行U形槽安装。U形槽采用厂家加工定做，按设计图纸要求的尺寸进行加工，分上口尺寸的规格，按每节0.5~1m进行加工。安装时，采用人力打运轻拿轻放，防止碰坏棱角。U形槽座放在砂垫层上，要注意槽底高程符合设计高程使之符合设计要求。U形槽接缝，在槽底高程复核符合设计要求并挂牢后，采用M10砂浆勾缝。

每个作业段（50m）U形槽安装完后，即可进行压顶混凝土浇筑。混凝土采用拌和站统一拌制后，由机动翻斗车转运到现场，再由人工进行浇筑。由于混凝土浇筑层厚较薄为12cm，采用人工用铁抹子钢筋撬插捣的方式浇筑，外表面由人工用铁抹子抹光、压实，使之符合设计尺寸要求。

B 土质排水沟渠

排水沟槽开挖采用反铲挖掘机挖沟，人工结合修整。埋深较浅时，可采用一次性挖至设计标高，开挖点根据各条排水沟的走向，从排水沟的下游向上游挖进，根据地质情况和地下水渗水量按一定距离设一集水井，用抽水机或潜水泵排水，在挖设计标高时，应及时安排人员清除余土，疏通沟槽积水，以利抽干排除。对于地质情况较差的沟槽，采用适当的挡土板支扩加固，防止坍塌。

C 渠道防渗处理

常见的渠道防渗处理有3种：

(1) 土料夯实防渗。主要指清除排水渠杂草和淤泥后，将表层土进行翻松，随后在含水量最佳的情况下分层夯实松土。为促进层间的结合，需要刨毛前一层夯实土的表面，一般将夯实层总厚度控制在30~50cm的范围内。这种方法能够有效降低渠床的土壤透水性，不需要进行任何材料的添加，具有良好的经济性和便捷性，但防渗效果较差。

（2）三合土防渗。主要是将石灰粉、砂、黏土按照相应的质量比进行拌制形成的，它作为防渗材料效果良好。施工过程中，在均匀拌和三种材料后添加适量的水，然后堆置一段时间，铺筑工作在石灰充分沤熟后进行。一般情况下，可以将防渗层的厚度控制在25~30cm的范围内，铺筑时逐层施工，直至渠顶，随后将边坡拍打至出浆。

（3）砌石护面防渗。常用的有两种材质，一种是浆砌块石防渗，另一种是干砌石板勾缝防渗。一般将浆砌块石的厚度控制在20~30cm的范围内。干砌石板防渗主要是在石板干砌时预留2cm的缝隙，通过砂浆对缝隙进行填实，从而起到止水的目的。

8.2.3.2 田间道与生产路施工质量管理

路基若开挖深度较浅，可安排反铲挖掘机、自卸汽车配合挖装运土，在接近基底20cm范围内，由人工辅助开挖修坡、修底。

干砌石路肩，毛石应放置平衡，上下错缝，内外搭砌，毛石间较大的空隙应先填塞砂后再用小石块嵌定，并用铁锤敲击，使毛石与毛石之间挤压紧密。在路基填土碾压时需注意保护，不要被压实施工机械碰撞破坏。在实际施工过程中应注意以下几点：（1）路肩埋深应符合设计要求，埋深一般应不小于20cm。（2）路肩砌石质量应符合砌石施工规范要求。

垫层的材料应根据设计要求进行选料，铺设厚度应满足设计要求，需要碾压的应按要求进行碾压；对于片石灌砂垫层应进行片石摆设，片石要留有够大的缝隙以便灌砂，灌砂时应用水来保证密实，灌满后还应进行碾压。

路基填筑砂石压实作业：砂石填料在铺料、平整、洒水润湿，并要求洒水后进行碾压压实，碾压遍数通过试验确定。拟选用振动碾，采用进退错距法，进行施工碾迹搭压宽度应不小于0.1m，碾压时行驶速度为2km/h。搭接位置不小于平行路轴线方向0.5m，顺道路轴线方向行驶，机械碾压不到的边角部位采用蛙式打夯机夯实，局部采用人工木夯夯实。在路肩砌筑施工完毕后施工，即可用汽车运砂、砂石料至施工地段上进行路面面层施工，用人工运至现场工作面上进行摊铺，摊铺的厚度应达到设计要求，再用振动压路机压实。砂石的质量应符合规范要求，且级配良好、不得有超粒径的现象发生，不得含有草树根等有机物、砂石里不得含有风化石或软石。

8.2.3.3 涵管工程

道路涵管工程沟槽在路基拓宽开挖结束后进行。管槽开挖采用小型反铲挖掘机挖沟，人工结合修整，可用反铲挖掘机单槽一次性开挖至距设计标高0.3m处，再由人工进行修底修坡。开挖时根据各条排水沟的走向，从排水沟的下游向上游挖进。施工中注意边坡稳定，及时用潜水泵排除基槽积水，严禁基槽长期泡水。在挖至设计标高时，应及时安排人员进行清除余土，排干沟槽积水，做到基槽一开挖立即进行涵沟砌石施工，不得使基底暴露过久，基底设计标高以上30cm厚，不得提前挖除，应在管基施工的同时方可挖除，若基底土壤已受扰动或超挖，用砂石砂夯实填平。基槽外1m以内不得堆土，同时堆土不得超过1.5m高。拟采用反铲挖掘机配合人工进行开挖，自卸汽车配合挖装运土，在接近基底20cm范围内，由人工辅助开挖修坡、修底。

涵管在运输、装卸过程中，应采取防碰撞措施，避免管节损坏或产生裂纹。涵管装卸工作必须用经监理工程师批准的吊具进行；除非取得监理工程师的书面许可，不允许用滚板或斜板卸管。存放场地的位置和装卸的工作方法必须经监理工程师认可。

砂垫层应压实到设计要求密实度，其压实度应在90%以上，按重型击实法试验测定，砂垫层应分层摊铺压实，不得有离析现象，否则要重新拌和铺筑。

管节接缝优先采用承插式接缝，在承口端应先坐以干硬性水泥砂浆，在管口套接以后再在承口端的环形空隙内塞以砂浆，以使接头部位紧密吻合，并将内壁表面抹平。管节接头及进出水口应按图纸要求进行防水处理，不得漏水和渗水。在填土覆盖前应按图纸要求或监理工程师指示进行潜水试验。

8.2.3.4 *砌石工程*

砌石工程包括沟渠、田间道路肩、山坪塘、提灌站等。砌体石料必须质地坚硬、新鲜，不得有剥落层或裂纹，其基本物理力学指标应符合设计规定。石料若从采石场专门开采，表面的泥垢等杂质，砌筑前应清洗干净。石料的规格要求：（1）粗料石，包括条石、异形石，要求棱角分明，六面基本平整，同一面最大高差不超过1.0cm，其尺寸视料场择优选定，但其长度宜大于50cm，块高宜大于25cm，长厚比宜不大于3。粗料石的外露面，宜修琢加工，保持大致平整。（2）块石，一般由成层岩石爆破面成或大块石料锲切而得，要求上下两面大致平整且平行，无尖角、薄边，块厚宜大于20cm。（3）毛石，无一定规则形状，单块质量应大于25kg，中厚不小于15cm。

砌石体的胶结材料，主要有水泥砂浆和混凝土。水泥砂浆是由水泥、砂、水按一定的比例配合而成。用作砌石胶结材料的混凝土是由水泥、水、砂和最大粒径不超过40mm的骨料按一定的比例配合而成。（1）水泥。应符合国家标准及部颁标准的规定，水泥标号不低于325号；水位变化区、溢流面和受水流冲刷的部位，其水泥标号应不低于425号。（2）水。拌和用的水要求符合国家标准规定。（3）水泥砂浆。其稠度应控制在4~6cm，混凝土的坍落度应为5~8cm。

砌筑要求：（1）挡墙基础按设计要求开挖后，进行清理，并请监理工程师进行验收。（2）已砌好的砌体，在抗压强度未达到2.5MPa前不得进行上层砌石的准备工作。（3）砌石必须采用铺浆法砌筑，砌筑时，石块宜分层卧砌，上下错缝，内外搭砌。（4）在铺砌前，将石料洒水湿润，使其表面充分吸收，但不得残留积水。砌体外露面在砌筑后12~18h之内给予养护。继续砌筑前，将砌体表面浮碴清除，再行砌筑。（5）砂浆砌石体在砌筑时，应做到大面朝下，适当摇动或敲击，使其稳定；严禁石块无浆贴靠，竖隙填塞砂浆后用扁铁插捣至表面泛浆；同一砌筑层内，相邻石块应错缝砌筑，不得存在顺流向通缝，上下相邻砌筑的石块，也应错缝搭接，避免竖向通缝。（6）雨天施工不得使用过湿的石块，以免细石混凝土或砂浆流淌，影响砌体的质量，并做好表面的保护工作。如没有做好防雨棚，降雨量大于5mm时，应停止砌筑作业。

浆砌石体砌筑一般要求：（1）砂浆必须要有试验配合比，强度须满足设计要求，且应有试块试验报告，试块应在砌筑现场随机制取。（2）砌筑前，应在砌体外将石料上的泥垢冲洗干净，砌筑时保持砌石表面湿润。（3）砌筑因故停顿，砂浆已超过初凝时间，应待砂浆强度达到2.5MPa后才可继续施工；在继续砌筑前，应将原砌体表面的浮渣清除；砌筑时应避免震动下层砌体。（4）勾缝浆标号应高于砌体砂浆；应按实有砌缝勾平缝，严禁勾假缝；勾缝密实，黏结牢固，墙面洁净。（5）砌石体应采用铺浆法砌筑，砂灰浆厚度应为20~50mm，当气温变化时，应适当调整。（6）采用浆砌法砌筑的砌石体转角处和交接处应同时砌筑，对不同时砌筑的面，必须留置临时间断处，并应砌成斜搓。(7) 砌石体尺寸和位置的允许偏差，不应超过有关的规定。

块石、毛石砌体砌筑基础时，第一块石块应坐浆，且将大面朝下。砌体基础扩大部分，若做成阶梯形，上级阶梯的石块应至少压砌下级阶梯的1/2，相邻阶梯的块、毛石应相应错缝搭接。砌体应风皮卧砌，并应上下错缝、内外搭砌，不得采用外面侧立石块、中间填心的砌筑方法。砌体第一层及转角处、交接处和洞口处应选用较大的石料砌筑。石墙必须设置拉结石。拉结石必须均匀分布、相互错开，一般每0.7m^2墙面至少应设置一块。拉结石的长度，若其墙厚不大于400mm时，应等于墙厚；墙厚大于400mm时，可用两块拉结石内外搭接，搭接长度应不小于150mm，且其中一块长度应不小于墙厚的2/3。砌体每日的砌筑高度应不超过1.2m。

料石砌体的灰缝厚度，应按料石种类确定，细料石砌体不大于5mm，半细料石砌体不大于10mm，粗料石和毛料石砌体不大于20mm。砌筑料石砌体时，料石应放置平稳，砂浆铺设厚度应略高于规定的灰缝厚度。其高出厚度：细料石和半细料石为3~5mm，粗料石和毛料石为6~8mm。料石砌体应上下错缝搭砌。

干砌石体砌筑一般要求：(1) 砌石工程应在基础验收及结合面处理合格后方可施工。(2) 砌筑前，在基础面上放出墙身中线及边线。放样立标，拉线砌筑。(3) 干砌石使用材料应按施工图纸要求采用合适的砌筑料。石料使用前表面应洗除泥土和水锈杂质。(4) 砌体缝口应砌紧，底部应垫稳填实，与周边砌石靠紧，严禁架空。(5) 宜采用立砌法，不得叠砌和浮塞；叠砌是指用薄石重叠，双层砌筑，浮塞是指砌体的缝口，加塞时未经砸紧。石料最小边厚宜不小于15cm。不得有通缝和上下层垂直对缝，错缝不得小于10cm。砌筑时缝隙应不大于2cm，三角缝应不大于3cm，表面平整度应不大于3cm。明缝要用小片石填塞紧密，一般以手拉不出为宜。(6) 不得使用翘口石和飞口石。翘口石是指一边薄一边厚的石料，上下两块薄石部分互相搭接而成；飞口石是指石块的边口很薄，未经砸掉即砌上。(7) 不得在外露面用块石砌筑，而中间以小石填心；不得在砌筑层面以小块石、片石找平。(8) 在梯形沟、渠的施工中，宜先底后坡，由中间后两边，由下而上砌筑。对矩形而言，可先侧墙后底部。(9) 干砌石体铺砌前，应先铺设一层厚为100~200mm的砂砾垫层。铺设垫层前，应将地基平整夯实，砂砾垫层厚度应均匀，其密实度应大于90%。

干砌石护坡时，坡面上的干砌石砌筑，应在夯实的砂砾层上，以一层与一层错缝锁结方式铺砌，砂砾垫层的粒径应不大于50mm，含泥量小于5%，垫层应与干砌石铺砌层配合砌筑，应自下而上分层铺设，并随砌石面的增高分段上升。护坡表面砌缝的宽度应不大于25mm，砌石边缘应顺直、整齐牢固。砌体外路面的坡顶和侧边，应选用较整齐的石块砌筑平整。为使沿石块的全长有坚实支撑，所有前后的明缝均应用小片石料填塞紧密。

砌石表面勾缝与养护：(1) 勾缝砂浆采用细砂，用较小的水灰比，采用425号水泥拌制砂浆。灰砂比应控制在1∶1~1∶2之间。清缝在料石砌筑24h后进行，缝宽不小于砌缝宽度，缝深不小于缝宽的2倍。(2) 勾缝前必须将槽缝冲洗干净，不得残留灰渣和积水，并保持缝面湿润。勾缝砂浆必须单独拌制，严禁与砌石体砂浆混用。(3) 拌制好的砂浆向缝内分几次填充并用力压实，直到与表面平齐，然后抹光。砂浆初凝后砌体不得扰动。(4) 勾缝表面与块石应自然接缝，力求美观、匀称，砌体表面溅上的砂浆要清除干净。(5) 当勾缝完成和砂浆初凝后，砌体外路面，在砌筑后12~18h之间应及时养护，经常保持外路面的湿润。养护时间：水泥砂浆砌体一般为 14 天，混凝土砌体为 21 天。在养护期间应经常洒水，使砌体保持湿润，避免碰撞和振动。

8.2.3.5 混凝土工程施工质量管理

混凝土结构主要在渠道防渗的渠底、边坡和生产路路面，另外放水口、控制闸、压顶等也有部分混凝土结构。由于工程量相对来说较大，应准备混凝土拌和机在施工现场拌制混凝土，用双轮车运至浇筑点浇筑。预制混凝土放水管，在预制厂预制后运到现场安装。

混凝土工程施工时，根据设计要求的标号，必须先做配合比试验，确定各种材料单位用量，现场施工还要每天测定沙子、骨料的含水率，如有变化要调整配料单。运输过程中若产生分离现象，还要二次拌和入仓。出料每班要做坍落度试验，另外根据规定每 $200m^3$ 砌体要做一组（三个）试块，测定其是否达到设计强度。砂卵石从当地料场采购，经试验人员分析鉴定，验收合格方在本工程使用，并由试验室进行配合比设计。浇筑前应做好施工准备，选好拌和平台，砂、石子按需要量运到现场拌和机安装位置附近堆放。

模板工程。根据钢筋混凝土结构构件的特点，进行模板及支撑的设计，计算出各种规格的模板及模撑的加工数量，模板制作在现场加工厂进行。模板安装应遵循自下而上的安装方法。模板及支撑应有足够的强度，刚度和稳定性，并不致发生不允许的沉陷及变形，模板的内侧面必须平整，接缝紧密，不得漏浆。模板安装好以后要仔细检查各部件是否牢固，在浇筑混凝土的过程中要经常检查，如发现变形、松动现象，要及时修整加固。拆除模板时一般应遵循强度控制的规定，拆模应按顺序操作，避免较大的振动及碰伤，保证混凝土表面完整美观。

混凝土的养护采用洒水养护，应在混凝土浇筑完毕后 12～18h 内开始进行，在干燥、炎热的气候条件下，应洒水养护时间至少 28 天以上；大体积混凝土的水平施工缝则应养护到浇筑上层混凝土为止。

8.2.3.6 施工测量质量管理

进场后根据业主提供的三角网点和水准网点进行复核，并将复核的成果报监理工程师批准。精确地测定建筑物的位置，进行放样和完成全部测量数据的计算工作，并在施测前 10 天将有关施工测量的意见报告报送业主审批，在施工中，尽力保护好全部的三角网点、水准网点和施工中增设的控制点，防止移动和损坏。

施工测量放线的任务就是把设计图纸上的布置尺寸放到地面上，即根据工程的图示坐标和标高用测量仪器确定在实地的平面位置和所处高程。

测放临时水准点。工程施工之前，应根据图纸指定水准系统的已知水准点，引导至施工范围内，设置临时水准点，当施工牵涉到的水准系统不是一个标准时，可换算为工程的施工水准系统，据此设立临时水准点。临时水准点设置后，要逐一编号，其精度要求闭合差不得超过规范要求，并标在图纸上。根据需要和设置的牢固程度应定期进行复测，临时水准点的设置要求是：（1）应设置在坚硬的固定建筑物、构筑物上，或者设置在不受影响和外界干扰的稳定土层内；（2）在居民区或生产区每 200m 设置一个水准点，旷野每 400m 设置一个水准点；（3）两水准点之间能保持通视。

平面放线。根据工程的起点、终点和转折点的设计坐标，计算出这些点与附近控制点或建筑物之间的关系，然后根据这些关系把各个放线点用标桩固定在地面上。为了避免差错，每个点都要进行校核。在工程的起点、终点和转折点均已打桩核定后，再进行中心线和转角测量。中心线测量时，应每隔 20~30m 打一中心桩，中心桩的间距应统一，一般是选用 20m、25m、30m 或标段的具体情况作桩距，以便于统计距离和施工取料，然后根据工程规定需要的宽度用白灰撒出开挖边线。

纵断面水准测量。纵断面水准测量之前，应先沿工程的施工线路每隔 100m 的距离设置临时水准点，临时水准点的精度要求闭合差在平坦地区不得超过 1mm。以此水准点测出中心各桩位地面的高程，以检验设计图示地面高程和实际地面高程是否相同，并以此来确定沟槽开挖的深度或管道架空的高度。

8.2.3.7 地下管网施工质量管理

在实地放线时按照规范进行，在放完线以后对管道进行开挖。管道的深度需要根据所处区域的水文地理及气候特点进行确定。在施工过程中，首先要将管道底部的杂物和石块清理干净，杜绝底部管道有跑水现象发生。对于出现拐角施工的位置，要对所用设备管道的质量加强注意。一般情况下，水利工程灌溉管道在安装时采用黏接的方式进行，所使用的管道材料通常是 PVC 的，安装时要按照正确顺序，先安装干管，再安装支管。安装过程中，不但要将泥污擦去，而且将接头进行打毛处理后再进行粘接，通常情况下将打毛长度控制在 5~10cm 的范围内，完成打毛以后将 PVC 胶与之进行粘接。与此同时，还需要认真检查止水圈，将肥皂水均匀涂抹在止水圈上，便于安装。最后要对控水阀门进行认真检查，防止螺栓出现问题。

8.2.3.8 机井工程施工质量管理

机井工程施工程序：场地平整（包括开挖泥浆池）→施工放线→管井定位→埋置护筒→钻孔→电测含水层排管→安装井管→回填滤料及管外封闭→洗井→抽水试验→水质分析→成井。

钻机安装、护筒、泥浆池等及钻前准备工作：（1）安装钻机。首先平整场地、清除杂物、挖除软土、夯打密实。安装钻机设备的地基必须平坦、坚实、软硬均匀，对软弱地基作加固处理，地势低洼地区修筑钻井平台。（2）护筒埋设。护筒直径比桩径大 200~400mm；护筒中心竖直线与桩中心线重合，除设计另有规定外，平面误差为 50mm，竖直线倾斜不大于 1%；护筒周围黏土填实并分层夯实；护筒高出地面在 0.3m。（3）竖井架。安装前对各部件进行认真检查，符合要求后安装，竖立时有专业专人指挥，卷扬机或绞车操作人员要有一定专业技术，两边负责支撑杆的人员和主机手密切配合，缓慢、平稳、准确安装，以防支撑杆脱离滑道、钻塔后翻造成塔坏人伤。安装后的回转钻机转盘要水平，天车、转盘及井孔中心必须在一条铅直线上。（4）泥浆循环系统开挖。泥浆循环系统包括泥浆池、泥浆搅拌池、沉淀池及输浆沟等。

8.3 土地整治规划设计变更管理

8.3.1 变更的原因

土地整治项目规划设计变更是指在土地整治项目规划设计阶段完成（批复）后，至项目竣工验收前，为了完善工程设计、优化设计成果、纠正设计错误、保证施工质量及满足现场条件变化等，不能按原图纸施工时而对规划设计文件的补充或修改。

由于各种原因在土地整治项目建设过程中，各种因素不断干扰项目进行，项目总是处在一个变化的环境之中，这种变化对项目管理者来说，关键的问题是能够有效地预测可能发生的变化，以便采取预防措施，以实现项目的目标。通过不断地监控，有效地沟通、协调，认真地分析研究，妥善处理各种变化。可能的原因有：(1) 规划设计深度不够。规划设计的深度没有满足实际招投标及施工的需要，在项目建设的过程中，常常发现原规划设计有差错或与实际情况不符，而进行修改或细化，从而发生规划设计变更。(2) 施工条件变化。如地质勘探深度不足，开挖后暴露的地质条件与规划设计提供的情况不符；实际现场条件与规划设计提供的资料不符；遭遇洪水、地震、泥石流等自然力作用。(3) 工程使用意图变化。(4) 用料变化。如主要材料的可获得性与规划设计预期不符；或受市场因素影响，规划设计拟采用的原材料价格上涨造成施工方工程成本提高等。(5) 国家政策、法令、法律和地方政府的政策、规定的变化。如城市区划调整占用城市周边部分地块不能实施建设；国家和地方重点建设项目征用土地。如铁路、公路等线型工程穿越项目区占用项目部分地块；受农业结构调整影响农用地规划布局发生改变。(6) 农民对土地整治规划方案有异议，或因工程建设造成承包地或集体土地权益纠纷。

8.3.2 规划设计变更管理原则

变更会影响项目建设的正常进行，影响项目进度和费用支出。实施土地整治项目过程中必须十分重视规划设计变更的管理，并坚持以下原则：

(1) 严格控制规划设计变更。科学、严谨的项目规划设计是减少规划设计变更的基础。此外，在项目正式开工前，各有关单位应就项目目标、约束条件、内外部环境、风险的分担和应对措施等问题，进行充分的磋商和确认，对规划设计中的疑点、模糊不清、不落实之处以及在执行中存在困难的解决办法等，向对方作具体的分析说明和必要的承诺。在施工过程中，各有关单位应尽力协调和沟通，及时注意可能引起变更的因素，尽量通过计划、施工力量和施工方案的调整等应变措施，最大限度地减少和控制规划设计变更。

(2) 形成对变更的一致意见。对于必须发生的规划设计变更，在调查研究的基础上，各有关单位应本着互谅互让、顾全大局、求同存异的精神，对变更的必要性、内容、方式等，进行充分协商，尽可能取得一致意见，以谋求各方都能接受的规划设计变更方案。

(3) 做好充分准备。应加强对规划设计变更的预测工作，提前做好规划设计变更和其他必要的工作，提前向有关各方沟通信息，及时做出规划设计变更决策，避免在变更工程的后续工作上马后再实施变更。

(4) 及时变更，保证变更质量。规划设计变更后应确保项目区建设规模、新增耕地面积尽量不减少；规划设计变更后应保证项目投资目标和效益、原有工程建设标准不降低；规划设计变更后项目各项建设工程指标应能够按期竣工，不存在安全隐患；规划设计变更后需要增加项目投资的，原则不再追加，由地方自行解决；规划设计变更后资金剩余的，剩余部分要原渠道返回。

8.3.3 变更程序

设计变更申请可由项目业主单位、工程使用单位、设计单位、监理单位、施工单位及其他项目参与方提出。

规划设计变更一般由项目承担单位提出，规划设计单位同意后再修改原规划设计。监理单位和规划设计单位也可根据现场情况对原规划设计不合理之处提出规划设计变更，经项目承担单位同意后再执行规划设计修改。施工单位也可根据现场条件提出合理化建议，请求项目承担单位进行规划设计变更。规划设计变更是规划设计文件的组成部分，应存入技术档案，作为施工、验收及工程结算的依据。

8.4 土地整治项目竣工验收

项目经过竣工验收，由承包单位交付建设单位使用，并办理各项移交手续，标志着项目的完成，也就是建设资金转化为使用价值。主要任务包括：

（1）建设单位、勘察和设计单位、施工单位（包括各主要的工程分包单位）要分别对项目的决策和论证、勘察和设计以及施工的全过程进行最后的评价，实事求是地总结各自在项目建设中的经验和教训。这项工作，实际上也是对项目管理全过程进行系统的检验。作为工程项目总承包单位的项目经理，还应组织有关人员对整个项目进行工期分析、质量分析、成本分析。

（2）要办理建设工程的验收和交接手续、竣工结算和竣工决算、工程档案资料的移交、工程保修手续等等，总之，在这个阶段，要把整个项目的结束工作、移交工作和善后清理工作全部办理完毕。

（3）对施工单位来讲，应该把工程竣工作为一个过程看待，做好收尾和竣工验收工作，以便顺利撤离，缩短施工战线，投入新的工程项目的建设。

8.4.1 竣工验收的一般程序

为了确保项目竣工验收的顺利进行，必须遵循一定程序，并按照项目总体规划的要求以及施工进展的实际情况分阶段进行。项目竣工验收依据项目的大小、性质、特点的不同程序也不尽相同，对大型建设项目而言，由于验收环节较多，内容繁杂，因而验收的程序也相对复杂。对于一般建设项目来讲，项目竣工验收管理依据《土地整治项目验收规程》（TD/T 1013—2013）进行。

8.4.1.1 竣工验收准备工作

项目实施单位做好竣工验收准备工作如下：

（1）做好项目的收尾工作。竣工验收前应完成耕地质量等级评定、项目信息上图入库、工程复核、项目决算、项目审计、权属调整和地籍变更、资产移交等工作。当项目接近尾声时，大量复杂的工作已经完成，但还有部分剩余工作需要细致耐心地处理。一般情况下，遗留工作大多是分散的、零星的、工作量小的棘手工作，需要项目负责人把握全局，保质保量地将收尾工作做好，做到项目的善始善终。

（2）准备项目竣工验收材料。验收资料由项目承担单位组织编辑，有关单位应按照项目承担单位的要求及时完成。项目竣工验收的主要依据之一是项目的成果材料，因此项目实施单位在项目实施过程中，就应不断地做好各种项目文件的收集工作，包括编制必要的图样、说明书、合格验收证、测试材料等。当项目准备竣工验收时，再将分阶段、分类型的材料汇总、整理、装订入档，形成一套完整的验收材料。准备一套清新、完整、客观的项目材料是项目竣工验收的前提，也是顺利开展项目竣工验收的必要保证。

（3）自检。项目实施单位组织有关项目单位，在项目成果交付验收之前，进行必要的自检自查工作，找出问题和漏洞以尽快解决。

（4）提出竣工验收申请，报送验收材料。项目自检合格后，项目实施单位应向项目管理机构提交竣工验收的请求报告，并同时附送竣工验收的相关材料，以备有关项目管理机构组织人员进行竣工验收。

项目竣工自查。项目计划任务完成后，项目承担单位，即项目具体实施单位，应向县级国土资源管理部门提出项目竣工申请，县级国土资源管理部门根据竣工申请，组织开展项目竣工自查。自查合格的项目，向省级国土资源管理部门提出竣工初验申请，同时将自查情况和有关材料一并上报。

8.4.1.2 组成项目验收班子

如验收工作组或验收委员会。项目验收单位（即项目管理机构）应会同项目监理、相关政府部门人员，如有必要还可吸纳注册会计师、审计师、行业专家等，共同组成项目验收组或验收委员会。项目竣工验收班子成员应坚持公正、公平、科学、负责的态度对项目进行全面竣工验收。

8.4.1.3 项目材料验收

项目验收班子对项目实施单位送交的竣工验收申请及有关材料进行审查，如有缺项、不全、不合格的材料立即通知项目实施单位，令其限期补交，以保证项目竣工后顺利通过验收。

项目竣工初验。有关省级国土资源管理部门在接到竣工初验申请后，应及时组织项目验收组，对自查成果进行竣工初验。竣工初验合格的项目，每年一次集中向国土资源部提出竣工验收申请，同时将初验情况和有关材料一并上报。

8.4.1.4 现场验收

项目竣工验收。国土资源部受理竣工验收申请后，组织工程技术、财务、管理等有关专家，组成竣工验收组，开展竣工验收工作。竣工验收组在验收工作结束后，向国土资源部提交竣工验收报告，竣工验收组对竣工验收报告内容负责。补助项目由国土资源部委托有关省级国土资源管理部门进行终验，竣工验收结果报国土资源部备案。

项目验收班子根据项目实施单位提交的竣工验收申请报告，可组织人员（如下级管理机构等）对项目成果现场或项目成果进行初步验收，大体上对项目成果有个把握，如果检查不符合项目目标要求，应通知项目实施单位尽快整改。

正式竣工验收。项目验收班子在对项目申请验收材料和项目初验合格的基础上，组织人员对项目进行全面、细致的正式验收，正式验收还可依据项目的特点，实行单项工程验收、整体工程验收，或随机抽验部分工程等。如果项目验收合格，签署竣工验收报告；如果验收不合格，通知项目实施单位进行整改后再作验收。如在验收中发现较严重的问题，竣工验收小组可以中止验收，报项目管理机构处理。

8.4.1.5 签发项目验收合格文件

经验收合格的项目由项目批准机构签发项目竣工验收合格文件，标志项目实施单位的工作圆满结束，项目由接受方使用，投入下一阶段的生产经营。

土地整治项目竣工验收是项目实施管理的最后一个环节，是项目从投资实施到交付使用进行生产运营的衔接转换阶段，是投资建设成果转入生产使用的重要标志，是全面考核投资建设工作质量的关键环节。其作用主要有以下几点：

（1）全面考核工程的施工质量。竣工验收阶段通过对已竣工工程的检查和试验，考核承包商的施工成果是否达到了设计的要求而形成的生产或使用能力和投资建设效果，确保项目规划设计有效落实，检验设计和施工的质量，保证项目能按设计要求的各项技术经济指标正常投入运行。

（2）确保项目区的生产、生活条件的改善和生态环境质量的提高。

（3）考核土地权属管理，切实保护当事人的合法土地权利，避免发生土地权属争议，维护社会稳定。

（4）总结项目实施的经验教训，以改进工作、提高项目决策和实施管理水平，有效地推动我国土地整治工作。

（5）解决项目遗留的问题。项目从可行性研究、立项批复、开工建设到工程竣工，一般周期较长，可能使得原预定的情况发生变化。因此，项目建成后，因主观、客观原因发生许多新问题，也有可能产生一些遗留问题或预料不到的问题。通过竣工验收，可研究这些问题的解决办法和措施。

8.4.2 竣工验收的依据

土地整治项目竣工验收是对整个土地整治项目实施情况及效果的全面验收。项目竣工验收的依据不仅应包括有关计划批复和技术文本资料，还要包括相关政策法规及技术规范。根据竣工验收的内容要求和工作实际，这里将竣工验收依据归纳为以下四个方面：

（1）批复计划性依据。经国土资源部、财政部下达的国家投资土地整治项目投资计划和预算。

（2）确定项目各项技术经济指标的依据。包括：1）经核定的土地整治项目规划设计；2）经核定的项目预算书；3）土地整治项目利用现状图；4）土地整治项目规划图；5）经批准的项目规划设计变更批准文件及图纸；6）经确定的项目招标文件；7）有关工程施工、工程建设监理、物资采购等合同文本。

（3）政策法规性依据与行业标准依据。包括：

1）《土地整治工程质量检验与评定规程》（TD/T 1041—2013）；

2）《土地整治工程施工监理规范》（TD/T 1042—2013）；

3）《土地整治项目验收规程》（TD/T 1013—2013）。

（4）其他资料。其他资料有：1）土地权属调整方案、土地权属和利用现状报告、土地登记资料、相关土地权属调整协议等；2）有关施工记录、所用材料、构件和设备的质检合格文件；3）有关工程建设监理日记和月报、工程监理总结报告等；4）工程质量检验资料及有关质检部门意见；5）工程竣工验收图。

8.4.3 竣工验收的内容和要求

土地整治项目竣工验收内容主要包括：项目计划任务完成情况，项目规划设计与预算执行情况，工程建设质量、资金使用与管理情况，土地权属管理、档案资料管理情况以及工程管护措施等。项目竣工验收采取全面核查与抽样核查相结合、室内核算与实地勘查相结合、座谈、审阅文件、走访农户等方法，其中抽样核查采取系统抽样和随机抽样相结合的方式。

8.4.3.1 项目建设任务完成情况

项目建设任务完成情况包括查验土地数量和质量情况、工程建设完成和质量管理情况（含工程质量控制措施和工程质量标准，有关工程质量检验资料及有关质检部门意见，有关工程建设监理资料和监理总结意见等）。

（1）土地数量和质量完成情况。当前开展土地整治工作的最主要目的是增加有效耕地面积，因此开发整理土地的面积是验收中的主要内容，而对面积的考核不仅要考核项目实施面积，更主要的是要考核新增耕地的面积和开发整理前后各类土地面积的变化情况。与此同时，还要把土地整治项目完成后的土地质量作为一项重要的验收内容，考查其是否达到了相应土地利用方式对土地质量的要求。对于项目实施面积、新增耕地面积和项目完成后土地质量，项目竣工验收合格后，新增耕地纳入省级补充耕地储备库；项目竣工验收合格后新增耕地要严格加以保护，并不断提高质量，符合条件的，划入基本农田保护区。因此，省级国土资源管理部门应严格按照有关管理要求，对土地数量和质量负责，确保土地利用情况“图件、数据、实地”一致。

（2）工程建设完成情况。工程验收要以经核定的项目规划设计为依据，具体核对工程任务的完成情况。对于重要工程，应逐项核对工程规模、建设标准、工程量等指标，并查验工程质量检验及有关质检部门意见，同时，查验工程建设监理部门编写的监理日记、月报和总结报告等。

8.4.3.2 组织机构运行情况

组织机构一般应包括项目领导机构、管理机构和技术指导机构，验收中主要考察其组建及运行情况。

（1）项目领导结构。一般应在当地人民政府统一领导下，由县级人民政府分管领导挂帅，成立国土、财政、农业、水利、林业、电力、环保等有关部门参加的领导小组，负责协调解决项目实施中的有关问题，保证项目按照有关要求顺利实施。

（2）项目管理机构。项目领导小组下设办公室，一般应设在县级国土资源管理部门，验收中重点考察其日常项目管理工作情况。

（3）技术指导机构。考察其是否根据工作需要，设立了相应的技术工作机构，加强技术指导。

8.4.3.3 项目管理制度执行情况

项目管理制度执行情况包括公告制、合同制、法人责任制、招投标制、工程建设监理制（“五项制度”）执行情况；审计制度执行情况；其他规章报、检查、勤政廉洁等工作制度的制定、执行情况。公告制主要查验公告的内容、范围等，了解当地群众对项目的了解程度、参与程度等。合同制主要查验工程施工、工程监理、物资采购等合同、协议的齐全性和合法性。法人责任制主要查验是否确定明确的法人等。招投标制主要查验项目工程招投标程序和行为是否合法、公平、公开。工程建设监理制主要查验工程建设监理单位对项目工程的控制情况。

8.4.3.4 财务资金管理

财务资金管理验收包括：(1) 项目实施单位财务机构的设置情况，会计人员的配备及职权与责任的划分情况；(2) 项目资金管理制度的建设情况；(3) 项目申请拨款执行情况（手续、拨付、到位情况）；(4) 项目资金核算的组织形式（核算形式、费用划分、科目设置）；(5) 项目资金预算执行情况（开支范围、开支标准、资金用途、使用效果）；(6) 项目竣工决算情况。

8.4.3.5 土地权属管理情况

土地权属管理情况主要查验开发整理前土地权属现状确认情况；实施过程中因规划设计变更对原土地权属调整方案进行补充、说明的情况；工程完工后，土地权属调整方案落实情况；因权属调整引发的土地纠纷及其处理情况等。

8.4.3.6 档案资料管理情况

档案资料管理情况主要查验项目档案资料是否能够全面反映项目实施的整个过程，应包括项目立项、规划、施工设计、工程实施和检查验收等各个环节形成的各类技术档案资料。项目实施过程中形成的关于土地利用现状调查、土地权属调整等相关成果与图件应及时移交国土资源管理部门，有条件的地区，应尽量采用电子文档保存技术档案，有关要求如下：

(1) 项目竣工材料必须完整、准确、系统，并做到图面整洁，装订整齐，签字手续完备，图片、照片等要附情况说明。

(2) 竣工图应反映项目建设实际情况，必须做到图物相符，做好施工记录、检测记录、交接验收记录和签证加盖竣工图章。如果项目按图施工没有变动的，用原施工图作为竣工图；如果施工中有一般性设计变更，能在施工图上修改的，由施工单位在原施工图上注明修改部分与修改依据及说明，可以作为竣工图；如果平面布置改变等重大变更的，必须重新绘制竣工图。

(3) 项目实施过程中的图片、照片、录音、音像等材料，应有完整的文字说明，并要详细填写档案资料情况登记表。

(4) 案卷的组合与文字材料的排列要求：一般可按照立项文件、设计文件、施工文件、竣工文件、声像材料、竣工图材料等进行组卷。文字材料和图纸材料原则上不要混装在一个装具内。卷内文件资料排列顺序依据卷内的材料构成而定，一般顺序为：封面、目录、文件材料部分、封底等。组成的卷宗力求美观、整齐。

8.4.3.7 工程管护情况

工程管护情况包括管护组织、制度、人员和管护资金渠道落实情况。

8.4.4 竣工验收组及验收步骤

8.4.4.1 项目竣工验收组的组成

项目竣工验收组应邀请有关专业人员参加，包括土地、工程技术（如农业、水利、林业、道路等）、财务等相关专业的人员。

8.4.4.2 项目竣工验收步骤

项目验收组验收步骤：(1) 听取项目建设情况报告，由项目承担单位、监理单位等分别向验收组报告并接受对项目建设情况的质询；(2) 实地查验工程建设、新增耕地和土地权属调整等情况，听取项目区农民群众等方面的意见；(3) 查阅项目有关资料；(4) 反馈项目竣工验收情况；(5) 编写《项目竣工验收报告》。

竣工验收组在验收过程中如发现截留、挪用、坐支项目资金等重大问题，应中止验收。

8.4.5 竣工验收报告编写要点

8.4.5.1 竣工验收工作概况

简要说明项目竣工验收的依据；竣工验收时间、成员、组织方式、分工等；验收主要采取的方法、操作程序等。

8.4.5.2 项目基本情况

项目基本情况如下：

(1) 项目范围。指项目区的四周及项目所涉及的行政村镇。

(2) 项目计划任务完成情况。对照项目规划设计、计划批复和实际建设情况，说明项目是否完成计划批复的计划建设任务。

(3) 项目建设任务落实情况。包括：

1) 项目建设任务落实渠道。包括计划下达文件、项目承担单位部署工作、项目实施单位受领任务等过程情况，需要明确每一个阶段采取何种方式向下落实任务。

2) 施工任务落实情况。包括组织招投标工作情况、确定施工单位并与之签订合同情况、公证合同等情况。

(4) 项目工期。从项目开工到竣工的时间，明确起止年月。

(5) 项目任务目标。项目完成后所能够达到的对生态环境保护和改善的程度。

8.4.5.3 有关竣工验收内容认定意见

竣工验收内容认定意见相关如下：

(1) 组织管理的主要措施与经验。有无专职机构和固定人员。专职机构包括领导机构、项目管理机构和技术指导机构。规章制度建立健全情况及执行情况。

(2) 项目建设任务落实和质量。包括：

1) 项目规划设计执行情况。主要考察项目在实施过程中是否严格执行经确定的项目规划设计等情况。如存在规划设计变更，简要说明变更的主要内容、申请及批准情况。

2) 项目建设任务情况。主要包括数量和质量两个方面。一是土地平整工程、灌溉与排水工程、田间路桥工程、其他工程数量和质量完成情况；二是耕地数量与质量情况；三是采取抽验方法，抽验工程完好率情况。

(3) 执行“五项制度”情况。包括公告制、合同制、招投标制、监理制和法人责任制。

1) 公告制执行情况。抽验公告方式、途径、内容等。

2) 合同制执行情况。查验工程施工、工程建设监理、物资采购等方面签订的合同、协议等。

3）招投标制执行情况。说明招投标组织方式；标段划分情况；每个标段投标、评标、定标情况；中标企业资质、业务范围等情况。

4）监理制执行情况。一般存在以下4类情况：第一，委托专业工程监理单位，签订工程建设监理合同，重点说明监理单位名称、资质、监理范围以及监理工作；第二，委托具有专业监理资质个人负责工程监理，实际不应属于严格执行监理制；第三，委托县级水利水电工程质量监督单位负责工程质量监督，重点说明质量监督工作、出具的工程质量监督结论书意见；第四，工程建设监理和工程质量监督同时开展。

5）法人责任制执行情况。

（4）资金使用与管理情况。包括：是否有配套工程及配套资金落实情况；资金到位情况；资金使用情况，如项目费用开支是否存在超出投资范围、投资标准等情况；预算执行情况；竣工决算情况。

（5）土地权属管理情况。包括：查验土地权属调整界线是否清楚；对土地整治后土地权属调整方案的合理性、依法性进行评价；土地权属调整后是否进行了变更调查和登记发证等工作。

（6）工程管护情况。管护组织、制度和人员落实情况；是否明确管护资金渠道。

（7）现场与农民群众了解的情况。

（8）文档管理情况。主要查验项目申报单位有关项目管理和成果文档管理情况。

（9）其他情况。查验项目区是否设置固定标牌、标记；项目区是否已纳入基本农田保护区等情况。

8.4.5.4 存在问题与建议

总结项目实施过程积累的一些好的经验和做法，及竣工验收过程中发现的主要问题，并针对问题提出切实可行的改进意见和建议。

8.4.5.5 竣工验收组结论

根据竣工验收情况，对项目建设情况实事求是地做出评价。项目是否通过竣工验收，竣工验收组应向国土资源部提出明确的合格或不合格的建议。

8.4.6 项目竣工验收后处理要求

项目竣工验收后，各级土地整治管理部门按照职能分工，应落实以下工作：

（1）对验收不合格的项目，责令限期整改；规定期限内不纠正的，停止安排下一年度项目计划并取消项目所在县（市、区）申报项目资格。发现有截留、挪用和挤占项目资金等违纪、违规行为的，按有关规定严肃查处。

（2）总结项目实施中好的经验，分析存在的问题，提出改进措施，逐步完善项目管理机制。

（3）项目竣工验收合格后新增耕地要严格加以保护，并不断提高质量，符合条件的，划入基本农田保护区。

（4）项目承担单位按照有关规定，及时收集、整理项目实施过程中的有关文件、资料、图件等；建立、健全项目档案，并在项目竣工验收后，及时向县级国土资源管理部门移交项目档案。

（5）项目申报单位应做好项目成果有关档案管理工作，从项目申报到验收通过的有关文件和资料，要收集整理，立卷归档，妥善保管。

（6）新增耕地与其他农用地应及时加以利用，未确定土地使用权的，可通过承包、租赁、拍卖等方式确定土地使用权。

复习思考题

8-1 土地整治中权属调整有什么意义？如何编制权属调整报告？

8-2 规划设计阶段如何编制施工组织设计文件？

8-3 结合项目实践，谈谈土地整治规划方案哪些地方容易变更，如何尽量减少施工过程中的变更。

8-4 综合所学知识，针对如何优化土地整治规划实施管理谈谈你的观点。

参 考 文 献

[1] 国土资源部 . TD/T 1011—2000 土地开发整理规划编制规程 [S].
[2] 国土资源部 . TD/T 1012—2016 土地整治项目规划设计规范 [S].
[3] 国土资源部 . TD/T 1031—2011 土地复垦方案编制规程 [S].
[4] 国土资源部 . TD/T 1032—2011 基本农田划定技术规程 [S].
[5] 国土资源部 . TD/T 1033—2012 高标准基本农田建设标准 [S].
[6] 国土资源部 . TD/T 1034—2013 市（地）级土地整治规划编制规程 [S].
[7] 国土资源部 . TD/T 1035—2013 县级土地整治规划编制规程 [S].
[8] 国土资源部 . TD/T 1038—2013 土地整治项目设计报告编制规程 [S].
[9] 国土资源部 . TD/T 1039—2013 土地整治项目工程量计算规则 [S].
[10] 国土资源部 . TD/T 1040—2013 土地整治项目制图规范 [S].
[11] 国土资源部 . TD/T 1041—2013 土地整治工程质量检验与评定规程 [S].
[12] 国土资源部 . TD/T 1042—2013 土地整治工程施工监理规范 [S].
[13] 国土资源部 . TD/T 1046—2016 土地整治权属调整规范 [S].
[14] 财政部，国土资源部 . 财综〔2011〕128 号土地开发整理项目预算定额标准 [S].
[15] 曹飞，邵景安 . 西南丘陵区土地整治成效评价研究——以重庆垫江为例 [J]. 中国农业资源与区划，2018，39（1）：204~212.
[16] 陈百明，谷晓坤，张正峰，等 . 土地生态化整治与景观设计 [J]. 中国土地科学，2011，25（6）：10~14.
[17] 陈秋计，郭斌，杨梅焕 . 土地整治 [M]. 西安：西北工业大学出版社，2015.
[18] 陈勇，曾向阳 . 土地整理项目的景观生态途径——以房县军店镇土地整理项目规划为例 [J]. 武汉科技大学学报（社会科学版），2009，11（4）：50~54.
[19] 范彦波，张献忠 .《土地开发整理项目预算定额标准》人工预算单价调整方法研究 [J]. 资源与产业，2008（5）：52~56.
[20] 冯广京，朱道林，林坚，等 . 2015 年土地科学研究重点进展评述及 2016 年展望 [J]. 中国土地科学，2016，30（1）：4~22.
[21] 付梅臣，王金满，王广军 . 土地整理与复垦 [M]. 北京：地质出版社，2007.
[22] 高骏 . 土地整理工程施工组织设计与方案（实例）[M]. 南京：东南大学出版社，2008.
[23] 高向军，罗明 . 国土整治与土地资源可持续利用 [M]. 北京：中国大地出版社，2005.
[24] 高向军 . 土地整理理论与实践 [M]. 北京：地质出版社，2003.
[25] 谷晓坤，陈百明 . 土地整理景观生态评价方法及应用——以江汉平原土地整理项目为例 [J]. 中国土地科学，2008，22（12）：58~62.
[26] 谷晓坤，范春晓，柴铎，等 . 不同类型区农用地整治对农田生产能力的影响 [J]. 自然资源学报，2013，28（5）：745~753.
[27] 顾来水，高骏 . 土地整理工程施工技术 [M]. 南京：东南大学出版社，2007.
[28] 郭贝贝，金晓斌，林忆南，等 . 基于生态流方法的土地整治项目对农田生态系统的影响研究 [J]. 生态学报，2015，35（23）：7669~7681.
[29] 郭晓楠，王秀茹，陈倩 . 华北平原区土地整理耕地经济潜力评价研究 [J]. 水土保持研究，2013，20（3）：92~97.
[30] 郝建新，邓娇娇 . 土地整理项目管理 [M]. 天津：天津大学出版社，2011.
[31] 何如海，聂雷，何方 . 生态涵养型土地整治综合效益评价——以安徽省池州市贵池区项目为例 [J]. 中国农业大学学报，2013，18（4）：232~237.

[32] 洪开荣，刘欢，王辉．直觉语言多准则决策方法在土地整理项目社会效益评价中的应用［J］．经济地理，2015，35（7）：163~167.
[33] 胡静，金晓斌，李红举，等．基于霍尔三维结构的土地整治信息组织模式［J］．农业工程学报，2014，30（3）：188~195.
[34] 胡学东，王占岐，童秋英，等．基于生态和社会经济约束的区域土地整治潜力评价研究［J］．长江流域资源与环境，2016，25（5）：804~812.
[35] 胡银根，董文静，余依云，等．土地整治供给侧结构性改革与乡村重构——潜江"华山模式"实证研究［J］．地理科学进展，2018，37（5）：731~738.
[36] 胡振琪．土地整理概论［M］．北京：中国农业出版社，2007.
[37] 黄辉玲，吴次芳，张守忠．黑龙江省土地整治规划效益分析与评价［J］．农业工程学报，2012，28（6）：240~246.
[38] 黄贤金，赵小风．论我国土地整理融资体系创新［J］．资源与产业，2008（5）：99~102.
[39] 贾文涛．土地整治有了新目标——《全国土地整治规划（2011-2015 年）》解读［J］．中国土地，2012（4）：12~14.
[40] 李冰清，王占岐，金贵．新农村建设背景下的土地整治项目绩效评价［J］．中国土地科学，2015，29（3）：68~74，96.
[41] 李根蟠．中国农业史［M］．北京：文津出版社，1997.
[42] 李红举．土地整治项目实施管理实务（上）［M］．北京：中国大地出版社，2016.
[43] 李红举．土地整治项目实施管理实务（下）［M］．北京：中国大地出版社，2016.
[44] 李洪义，周就猫．土地整治项目规划理论、方法与实践研究［M］．北京：北京理工大学出版社，2014.
[45] 林坚，杨绍银，宋健，等．市县两级土地整治规程"制图标准"要点分析［J］．中国土地科学，2014，28（1）：40~45.
[46] 刘莉，吴家惠，伍文，等．村民对村组织在农村土地综合整治工作中满意度的影响因素研究［J］．中国土地科学，2014，28（6）：79~83.
[47] 刘双良．土地整治规划［M］．天津：天津大学出版社，2011.
[48] 刘喜韬，柳瑞禹，曹海欣．土地开发整理项目预算标准研究［J］．中国土地，2002（4）：23~25.
[49] 刘小玲，张伟．县级土地整治规划中土地整治潜力测算方法研究——以神木县农用地整治潜力测算为例［J］．干旱区资源与环境，2014，28（6）：33~38.
[50] 刘勇，吴次芳，岳文泽，等．土地整理项目区的景观格局及其生态效应［J］．生态学报，2008（5）：2261~2269.
[51] 刘元芳，郑艳东，赵娇娇，等．基于能值分析方法的农村土地整治效益评价［J］．水土保持研究，2013，20（2）：191~195，200.
[52] 龙花楼．论土地整治与乡村空间重构［J］．地理学报，2013，68（8）：1019~1028.
[53] 卢新海．土地整理［M］．上海：复旦大学出版社，2011.
[54] 罗睿，何腾兵，李博．贵州省土地整治工程预算存在问题及建议［J］．湖南农业科学，2014（21）：72~76.
[55] 罗文斌，吴次芳．中国农村土地整理绩效区域差异及其影响机理分析［J］．中国土地科学，2012，26（6）：35~41，91.
[56] 吕聪，李新举．基于 SWOT 分析法的新泰市土地整治战略分析［J］．中国人口·资源与环境，2015，25（S2）：209~212.
[57] 宁秀红，赵敏．土地整治驱动下土地利用和景观格局变化研究——以上海市合庆镇为例［J］．长江流域资源与环境，2016，25（1）：79~87.

[58] 牛海鹏，张安录．耕地利用生态社会效益测算方法及其应用［J］．农业工程学报，2010，26（5）：316~323.
[59] 彭开丽，张安录．土地利用变化中农户脆弱性研究——一个理论分析框架及基于中国中部五省的调研实证［J］．自然资源学报，2015，30（11）：1798~1810.
[60] 曲福田．典型国家和地区土地整理的经验及启示［J］．资源与人居环境，2007（20）：12~17.
[61] 饶静．土地整治社会评价内涵、原则及框架方法［J］．中国土地科学，2017，31（12）：84~91.
[62] 谭术魁，彭艳丽．农村土地整理效益预测模式构建［J］．农业系统科学与综合研究，2004（1）：53~55，59.
[63] 田甜，杨钢桥，赵微，等．农民参与农地整理项目行为决策研究——基于武汉城市圈农地整理项目的实证分析［J］．中国土地科学，2014，28（8）：49~56.
[64] 童陆亿，胡守庚，杨剩富．土地整治区耕地质量重估方法研究［J］．中国土地科学，2015，29（2）：60~66，97.
[65] 汪萍，汪文雄，杨海霞，等．农民有效参与对农地整治项目绩效的影响效应研究——基于项目管理行为的中介效应分析［J］．资源科学，2016，38（3）：395~406.
[66] 汪志农．灌溉排水工程学［M］．2 版．北京：中国农业出版社，2013.
[67] 王军，钟莉娜．景观生态学在土地整治中的应用研究进展［J］．生态学报，2017，37（12）：3982~3990.
[68] 王瑞雪，张安录，颜廷武．近年国外农地价值评估方法研究进展述评［J］．中国土地科学，2005（3）：59~64.
[69] 王万茂．土地整理的产生、内容和效益［J］．中国土地，1997（9）：20~22.
[70] 王勇，李会．GIS 技术在土地整治项目管理与监管中的应用［J］．测绘与空间地理信息，2015，38（4）：133~134，137.
[71] 危小建，刘耀林，王娜．湖北省土地整治项目空间分异格局［J］．农业工程学报，2014，30（4）：195~203.
[72] 魏凤娟，李江风，刘艳中．湖北县域土地整治新增耕地的时空特征及其影响因素分析［J］．农业工程学报，2014，30（14）：267~276，340.
[73] 文高辉，杨钢桥，赵微，等．农地整理项目农户耕地损失补偿额度的实证研究——基于耕地资源价值与农户受偿意愿［J］．长江流域资源与环境，2016，25（8）：1292~1298.
[74] 吴次芳，费罗成，叶艳妹．土地整治发展的理论视野、理性范式和战略路径［J］．经济地理，2011，31（10）：1718~1722.
[75] 吴海洋．“十二五”时期中国土地整治工作思考［J］．中国土地科学，2013，27（3）：4~9.
[76] 吴九兴，杨钢桥．农地整理项目后期管护农民投资意愿及额度［J］．长江流域资源与环境，2014，23（2）：205~212.
[77] 吴诗嫚，杨钢桥，曾艳，等．农地整理项目后期管护中农户出资行为研究——基于交易效用理论的实证分析［J］．中国人口·资源与环境，2014，24（5）：131~138.
[78] 谢苗苗，李超，刘喜韬，等．喀斯特地区土地整理中的生物多样性保护［J］．农业工程学报，2011，27（5）：313~319，398.
[79] 徐雪林，杨红，肖光强，等．德国巴伐利亚州土地整理与村庄革新对我国的启示［J］．资源·产业，2002（5）：36~40.
[80] 许庆福，于学峰，毛美桥．城乡一体化发展下的区域土地整治研究［M］．济南：山东科学技术出版社，2013.
[81] 许晓婷，隋立春，李芹芳．基于城乡统筹发展的土地综合整治分区研究［J］．测绘通报，2014（1）：82~85.

[82] 严金明，钟金发，池国仁．土地整理［M］．北京：经济管理出版社，1998.
[83] 杨钢桥，张安录．长江流域可持续农业发展管理机制研究［J］．中国人口·资源与环境，2002（6）：57~59.
[84] 杨静，高敏华，崔立军．干旱区土地整治可持续性评价研究——以新疆鄯善县为例［J］．中国农学通报，2014，30（14）：211~217.
[85] 叶剑平，宋家宁，毕宇珠．土地整治模式创新及其权益分配优化研究［J］．中国土地科学，2012，26（9）：48~53.
[86] 余莉，底艳，王军，等．土地整理项目预算编制中有关问题的探讨［J］．农业工程学报，2005（S1）：119~122.
[87] 余名星，吴郁玲，周勇，等．山区城乡建设用地增减挂钩布局研究——以湖北省通山县为例［J］．经济地理，2014，34（9）：137~141，157.
[88] 郧宛琪，朱道林，汤怀志．中国土地整治战略重塑与创新［J］．农业工程学报，2016，32（4）：1~8.
[89] 张凤荣．农村土地整治的理论与实践［M］．北京：中国农业大学出版社，2012.
[90] 张海鑫，杨钢桥，文高辉，等．农地整理项目后期管护资金预算方法研究——以仙桃市张沟镇高效种养基地土地整理项目为例［J］．农业现代化研究，2016，37（1）：87~95.
[91] 张璐，王秀茹，郭晓辉，等．土地开发整理项目预算编制中的问题浅析［J］．水土保持研究，2007（5）：406~407，411.
[92] 张娜．土地开发整理项目预算编制［D］．北京：北京林业大学，2006.
[93] 张庶，金晓斌，魏东岳，等．土地整治项目绩效评价指标设置和测度方法研究综述［J］．中国土地科学，2014，28（7）：90~96.
[94] 张献忠，魏黎．土地开发整理项目预算质量影响因素浅析［J］．国土资源科技管理，2002（5）：34~37.
[95] 张志谭．浅述三维 GIS 在农村土地整治中的应用［J］．测绘通报，2010（8）：65~67.
[96] 赵冈，陈钟毅，中国土地制度史［M］．联经出版事业公司，1982.
[97] 赵济，徐振溥，北京师范大学地理系．区域·环境·自然灾害地理研究［M］．北京：科学出版社，1990.
[98] 赵京，杨钢桥，周厚智．农地整理对农户农地适度经营规模的影响——以湖北省为例［J］．经济地理，2014，34（5）：129~133，149.
[99] 赵小风，黄贤金，王小丽，等．基于城乡统筹的农村土地综合整治研究—以南京市靖安街道“万顷良田建设”为例［J］．长江流域资源与环境，2013，22（2）：158~163.
[100] 周建，张凤荣，王秀丽，等．中国土地整治新增耕地时空变化及其分析［J］．农业工程学报，2014，30（19）：282~289.
[101] 周瑞平．县域土地整治的理论与实践［M］．北京：中国环境科学出版社，2014.
[102] 朱晓华，陈秧分，刘彦随，等．空心村土地整治潜力调查与评价技术方法—以山东省禹城市为例［J］．地理学报，2010，65（6）：736~744.
[103] 邹连敏．土地开发整理项目规划设计实用技术［M］．北京：中国水利水电出版社，2011.